트라우마와 PTSD
상담 및 심리치료 워크북

Cengage

***The PTSD Workbook: Simple, Effective Techniques for Overcoming Traumatic Stress Symptoms,* Third Edition**

Mary Beth Williams
Soili Poijula

ISBN: 978-89-6218-567-6

Cengage Learning Korea Ltd.
14F YTN Newsquare 76 Sangamsan-ro
Mapo-gu Seoul 03926 Korea

Printed in Korea
Print Number: 01 Print Year: 2024

THE PTSD WORKBOOK THIRD EDITION

Simple, Effective Techniques for Overcoming Traumatic Stress Symptoms

트라우마와 PTSD 상담 및 심리치료 워크북

트라우마 증상 극복을 위한 간단하고 효과적인 기술

Mary Beth Williams · Soili Poijula 지음

이동훈 · 조아란 · 신재욱 · 조수빈 옮김

Cengage

Australia • Brazil • Canada • Mexico • Singapore • United Kingdom • United States

The PTSD Workbook, Third Edition:
Simple, Effective Techniques for Overcoming Traumatic Stress Symptoms

본 역서는 2021년 대한민국 교육부와 한국연구재단의 지원을 받아 수행된 연구임
(NRF-2021S1A3A2A02089682).

역자 소개

이동훈

현) 성균관대학교 사범대학 교육학과 교수(상담심리교육 전공 주임)

성균관대학교 외상심리건강연구소 소장

전국대학상담센터협의회 회장

행정안전부 〈중앙재난심리회복지원단〉 위원

법무부 법무보호위원

한국연구재단 한국사회과학(SSK)지원사업단 〈청소년 자해 · 자살 예방과 개입〉 연구책임자

한국상담심리학회 상담심리사 1급, 한국상담학회 전문상담사 수련감독급, 게슈탈트상담학회 전문가

전) 성균관대학교 카운슬링센터장

한국상담학회 대학상담학회 회장

부산대학교 부교수

한국청소년상담원 상담 조교수

미국 플로리다대학교(University of Florida) 박사

GS-칼텍스정유 인재개발팀

〈수상 이력〉

2022년 법무부 장관상〈범죄예방을 위한 출소자와 가족심리지원에 대한 학술적 토대 마련〉

2021년 행정안전부 장관상〈국가연구개발우수성과: 재난분석을 통한 국가심리지원모델링개발〉

조아란

성균관대학교 박사과정(상담교육)

성균관대학교 외상심리건강연구소 연구원

신재욱

성균관대학교 석사

성균관대학교 외상심리건강연구소 연구원

조수빈

성균관대학교 외상심리건강연구소 연구원

머리말

이 워크북 세 번째 판이 발간되면서, 9 · 11 추모일이 차례로 지나갔다. 더욱 잔혹한 새로운 테러 단체들이 전면에 등장하기도 하였다. 신발을 벗어 컨테이너에 담고, 주머니에 있는 모든 금속을 꺼내 놓으며, 엑스레이용 몸수색을 위해 머리 위로 팔을 들어 올리는 등 보안 검사 및 재검사는 일상의 한 부분이 되었다.

전투 참여자들에 대한 회복탄력성 훈련이나 종합적인 군사 체력 단련 교육과 같은 예방 노력과 최고의 훈련이 제공되고 있음에도 불구하고, 회복탄력성과 외상 후 성장이 강조되고 있다. 수천 명의 많은 젊은 남녀들이 군사배치의 반복, 게릴라전, 급조 폭발물(IEDs)의 폭발로 인한 절단과 트라우마성 뇌 손상, 그리고 전쟁과 관련된 기타 트라우마 사건으로 다양하게 고통받고 있다.

미국 재향군인청(Veterans Administration: VA)은 과거 참전 군인들, 특히 은퇴 시기를 앞둔 베트남전 참전 군인들의 요청에 압도되고 있다. 이들 참전 군인들은 직업 생산성이 줄어들고 있는 상황에서 이전에 사용되던 효과적인 회피 전략이 더 이상 과거의 기억을 피할 수 없음을 깨달았다. 그뿐만 아니라 수십 년간 잠재되어 있던 고엽제의 영향으로 제2형 당뇨병, 전립선암, 그리고 미국보훈처가 인정한 기타 다양한 질환과 질병의 형태로 나타나면서, 이들은 죽음에 가까워지고 있다. 걸프전쟁(Desert Storm), 아프가니스탄 전쟁의 항구적 자유 작전(OEF), 이라크 자유 작전(OIF), 기타 군사 작전에 참여한 여러 참전 군인들을 합산하여, 아직 처리되지 않은 초기 요청들은 18개월째 지속되고 있다. 만일 참전 군인들이 자신들이 받아야 하는 등급에 대한 토의를 한다면, 이것은 18개월에서 2년의 재숙고 기간을 거치게 될 것이다.

2002년에 초판본이 출간된 이래로, 비극과 재난은 계속해서 전 세계를 괴롭히고 있다. 2007년의 버지니아 공대 총기 난사 사건은 미국 역사상 단일 가해자에 의한 가장 치명적인 학살이었다. 2012년 7월 20일 콜로라도주 오로라에서 발생한 총기 난사 사건으로 미국인 피해자가 70명 발생했으며, 이 중 12명이 사망했다. 2012년 12월 14일, 코네티컷주 뉴타운에서 총기 난사 사건이 발생하여 가해자의 어머니와 자살한 가해자 본인뿐만 아니라 20명의 어린이와 6명의 초등학교 직원이 사망했다.

몇 달 후 보스턴 마라톤이 끝난 후 발생한 테러 공격은 미국인들에게 어떤 환경에서도 완벽하게 안전하지 않다는 사실을 다시 한번 상기시켰다.

많은 피해자들이 있는 비극적인 학교 총격 사건은 핀란드와 독일에서도 발생했다. Tuija Turunen의 2014년 우수한 박사 학위 논문은 요켈라(Jokela) 학교 총격 사건에 중점을 두고 있으며, 피해자의 친척과 직장 동료에 대한 사회 공동체 지원에 대한 계속적인 요청이 어떻게 심리 사회적 지원의 지속적인 모델로 작용할 수 있는지 설명했다. 이 모델은 미국 대응 팀과 위기 개입 전문가들에게 채택되어야 한다.

Alviina Alameta는 요켈라에 사는 15세 여학생으로 살아남기 위해 총알을 피해 숨고 도망쳐야 했다. 그녀는 생존했지만, 다른 사람들에 대한 신뢰를 잃게 되었다. 그녀는 누구나 살인자가 될 수 있다고 생각하였다. 그녀는 악몽을 꾸었고, 큰 소리에 놀랐다. 그녀는 위험이 어디에나 있다는 사실을 두려워했다. 그녀는 반년 동안 안개 속에서 살았다. 그 시절의 기억은 불안정하다. 그녀는 학교 친구와 건강 전문가와 슬픔을 나누었다. 그 결과, 슬픔은 서서히 사라졌다.

7년 후, 핀란드의 대학생인 Alviina는 자신의 생각과 느낌을 글로 표현하기 시작했다. 그녀의 글이 책으로 출판되었다. 그녀는 조용한 소년이었던 총격범이 왜 무기를 들고 그런 일을 벌였는지를 이해하고 싶었다. 그녀는 연구원, 정신 건강 전문가, 그리고 총격범의 가족, 친척, 선생님, 학교 친구를 인터뷰했다. 그녀는 총격범과 같은 음악을 듣고 같은 문학(니체와 플라톤)을 읽었으며, 그의 온라인상 친구들과 접촉했다. 그녀는 결국 총격범이 섬세한 경청자였고 진실한 친구였다는 다른 면모를 발견했다. Alviina는 “우리 모두는 여러 면을 가지고 있다. 누구도 괴물이 아니다.”라고 결론지었다.

네덜란드의 다큐멘터리 작가인 Alexander Day는 Alviina의 책을 알게 되었고 학교 총격에 관한 영화를 만들자고 제안했다. 그들의 공동 작업의 결과물은 〈페카 - 인사이드 더 마인드 오브 어 스쿨 슈터(Pekka - Inside the Mind of a School Shooter)〉이다. 이는 2015년 1월 핀란드에서 처음으로 관객들에게 선보였다. Alviina의 생존 이야기는 회복탄력성과 적극적인 대처 방식의 귀감이며, 또한 어떤 악으로부터 좋은 것을 생산하는 데 얼마나 많은 에너지와 노력이 필요한지에 대한 예시이다.

핀란드의 이웃 나라 노르웨이에서는 2011년 7월, 어린이들이 연루된 최악의 잔혹행위가 발생했다. 노르웨이의 한 극단주의자가 77명을 살해하고 200명 이상의 사람들에게 부상을 입힌 후, 우토야섬의 청소년 캠프로 향하고 있을 때 이 아이들은 엄청난 공포에 휩싸였다. 국가는 어떻게 대응했을까? 그들은 증오에 대해 사랑으로 답했다. 15만 명 이상의 노르웨이인들이 장미를 들고 오슬로에 모여 학살당한 사람들에 대한 지지를 보여줬다. 전쟁 시가 아닌 평화 시 최대 규모의 연대 집회인 이 ‘장미 행진’은 “악은 사람을 죽일 수 있지만 결코 사람을 이길 수 없다.”라고 말한 Jens Stoltenberg, 당시 노르웨이 총리가 주도하였다. 잔학 행위는 종종 보살핌이 뒤따른다. 수많은 개입과 연구 프로젝트가 다양한 기관, 단체, 대학에 의해 시행되어 생존자들이 트라우마 사건의 영향을 줄일 수 있도록 돕는다.

2014년 국제 트라우마 스트레스 연구회의 연례 회의에서, 심리학자 Atle & Kari Dyregrov는 32세

남성이 청소년 캠프에 가서 총을 발사한 사건의 생존자와 사망자 가족들과 함께한 그들의 연구를 발표했다. 소셜 미디어는 2012년 7월 22일 그날의 공포에 피해자들의 가족들과 친구들을 노출시켰다. 다시 말하지만, 광범위한 사회적 지원의 사용과 사람들이 그들의 비극에 긍정적으로 대처할 수 있도록 돕는 노력은 노르웨이의 예방적 모델의 핵심이다. 해당 모델은 각 가정에 돕는 자(helper)를 통한 체계적인 후속 조치를 포함한다. 이 모델은 학교 친구들뿐만 아니라 더 넓은 지역사회의 구성원들을 포함한 모든 피해자들에게 봉사를 제공했다.

핀란드와 노르웨이의 사건은 오울루에 사는 공동 저자이자 트라우마 치료의 전문화된 심리학자인 Soili Poijula에게 깊은 인상을 주었다. 그녀는 커피를 홀짝이며 첫 학교 총격 사건에 대한 소식을 접했다. 그녀가 인터넷을 확인했을 때, 헤드라인으로 뜬 휘빈케(Hyvinkää) 총격에 대한 소식을 발견했다. 그녀는 나에게 사건에 대해 알리며, "길고 어둡고 차가운 핀란드의 겨울 끝에서, 여름방학을 일주일 앞둔 아름답고 화창한 토요일에 사건이 발생했다. 다시 말하면, 생존자들과 그들이 사랑하는 사람들, 그리고 피해자들이 사랑했던 사람들은 깊은 상처를 입고 회복을 위한 여정을 나서도록 강요받았다."라고 하였다.

그녀는 500만 명 인구의 작은 나라인 핀란드의 상황을 설명했다. 2002년, 한 젊은 남성이 직접 만든 폭탄을 가방에 넣고 미르만니 쇼핑센터로 걸어 들어갔고, 폭탄이 폭발하여 7명이 사망하고 많은 사람들이 부상당한 이래로 대량 살인이 시작되었다. "말하는 것은 은이지만, 침묵은 금이다."라는 오래된 핀란드의 격언은 제2차 세계대전에서 가족, 군인, 그리고 국가 전체(카렐리야)를 잃은 사람들의 트라우마에 대해 전체 나라가 침묵하는 모습을 나타낸다. Soili는 계속해서 말했다. "우리는 여전히 제2차 세계대전 세대의 참전 용사, 과부, 고아, 전쟁 속 아이들(전쟁 중에 7만 명 이상의 아이들이 덴마크와 스웨덴으로 보내지게 되었다) 그리고 카렐리야 이민자들이 존재한다. 핀란드 정신외상학의 선구자로서, 나는 어떻게 국가 차원에서 우리가 트라우마를 극복하기 위해 대화 치료(talking cure)를 활용하여 새로운 접근 방식을 어떻게 학습해야 할지를 시작해야 한다."라고 전했다. 심리학적 트라우마와 증거 기반의 외상 후 스트레스 장애(PTSD)의 치료에 대한 확장된 국제 연구는 생존자의 회복을 돕기 위한 방법과 지식에 대한 확고한 기반을 제공한다.

치유(healing)는 트라우마 경험에 대한 기억을 표현하고 과거, 현재, 미래의 개인적 서사를 구성하는 것을 의미한다. 이것은 또한 생존자의 현재 경험에 존재하는 생물심리사회적 효과를 정의하는 것을 의미한다. 이 영역에서의 연구 선구자인 Bessel Van der Kolk(2014)는 치유를 위해 "당신이 무엇을 아는지 알아야 하고, 무엇을 느끼는지 느껴야 한다."고 말했다. 회복(recovery)은 의미를 찾는 것과 외상 후 성장으로 이어질 수 있다. 이것은 우리 모두에게 해당한다. 결국, 근본적으로 우리 모두는 같다.

책을 읽고 있는 당신은 또한 자기계발(self-help) 도구를 습득하고 워크북의 '연습하기'를 통해서 얻는 것이 있을 것이다. 이것은 당신이 상처를 회복할 수 있는 잠재력을 줄 뿐만 아니라, 자기연민을 배우고 당신의 개인적 회복탄력성을 강화할 수 있게 해줄 것이다.

트라우마 사건을 겪거나 개인적(혹은 전문적)으로 다른 사람들의 고통을 목격한 대부분의 사람들은 현재 PTSD라고 불리는 질환이 발병하지 않는다. 그러나 외상 후 스트레스를 어느 정도 경험하는 사람들의 정확한 숫자는 현재까지 알려진 바가 없다. 스트레스가 몸 전체에 미치는 영향, 특히 신경계에 미치는 영향을 연구하는 신경생물학과 신경심장학 분야는 심신의 연결과 삶의 전 범위에서 트라우마의 영향에 관한 새로운 통찰을 제시했다.

두 번째 개정판과 비슷하게, 이 워크북은 독자에게 독서, 그 이상의 기회를 제공할 것이다. 당신은 자신의 증상, 신념, 행동, 감정, 관계, 그리고 내적 생물학적인 기능에 대한 개인적 통찰을 줄 수 있는 많은 연습을 수행할 기회를 가질 것이다. 또한 우리는 참전 군인의 치유를 도와줄 수 있는 자료를 추가하였다(10장 참고). 또한 다른 트라우마 사건의 생존자들도 이러한 연습과 제안이 도움이 된다는 것을 알 수 있을 것이다. 우리는 또한 스트레스가 몸과 마음에 미치는 영향에 대해 설명하는 자료를 추가하여, 스트레스를 어떻게 다루고 통합 의학을 활용할 수 있는 새로운 제안을 제시했다(9장 참고).

이 워크북은 독자인 당신에게 개인적인 PTSD 증상, 신념, 감정, 대처 전략에 대한 큰 통찰을 얻을 기회를 제공하도록 작성되었다. 이전 두 버전의 책 중 하나를 사용해 보았다면, 이번 버전에서 큰 변화가 있다는 것을 알아차릴 것이다. 복합 외상 후 스트레스 장애(complex PTSD)에 관한 많은 내용은 『정신장애 진단 및 통계 매뉴얼』(DSM-5; APA, 2013)에 따른 PTSD의 새로운 정의를 보조하고 설명하는 워크북에 통합되었다. 이전과 마찬가지로, 목표는 이 워크북을 최대한 효과적으로 만드는 것이다. 그렇다고 해서 빈대 잡다 초가삼간 태우지는 말아야 하며, 특히 피해자의 성격(심지어는 생물학적) 구조를 바꾸는 복잡하고 초기에 자주 반복되는 트라우마 이력의 존재를 부정해야 한다는 의미는 아니다. 최신 진단 설명서에 정확하게 부합하지 않더라도, 여전히 특정 경우에는 진단이 가능할 수 있다.

이 책의 저자들은 해당 분야에 대해 폭넓은 경험을 가지고 있으며, 이 경험이 지난 수십 년 동안 확장되었다. 또한 우리는 트라우마성 스트레스에 대한 이해를 넓혀왔다. 우리는 교육자의 역할뿐만 아니라 치료사로서 매주 많은 시간을 개인들이 스스로 치유하고 성장하는 것을 돕는다. 트라우마 사건이 개인을 붙잡고, 꼼짝 못 하도록 하고, 덫에 빠트리며, 잠재적으로 아래로 끌어당길 수 있는 늪과 같은 역할을 한다는 것을 우리는 알게 되었다. 우리는 외상 후 성장과 회복탄력성이 당신의 치료 과정에서 가치 있는 목표라고 믿는다. 우리는 이 책을 처음 찾은 독자들을 돕고, 몇 년 전에 이 책의 첫 번째 혹은 두 번째 버전을 읽는 독자들에게도 도움이 되길 희망한다.

—Mary Beth Williams

저자 소개

메리 베스 윌리엄스(Mary Beth Williams)

박사(PhD), 공인 임상사회복지사(Licensed Clinical Social Worker: LCSW), 뉴욕 지역 상담사(Comprehensive Therapeutic Services: CTS)

윌리엄스 박사는 트라우마 분야에서 저자, 연구자, 강사, 그리고 훈련가로 활동하고 있다. 또한, 버지니아 주 워런턴에 위치한 트라우마 회복 교육 및 상담 센터(Trauma Recovery Education and Counseling Center)에서 개인 상담을 통해 트라우마 생존자들을 치료하고 있다. 트라우마 스트레스 전문가 협회(Association of Traumatic Stress Specialists)의 전 회장이기도 하며, 미국 세관 및 국경 보호국(US Customs and Border Protection)의 트레이너이고, 비영리 단체인 501(c)(3) US Vet Source의 공동 창립자이기도 하다. 또한, 트라우마 장애에 관한 많은 기사, 저 · 역서 등을 저술한 바 있다.

소일리 포이줄라(Soili Poijula)

박사(PhD)

포이줄라 박사는 임상심리학자이자 공인 심리치료사이며, 핀란드에 위치한 트라우마 심리센터인 Oy Synolon Ltd.의 이사로서, 트라우마 이후 심리치료(post-trauma psychotherapy) 개발자로 선구적인 역할을 수행해 왔다.

목차

1

트라우마에 대한 고찰

트라우마(trauma)란 무엇인가? 트라우마로부터 생존한다는 것은 무슨 의미인가? 트라우마를 극복한다는 것인가? 인생이 모든 판도를 뒤집어 놓는 상황이 발생했을 때 삶을 이해할 수 있고 수월하게 풀릴 것이라고 생각해 본 적이 몇 번이나 있는가? 어느 날 아침, 당신이 눈 떴을 때 햇살이 반짝이거나 가랑비가 내리고 있다. 당신은 기분이 좋아진다. 그러나 3시간 지난 후에도 똑같은 것은 아무것도 없다. 3시간이 지나면, 모든 것이 바뀐다. 어쩌면 당신에게 비극이 일어났음을 알리는 대화를 했기 때문일 수도 있고, 당신이 사랑하는 사람이 교통사고를 당해 죽었을 수도 있다. 그리고 어쩌면 토네이도가 지나가면서 모든 것이 바뀌었을 수도 있다. 당신은 저기 벼랑 끝에 매달려 있다. 당신은 무엇을 하는가? 그만두는가? 도망치는가? 그저 죽기만을 원하고 더 이상 비극을 마주하지 않는가? 계속 살고 싶어하긴 하는가?

트라우마 사건이 일어나기 전에, 보통 당신의 삶을 이끄는 특정한 기본 가정이 있었을 것이다. 아마도 당신은 세상이 친절하고, 당신의 삶에는 의미가 있으며, 모든 것이 이치에 맞다고 믿을 것이다. 당신은 착하고 가치 있어서 자신에게 좋은 상황이 일어날 만하다고 믿는다(Janoff-Bulman, 1992). 그 순간 트라우마가 찾아온다. 당신은 더 이상 자신의 삶 주변에서 일어나는 일들을 통제할 수 없는 것처럼 느낄 것이다. 그로 인해, 당신은 취약하고, 자신의 세계는 더 이상 안전하고 안정적이지 않다고 생각할 것이다. 더욱이, 당신은 무엇이 남아있는지 이해를 할 수 없을 것이다.

트라우마를 다루는 데에 있어 첫 번째는 트라우마의 영향력에 대해 인지하는 것이다. 트라우마 사건은 다양한 영향을 불러일으킨다. 트라우마는 당신의 감정, 느낌, 생각, 관계, 행동, 태도, 꿈, 소망에 영향을 준다. 하지만, 트라우마는 삶에서 새로운 방향성과 목적을 찾는 방법이 될 수 있다. 이 책의 원제목은 "묵묵하게 트라우마 넘어서기(Slogging Beyond Trauma)"이다. 이 제목은 여정을 연상시킨다. 이 여정을 시작하려면, 다음 설명을 읽고 당신이 상상할 수 있는지 살펴보라.

트라우마 이야기

당신은 끔찍한 경험을 겪었다. 아마도 당신은 차량이 완전히 파손되는 사고에 휩쓸렸을 수 있다. 아마도 당신의 아동기 학대에 대한 과거를 다루기 시작할 수도 있고, 그것은 고통과 고문의 동굴에서 탈출하는 것처럼 느낄 수 있다. 어쩌면 당신은 난민이 되어 상처와 상실의 땅에서 탈출했을지도 모른다. 이제 당신은 당신의 삶을 이어 나가기를 바란다. 당신은 앞에 있는 늪 너머에 있는 삶이 더욱 안전하고, 안정적이며, 평화롭고 진정된 삶이라는 것을 안다. 당신은 어떤 삶도 완전히 안전하지 않으며, 늪을 건너는 것이 안정감을 얻을 수 있는 유일한 방식이란 것을 안다.

당신은 이 책에 있는 기법들을 포함하여 늪 건너편의 삶으로 떠나는 것을 돕기 위한 것들로 가득 찬 가방을 가지고 있다. 당신은 앞으로 어떤 것이 필요할지 모르기 때문에 아무것도 버릴 수 없다. 당신은 여정을 시작하고, 곧 늪이 실제로 타르로 이루어져 있다는 사실을 깨닫게 될 것이다. 태양이 비추기 시작하면 땅은 끈적거릴 것이고, 증기가 당신의 머리 주변을 맴돌기 시작할 것이다. 당신은 어지러움을 느끼며, 목이 마르다. 한 발자국씩 나아가는 모든 발걸음이 무겁게만 느껴진다.

당신은 무엇을 하는가? 당신은 가지고 있는 모든 것들을 기억한다. 당신은 물뿌리개가 달린 물병을 소지하고 있다. 쌍안경을 가지고 있어서 늪의 반대편을 관찰할 수도 있다. 등산용 신발 한 켤레를 가지고 있어 늪에 가라앉거나 갇히는 것을 예방할 수도 있다. 작은 산소통도 가지고 있다. 당신에게는 트라우마의 세계로 돌아가거나 계속 전진한다는 선택지가 있다. 이 여행은 시간이 걸릴 수도 있고, 건너편에 도착했을 때 지칠 수도 있다. 땀에 젖어 냄새나고, 다음 발걸음을 내딛기 힘들다고 느낄 수도 있다. 하지만 계속 나아갈 수 있다. 타르 늪의 끄트머리로 나아갈수록, 건너편에 있는 나무와 폭포를 더욱 선명하게 볼 수 있을 것이다. 당신이 가지고 있는 것과 배워온 것, 그리고 워크북에서 배우게 될 것을 활용한다면, 묵묵히 걸어가기 시작해 살아남게 될 것이며, 결국에는 성공하게 될 것이다.

트라우마 정의하기

'트라우마(trauma)'라는 단어는 이 책의 2판이 출간되었을 때보다 현재 더욱 많이 통용되고 있다. 아마 라디오나 TV 뉴스, 대화 중에서 한 번쯤 이 단어를 들어봤을 것이다. 이라크와 아프가니스탄의 전쟁은 자녀들의 심각한 부상, 혹은 사망이라는 트라우마를 우리 일상으로 가지고 왔다. 외상 후 스트레스 장애(PTSD)는 진단을 결정할 때의 상담자가 사용하는 임상 매뉴얼인 『정신장애 진단 및 통계 매뉴얼(Diagnostic and Statistical Manual of Mental Disorders)』[DSM-5; American Psychiatric

Association(APA), 2013]에 의해 붙여진 이름이다.

2015년 4월 6일『타임스』의 뉴스 기사는 지난 13년 동안 이라크나 아프가니스탄, 혹은 두 국가 모두에서 전투에 참여한 50만 명의 미군 중 상당수가 PTSD 진단을 받아왔다는 것을 전했다. 참전 군인의 PTSD 치료에 매년 30억 달러(약 1조 3000억 원)를 배정했음에도 불구하고, 정부는 종종 적절한 치료 제공을 위한 충분한 자원을 갖고 있지 않다(Thompson, 2015). 이 숫자들을 은퇴 연령에 도달하고 있는 베트남 참전 군인들의 증가하는 수와 합친 수만큼 많은 군인들의 마음과 몸은 말 그대로 전쟁의 기억과 고엽제에 노출된 파괴적인 영향에 직면해 공격받고 있다.

'트라우마'는 수천 명의 목숨을 앗아간 거대한 지진, 앨라배마에서의 토네이도, 비행기 사고, 길거리 살인, 혹은 심지어 예상치 못한 죽음 등의 영향에 대해 설명할 수 있다. 당신은 차 사고, 허리케인, 홍수, 토네이도, 도둑질, 강도, 강간, 비행기 사고, 학교 총기 난사, 화재, 학대, 그리고 기타 재앙 사건과 상황에 대한 사진을 보거나 그런 상황에서 이를 경험하는 사람들의 이야기를 들어 본 적이 있을 것이다. 트라우마는 당신과 당신이 사랑하는 사람이 입은 신체적, 정신적 부상 또는 제3자의 부상을 목격하는 것을 의미한다.

이제 이러한 것들이 당신에게 일어났다. 혹은 여러 해 전에 당신에게 발생했거나, 장기간에 걸쳐 발생했을 수도 있다. 당신은 트라우마 사건의 직접 피해자/생존자(당신에게 트라우마 사건이 발생한 경우)이거나 2차 피해자/생존자(주변에서 트라우마 사건이 일어났거나, 트라우마 사건의 방관자 혹은 목격자였던 경우)이다. 혹은 당신은 직접 겪지는 않았지만 트라우마 사건의 피해자/생존자와 함께 일하고 있을 수도 있다. 하지만, 좋지 않은 사건에 대한 노출은 상당한 영향을 끼치며 당신은 동정 피로(compassion fatigue)나 스스로 2차 트라우마 스트레스를 경험하고 있다(Figley, 1995).

트라우마에 대한 반응

당신이 단일, 혹은 연속된 트라우마 사건을 경험할 때 무엇이 일어나는가? 당신이 보일 만한 다양한 반응이 있다. 초반에는, 충격을 느끼거나, 두려워하거나, 혹은 일어난 것이 비실제적이거나 진실이 아닌 것 같은 느낌일 것이다. 당신은 마치 자신이 몸에서 벗어난 것처럼 무감각한 느낌을 받을 수 있다['해리(dissociation)'라고 불리는 현상]. 당신은 방금 일어난 사건의 모든 세부 사항을 기억하지 못할 수도 있다. 만약 당신이 평생에 걸친 트라우마 사건의 생존자인 경우, 당신의 반응은 다를 것이다. 당신은 평생 전쟁터에서 살아온 것처럼 항상 경계하며 언제나 찾아올 수 있는 공격이나 상처 입을 것에 대비한다. 심지어 당신이 인간으로서 어떤 사람인지에 대해 알지 못할 수도 있다.

그러나 한편으로는 Tedeschi, Park, & Calhoun(1998)이 제시한 것처럼, 스트레스는 복합적인 여파를 일으켜 성장을 향상시킬 수 있다. 성장은 자기 자신에 대한 이해 증가 혹은 긍정적 행동을 통해 의미를 찾는 과정에서 나타난다.

트라우마 사건에 대한 반응은 여러 요소에 영향을 받는다. 트라우마 사건에 대한 반응은 나이(어릴수록 더 강한 반응을 보일 수 있다), 사건에 대비한 시간(예: 예상치 못한 지진에 반해 허리케인의 가능성을 며칠 전부터 알 수 있었던 경우), 당신(신체적, 정서적, 영적 측면) 혹은 재산 피해 정도, 목격한 죽음과 파괴의 크기, 사건을 유발하거나 미리 막지 못했다고 느끼는 책임감의 정도에 따라 달라질 수 있는데, 이것들은 당신과 연관된 여러 요소 중 극히 일부일 뿐이다. 도움을 구하거나 상담 또는 그 외 다른 개입을 찾으려는 당신의 의지 역시 회복에 영향을 줄 수 있다. 전쟁 배치 후 군인 중 37%가 자가 진단된 PTSD로 발전한다면(Taylor, 2011), 나머지 60% 이상은 아마 더 큰 회복탄력성을 가지고 있기 때문에 PTSD에 이르지 않는 것으로 보인다(10장 참고).

사실, 다음 세 개의 주요한 요소들은 외상 후 스트레스 장애에 영향을 미친다. **사건 이전, 사건 당시, 사건 이후 요소**가 그것이다. PTSD는 트라우마의 장기적 결과로 가장 잘 알려져 있다(이 장애에 대해서는 곧 자세하게 다룰 것이다). 트라우마 사건에 노출된 사람의 약 15%는 언젠가 PTSD로 발전된다. 하지만, 트라우마의 종류에 따라 발생 정도는 더 클 수 있다. 예를 들어, 발병률은 성폭행 또는 학대 생존자 혹은 여러 전투에 참여한 참전 군인에게 더 높다. 사건의 여파를 다룬다면, 어떠한 사건, 혹은 왜 그 사건이 일어났는지와는 무관하게, 당신의 목표는 더 의미 있고, 강인한 방법으로 회복의 과정을 견뎌내는 것이다.

사건 이전 요소

비록 트라우마에 대한 노출이 매우 강해서 이러한 요소의 영향력이 매우 작은 사건들(예: 거의 모든 사람이 사망한 비행기 사고에서 살아남는 것)이 있지만, 특정한 트라우마 이전의 요소는 종종 트라우마 사건에 대해 개인이 어떻게 반응하는지에 영향을 미친다. 그것은 다음과 같다.

- 심각한 부정적인 삶의 사건이나 트라우마 또는 방치, 정서적 학대, 성적 학대, 신체적 학대 또는 학대 목격을 포함한 어린 시절 피해에 노출되었던 경험
- 과거 트라우마에 대한 노출과 정신 질환을 포함한 아동기 정서 문제와 같이 상황에 상관없으며 뇌 화학 작용에 영향을 미친 이전의 우울 혹은 불안
- 효과적이지 않은 대처 기법

- 부모의 정신 질환 이력, 빈번한 어린 시절 분리 경험, 경제적 문제, 가정폭력 등 가족의 불안정성
- 반사회적 혹은 범죄 행위와 같은 가족력
- 초기 약물 남용
- 어린 시절의 가출, 정학, 학업 부진, 비행, 싸움 혹은 무단결석과 같은 권위에 대한 문제
- 어려운 시기의 사회적 지지의 부재
- 사람, 소유물, 주거지의 상실을 여러 차례 겪음
- 성별에 따라, 일생 동안 여성이 남성보다 2배 더 PTSD로 이어지기 쉬움
- 나이에 따라, 25세 이하의 초기 성인은 PTSD 발달 가능성이 더 높음(Friedman, 2000)
- 유전에 따라, 어떤 가족은 명백하게 다른 가족들보다 트라우마에 대해 견디기 어려워하고(Meichenbaum, 1994), 유전적 구성이 다른 어떤 가족은 트라우마나 위기를 마주함에 있어 견디는 능력이 탁월함
- 비기능적인 대처 기법(Briere & Scott, 2015)
- 현실감 상실 또는 이인증(depersonalization)을 포함한 외상 후 해리 증상(Sugar & Ford, 2012)
- 과민하거나 기능 이상의 신경계(Southwick & Charney, 2012)

사건 당시 요소

PTSD 발병 가능성을 높이는 사건 당시 피해자와 관련된 요소도 있다. 여기에는 다음과 같은 것이 포함된다.

- 사건과의 지리적 근접성
- 사건 노출 정도에 따라, 노출이 클수록 PTSD 발병 가능성이 커짐
- 피해자에게 사건이 의미하는 것
- 어린 시절 트라우마를 경험했을 경우, 보호해줄 수 있는 성인의 부재
- 생명의 위협이 존재하는 경우(DiGrande et al., 2010)
- 죽음, 특히나 끔찍한 죽음 목격(Bills et al., 2009)
- 나이에 따라, 사건이 일어날 때의 나이가 어릴수록 더욱 취약함

- 복합 트라우마 사건의 피해자가 되는 경우
- 트라우마의 지속 기간
- 트라우마가 계속 일어날 수 있는 지속된 위협의 존재(예: 전쟁)
- 사람에 의해 만들어진 의도적인 트라우마 사건에 연루되는 경우, 더 친밀한 관계(양육자)일수록 더 치명적임
- 잔혹한 행위를 목격하거나 자행하는 것 – 매우 잔인하고 충격적인 행동(예: 의도적으로 여성과 아동을 살해하는 것)
- 트라우마 사건 도중과 트라우마 사건 이후 해리 증상을 경험하는 경우(APA, 2013)
- 군인 신분, 특히 참전하거나 반복적인 파병을 경험하는 경우
- 잠재적 트라우마 사건에 지속적으로 노출되는 직업을 갖는 경우
- 강간 피해자이거나 정치적 동기로 인한 대량 학살의 피해자인 경우(APA, 2013)
- 대처 회복 양식을 가지지 못하는 경우

사건 이후 요소

PTSD 위험 요소의 마지막 카테고리는 트라우마 사건 이후 존재하는 것을 포함한다. 긍정적인 측면에서, 이러한 요소 중 많은 요인은 긍정적인 시각으로 제시될 경우 성장과 회복탄력성을 촉진시킨다. 이러한 요소에는 다음과 같은 것이 있다.

- 양질의 사회적 지지를 받지 못하고 회복탄력성이 있다고 여겨지지 않는 경우
- 여성보다는 남성일 경우
- 자기효능감을 느끼지 못하는 경우
- 일어난 일에 대해 아무것도 할 수 없는 경우
- 자신을 하대하며 자기연민에 빠지는 경우(피해의식을 갖는 경우)
- 능동적이기보다는 수동적인 자세로 일어나는 일을 그저 받아들이는 경우
- 고통 속에서 의미를 찾지 못하는 경우
- 트라우마를 경험한 일부 사람에게서만 나타나는 급성 스트레스 장애(ASD)가 발생하는 경우(이 장의 뒷부분에서 더 자세하게 다룸)

• 트라우마 사건 도중이나 직후에 생리적 각성(혈압 상승, 놀람 반응) 및 회피 또는 무감각해지는 증상을 포함하는 즉각적인 반응이 있는 경우(Friedman, 2000)

이러한 요인에 대해 자세히 알아보기 위해 『PTSD 평가와 치료를 위한 치료적 핸드북/실전 상담자 매뉴얼』(Meichenbaum, 1994)을 읽어보는 것이 도움이 될 것이다. Tennen & Affleck(1998), McCrae(1992)는 역경에 대처하는 데 도움이 되는 성격적 특성이 있을 수 있다고 믿는다. 외향성(타인 추구)과 개방성이 높고, 목표를 위해 성실하게 노력하며, 우호성(사이좋게 지낼 수 있는 능력)을 가진 사람들은 역경과 트라우마로부터 힘을 얻어 일어난 일에 대처하는 방식으로 활용하는 경향이 더 많다.

당신의 반응에 영향을 미칠 수 있는 다른 중요한 요소로는 **내부 통제감**(행동에 대해 스스로 보상할 수 있고 일어나는 일에 대한 통제는 외부의 요소가 아니라 자신에게 있다고 믿음), **자기 효능감**(자신의 대처 능력에 대한 자신감), **일관성**(심지어 심각한 트라우마 사건도 이해하고 다룰 수 있으며 의미 있다는 인식), 강인함 또는 강점이다(Antonovsky, 1987; Kobasa, 1982). 또한 트라우마 사건에 대처하는 데 있어 동기가 있고, 낙관적인 태도를 가지고 있으며, 능동적인 대처 스타일을 가지고 있고, 다른 위기 상황을 성공적으로 해결한 경험이 있다면, 당신은 트라우마 사건에 더 나은 대처를 할 수 있을 것이다. (연습하기 1-1)

자기 자신과 트라우마 사건 대처에 대해 배우기 전에, 트라우마로 인한 여러 가능한 반응에 대해 더 많이 알고 있는 것이 중요하다. 그중 첫 번째는 **정상 스트레스 반응**(normal stress response)이다. 스트레스를 받을 때 사람들은 다양한 방식으로 반응한다. 혈압 상승과 땀이 나는 것과 같은 신체적 반응을 보일 수 있다. 불안, 공포, 화 혹은 다른 감정적 반응을 보일 수 있다. 그들은 아무것도 하지 못하고 얼어버릴 수 있다. 그들은 분노하고 싸우려 들 수 있다. 혹은 상황으로부터 도망칠 수 있다. 이것들은 모두 정상적인 반응이다. 긍정적인 스트레스를 **유스트레스**(eustress)라고 한다. 이것은 위기상황에서 인명 구조나 다른 긍정적 반응을 이끌어낸다. 유스트레스 반응은 당신 자신을 구하거나 위험에 처한 다른 사람을 구하도록 해준다. 부정적인 스트레스는 **디스트레스**(distress)라고 한다. 디스트레스는 당신을 쇠약하게 만들고, 위험 상황 혹은 위험을 느낄 때 정상적인 기능을 발휘하지 못하게 한다. 스트레스는 당신의 몸, 감정, 생각, 관계에 영향을 미칠 수 있다. 이 책은 심각하고, 파괴적인 디스트레스 반응에 대해 다룰 것이며, 구체적으로 외상 후 스트레스 장애와 관련된 반응에 대해 살펴볼 것이다.

● 연습하기 1-1: **트라우마 대처 능력** ●

당신에게 해당된다고 생각되는 것에 표시하라.

_____ 나는 매우 외향적이다(나는 사람과 함께하는 것을 좋아한다).

_____ 나는 새로운 경험에 개방적이다.

_____ 나는 내가 하는 일에 성실하다(끝까지 해낸다).

_____ 나는 호감 가는 사람이다.

_____ 나는 개인적 힘의 근원이 내 안에 있다고 생각한다.

_____ 나는 주어진 상황에 잘 대처한다고 자신한다.

_____ 나는 나에게 일어난 것에 대한 의미를 찾으려고 노력한다.

_____ 나는 나쁜 상황에서 내가 해결할 수 있는 부분을 구분하려고 노력한다.

_____ 나는 내 삶에서 일어난 일을 해결하려는 동기가 있다.

_____ 나는 일반적으로 낙천적인 사람이다. 나는 상황을 부정적이기보다는 긍정적으로 본다.

_____ 나는 가능하다면 상황을 통제하거나, 최소한 통제하려고 노력한다.

_____ 나는 도전을 좋아하며, 기회가 주어지면 이를 받아들인다.

_____ 나는 내가 겪은 나쁜 일을 극복하는 일에 전념한다.

_____ 나는 의지할 수 있는 좋은 사회적 네트워크(사람들)가 있다.

_____ 나는 내 인생에서 벌어지는 상황을 이해하며, 내가 할 수 있는 것과 할 수 없는 것에 대해 알고 있다.

_____ 나는 신념이 있다.

_____ 나는 유머 감각이 있다.

_____ 나는 희망을 품고 있다.

_____ 나는 새로운 일에 도전하거나 새로운 시각으로 사물을 바라보는 것을 선호한다.

_____ 나는 다른 사람의 감정에 개방적이다.

_____ 나는 행동 지향적인 사람으로, 가만히 앉아서 기다리기보다는 직접적인 행동을 취하는 것을 선호한다.

_____ 나는 능동적으로 나의 삶을 구조화하고 계획을 세우려고 노력한다.

위와 같은 문장을 읽으면서 당신은 자기 자신에 대해 무엇을 알게 되었는가?

____

____

당신은 얼마나 많은 것들에 표시했는가? 표시한 항목과 표시하지 않은 항목 사이에 어떤 패턴이 있는지 알아차렸는가?

____

____

더 많이 표시할수록 조치를 취하고, 자신에게 일어난 트라우마를 헤쳐 나갈 가능성이 크다.

급성 스트레스 장애

트라우마 사건 발생 후 며칠 또는 몇 주 이내로 증상이 나타난다면, 급성 스트레스 장애가 발병된 것으로 볼 수 있다. DSM-5(APA, 2013)에서 급성 스트레스 장애는 다음과 같은 기준을 가지고 있다.

스트레스원(stressor)의 정의는 자연사가 아닌 죽음 또는 위협에 노출되는 것을 포함하는 방식으로 변화되었으며, 다음과 같은 경우 심각한 가정폭력, 심한 부상, 혹은 성적 학대를 포함할 수 있다.

- 직접 트라우마 사건을 경험한 경우
- 다른 사람에게 일어난 사건을 직접 목격한 경우
- 실제든 위협이든, 가족이나 친한 친구의 변사 혹은 사고사에 대해 알게 된 경우
- (경찰관 혹은 응급 구조대처럼) 반복적으로 혹은 극심하게 사건에 대한 부정적인 세부사항에 노출된 경우

노출에 대한 이 기준은 업무와 무관한 전자매체, 사진, 또는 텔레비전은 포함하지 않는다. 사건이 발생한 후 최소 한 달 이내에 다음의 14가지 증상 중 9개 이상이 나타나야 한다.

침습 증상

- 무의식적으로 스트레스를 유발하는 사건에 대한 기억이 반복적으로 떠오름
- 스트레스를 유발하는 꿈이 반복됨
- 해리 반응(예: 플래시백)
- 사건의 일부를 상징하거나 비슷한 내적 · 외적 단서에 반응하여 강렬하고 지속적인 심리적 디스트레스 혹은 현저한 생리적 반응이 나타남

부정적인 기분

- 긍정적 정서를 지속적으로 경험하지 못함

해리 증상

- 주변 환경 또는 자신에 대해 변화된 느낌
- 트라우마 사건의 중요한 측면에 대해 기억하지 못함

회피 증상

- 트라우마 사건이나 그와 밀접하게 연관되어 있는 고통스러운 기억, 생각, 느낌을 회피하려고 함
- 트라우마 사건에 밀접하게 연관되어 있거나 트라우마 사건에 관한 고통스러운 기억, 생각, 느낌을 유발하는 외부 단서를 피하려고 함

각성 증상

- 수면 장애(잠드는 것, 수면을 유지하는 것, 잠을 이루지 못하는 것)
- 사람이나 물건에 대해 짜증을 내거나 분노를 표출하는 것
- 과도한 경계
- 집중력 문제
- 과도하게 놀라는 반응

트라우마 경험 후, 장애 증상은 3일간 내지 1개월 동안 지속되며, 이는 사회적, 직업적 또는 다른 기능적 측면에서 임상적으로 유의한 고통이나 장애를 일으킨다. 또한 해당 반응은 물질의 생리학적 영향이나 다른 질병에서 비롯된 것이 아니다.

외상 후 스트레스 장애

Jim은 군 기지의 사령탑에 배치된 항구적 자유 작전(Operation Enduring Freedom: OEF)에 참전한 군인이다. 그는 아프간 군인들이 그들 주위에서 음식 혹은 사탕을 원하며 돌아다니는 어린 남자 아이들을 강간하는 것을 보았다. 그는 저격수에 의해 총에 맞았고, 멀리서 종종 연기를 보았으며, 차량이 폭탄과 부딪힐 때의 폭발음을 들었다. 그는 그 폭발음이 자신이 알고 있는 누군가가 다치거나 죽었을 수 있다는 것을 의미한다는 것을 안다. 가장 큰 트라우마를 안겨준 사건은 사령탑 건너편의 지뢰밭에서 일어났다. 현지 병사들은 일부러 텐트 앞에 음식과 사탕을 던져 놓았다. 앞서 언급한 아이들은 지뢰가 매설된 지역인지도 모르고 식량을 향해 뛰어왔다. 매설된 지뢰가 터졌을 때, Jim은 아이들의 시체에 남은 참상을 목격했다. 그와 동료들이 가서 시체를 수습하는 것은 안전하지 않았기에, 그들은 한동안 남아서 상황을 지켜볼 수밖에 없었다.

Susan은 자선 단체에서 직무 감사 업무를 수행하기 위해 자신의 팀과 함께 다른 나라로 여행하는 계약직 직원이다. 어느 날, 그녀와 동료들은 갑작스러운 비명과 총성 소리를 들었다. 그들은 즉시 모여 지하실로 피신했다. 심지어 현지 여성들은 전통 의상을 챙길 수 없어서 혼란에 빠졌는데, 외부로 나갈 때 전통 의상을 입지 않으면 총에 맞을 수 있기 때문이다. 모두가 상황을 알리기 위해 휴대전화로 전화를 걸기 시작했지만, 그러던 중 누군가가 공격자가 폭탄물을 소지하고 있다면 휴대전화가 폭발을 일으킬 수 있다고 소리치자 모두 멈췄다. 모두가 구석에 숨었고, 총격은 몇 분 동안 계속되었다. 비상 경보가 울릴 때까지 Susan은 여전히 죽을 것 같은 공포에 시달렸다. 그녀는 옥상으로 올라가서 건물의 계단과 현관에 묻은 피를 발견했다. 그녀는 두 명의 남성이 여성용 전통 의상을 입고 몸에 몇 파운드의 폭발물을 지고 들어가려고 했다는 사실을 알게 됐다. 그러나 그들은 영어를 읽을 수 없었고 "밀어주세요"라고 쓰인 문을 열려고 애썼다. 그들이 진입을 시도하던 중 공격을 막기 위해 발포된 총격에 의해 사망했다. Susan은 미국으로 돌아온 후, 불안, 악몽 그리고 침습적 사고를 경험하기 시작했다. 그녀는 극도로 두려워하기 시작했고, 다시는 출장을 원하지 않았다. 그녀는 공격받을 당시에 자신에게 보호 훈련, 보호구, 무기가 주어지지 않았음에 분노했다.

Jim과 Susan 모두 PTSD를 앓고 있으며, 이것은 그들만의 문제가 아니다. PTSD는 이제 상대적으로 평범한 진단이 되어버렸다. 미국 남성과 여성의 일반적인 유병률은 각각 3.6%와 9.7%이다(National Comorbidity Survey, 2005). 수치는 갈등(혹은 전쟁) 이후에 높아진다. PTSD는 이제 두려움에 기반을 둔 불안장애 이상으로 인식되고 있다.

PTSD의 증상

만약 트라우마 사건에 대한 반응이 한 달 이상 지속되거나, 사건 발생 후 최소 6개월이 경과했는데도 나타난다면 외상 후 스트레스 장애가 발병한 것으로 볼 수 있다.

다음의 PTSD에 대한 설명은 DSM-5(APA, 2013)에서 수정 인용된 것이다. 이 새로운 정의는 PTSD를 생명에 대한 급작스럽고 심각한 위협 또는 다른 사람의 사망이나 생명에 대한 심각한 위협에 노출되었을 때 발생할 수 있는 것을 더 많이 포함하도록 바뀌었다. 이는 응급의료 기사, 소방관 혹은 경찰관의 경험도 포함한다.

새로운 정의에 따르면, 트라우마를 일으키는 사건은 치명적이거나 심각해야 하며, 사망이나 사망 위협, 심각한 부상 또는 성폭력과 관련되어야 하고, 비사고적이거나 질병의 연장선상 또는 직무로서의 매체 노출을 제외한 경우에만 해당한다(pp.25~26의 진단 기준 A와 H 참고). 진단을 받으려면, 진단 기준 B에 나열된 5가지 증상 중 적어도 하나를 경험해야 한다. 이러한 증상 중에서 플래시백은 연속적인 해리 반응으로 간주된다. 또한 진단 기준 C에 있는 두 가지 회피 증상 중 적어도 하나는 경험해야 한다. 그리고 아마 가장 중요한 것은 새로운 증상 범주인 진단 기준 D이며, p.26에 자세하게 기술되어 있다. 마지막으로 위험 감수와 자기 파괴적 행동이 과각성 증상(진단 기준 E)에 추가되었으며, 진단을 받으려면 두 가지 이상의 증상이 필요하다. PTSD로 진단되기 위해서는, 증상이 적어도 한 달 이상 지속되어야 한다(진단 기준 F).

새로운 PTSD 정의에는 구판에서 복합 외상 후 스트레스 장애로 분류되었던 많은 증상이 포함되었다. DSM-5에서는 더 이상 복합 외상 후 스트레스 장애를 별도의 진단으로 포함하고 있지 않기 때문에, 몇몇 기관의 지속적인 사용에 대한 간단한 논의만을 남겨두고 이 책에서도 제외하였다.

다만, 몇몇 기관에서 새로운 정의는 PTSD가 심각한 괴로움을 동반하거나, 혹은 사회적, 직업적, 또는 다른 중요한 기능 영역에서 손상을 일으킨다고 한다(진단 기준 G). 기능 장애는 현재 서비스 관련 보상을 추구하는 퇴역 군인들의 중요한 기법 기준으로 사용되고 있다. 기능적 영향은 임상 평가에서 중요하며, 개인적 의무, 업무 기대 의무 또는 사회적 관계(예: 육아 및 친밀한 관계)에 영향을 미치고 종종 상당한 방해가 되어야 한다.

DSM-5에서 채택된 새로운 성인, 청소년, 그리고 만 6세 이상의 아동을 위한 PTSD 정의를 좀 더 자세히 살펴보자(APA, 2013).

PTSD 진단 기준

A. 다음 중 하나를 통해 실제 죽음, 위협적인 죽음, 심각한 부상 또는 성폭력에 노출된 적이 있다.

- 직접적인 경험/노출
- 다른 사람들에게 일어난 것을 생생하게 목격함
- 간접적인 노출로, 사건이 가까운 친척 또는 친구에게 일어난 것을 알게 됨(죽음이 포함된 경우, 폭력적이거나 우연한 사고여야 함)
- 직업상 혐오스러운 세부 사항에 대해 반복적이거나 지나치게 노출됨(경찰관, 응급 구조요원). 업무와 관련 없는 전자 매체, TV, 사진/영화를 통한 노출은 제외

B. 다음 중 하나 이상의 침습 증상을 포함한다.

- 반복적, 불수의적, 침습적이며 고통스러운 기억. 아동의 경우 놀이를 통해 나타날 수 있음
- 반복적으로 나타나는 고통스러운 꿈. 아동의 경우 꿈의 내용이 사건과 직접적인 연관이 없을 수 있음
- 사건이 재생되는 것처럼 느끼고 행동하게 되는 해리성 반응(예: 플래시백). 아동의 경우 재현이 놀이로 나타날 수 있음
- 사건을 상징하거나 유사한 내부 또는 외부의 단서에 노출되었을 때 나타나는 극심하거나 장기적인 심리적 고통
- 사건을 상징하거나 유사한 내부 또는 외부의 단서에 대한 뚜렷한 생리적 반응

C. 사건과 관련된 자극을 지속적으로 피하며, 이 회피는 다음 중 하나 또는 둘 다를 포함하는 형태로 나타난다.

- 사건과 관련이 있는 고통스러운 기억, 생각 또는 감정을 회피함
- 사건과 관련이 있는 고통스러운 기억, 생각 또는 감정을 불러일으키는 외부 단서를 회피 또는 회피하려고 함

D. 이 새로운 진단 기준은 사건 이후 시작되거나 악화된, 사건과 관련이 있는 사고(생각) 및 기분(감정)의 반복적인 변화를 살펴본다. 다음 중 두 가지 이상의 증상이 나타난다.

- 사건의 중요한 부분을 기억하지 못하며, 이는 주로 해리성 기억상실로 인한 것으로 일회성 또는 다회성으로 발생할 수 있음(주의: 이는 보통의 망각이나 생리적인 조건에 의한 것은 아니며, 보통 특정 사건에만 선택적으로 나타나고 어느 정도의 기능 장애를 초래함)
- 자신, 타인, 또는 세상에 대한 지속적이고 주로 왜곡되어 있으며, 과장된 부정적인 신념 또는 기대
- 사건의 원인 또는 결과에 대하여 지속적으로 부정적인 사고(생각)를 하여 자신, 타인, 또는 세상을 비난함
- 지속적으로 부정적인 감정 상태(예: 공포, 경악, 화, 죄책감, 수치심)
- 트라우마 이전에는 중요했던 활동에 대한 현저히 저하된 관심 또는 참여
- 타인으로부터의 소외감, 단절감, 또는 멀어진 느낌
- 긍정적인 감정(행복, 만족, 사랑)을 지속적으로 경험하지 못하고 외부적으로 보여지거나 표현되는 것이 저하됨

E. 사건과 관련된 각성 및 반응성과 관련된 증상이 다음 중 두 가지 이상 나타난다.

- (자극이 거의 없는 상태에서) 사람 또는 사물에 대한 언어적 또는 신체적 공격성으로 표현되는 과민한 행동과 분노 폭발
- 무모하거나 자기파괴적 행동
- 과각성
- 과장된 놀람 반응
- 집중력의 문제
- 수면 교란(예: 수면을 취하거나 유지하는 데 어려움 또는 불안정한 수면)

F. 증상의 기간이 1개월 이상이어야 한다.

G. 장애가 사회적, 직업적, 또는 다른 중요한 기능 영역에서 임상적으로 현저한 고통이나 손상을 초래한다.

H. 장애가 물질의 생리적 효과나 다른 의학적 상태로 인한 것이 아니다.

당신은 스트레스 사건으로 인해 이인증 증상을 겪었는지에 대한 질문을 받을 수 있다. **이인증**(depersonalization)은 자신의 생각과 몸에 대해 관찰하면서 자기 자신으로부터 분리되거나 자기 자신의 밖에 있다고 느끼고(꿈속에 있는 것처럼), 비현실감을 경험하는 것이다.

실제로, 이 증상은 자신에 대한 비현실감, 자기 인지 변화, 감정적 · 신체적 마비, 시간 왜곡과 같은 몇몇 요소를 포함한다(APA, 2013).

당신은 주변이 계속 반복해서 비현실적으로 느껴지는 **비현실감**(derealization)이라는 증상을 경험하고 있을지도 모른다. 이러한 경험은 비현실감이나 세상으로부터의 분리 혹은 친근감의 부재를 수반한다. 당신은 아마 "안개, 꿈 혹은 거품 속에 있거나, 당신과 당신을 둘러싼 세상 사이에 유리 벽이 있는 것"(APA, 2013, 303)처럼 느낄 수 있다. 세상은 그 자체로 인공적이고, 무채색이거나 생명력이 없어 보인다. 비현실감은 종종 시각적 왜곡(흐릿함, 높아진 민감성, 변경된 거리, 더 넓거나 좁은 시야)을 포함하는데, 이것은 사람 간 그리고 삶의 직업적 영역에 영향을 줄 수 있다. 당신은 또한 감정의 둔감화, 집중의 어려움, 정보를 기억하는 데 문제를 겪을 것이다.

다른 유형의 PTSD가 있는가?

Terr(1994)는 두 가지 구별되는 트라우마 유형(제1형과 제2형)에 대해 언급했다. PTSD는 독립적이고, 재앙적이며, 예상치 못한 경험과 같은 제1형 트라우마 사건을 경험하거나 목격한 반응에 더욱 가깝다. 성폭력, 심각한 자동차 사고, 자연재해는 모두 제1형 트라우마 사건이다. 이러한 제1형 사건은 또한 **치명적 사건**으로 불린다. 당신이 만약 제1형 트라우마를 경험했다면, 무엇이 일어났는지에 대한 구체적이고, 선명한 기억을 가지고 있을 것이다. 흔히 이러한 기억은 해결하지 않는 한 계속해서 생생하게 남아있을 수 있다. 당신은 일어난 일에 관해 설명하거나 그 일을 예방하는 방법을 자주 찾고 있는 자신을 발견할 수도 있다.

Roger Solomon(2001)은 이러한 사건을 설명하는 방법에 대해 제시했다.

1. **문제가 생겼구나.** (지금 당신은 위협적 상황을 알아챘다.)
2. **아, 젠장!** (당신은 자신의 취약성에 대해 알아챘다. 스스로 약하거나 통제권이 없다고 느낄 수도 있다.)
3. **나는 무엇인가를 해야겠어.** (당신은 자신이 살아남기 위해 혹은 상황에 대한 통제력을 가지기 위해 무엇인가를 해야 한다고 깨닫는다. 즉, 위험의 실제를 깨닫는다. 당신은 취약성에서 위험으로, 즉 내적 집중을 외적 집중으로 전환한다. 하지만 단순히 위협에만 집중한다면, 더욱 약

해지고 통제를 잃을 것이다.)

4. **나는 살아남아야 해.** (당신은 자신이 위험에 대해 어떻게 대응할 수 있는지에 초점을 맞춘다. 의식적으로든 본능적으로든 계획을 세우고, 대응하며, 더 균형을 잡고 통제력을 느끼게 된다. 이전의 생각보다 지금 이 생각에 집중하는 것이 더 중요하다.)
5. **이제 내가 나설 차례다.** (이것은 결심의 순간이다. 당신은 본능적이든 계획적이든 행동하기로 결심했다. 당신은 큰 힘을 동원한다. 당신의 정신은 집중되고 맑아지며, 더 잘 알아차리고 통제하게 된다. 종종 더 생각하지 않고 행동한다.)
6. **아, 젠장!** (사건이 지나가고 당신이 살아남은 후에 다시금 '아, 젠장!'이라고 느끼는 것은 일반적이다. 이 상황에 너무 빠져 있지 말라. 당신이 하는 일과 해온 일에 대해 자신을 인정해 주라.)

위의 제1형 트라우마에 대한 설명을 고려하며, Larry에게 일어난 일을 읽어보자. 많은 트라우마 사건은 복잡하며, 사건이 진행되는 동안 여러 단계를 한 번 이상 경험할 수 있다는 점을 명심하라.

Larry는 웨이터가 달려오며 "도망쳐, 도망쳐. 그는 총을 가지고 있어!"라고 외칠 때 식당에서 아침을 먹고 있었다(1, 2번 과정). Larry는 그의 안경을 챙길 새도 없이 식당을 가로질러, 로비를 벗어나 시체가 있는 복도를 통해 홀에 내려왔다(3, 4, 5번 과정). 10명 정도의 사람이 그보다 앞서 달려갔다. 복도 중앙에는 겁에 질린 채로 엎드려 있는 한 여성이 있었다. Larry를 포함한 모든 사람은 그 여성을 뛰어 넘어가거나 옆으로 도망쳤다. 갑자기 Larry는 그 여성을 돕기 위해 다시 돌아갔다(3번 과정). 그녀는 덩치가 크고 매우 무거워서 꼼짝하지도 않았고 Larry가 도와주는 것에 협조도 하지 않았다. Larry가 그녀를 들어올리려고 했을 때, 총격범은 코너를 돌아 Larry로부터 6피트도 떨어지지 않은 곳에 있었다(2번 과정). Larry는 본능적으로 '살고 싶다'고 생각했다. 그는 그녀의 팔을 놓고 도망쳤다(4, 5번 과정). 총격범의 눈을 마주치면 자신이 다음 피해자가 될 것이라는 두려움에 그는 뒤돌아보지 않았다. 몇 초 후에, Larry는 두 발의 총성을 들었다. 그중 한 발은 그를 향했다고 생각했지만, 총격범은 두 발 모두 그 여성의 머리를 향해 총을 겨눴다. Larry는 계속 도망갔고 겨우 죽음으로부터 탈출했다(6번 과정).

이 책에 포함된 PCL-5라고 불리는 간단한 도구를 사용하여 자신이 PTSD에 해당되는지를 확인할 수 있다. PCL-5는 PTSD의 새로운 DSM-5의 정의와 그 증상의 영향력에 맞게 PCL-M을 수정하여 만든 보다 짧은 첫 번째 자기 보고식 도구이다(Weathers et al., 2013). 점수를 합산하여 38점 이상의 점수는 PTSD의 가능성을 나타낸다. 이 도구를 사용하여 각각의 중대한 트라우마 사건에 적용할 수 있다. (연습하기 1-2)

● 연습하기 1-2: **PCL-5**

지시문: 아래는 스트레스를 매우 많이 받을 때 사람들이 때때로 겪는 문제들의 목록이다. 각 문제를 주의 깊게 읽고, 지난 한 달 동안 그 문제로 얼마나 괴로웠는지 오른쪽에 있는 숫자에 동그라미로 표시해 보라. 이 0에서 4까지의 척도에서 0은 전혀 그렇지 않다는 것을 의미하고, 1은 약간, 2는 보통, 3은 많이, 4는 매우 많이 괴로웠다는 것을 의미한다.

지난 한 달 동안 다음과 같은 문제로 얼마나 고통스러웠는가?	전혀 아님	약간	보통	많이	매우 많이
1. 그 스트레스 경험에 대한, 괴롭고 원하지 않는 기억이 반복적으로 떠오른다.	0	1	2	3	4
2. 그 스트레스 경험에 대한 악몽을 반복해서 꾼다.	0	1	2	3	4
3. 갑자기 그 스트레스 경험을 실제로 다시 체험하는 것처럼 느끼거나 행동하게 된다.	0	1	2	3	4
4. 무엇인가 그 스트레스 경험을 떠오르게 하면 마음이 매우 힘들어진다.	0	1	2	3	4
5. 무엇인가 그 스트레스 경험을 떠오르게 하면 강렬한 신체 증상이 나타난다.	0	1	2	3	4
6. 그 스트레스 경험과 관련된 기억, 생각 혹은 감정을 피한다.	0	1	2	3	4
7. 그 스트레스 경험을 떠오르게 하는 외부의 자극을 피한다.	0	1	2	3	4
8. 그 스트레스 경험의 중요한 부분을 기억해내기 어렵다.	0	1	2	3	4
9. 나 자신, 다른 사람, 혹은 세상에 대한 확고한 부정적인 신념을 가지고 있다.	0	1	2	3	4
10. 그 스트레스 경험이나 그 이후에 일어난 일에 대해 나 자신을 탓하거나 다른 사람을 탓한다.	0	1	2	3	4
11. 두려움, 공포, 분노, 죄책감, 수치심과 같은 강력한 부정적인 감정을 가지고 있다.	0	1	2	3	4
12. 이전에 즐겁게 하던 활동에 대한 관심을 잃어버린 상태이다.	0	1	2	3	4

13. 다른 사람들과의 관계가 멀어지거나 끊어졌다고 느낀다.	0	1	2	3	4
14. 긍정적인 감정을 느끼는데 어려움이 있다.	0	1	2	3	4
15. 신경질, 분노 폭발 혹은 공격적인 행동을 한다.	0	1	2	3	4
16. 매우 위험한 행동을 하거나 자신에게 해가 될 수 있는 행동을 한다.	0	1	2	3	4
17. 매우 예민하게 늘 주변을 살피고 경계하게 된다.	0	1	2	3	4
18. 작은 일에도 쉽게 깜짝깜짝 놀라게 된다.	0	1	2	3	4
19. 집중하기가 어렵다.	0	1	2	3	4
20. 잠들기가 어렵거나 깨지 않고 계속 자기가 어렵다.	0	1	2	3	4

출처: 이동훈, 이덕희, 김성현, & 정다송. (2022). PCL-5(DSM-5 기준 외상 후 스트레스 장애 체크리스트) 한국판 종단 타당화 연구. 한국심리학회지: 문화 및 사회문제, 28(2), 187-217.

점수를 합산해 보라. 38점 이상은 PTSD를 경험하고 있다는 것을 나타낸다. 이 척도는 당신이 경험한 중요한 트라우마 사건에 모두 사용할 수 있다.

이 워크북의 이전 버전은 트라우마 사건에 지속적이고, 반복적이며, 방대하게 노출된 사람들에게 적용할 수 있는 진단적 설명을 포함하고 있다. Terr(1994)는 제2형 트라우마 사건에 대한 논의에서, 이러한 경험의 일부 반응을 처음으로 설명한 사람 중 한 명이다. Judy Herman(1992)에 의해서도 설명된 바 있는 이 장애는 **복합 외상 후 스트레스 장애**(Complex PTSD) 또는 **명시되지 않은/알려지지 않은 극도의 스트레스 장애**(disorders of extreme stress not otherwise specified: DESNOS)라고도 불린다. 복합 외상 후 스트레스 장애의 증상에 대한 도움말은 이 책의 이전 버전에 포함되어 있다. 그러나 PTSD를 식별하기 위해 현재 개정되어 사용되고 있는 진단 기준에는 복합 외상 후 스트레스 장애의 증상 범주가 많이 포함되어 있다.

많은 의사들과 상담자들은 여전히 복합 외상 후 스트레스 장애가 PTSD 반응 중 하나를 가치 있게 설명한다고 여기고 있다. 몇몇은 이 묘사가 진단 기준의 개정판에 포함되길 희망한다. 트라우마 경험이 어린 나이에 발생하고 오랜 기간 동안 지속되며 대인관계와 관련이 있다면, 당신은 복합 외상 후 스트레스 장애의 증상을 경험할 가능성이 높다.

이전에 복합 외상 후 스트레스 장애로 진단된 경우, 다음과 같은 개인적 문제 중 일부 또는 전부를 가지고 있을 수 있다.

- 당신은 특히 분노와 같은 정서를 조절하는 능력에 문제를 가지고 있을 것이다.
- 당신은 망각하거나(기억하지 못함), 해리되거나(현실감을 잃음), 이인화 혹은 트라우마에 대한 생각에 사로잡히지 않은 채로 '현재에 머무르는 것'이 어려울 수 있다.
- 당신은 스스로 무력감, 수치심, 죄책감, 낙인, 외로움, 유별남 혹은 자기비난으로 가득 찬 느낌을 피할 수 있는 기능적인 사람이라고 생각하지 않는다.
- 당신은 복수심에 사로잡히거나, 고마워하거나, 가해자의 내사를 진실로 받아들이지 않고, 당신 스스로를 학대한 사람 혹은 가해자와 분리해내는 능력을 갖추지 못하고 있을 수 있다(내사는 다른 사람의 신념을 자신의 것으로 받아들이고 결국 믿게 되는 것을 의미한다).
- 당신은 고립되거나 관계에서 철수하기, 극도로 불신하기, 반복적으로 자기 보호에 실패하기, 또는 지속적으로 당신을 구해줄 누군가(혹은 당신이 구할 수 있는 누군가)를 찾아다니지 않으면서 타인과 긍정적이고 건강한 관계를 맺을 능력을 갖추지 못하고 있을 수 있다.
- 당신은 절망과 무기력함을 느끼지 않고 삶에서 의미를 찾고 믿음과 희망, 미래에 대한 감각을 유지하는 능력을 갖추지 못하고 있을 수 있다(Meichenbaum, 1994).

가해자에 대해 다루는 것 이외에 이 중 다수는 현재 PTSD의 새로운 정의에서 다루어진다. 복합 외상 후 스트레스 장애에 대한 이 짧은 설명은 모든 사람이 트라우마 반응을 같은 방식으로 보는 것은 아니며, 당신이 가지고 있는 증상이 다른 방식으로 설명될 수 있다는 것을 보여주기 위해 포함되어 있다. 비록 새로운 DSM-5 정의에 따라 PTSD 진단이 제한될 수 있지만(흔히 보험 회사의 요구조건으로 인해), 복합 외상 후 스트레스 장애는 여전히 어렸을 때부터 많은 트라우마 사건을 겪은 후 트라우마가 어떻게 당신의 존재 자체를 변화시킬 수 있는지를 말해준다.

트라우마를 기억하는 것

당신은 다양한 형태의 기억을 가지고 있다. 당신은 **단기 기억**(short-term memory: 전화번호처럼 빠르게 외웠다가 빠르게 잊히는 것), **장기 기억**(long-term memory: 영구적으로 저장된 정보), **외현 또는 서술 기억**(explicit or declarative memory: 트라우마 사건을 포괄적으로 기억해낼 수 있는 능력을 포함하는 사실과 개념, 아이디어), **암묵적 또는 비선언적 기억**(implicit or nondeclarative memory: 생각과 자동적인 내적 상태에 기반을 둔 행동, 묘사 또는 작업)을 가지고 있다. 당신이나 당신이 아는 사람에게 일어난 트라우마 사건은 암묵적 기억에 더욱 쉽게 저장되는 것으로 보인다(Rothschild, 2000). 암묵적 기억은 **조건화**(conditioning)나 다양한 자극에 노출됨으로써 배우는 행동을 포함한다. 트라우마 사건이 발생하는 동안, 당신의 생각 속에서는 많은 시각적, 청각적, 후각적, 혹은 다른 단서들이 사건과 결합된다. 이러한 단서들은 촉발자극이 되어 원래 사건에서 느끼던 강렬한 반응과 동일한 강도의 반응을 유발할 수 있다. 따라서, 당신의 외상 후 스트레스 장애는 "잘못된 기억의 장애"(Rothschild, 2000, 35)로 보인다. 때때로 당신은 이러한 촉발자극이 트라우마와 얼마나 밀접하게 연관되어 있는지, 그리고 그 사건에 대해 무엇을 기억하는지 알게 될 것이다. 다른 경우에는 이러한 관련성을 인식하기가 더 어려우며 PTSD 증상과 해당 촉발자극을 이해하는 데 어려움을 겪을 수 있다.

윤리적이고 지적인 트라우마 상담자들은 당신의 이야기에 도전하거나 유도 질문 없이, 또는 당신이 기억하는 그대로 정확하게 일어났다고 안심시키는 일 없이 이야기를 들어줄 것이다. 당신이 독립적인 확증 자료로서의 신문 보도, 의료 기록, 증언, 혹은 목격자와 같은 자료를 가지고 있다면, 일어난 일이 '진실'이라고 스스로나 다른 사람들을 안심시키는 것이 더 쉬울 수 있다. 일부 트라우마 사건은 당신 마음에 영구적으로 새겨진다. 다른 일부는 억압되어 당신에게는 숨겨져 있을 수 있지만 다른 사람들에게는 여전히 보일 수 있다. 또 다른 사건은 언어적으로 봉인되었을 수 있다. 당신은 트라우마 사건이 일어났을 때와 유사한 상태의 생생한 이미지와 감정 분출을 경험할 수 있지만, 실제 사실은 잊거나 해리될 수 있다. 당신의 기억은 DVD 영화처럼 저장되지 않으며, 완전한 회상은 불가능하다. 분명한 것은, 많은 양을 회상하는 것이 가능하지만, 사건의 몇몇 양상은 기억의 한계로 인해 잃어버렸을 것이다.

기억은 당신 자기 자신, 당신의 역사, 그리고 세상에 대한 정보를 저장하고 회상하게 해준다. 몇몇 기억은 시간이 지나며 그냥 사라진다. 또 어떤 기억은 **활성 기억 저장소**(active memory storage)라고 불리는 곳에 위치하며, 적어도 가장 중요한 부분은 영원히 사라지지 않는 것처럼 보인다. 단기 기억은 당신이 무엇을 하거나 생각하는 동안 가지고 있는 정보를 포함한다. 당신이 긴 시간 동안 그것을 기억해내려고 하지 않는 한 기억은 빠르게 사라진다. 단기 기억의 많은 부분은 시각적인 것이다. 두개골 앞부분 머리에 충격이 가해지면 단기 기억에 영향을 주어, 기억력을 감소시킬 수 있다. 단기 기억은 수 초에서 1분 정도 지속된다(Michelon, 2012). 더 오래 지속되는 것은 **장기 기억**이다. 당신은 시간을 거슬러 올라가, 동떨어져 있던 사실이나 사건, 느낌과 관련된 단서를 떠올릴 수 있다. 어떤 기억은 너무 충격적이거나 너무 이른 시기에 발생하여 뇌가 그것을 언어로 기억하지 않을 수 있다. 대신 그 기억은 경험에 수반된 모든 감정과 함께 사진과 같은 형태로 기억될 수 있다. Michelon은 "기억을 회상하는 데 글보다 사진이 더욱 강력하다"(2012, 82)라고 이야기한다.

심리교육

기억, 트라우마, 그리고 트라우마 사건의 영향을 배우는 것을 **심리교육**(psychoeducation)이라고 한다. 트라우마 경험과 관련해서 신경 쓰이는 부분에 대한 작업을 시작하기 전에, 당신은 적어도 트라우마 전문가들이 사용하는 몇몇 단어를 알아야 하고 트라우마에 대한 몇몇 정보를 학습해야 한다. 이 책의 처음 몇 장은 당신의 심리교육을 돕는 데 목적이 있다. 이제 당신은 현재 겪고 있는 증상이 과거에 경험한 트라우마 사건과 연관이 있다는 사실을 안다. 당신은 정신이 나간 것도 아니며, 현재 미친 상태도 아니다. 비록 다른 많은 사람도 비슷한 사건을 경험하고 비슷한 증상을 가지고 있지만, 정도나 증상의 조합은 다를 수 있다. 당신의 반응은 일반적이며, 압도적인 스트레스 사건에 대한 인간의 정상적인 반응이다.

왜 기억하는가?

당신에게 무엇이 일어났는지 기억하려고 하는 중요한 이유는 트라우마 사건과 관련된 두려움을 줄이기 위해서다. 비록 그것은 위험하게 느껴질 수 있지만, 트라우마에 대한 기억은 그 자체로 위험하지 않다. 안전한 환경에서 기억에 대해 글을 쓰거나 크게 소리쳐 말하기, 그림으로 표현하기, 또는 기타 다른 방법을 찾는 등 기억과 안전한 환경에서 마주하는 것은 트라우마 경험을 다루거나 처리하는 데 도움을 준다. 기억을 처리하는 것은 기억을 과거에 통합하는 것을 도와준다. 트라우마의 기억에 대해 지속적으로 회피하는 것은 관련된 모든 아픔, 공포, 화, 우울, 수치심, 자기 비난과 함께 트라우마를 현재에 머물게 한다(Astin & Rothbaum, 2000). 회상하는 과정을 통해, 당신에게 무슨 일이 일어났는지에 대해 이해하게 될 수도 있다. 또한 당신이 침해당한 방식에 대해 분노를 느낄 수도 있다. 안전하게 기억해내는 것은 당신이 느낀 공포와 경험에 대한 통제감을 줄 것이다.

당신이 만약 트라우마에 대한 기억을 다루기로 선택한다면, 현재 시제가 아닌 과거 시제로 말하라. 이 책이 당신에게 요구하는 대부분의 작업은 실제 트라우마 사건에 대한 것이 아닌 그 기억을 상기시키는 것에 대한 것이다. 만약 당신이 트라우마에 대해 떠올리는 것이 꺼려지거나 불가능하더라도, 혹은 트라우마 스토리에 대해 상담자와 함께 작업하거나 스스로(혼자 작업하는 것이 안전하다면) 다루고 싶지 않더라도 자기 자신을 비난하거나 책망하지 말라. 여전히 이 책은 당신이 PTSD 증상을 조절할 수 있게끔 도울 수 있다.

만약 침투하는 기억에 대해 다루길 원하지만 그 기억이 당신의 삶과 관련이 있는지 또는 그 기억이 진실한지에 대해 의심이 든다면, 다음의 질문에 답해 보라(Adams, 1994 수정 인용).

1. 아무리 믿지 않으려고 해도, 직관이나 비논리적인 통찰력은 당신이 기억하는 것이 진실이거나 진실이었다고 이야기하는가?

---

2. 당신이 잊으려고 해도 기억이 계속해서 떠오르는가?

---

3. 기억이 당신의 습관, 공포, 행동, 증상, 건강 문제, 혹은 삶에 대한 요소와 들어맞는가?

---

4. 정확하지는 않더라도, 트라우마 사건의 특정 측면을 선명하게 기억하는가?

---

5. 사건의 특정 부분이 흐릿하게 기억되는가, 아니면 생생한 이미지로 기억되는가?

---

6. 여러 조각으로 사건을 기억하는가?

---

7. 어떤 것이라도 사건에 대해 기억한다면, 그것이 당신에게 안도감이나 이해, 또는 힘을 더해 주는가?

---

8. 당신이 기억하는 내용을 다른 출처(사람, 신문 기사, 의학 보고서 등)를 통해 입증할 수 있는가?

---

9. 기억에 대해 떠올리거나 이야기할 때 더 괴로운가, 아니면 덜 괴로운가?

당신은 누구인가?

당신에게 영향을 준 트라우마에 대해 바라보기 전에 당신이 누구인지에 대해 들여다보는 것이 중요하다. 당신 자신에 대한 느낌은 당신이 어떤 사람이 되고 싶은지와 자기 삶에서 무엇을 하고 싶은지에 대한 기준점이 된다. 트라우마 경험은 자기감을 빼앗을 수 있다. 당신이 이 연습에서 질문들이 답하기 힘들다면, 당신은 자기 인식의 상당 부분을 잃은 것일 수 있어 다른 사람들의 도움을 받아야 할지도 모른다. 당신이 워크북을 수행하는 것을 도와주고 자기감을 재구성하는 것을 도와줄 수 있는 트라우마 치료 기법을 가진 상담자를 찾아야 할지도 모른다. 다음 '연습하기'는 당신이 당신의 기본적인 정체성인 핵심 자아에 대해 알고 있는지, 그리고 그 자아가 건강한지, 부분적으로 건강한지, 또는 건강하지 않은지를 살펴보는 데 도움이 되도록 설계되었다. (연습하기 1-3, 1-4)

안전감 느끼기

당신에게 일어난 트라우마를 살펴보기 전에 당신이 안전감을 느끼는 것은 중요하다. 또한 당신이 자신을 돌보기 위해 쉬어야 할 때를 아는 것이 중요하다. 2장은 당신의 안전감에 대한 이러한 선택을 도와줄 것이다. (연습하기 1-5) 활동 1-1

이제 당신에게 일어났던 일을 기억하고 처리하기 이전에 당신을 안전하게 하고 보호하기 위한 방법을 살펴볼 시간이다. 2장에는 이것을 돕기 위한 '연습하기'와 '활동'을 포함하고 있다.

연습하기 1-3: **나는 건강한 사람인가?**

다음의 질문에 답하고 자기감을 얻기 위해 다음의 문장을 완성하라. (더 많은 공간이 필요하다면 개인 일지를 사용하라.)

나에게 있어 내가 누구인지에 대해 긍정적인 느낌을 주는 것은 무엇인가?

___

___

어떤 요소가 나를 설명하는가?

___

___

나는 ________에 자신이 있다(혹은 통제감을 가지고 있다).

___

___

나는 ________ 때문에 가치가 있다.

___

___

나는 정서적(그리고 심지어는 물리적으로도)으로 ________에 가까워질 수 있다.

___

___

나의 삶을 지배하는 근본 가치 혹은 믿음은 ________이다.

___

___

나는 나의 삶에서 의미가 있다고 생각하는 이유는 ________이다.

내가 나를 진실한 사람이라고 생각하는 이유는 ________이다.

나는 나 자신에게 다음과 같은 적절하고 합리적인 요구를 한다.

나는 나 자신에게 다음과 같은 부적절하고 비합리적인 요구를 한다.

세미나에 참석한 한 참여자는 Mary Beth에게 "당위(……해야 한다)는 거짓입니다. 나에게 당위를 요구하지 말고, 나도 당신에게 당위를 요구하지 않겠습니다!"라고 했다. 위의 말을 명심하고, 당신의 삶을 지배하고 경직되게 만드는 몇몇 당위에 대해 적어 보라.

나는 ________________________________해야 한다.

나는 ________________________________해야 한다.

나는 ________________________________해야 한다.

이것들 중 어떤 것을 버리고 싶고 기꺼이 포기할 수 있는가?

다음의 연속된 지표에서 당신이 있는 곳에 × 표시를 하라.

완고하다	├──────────┤	유연하다
가혹하다	├──────────┤	온화하다
비판적이다	├──────────┤	수용적이다
부적절하다	├──────────┤	적절하다
과잉통제적이다	├──────────┤	잘 통제되다

이 작업을 하면서 당신이 배운 것은 무엇인가?

____

____

이제 이 작업이 마무리되면 당신의 핵심 자아를 어떻게 설명하겠는가?

____

____

____

● 연습하기 1-4: **나의 치유 연대기** ●

다음 장의 활동에 들어가기 전과 활동 중에 당신 스스로에게 어떻게 안전감을 제공할 수 있을지를 볼 것이다. 하지만 이 작업을 하기 전에, 치유 과정에서 당신이 현재 어떤 위치에 있는지에 대해 신뢰하는 것이 중요하다.

아래 목록은 당신이 정신적 충격을 받았다는 것을 믿지 않는다는 문장부터 시작해서, 회복하기 위해 취할 노력의 단계로 이어진다. 이 중 당신은 몇 단계나 완수하였는가?

☐ 1. 나는 과거에 나에게 일어난 일이 아무런 의미가 없거나 실제로 아무 일도 일어나지 않았다고 믿는다.

☐ 2. 나는 무언가 끔찍한 것이 내게 일어났다고 믿고 내가 무언가 끔찍한 일을 겪었고, 그것은 단지 상상했던 것이 아니라고 믿는다.

☐ 3. 나는 내가 트라우마 생존자라는 것을 어느 정도는 알고 있다.

☐ 4. 나는 내가 트라우마 생존자라는 것과 내가 삶을 선택할 수 있다는 것을 알 수 있다.

☐ 5. 나는 내가 트라우마 생존자라는 것과 훼손된 물건이 된 느낌이나 사랑과 관심을 받기에 무가치하다는 느낌을 다룰 준비가 되었다.

☐ 6. 나는 내가 트라우마 생존자라는 사실에 화가 난다.

☐ 7. 나는 내게 일어난 트라우마의 가해자에게 화가 난다(신과 다른 사람 혹은 힘 등).

☐ 8. 나는 가족 외에 다른 지지적인 사람과 트라우마 경험에 대해 이야기해 보았다.

☐ 9. 나는 가족 구성원과 트라우마 경험에 대해 이야기해 보았다.

☐ 10. 나는 트라우마 사건 중 일부를 다시 경험했고, 그 감정을 다루기 시작했다.

☐ 11. 나는 나에게 일어난 일이 내 잘못이 아니기 때문에, 일어난 일에 대한 부당한 죄책감이나 개인적인 책임감을 내려놓기 시작했다. 나는 내가 어느 정도 책임을 져야 한다면 일어난 일에 대해 적절한 죄책감이나 개인적인 책임감만 가지기로 했다.

☐ 12. 나는 내가 트라우마 사건에서 내가 할 수 있는 유일한 방식으로 적절하게 행동했다고 인지했다. 적절하지 않았던 것은 트라우마 사건 그 자체다.

☐ 13. 나는 트라우마 사건이 어떻게 현재 관계와 행동에 영향을 주는지 이해하기 시작했다.

☐ 14. 나는 트라우마 사건에 연결되거나 영향을 받은 나의 삶과 나 자신의 측면을 둘러싼 약간의 통제감을 발달시키기 시작했다.

- ☐ 15. 나는 나의 모든 관계로부터 내가 원하는 것이 무엇인지 인지하기 시작했다.
- ☐ 16. 나는 성공적인 친근한 관계를 가지고 있다.
- ☐ 17. 나는 자신에 대한 긍정적인 느낌을 가지고 있고, 나의 자존감은 지속적으로 향상되고 있다.
- ☐ 18. 나는 나에게 트라우마를 준 누군가를 용서할지 말지 선택을 하였다.
- ☐ 19. 나는 용서함으로써, 내 개인의 힘을 되찾고 있음을 느낀다.
- ☐ 20. 나는 나의 분노를 계속 접하고 있고, 그들에 의해 통제되지 않는다.
- ☐ 21. 나는 긍정적이며, 영적인 건강한 느낌을 느낀다.

위의 질문에 대한 답변을 고려하였을 때, 나의 치유 연대기를 다음과 같이 설명할 수 있다.

____

____

● 연습하기 1-5: **작업에 전념하기** ●

만약 당신이 기꺼이 이 작업을 한다면, 이제는 첫 번째 수행을 할 시간이다. 변화에 대한 당신의 욕망에 관해 당신은 어디에 있는가? 이 책을 집어 들면서, 당신은 변화가 필요하다는 것을 부정하지 않는다는 것을 알았다. 당신은 아마 여전히 약간의 저항은 가지고 있겠지만, 적어도 당신은 기꺼이 들여다보기 시작했다. 그래서 당신은,

- ☐ 변화의 필요를 생각하는가? 즉, 정보를 찾는 것을 통해 행동하고자 하는 욕구를 발전시키는가?
- ☐ 트라우마에 대한 당신의 작업에서 나아갈 준비가 되었는가? 즉, 당신이 해야 할 일에 집중하기 시작했는가?
- ☐ 약간의 불안과 함께 행동을 취하는가?
- ☐ 이미 수립된 실행 계획을 유지하는가?
- ☐ 치료 과정을 끝내거나 혹은 '추수 상담(booster session)'으로 돌아오는가?

● 활동 1-1: **나 자신과 삶에 대한 그림 그리기** ●

이 장의 마지막 활동은 여러 그림을 그려 보는 것으로, 이를 통해 당신은 스스로가 누구인지에 대해 알 수 있다. 이 그림은 Spring(1993)에 의해 처음 고안되었고, 우리는 당신에게 이 워크북을 시작할 때 그림을 그리도록 요청하고 마칠 때 이 그림을 다시 그리도록 요청할 것이다. 이 두 그림을 비교하면 당신이 얼마나 진전했는지 알 수 있다. 이 책의 몇 가지 활동을 위해 별도의 공책이나 일지를 준비할 것을 권장한다. 아래에 나열된 다섯 개의 그림이 일지에 들어가야 한다.

만약 당신이 예술적 능력이 없어도 걱정하지 말라. 1번과 5번까지의 그림에서 자기 자신을 그릴 때, 당신 몸집의 크기는 어떠한가? 어떤 표정을 하고 있는가? 무엇을 하고 있는가? 그림 2에서, 당신의 세상에서 어떤 것이 중요한지, 그리고 세상이 어떤 모습인지 그려 보라. 어떤 상징이 있는가? 어떤 감정이 있는가? 그림 3에서는, 당신 인생의 오르내림을 선으로 그려 보라. 당신의 길은 직선인가, 구불구불한가, 아니면 언덕과 계곡이 있는 능선들로 가득 차 있는가? 그림 4는 자기 묘사이다.

1. **이것은 나다. 나는 …….** 이 그림은 당신이 자기 자신에 대해 생각하는 것을 보여준다. 이것은 당신의 자화상이다.
2. **이것은 나의 공간이다.** 이 그림은 당신이 세상을 어떻게 보는지, 세상 속에서 당신의 위치, 세상에 대한 반응을 보여준다. 당신의 세상에 당신의 공간이 있다고 믿는가? 중요한 다른 사람들과의 관계는 어떤가? 당신의 두려움, 소망, 분노, 우울, 그리고 개인적인 강점과 약점은 어디에 속하는가? 당신은 현재 세상을 어떻게 견디는가? 당신은 고립되고 소외된 느낌이 드는가, 아니면 주변 세상에 포함되어 그 일부가 된 것처럼 느끼는가?
3. **이것은 나의 삶의 길이다.** 이 그림은 당신의 삶에 대한 시각적 연대기이다.
4. **이것은 나의 가족들과 나 자신이다.** 이 그림은 당신의 가족과 당신의 현재 관계와 가족 체계에 대한 묘사이다. 이것은 당신의 가족과 가족 속 당신의 위치를 보여준다.
5. **이것은 나다. 나는 …….** 이 두 번째 자화상은 앞에 나온 세 개의 중간 그림(그림 2, 3, 4)을 완성한 후에나 완료된다. 다른 세 개의 그림을 그리기 전의 자신의 모습과 지금 그리는 자신의 모습이 동일하게 여겨지는가?

이 그림을 그리면서 무엇을 배웠는가?

2

작업하기 전: 안전, 보안, 의도

당신은 자신에게 영향을 준 트라우마의 적어도 한 측면에 대해서 작업하기를 결정했다. 당신은 이 책을 치료 회기의 일부로 사용할 수도 있고 이 책의 '연습하기'와 '활동'을 혼자 해볼 수도 있다. 당신이 무엇을 선택하든, 당신이 작업할 때 안전하다고 느끼는 것이 중요하다. 이 장을 살펴보는 것이 처음이든 재시도이든 간에, 이 장은 당신이 PTSD를 다룰 준비를 하는 데 도움을 준다. 워크북은 당신을 보호하는 것뿐만 아니라 당신이 이완, 집중, 그리고 현재에 있을 수 있도록 사용할 많은 '연습하기'와 '활동'을 포함한다.

첫째, 당신이 원했던 것처럼 삶에서 트라우마가 영향을 끼칠 수 없는 자신에 대해 상상해 보라. 당신은 어떠한 유형의 사람인가? 어떻게 삶에 접근하는가? 당신의 소망과 꿈은 어떠한가? 당신의 삶을 충만하게 만드는 것은 무엇인가? 어디서 사는가? 배우자나 파트너와 어떠한 유형의 관계를 맺는가? 당신의 몸과의 관계는 어떠한가? 지금 만성적인 질병이 있다면 어떻게 다를까? 신과의 관계는 어떠한가? 당신의 인생에서 어떤 것을 기념하고 싶은가? 일상을 어떻게 구성하고 설계하고 싶은가? 시간을 내어 일지나 공책에 이 질문 혹은 적절해 보이는 다른 질문에 대해 답해 보라.

만약 당신이 이 '연습하기'와 '활동'을 수행하면서 화가 난다면, 그러한 감정을 목표 삼아 그 묘사를 살펴보라. 당신은 가능한 한 최대한 트라우마 전의 삶으로 돌아가는 것을 목표로 하고 있다.

안전

안전하다는 것은 무엇을 의미하는가? McCann & Pearlman(1990, 1992), 그리고 Rosenbloom & Williams(2010)에 의해 제안된 안전에 대한 한 가지 정의는, 안전이 자신 혹은 타인이 입는 피해에 대해 상당히 취약하지 않다고 느끼는 것이다. 이것은 또한 당신이 소중하게 여기는 사람이 자신이

나 타인이 가하는 피해에 대해 매우 안전하다고 느끼는 것이다. 위의 정의를 염두에 두면, 당신이 안전한 상태에서는 상처받거나 학대를 받거나 트라우마 사건을 경험하는 것을 상당히 방지할 수 있을 것이다. 당신이 자신을 보호할 때, 지금-여기에 존재하며, 좋은 선택을 할 수 있다.

현실감 유지하기

'안정화(grounded)'는 현재에 머무르는 것을 의미한다. 이는 '멍 때리기(spacing out)' 혹은 해리와는 반대되는 말이다. 당신에게는 아마 트라우마를 떠올리게 하는 것이 다가오거나 과거 경험에 대해 다룰 때 현실에 머무르기 위한 방법이 있을 것이다. 트라우마 생존자들은 어떻게 현실감을 유지할지에 대한 많은 제안을 해왔다. 다음과 같은 것을 포함한다.

- 자신을 둘러싼 물리적 환경을 인지하기 위해 모든 감각을 사용하고, 타인에게 그것에 대해 말한다.
- 자신의 몸을 현재로 되돌아오게 하기 위해 숨 쉰다.
- 자신의 신체와 자신이 어떻게 보이는지를 자각한다.
- 자신이 걷는 공간에서의 움직임을 인지한다.
- 자신이 무엇을 하는지 알아차리며 운동한다.
- 하루 계획을 세우고 다른 사람들과 공유한다.
- 자신이 현재에 있을 수 있는 시간을 늘리기 위해 도전한다.
- 텔레비전 시청 후 자신에게나 다른 사람에게 자신이 본 것에 대해 말한다.
- 평소와 다른 순서로 청소하는 것처럼, 일상생활을 다른 방식으로 해본다.
- 타인에게 그들과 연결되도록 도움을 요청한다.
- 현재에 대해 자신에게 이야기한다.
- 지금-여기에서 최대한 자신의 두 발을 땅에 단단히 내딛는다.

안전의 유형

자신을 보호하는 데 있어서 안전에 대한 믿음과 그 믿음에 대한 변화 혹은 도전을 위해 당신이 무엇을 할 수 있는지를 아는 것은 중요하다. 안전에는 여러 종류가 있다. **신체적 안전**(physical safety)은 자신의 몸이 위험하지 않다는 것을 의미한다. 그것을 유지하는 것은 만약 위험 상황이 나타나면 위험 신호를 인식하고, 가능한 선택지를 보고, 그 선택을 이행하고, 만약 안전하지 않게 느껴진다면 그 상황으로부터 벗어나는 것을 의미한다. **정신적 안정**(mental safety)은 자신이 원하거나 가야 할 곳에 도달할 수 있는 믿음 체계와 사고, 인식의 패턴을 선택할 수 있다는 것을 뜻한다. **정서적 안정**(emotional safety)은 특히 위험한 상황에서 어떻게 느끼고 자신의 직감이 무엇을 이야기하는지 알아차릴 수 있고, 느낌과 직감을 토대로 행동하는 것을 의미한다. 당신의 알아차림을 향상시키기 위해, 자신의 감정을 느끼는 것을 연습하는 것이 중요하다. **영적 안전**(spiritual safety)은 더 높은 권능, 신 또는 최상 존재에 대한 자신의 믿음을 식별하고 신뢰하는 법을 배우고 그러한 믿음을 자신과 다른 사람을 보호하는 수단으로 사용할 때 발생한다.

Rosenbloom & Williams(2010)는 기억과 관련된 혹은 감정적 문제와 관련된 모든 일을 하기 전에 안전이 치료나 자기 보호의 가장 중요한 목적이라고 하였다. 당신이 신체적, 감정적, 정신적, 혹은 영적으로 안전한지를 알 수 있는 단서는 무엇인가? 다음 '연습하기 2-1'의 질문에 답하는 것은 안전에 대한 당신의 심리적 요구를 살펴보는 것을 도와줄 것이다. (더 많은 공간이 필요하다면 따로 일지를 활용하라) (연습하기 2-1)

당신의 환경이 변하지 않는 한, 안전을 확보하기 어려운 순간들이 있다. 만약 당신이 어떠한 유형이 되든(언어적, 신체적, 성적, 감정적) 가정 폭력의 피해자라면, **가장 최고로** 중요한 것은 당신이 (만약 자녀가 있다면 당신의 자녀가) 안전하게끔 도와줄 수 있는 전문가를 만나 그 상황에서 벗어나는 것이다. (연습하기 2-2)

안전한 공간 만들기

당신이 할 수 있는 것 중 하나는 자신만의 안전한 공간을 만드는 것이다. 안전한 공간에서 당신은 그저 앉아서 명상 혹은 생각을 하거나, 행동을 하거나 어떤 활동을 하는 것을 상상할 수 있다. 보통, 당신의 안전한 공간은 제한된 접근을 필요로 한다. 다시 말해, 오직 당신 혹은 당신이 진실로 믿거나 보호하고 싶은 사람만이 들어올 수 있다. 당신의 안전한 공간은 당신에게 보호와 안정의 느낌

● 연습하기 2-1: **안전에 대한 자기 느낌** ●

당신의 환경은 얼마나 안전한가? 당신의 집은 안전한가?

___

___

당신이 혼자 있을 때 무엇이 신체적 안전을 느끼게 하는가? 다른 사람과 있을 때에는? 다른 상황에서는 어떠한가?

___

___

당신과 같이 사는 사람 혹은 어울리는 사람은 안전한가? 만약 그렇다면, 무엇이 그 환경과 그 사람을 안전하게 하는가? 아니라면, 무엇이 그를 안전하지 않게 하는가?

___

___

만약 당신이 집에 있어도 안전하지 않다면, 상황을 더 안전하게 만드는 방법은 무엇인가?

___

___

당신이 친한 사람과 함께 있거나 그 주변에 있어도 안전하지 않다면, 상황을 더 안전하게 만드는 방법은 무엇인가?

___

___

어떻게 자신을 지키거나 지킬 수 있는가?

___

___

자기 방어 시도는 얼마나 성공적인가?

당신은 언제 가장 안전한가?

당신은 언제 가장 안전하다고 느끼는가?

모르는 사람과 함께 있을 때 자신을 어떻게 보호할 수 있는가?

이러한 질문에 대한 당신의 답은 자신과 안전에 대한 느낌에 대해서 무엇을 이야기하는가?

연습하기 2-2: **안전 평가**

앞서 우리가 언급했던 것처럼, 트라우마 문제를 다룰 때 당신이 안전한 것이 중요하다. 다음 질문에 대한 답을 적어보고, 필요한 만큼 답을 길게 적어 보라.

작업을 수행할 안전한 장소가 있는가?

해당 작업을 위해 특정한 시간이나 요일이나 주를 배정해 놓았는가?

당신이 앉아서 이 워크북을 수행할 때 주위에 안전한 물건이 있는가?

당신을 안정시키고 달래며, 자신에 대해 그리고 현재 하고 있는 작업에 대해 기분 좋게 만들어줄 물건이 주변에 있는가?

만약 당신이 상담자와 함께 작업하거나 다른 사람을 돕고 있다면, 무엇이 그 작업을 안전하게 하거나 불안전하게 하는가?

작업을 하면서 강력한 감정과 생각이 떠오를 때, 특히 이러한 감정과 생각이 해롭게 느껴지는 경우 당신은 어떻게 자신을 보호할 것인가?

당신의 신념과 행동적인 측면에서 자신의 개인적 안전을 고려하는 것은 중요하다. 당신은 개인적으로 안전한가? 당신 자신을 해칠 수 있는 강한 혹은 위협적인 욕구가 있는가?

당신은 안전하지 못한 믿음을 가지고 있는가? **예** 나는 내가 치료받을 자격이 없다고 생각한다. 나는 내가 나쁜 사람이라고 생각한다. 혹은 나는 나에게 일어난 트라우마에 책임이 있다고 믿는다. 만약 그렇다면, 혹은 치료 과정 중 자기 자신을 해치고 싶은 생각이나 욕구가 든다면, 언제든지 작업을 멈추고 자신에게 피해가 발생하지 않도록 도움을 청하라. 자신이 그렇게 믿든 안 믿든 당신은 삶에서 가장 중요한 존재이다. 자신이 만약 안전하지 않다면, 트라우마 경험에 대해 다루는 것은 자신을 더 위험하게 만들 수 있는 행동으로 이끌 수 있다.

____

____

해로운 믿음이나 행동을 억제하고 그것이 자신을 장악하고 상처 주는 것을 막기 위해 당신은 무엇을 할 수 있는가?

____

____

당신이 스스로 자신의 안전을 평가한다면, 어느 정도로 안전하다고 평가할 것인가?

☐ 내가 느끼기에 나는 안전하다.

☐ 나는 매우 안전하지 못하다.

만약 당신이 이전 질문에 답하기 어렵거나 스펙트럼 상 가장 끝에 있는 "나는 매우 안전하지 못하다" 문항에 가깝게 평가했다면, 전문가의 도움 외에도 여기에 당신을 도울 수 있는 것이 있다.

- 당신이 즐겁게 하는 것을 세 개 적고 그것을 해본다.
- 하루를 시작할 때에 당신이 갖고 싶은 긍정적인 느낌을 고르고 그 느낌을 불러오도록 연습한다.
- 부정적이고, 안전하지 않은 생각의 목록을 만들고 그것은 반박하는 생각을 세 개씩 적어본다.

- 하루 중 당신이 안전하지 않다고 느낄 때를 알아차리고, 어떤 시간과 무엇이 그러한 기분을 만드는지 기록하고, 의식적으로 안전감 혹은 자기 위안을 가져오는 것을 한다.
- 안전한 것을 생각할 때, 자신에게 건강한 행동 혹은 물질적인 보상을 한다.
- 영적으로 건강한 것을 한다.
- 당신이 가장 좋아하는 편안한 음악을 찾고 들어본다.
- 폭력적인 주제를 가지거나 단조를 사용한 음악을 피한다.
- 과도한 소음에 잠식되지 않도록 귀마개를 사용한다. 혹은 백색 소음기를 사용한다.
- 자신을 자극하는 TV 프로그램이나 영화를 피한다.

위의 행동 목록 중 당신이 평소에 하고 있는 것은 무엇인가?

___

___

그 외 당신이 안전함을 느끼도록 만드는 것은 무엇인가?

___

___

을 제공할 필요가 있다. 이곳이 꼭 편안하거나 평안해야 하는 것은 아니다. 이것은 해안에 펼쳐진 암벽 해변이거나 자연의 풍경이 될 수 있다. 가장 중요한 것은 당신은 위험한 외부로부터 이 공간에서 안전하다는 것이다.

다음의 '연습하기'를 하기 전에, 당신의 삶에 걸쳐서 안전하다고 느꼈던 모든 혹은 어떤 장소를 떠올려 보라. 만약 당신이 떠올릴 수 있는 안전한 장소가 없다면, 무엇이 장소를 안전하게 만드는지에 대해 생각해 보라. 당신이 선택한 안전한 장소가 어디든지 찾거나 만들 수 있다. 당신의 안전한 장소는 바위가 많은 해변이나 탁 트인 초원, 호수와 다리가 있는 성, 양지바른 숲인가? 당신이 안전한 장소를 만들거나 기억한다면, 그곳의 성격을 생각해 보고 그곳에 가져가고 싶은 것(무기, 가구, 장비, 의미를 가지거나 보호가 필요한, 혹은 안전함을 느끼게 해주는 물건)을 상상해 보라. 이 공간이 당신에게 안전하다는 것이 중요하다. 연습하기 2-3 활동 2-1

연습하기 2-3: **나의 안전한 공간**

이 작업(Ayalon & Flasher, 1993, 73 수정 인용)은 당신이 원하거나 필요할 때 정신적으로 돌아갈 수 있는 안전한 공간을 상상하는 것을 도와줄 것이다.

현재 살고 있는 현실 속에서 돈과 시간의 제약이 없다면, 당신이 안전한 공간을 만들 수 있는 곳은 어디일까?

____

____

당신의 안전한 공간에 머물러 보자. 당신 주변을 돌아보라. 무엇이 보이는가? 당신이 안전감에 빠져들게 만드는 색과 시각 요소에 집중하라. 그리고 안전한 공간에서 들리는 소리나 고요함에 집중하라. 그것이 당신에게 주는 안전감을 느끼면서, 그것이 당신 안에서 커지도록 두라. 그러고 나서 안전한 장소의 냄새를 맡고 좋은 감정이 흘러 들어오게 하라. 그 장소에 누가 보이는가? 다른 사람이 불러오는 안전의 느낌에 집중하라. 안전한 공간에 대해 상상할 때에 몸에는 어떤 느낌이 드는가? 그 느낌에 집중하라. 그리고 눈을 뜨고 주변을 보라. 아래에 당신이 경험한 것을 적어 보라.

____

____

____

____

안전한 공간을 설명하는 단어 하나를 찾아보라.

____

____

이제부터 언제든 당신이 고통스럽거나 필요하다면 좋고 안전한 돌아갈 수 있으며, 그곳으로부터 힘을 얻을 수 있다.

● 활동 2-1: 나의 안전한 장소 콜라주 혹은 그리기 ●

일지에 안전 장소의 콜라주를 그리거나 만들어 보라. 콜라주는 주제를 표현하는 종잇조각들을 붙인 사진, 글, 물체의 모음이다. 이 그림, 콜라주, 혹은 안전한 장소에는 맞고 틀리고가 없다. 당신에게 맞는 것만 있을 뿐이다.

당신의 안전한 장소를 안전하게 유지하기

트라우마에 대해 더 작성하기 전에, 먼저 당신의 안전한 공간에 대해 생각하고, 그곳이 왜 안전한지 혹은 어떻게 만들 수 있는지 생각해 볼 시간을 충분히 가져보자. 당신은 안전한 장소를 언제 이용해야 하는지에 대해 생각하는 데 시간이 들 것이다. 당신이 안전한 장소에 빠르게 도달할 수 있는 수단을 가지는 것은 중요하다(Cohen, Barnes, & Rankin, 1995).

만약 당신의 안전한 장소가 집이나 기타 물리적 공간이라면, 그 장소를 본인만의 공간으로 유지할 수 있는지가 중요하다. 그곳은 아이들이 와서 놀거나 당신의 작업을 방해할 수 있는 곳이 아니다. 이 장소는 또한 긍정적인 에너지를 품고 있는 공간이어야 한다. 그 장소를 안전한 공간으로 사용하기 전에, 당신은 아마 그 장소를 청소하길 원할 수 있다. 당신은 그것을 작은 잎, 삼나무, 달콤한 풀 또는 향으로 씻을 수 있다. 일상적인 현실(청구서, 서류, 미완성 프로젝트)로 되돌아가도록 스트레스를 주거나 안전하지 않은지 확인하라. 당신은 그 방에 당신에게 백색 소음을 줄 수 있는 무언가 혹은 폭포나 분수의 작은 모형을 둘 수 있다. 당신은 풍수에 관한 책을 찾고 치유되는 것처럼 보이는 방법으로 가구들을 배열하기를 원할지도 모른다. 당신이 이 공간에 가지고 오는 에너지가 무엇이든 깨끗하고, 새롭고, 분노가 없다는 것이 중요하다(Louden, 1997). 또한 그러한 에너지를 주는 물건들을 가지고 오는 것이 중요하다. 당신은 아마 건강한 삶을 이어서 살아가기에 충분히 회복되었다고 믿은 다음에 되고 싶은 모습의 상징인 물건이나 사진을 가지고 있다. 기억하라! 당신이 이 공간을 안전하게 만들었을 때, 그것을 보고, 냄새를 맡고, 만지고, 듣고, 맛보고, 느끼는 것이 중요하다. 안전한 장소는 당신이 원할 때면 언제든지 몇 초 만에 갈 수 있는 장소다. (연습하기 2-4)

시각화를 통해 당신의 안전한 공간에 도달하기

당신이 안전한 공간을 마음속에 만들 때, 당신은 시각화(visualization)를 사용한다. 모두가 이 기

연습하기 2-4: 나의 안전한 공간 갖기

지금부터, 당신이 스트레스를 받거나 그렇게 하는 것이 필요하다고 느낄 때, 상징, 인용구, 혹은 물건을 통해 당신의 좋고 안전한 공간으로 돌아갈 수 있으며, 그곳으로부터 힘을 얻을 수 있다(Ayalon & Flasher, 1993).

당신은 아래에 안전한 공간을 대표하는 상징을 적을 수 있다.

예 해변을 대표하는 조개껍데기 사진 혹은 작은 조개껍데기 자체

____

____

____

____

당신의 안전한 공간으로 빠르게 이동할 수 있는 인용구:

____

법을 사용한다. 상상하거나 마음속에 환상을 만들 때 시각화를 사용한다. 만약 원한다면, 아마 안전한 공간에 들어가는 것을 도와주는 음성 기록을 만들거나 다른 즐거운 시각화를 만들 수도 있다. 이 기록은 개인적이고, 신뢰하지 못하는 사람에게는 공유되지 않는다.

스스로 체크인하기

자신의 몸과 마음이 어떻게 느끼는지 알아차리는 방법과 자신에게 일어난 트라우마 경험을 기억하거나, 작업하거나, 다룰 때 반응하는 방법을 배우는 것은 중요하다. 몸과 감정에 집중하고, 어떻게 반응하는지를 알아내는 것은 연습이 필요하다. Rosenbloom & Williams(2010)가 개발한 다음 단계는 당신이 직접 확인하는 데 도움이 될 것이다.

1. 무엇이든 당신이 현재 하고 있는 것을 멈춘다.
2. 잠시 잠깐 조용히 앉아 있는다.
3. 당신 내면으로 주의를 돌려서 몸이 어떻게 느껴지는지 스스로 알아차린다.
4. 당신의 몸 그 어디에서든 어떠한 긴장을 느끼고 있지는 않은지 살펴본다(예: 당신의 어깨, 배, 턱 혹은 등).
5. 숨을 참고 있지는 않은지 살펴본다.
6. 긴장을 유발하는 어떠한 행동이든 하고 있지는 않은지 살펴본다(예: 손톱을 깨물거나, 혹은 살점을 할퀴는 것).
7. 만약 당신이 인식할 수 있다면, 지금 알아차리는 감정이 무엇이든지 살펴본다(예: 공포, 슬픔, 화, 외로움 등).
8. 끊임없이 생각하고 있는지, 아니면 계속 집중할 수 있는지 살펴본다.
9. 만약 위의 어떠한 반응이라도 알아차린다면, 심호흡하거나 다음 절에 기술된 이완 기법을 사용하는 시간을 보낸다.

이완과 호흡 기법

이 워크북에서 당신에게 문제가 되는 특정 영역에 대해 작업하고 싶다면, 작업 전, 작업 중, 다양한 '연습하기'를 완수한 후에 당신은 이완과 호흡 기법을 사용하길 원할 것이다. 하지만 이것을 왜 하는가? Benson(1984)에 의하면, 당신이 이완에 대해 몇 주 동안 훈련한다면, 다음과 같은 것을 얻을 수 있을 것이다.

- 불안에 대한 증상 완화
- 두통 감소와 혈압 감소
- 불면증 완화
- 과호흡 방지를 위한 방법
- 공황에 대한 대처 방법

- 스트레스 수준을 줄이는 방법
- 평화를 더 느끼는 방법
- 창의력 증진

Schiraldi(2000)는 당신이 이완 기법을 사용하려고 할 때에 따르는 중요한 기본 안내 지침에 대해 명시했다. 당신에게 다음과 같은 것이 중요하다.

- 선택한 기법을 정기적으로, 적어도 매일 연습하기
- 기법을 사용하는 동안 특정 근육군과 특정 운동에 가능한 한 최대한 집중하기
- 운동과 이완 결합하기
- 당신에게 평화를 안겨줄 기법의 힘을 신뢰하기
- 기법을 시도하는 동안 불안하다면 안전한 공간으로 이동하기

어떤 이완 기법이든 사용하기 전에 네 가지 기본 요소를 가지는 것이 중요하다(Benson, 1975).

- **방해를 최소화할 수 있는 조용한 환경.** 심지어 배경의 소음도 방해가 될 수 있다. 당신이 방해받지 않는 것이 중요하다.
- **소리 없이 또는 낮고 부드러운 어조로 반복되는 것.** 예를 들어 단일 음절 단어 또는 소리와 같은 일정한 정신적 장치 등. 반복은 당신의 생각을 자유롭게 하고 하나에 집중하게 만든다. Benson은 'one(원)'이라는 단어가 단일 음절로 간단하고 중립적인 단어이기 때문에 이를 사용할 것을 제안했다.
- **반응을 강제하거나 일어나는 안정된 반응을 막지 않고, 쉬고 안정할 수 있게 돕는 수동적인 태도.** 당신의 마음에 들어오는 잡생각을 모두 무시하라.
- **최대한 편히 쉴 수 있는 편한 자세.** 이것은 근육의 활동을 줄인다. 당신은 머리와 팔을 받칠 수 있다. 원한다면, 신발을 벗고, 발을 어느 정도 위로 받칠 수 있다. 당신은 또한 몸에 끼는 옷을 벗을 수 있다. (연습하기 2-5)

● 연습하기 2-5: **심호흡하기** ●

이 첫 번째 '연습하기'는 Davis, Eshelman, & McKay(1995, 27)에 의해 수정 인용되었다.

1. 바닥의 담요 혹은 러그를 깔고 눕는다. 무릎을 몸쪽으로 구부리고 발가락을 바깥쪽으로 미세하게 돌리면서 발이 약 24센티미터만큼 떨어지도록 움직인다. 당신의 척추를 가능한 한 곧게 유지한다.
2. 당신 몸 전체를 살펴보고 힘이 들어가는 부분을 파악한다.
3. 한 손은 복부에, 다른 손은 가슴에 둔다.
4. 코를 통해 숨을 천천히 배로 들이마셔서 배가 손을 들어올리도록 한다. 가슴은 아주 조금만 움직이도록 해야 한다. 숫자를 다섯까지 셀 때까지 숨을 멈춘다.
5. 가볍게 웃으며 가능한 한 오래 입으로 숨을 내보낸다. 숨을 내쉴 때 쉬잇 하는 소리를 낸다.
6. 이것을 적어도 다섯 번 반복한다. 아마 결국 심호흡하는 시간이 5분에서 10분 정도로 늘어날 것이다.
7. 당신이 이 운동을 끝냈을 때, 몸에 긴장이 남아 있는지 살피기 위해 몸 전체를 다시 살펴본다. 한번 이 기법이 익숙해지면, 당신 몸에 긴장이 생길 때는 언제나 앉아 있거나 서서도 이 기법을 사용할 수 있다.

점진적 이완

당신은 또한 근육의 다양한 부분을 긴장과 이완을 통해 이완시키는 법을 배우고 싶을 것이다. 이것은 점진적 이완(progressive relaxation)이라고 불리는 기법을 통해 달성될 수 있다. 이 기법은 다음의 근육 네 부분을 긴장시켰다가 이완하는 것을 돕는다.

- 손, 팔뚝, 이두박근
- 머리, 얼굴, 목, 어깨
- 가슴, 배, 허리 아래
- 엉덩이, 허벅지, 종아리, 발

당신은 아마 누워서 혹은 의자에 앉아서 이 기법을 연습할 것이다. 목표는 각 부분의 근육을 5~7초 동안 긴장시킨 후 20~30초 동안 이완시키며, 전체 과정을 적어도 2회 반복하는 것이다. 전체 과정을 마쳤는데도 긴장된 근육이 있다면, 그 부분의 근육을 단독으로 최대 5회까지 반복할 수 있다. 또한 긴장과 이완을 할 때, 당신 자신에게 긴장을 푸는 것과 관련된 어떠한 것이라도 말할 수 있다. 당신은 이 과정을 사용한 여러 가지 이완 기록물을 구매하거나 혹은 다음의 활동을 녹화하고 되돌려 볼 수 있다.

점진적 이완을 사용하는 또 다른 방법은 각 부분의 근육에 5초 동안 긴장을 유지하고, 그 후 조용하게 '이완하기 그리고 힘 빼기'라고 말하는 것이다. 그리고 큰 숨을 쉬고, 천천히, 그리고 조용히 '이완하기 그리고 힘 빼기'라고 다시 말한다. 연습하기 2-6, 2-7

연습하기 2-6: **기본 점진적 이완 과정**

이 과정은 당신의 머리부터 목, 어깨, 팔, 그리고 손, 가슴, 등, 배, 엉덩이, 다리, 그리고 발을 거친다. 당신은 반대 방향에서 시작하는 것을 선택할 수도 있다. 당신이 한번 순서대로 시작하면 진행하는 방향은 과정을 따르는 것만큼 중요하지 않다.

만약 당신이 연습에 대한 음성 녹음이나 그를 따르는 무언가를 만들었다면, 자신을 재촉하지 않도록 각 활동에 충분한 시간을 들인다(5~7초 정도의 긴장, 20~30초 정도의 이완). 또한, 각 활동 별로 두 번의 반복을 한다.

1. 이마에 주름을 잡는다.
2. 눈을 실눈처럼 가늘게 뜬다.
3. 입을 크게 벌린다.
4. 혀를 당신의 입천장에 대고 민다.
5. 턱을 꽉 다문다.
6. 머리를 베개에 꼭 댄다.
7. 가슴에 닿도록 머리를 앞으로 내민다.
8. 고개를 오른쪽 어깨 쪽으로 돌린다.

9. 고개를 왼쪽 어깨 쪽으로 돌린다.

10. 귀에 닿을 듯이 어깨를 으쓱한다.

11. 오른쪽 어깨를 귀에 닿을 듯 으쓱한다.

12. 왼쪽 어깨를 귀에 닿을 듯 으쓱한다.

13. 두 팔을 내밀고 각각의 손으로 주먹을 쥔다.

14. 한 번에 한쪽씩 손을 자신이 있는 곳의 표면 아래로 밀어 넣는다.

15. 한 번에 한쪽씩 주먹을 쥐고, 팔꿈치에서 팔을 접고 팔을 조인다.

16. 심호흡하고 멈춘다.

17. 가슴 근육을 조인다.

18. 등을 새우등처럼 구부린다.

19. 배 부위를 조인다.

20. 배 부위를 밖으로 밀어낸다.

21. 배 부위를 안쪽으로 당긴다.

22. 엉덩이를 꽉 조인다.

23. 연습 중인 표면에 발뒤꿈치를 밀어 넣는다.

24. 무릎 아래쪽 다리 근육을 조인다.

25. 발가락을 발밑에 닿도록 아래로 구부린다.

26. 발가락을 무릎에 닿을 듯 위로 들어 올린다.

연습하기 2-7: **빠른 이완**

이완을 위한 또 다른 빠른 방법은 전체 근육을 5~7초 동안 긴장시킨 다음 이완시키는 것이다. 이 '연습하기'는 또한 Davis, Eshelman, & McKay(1995, 35 – 38)에서 수정 인용되었다. 이 운동은 누워서 해야 한다.

1. 역도 선수 자세를 취하듯 양 주먹을 오므리고 이두박근과 팔뚝을 조인 다음 긴장을 푼다.
2. 이마에 주름을 잡고 동시에 머리를 최대한 뒤로 누르고 시계방향으로 완전한 원을 그리며 굴린다. 그 후에 반대 방향으로 굴린다. 그리고 눈을 가늘게 뜨고 입술을 오므리고 혀를 입천장에 대고 어깨를 으쓱하면서 얼굴의 근육을 찡그린다. 그리고 이완한다.
3. 등을 구부리고 가슴으로 심호흡을 한다. 5초 동안 유지하고, 그 후 이완한다. 배를 누르면서 심호흡을 한 번 더 한다. 5초 동안 유지하고, 이완한다.
4. 정강이를 조이면서 발과 발가락을 얼굴 쪽으로 당긴다. 그리고 발가락을 구부리면서 종아리, 허벅지, 엉덩이를 동시에 조인다. 그리고 이완한다.

성공적인 근육 이완은 연습하기에 달려 있다. 당신은 이완하면서 혼잣말을 할 수도 있고, 더 완전한 휴식을 얻기 위해 그냥 두거나 더 깊이 이완하라고 자신에게 말할 수도 있다. 만약 당신이 근육이 약하거나 섬유근육통과 같은 근육 상태라면, 이러한 운동은 맞지 않을 수도 있다. 먼저 외과 의사와 상의하라.

또 다른 이완 기법

이 기법은 당신이 이완할 시간을 충분히 가지고 있을 때 사용하는 것이 좋다(Rosenbloom & Williams, 2010, 21–22 수정 인용).

먼저, 편안한 자세를 찾고 눈을 감는다. 다음 몇 분 동안은 호흡에 집중한다. 깊은 심호흡을 진행한다. 숨을 들이마실 때 폐의 움직임을 느껴 보고, 완전히 확장하려고 노력하면서 느껴 보고, 숨을 내쉴 때 자신의 폐를 관찰하고 느껴 보도록 노력한다. 숨쉬기에는 옳고 그른 방법이 없다. 중요한 것은 당신이 일상생활에서 일어나는 어떤 일에도 걱정하지 않고 긴장을 풀려고 노력하는 것이다.

호흡과 폐에 계속 집중하고, 숨을 들이마실 때의 폐를 상상하고, 신선한 공기로 가득 찬 것을 상상하고, 이완할 때에 숨을 내쉬는 것을 상상한다. 이제, 마음의 눈에서, 모든 뼈, 근육, 신경, 조직에서, 이완에 녹아드는 느낌을 느끼면서, '이완하라'라고 말하는 메시지를 보거나 듣는다.

다음으로 왼쪽 발과 발목에 주의를 기울이고 숨을 들이마시면서 발을 부드럽게 구부린다. 숨을 내쉬면서 발을 풀고 힘을 뺀다. 이제 오른쪽 발과 발목에 주의를 기울이고 숨을 들이마시면서 발을 부드럽게 구부린다. 숨을 내쉬면서 발을 풀고 힘을 뺀다. 하루의 모든 근심이 당신의 발을 통해 빠져나가게 한다. 당신이 듣는 어떤 소음도 이완을 심화시킬 뿐이다.

이제 왼쪽 종아리의 근육을 느껴 본다. 숨을 들이마시며 왼쪽 종아리의 근육을 수축시키고 숨을 내쉬면서 종아리 긴장을 풀도록 한다. 이제 오른쪽 종아리의 근육을 느껴 본다. 숨을 들이마시며 근육을 수축시키고, 숨을 내쉬면서 완전히 이완시킨다. 호흡 리듬을 당신에게 가장 편안한 것으로 조절하고, 숨을 들이마시며 휴식, 평화, 자기애를 받아들이고, 숨을 내쉬며 긴장감, 그날의 압박감, 그리고 당신에게 미치는 트라우마의 영향을 뱉어낸다고 생각한다. 이런 식으로 긴장을 푸는 것은 학습 과정이다. 그것은 편안해지는 법, 자신과 평화로운 법, 세상과 평화로운 법, 긴장을 푸는 법을 배우는 방법이다.

이제 왼쪽 허벅지 근육에 주의를 기울인다. 숨을 들이마시며 이 근육을 수축시키고, 그 다음 숨을 내쉬면서 근육이 이완되는 것을 느껴 본다. 이후에 오른쪽 허벅지 근육에 주의를 기울여 숨을 들이마시며 수축시키고, 그 다음 숨을 내쉬면서 양다리의 근육이 완전히 이완되는 것을 느껴 본다. 이제 숨을 들이마시고 엉덩이로 초점을 옮기고 근육을 수축시킨 후, 숨을 내쉬면서 엉덩이를 이완해 보자.

다음으로, 당신의 초점을 배로 옮기면서, 숨을 들이마시며 위 근육을 수축시킨다. 그러고 나서 숨을 내쉬면서 위 근육이 점차적으로 이완되도록 노력하라. 이제 당신의 가슴에 주의를 기울이고 가슴이 산소와 힘으로 가득 찬 것을 느끼면서 숨을 들이마신다. 숨을 내쉬면서, 당신을 괴롭히는 모든 긴장을 이완하라. 당신의 정신과 신체의 의식적인 과정에서 이완의 느낌을 경험하려고 노력한다.

이제 손에 주의를 기울인다. 숨을 들이마시면서 두 손을 꽉 쥐고 주먹을 만든다. 숨을 내쉬면서 주먹을 푼다. 그렇게 하면서, 의식적으로 당신이 잡고 있는 모든 것을 놓고 이완하려고 해본다. 당신은 주변의 세상으로부터 따뜻함과 활력을 불어넣는 에너지를 받기 위해 긴장을 풀면서 손바닥을 펼 수도 있다. 또한 계란을 쥐듯이 손을 동그랗게 만 상태로 두 손을 점점 더 가까이 가져가, 그 사이에 흐르는 에너지를 느껴볼 수도 있다. 당신이 이 운동을 하면서, 이완되는 느낌과 에너지가 손부터 시작해서 팔뚝, 팔꿈치, 그리고 어깨까지 위로 이동하도록 한다.

다음으로, 당신의 어깨에 주의를 집중한다. 숨을 들이마시면서 어깨를 수축시킨다. 이 자세로 몇 초간 유지한 후에, 숨을 내쉬면서 어깨가 잡고 있던 긴장이 바깥쪽으로 방출되는 것을 느낀다. 어깨와 목덜미 사이의 부분을 느껴 본다. 따뜻한 에너지가 그곳에 머물게 하여 축적된 긴장과 압력을 녹일 수 있도록 하라. 이제 따뜻한 기운이 목을 통해 위로 이동하여 목이 완전히 이완되면서 목이 머리를 지탱하는 것을 느낀다.

마지막으로, 얼굴의 근육으로 주의를 돌린다. 턱, 입, 눈, 뺨, 이마의 근육을 부드럽게 긴장시킨다. 그러고 나서 얼굴 전체를 이완시키고 긴장을 풀어준다. 잠시 동안 당신의 온몸을 통해 느끼는 편안함을 즐긴다. 만약 신체의 어떤 부분이 완전히 이완되지 않는다면, 주의를 그곳으로 돌리라. 숨을 들이마시고, 몸의 그 부분에서 긴장의 마지막 조각들이 녹아 나오도록 하라. 만약 안전하고, 편안하고, 긴장이 풀린다면 주의를 집중하기 힘들거나 나른하다고 해도 상관없다.

이완을 위한 명상 시도

어떤 사람들은 높은 집중력과 알아차림을 추구하면서 긴장을 풀고 자신을 진정시키기 위해 명상을 사용한다. 만약 당신이 명상이 처음이라면, 마음을 진정시키고 조용하게 하려고 노력할 때 당신의 주의를 산만하게 하는 생각이 생길지도 모른다. 만약 그렇다면, 명상 전에 인지에 집중하기 위해 몇몇 이미지를 사용하는 것을 시도해 볼 수 있다. 만약 당신이 다음의 장면 혹은 물건에 대해 명확한 정신적 이미지를 만들 수 있다면, 당신은 이완에 곧바로 집중할 수 있을 것이다. 지금, 다음의 명확한 이미지를 만들어 보라.

- 당신의 가장 친한 친구의 얼굴
- 조각 내기 전의 칠면조
- 현재 집에 있는 침대
- 시원한 레모네이드 한 잔
- 들판에 있는 야생화
- 스파게티 소스를 요리하는 냄새
- 레이스 트랙에서 경주용 차 타기
- 모래사장 위 당신의 맨발
- 당신의 살결에 닿은 벨벳의 촉감
- 고양이 울음소리

주의를 집중하기 위해 위 이미지 중 하나를 사용하고 명상에 집중하라. 만약 걱정거리가 계속 떠오른다면, 걱정거리를 알아차리며 당신의 초점을 따라 돌아다니도록 두고, 그것에 집중하지 않고 지속되도록 놔두자.

명상하기 전에 심호흡을 하고 이완하는 방법을 아는 것도 중요하다. 만약 이것이 효과가 없다면, Benson(1975)이 제안한 것처럼 한 단어나 음절[예: '원(one)' 또는 '옴(om)']을 계속해서 반복할 수 있다. 처음에는 5분에서 10분 동안 이것을 시도해 보고, 가능하면 15분까지 늘린다.

이완과 안전감 느끼기를 돕기 위한 마음챙김의 활용

마음챙김(mindfulness)은 당신이 순간순간의 경험 속에 살아가는 것을 연습함으로써 고통을 덜어주고 삶을 의미 있게 만들 것을 약속하는 경험에 대한 특별한 태도이다. 마음챙김은 수용적 관점에서 현재의 경험에 대한 인식이다(Siegel, 2010). 당신이 그 순간에 무엇이 일어나고 있는지 집중할 때에, 마음챙김은 당신이 진정하고, 스트레스를 줄이고, 감정을 조절하고, 성과를 향상시키고, 더 효과적으로 생각하는 법을 배우도록 도와줄 수 있다. 당신 주변에서 무엇이 일어나는지, 당신의 몸이 어떻게 느끼는지와 같은 것들이다. 마음챙김은 당신의 내면세계와 외부세계에 관심을 기울이는 방법을 친절하게 가르쳐 준다. 그것은 당신이 자신의 경험과 머릿속에서 일어나는 생각과 '잡념'을 볼 수 있게 해준다. 기억하라. 당신의 생각은 당신 자신이 아니다. 그런 생각에 사로잡히지 않으면 감정이 매우 격해지지는 않을 것이다. 일부 마음챙김 전문가들은 그것이 시시각각 일어나는 일의 연속된 인식을 사용하는 명상의 한 형태라고 말한다. 이것은 주의 깊게 듣고 보고 관찰하는 것을 포함한다. 다시 말해서, Siegel(2010)에 따르면, 마음챙김은 즉각적인 반응을 보이지 않고, 자신이 생각하고 느끼는 것을 알아차리는 것뿐만이 아니라, 시간을 갖고 자신에게 아무것도 하지 않는 공간과 자유를 허용하는 것을 말한다. 이것은 시각, 청각, 촉각, 미각, 후각을 사용함으로써 지금 그리고 여기에 있는 자신을 허용한다는 것을 의미한다.

당신은 생각을 자신의 머리 위에 떠다니는 구름처럼 생각할지도 모른다. 당신은 그것을 알아채지만, 그것은 당신을 이리저리 움직이게 하거나 그것이 지나가는 것을 보면서 균형을 잃게 만들지는 않는다. 비록 당신의 생각, 감정, 기억이 당신을 지나쳐 가고 있지만, 당신은 여전히 지금 그리고 여기에 서 있다. 당신이 좀 더 마음챙김을 하도록 자신을 훈련시킬 때, 당신의 마음은 저절로 고요해진다. 당신은 더 차분해지고 더 명확하게 생각할 수 있고 고통스러운 경험의 강도를 견딜 수 있는 향상된 수용력을 얻을 수 있다.

마음챙김은 실제로 스트레스에 대한 균형을 유지하고 반응을 개선하는 데 도움을 주는 뇌의 높은 부분을 강화하고, 질병과 싸우는 면역 체계의 능력을 향상시킨다. 마음챙김을 실천하는 사람들은 종종 향상된 집중력을 가지며 심지어 자신의 혈압을 낮추기도 한다.

당신은 계획적인 마음챙김 연습에 참여함으로써 더욱 충만해질 수 있다. 마음챙김 연습을 시작하는 좋은 방법은 집중하는 법을 배우는 것이다. 집중할 물체를 선택하라. 당신의 마음이 그 물체로부터 멀어졌다는 것을 알아차릴 때마다, 부드럽게 그것을 되돌려보라. 평소의 마음챙김 연습은 하루 동안 그 순간에 일어나는 모든 것에 주의를 기울이도록 자신에게 상기시키는 것을 포함한다. 걸을 때 걷는 느낌과 먹을 때 먹는 음식의 맛을 알아차려 보라. 공식적인 명상 연습은 당신의 정신적 '체육관(gym)'에 갈 시간을 따로 마련하는 것을 포함한다. 이상적으로, 매일, 당신은 조용히 앉아서 숨을 쉬는 데 일정한 시간을 할애할 수 있을 것이다. 그 시간 동안, 당신의 유일한 목표는 당신의 마음이 방황하기 시작할 때 부드럽게 되돌아오는 숨의 감각에 주의를 기울이는 것이다.

마음챙김을 실천하는 방법에 대한 더 많은 정보를 얻고 싶다면, Jon Kabat-Zinn의 책, 『*Wherever You Go, There You Are: Mindfulness Meditation in Everyday Life*』(1994)를 확인해 보라. 그 외 유용한 자료는 http://www.umassmed.edu/cfm에서 이용할 수 있으며, both http://www.mindfulnesscds.com과 http://www.mindfulness-solution.com에는 안내된 마음챙김 연습에 대한 정보가 있다.

마음챙김을 연습하는 것은 다양한 이점이 있다. 몇몇 연구는 마음챙김 연습이 스트레스를 물리치는 신체의 능력을 증가시킬 수 있다는 것을 밝혀냈다. Kabat-Zinn(1994)은 마음챙김을 연습하는 것이 부정적인 감정을 줄이는 동시에 긍정적인 감정을 증가시킬 수 있다는 것을 발견했다. 그것은 기억, 학습 및 공감과 관련된 뇌 영역 중 회백질의 양을 증가시킬 수 있다.

이 워크북의 많은 치료 연습은 인지 행동 치료(CBT)의 형태이다. "마음챙김의 주요 요소 중 일부는 본질적으로 인지 행동적인 것으로 보인다. 노출, 인지 재훈련, 감정 조절이 그러하다"(Briere & Scott, 2015, 220). 명상은 당신이 지속적으로 떠오르는 기억을 가지고 있다면 어려울 수 있다. 명상은 종종 마음챙김 기법으로 추천되는 데 도움은 되지 않을 수 있다. 하지만, 마음챙김의 알아차림 기법을 사용함으로써, 당신 주변의 세상에 주의를 기울이는 법을 배우는 것은 당신이 해리되기 시작하거나 기억이 침투하기 시작할 때 진정시키는 데 도움이 될 수 있다. 비슷한 관점에서, 사려 깊고 비판단적인 접근법을 사용하여 당신의 부정적인 믿음에 대해 다루는 것은 부정적인 자기 판단을 줄이는 데 도움이 될 수 있다. 다시 말해, 마음챙김은 실제로 자기 연민을 형성하는 데 도움을 줄 수 있다.

워크북으로 작업하는 것을 언제 멈추어야 하는가?

이 책은 처음부터 끝까지 빠르게 작업할 수 있는 책이 아니다. 당신에게 적용할 수 있는 작업만을 선택하라. 당신은 단지 한두 장, 혹은 한두 절에 있는 기법을 사용할 수도 있고, 당신에게 도움이 될 기법과 '연습하기'가 많은 장을 발견할 수도 있다. 만약 당신을 압도하는 '연습하기'를 직면하면, 이 책을 치우고 다른 것을 하라. 만약 당신이 다음에 제시된 항목 중 하나 이상의 징후를 알아차린다면, 이 책의 작업을 멈추는 것이 중요하다. 이러한 신호는 Rosenbloom & Williams(2010)에서 수정 인용된 것이다. 이럴 때 작업을 접어 두라.

- 당신의 몸이 현재에 있다고 느껴지지 않거나 주변에 대해 알아차리지 못하는 경우, 혹은 시간에 대한 감각을 잃기 시작하는 경우(이것은 해리의 증상이다)
- 만약 당신이 트라우마 사건에 대한 플래시백을 겪기 시작하거나 더욱 자주 강렬한 플래시백을 겪는 경우
- 다루기 어려운 감정이 당신을 지배하기 시작하는 경우
- 분노, 화, 짜증, 우울, 공포, 불안, 비애, 혹은 제어할 수 없거나 근원을 알 수 없는 기타 감정을 경험하는 경우
- 만약 당신이 자해를 시작하거나, 더욱 심하게, 더욱 자주 자해를 하는 경우
- 당신이 알코올 남용, 약, 섭식, 성, 혹은 일을 포함한 중독적이고 강박적인 행동을 하는 경우
- 섭식장애(섭식 거부)를 시작하거나 폭식증(엄청난 양을 먹고 게워내는 것)을 발전시키기 시작하는 경우
- 완전히 마비되고 감정을 느끼지 못하기 시작하는 경우
- 감정에 대해 알 수 없을 경우
- 당신 자신을 고립시키고 다른 사람을 피하려고 하는 경우
- 어떤 평범한 삶의 패턴에 있어 강렬한 변화가 있을 경우

이러한 징후가 나타나면 작업을 계속하기 전에 당신을 돌보라. 만약 당신이 겪고 있는 반응이 너무 강렬해진다면, 당신은 며칠 또는 몇 주가 필요하다는 것을 발견할지도 모른다. 또한, 만약 당신이 작업에 압도당하고 지원과 지도가 필요하다고 느낀다면, 자격을 갖춘 트라우마 전문의의 도움을 구하라. 가급적 트라우마 스트레스 전문의 협회(Association of Traumatic Stress Specialists: ATSS)에

서 인증한 의사가 좋다.

또한 휴식을 취하는 동안 자기 돌봄(self-care)을 위해 다음의 전략을 선택할 수 있다(Pearlman & Saakvitne, 1995 수정 인용).

- 신체적인 자기 돌봄을 위해 당신은 건강하고 균형 잡힌 식사를 하고, 운동을 하고, 담요로 몸을 단단히 감싸고, 가장 좋아하는 의자에 앉고, 정기적인 건강 검진을 받고, 마사지를 받고, 운동을 하고, 휴식을 취하기를 결정할 수 있다. 또한 잠을 자고, 따뜻한 물로 목욕이나 샤워를 하고, 재활용을 하고, 집안일이나 정원 일을 하고, 휴가를 갈 수도 있다.
- 심리적 자기 돌봄을 위해 당신은 명상을 하고, 일기를 쓰고, 편안한 오디오 녹음을 듣고, 일상적인 스트레스를 줄이고, 공인된 트라우마 상담자를 찾고, 하고 싶은 일에 전념하고, 재미있는 것을 읽고, 다른 사람의 요청을 거절할 수 있다. 감정을 발산하기 위해, 베개를 때리거나 전화번호부를 찢을 수도 있다.
- 정서적인 자기 돌봄을 위해 당신은 당신이 사랑하고 좋아하는 가족과 시간을 보내고, 당신이 사랑하는 사람과 다시 연락하고, 당신이 가장 좋아하는 영화나 TV 쇼를 보고, 당신이 가장 좋아하는 음악을 듣고, 웃거나 울거나, 놀거나, 대의를 위해 싸움을 하는 것이 필요하다고 결정할 수 있다.
- 영적 자기 돌봄을 위해 당신은 교회나 다른 영적 단체에 가거나, 가입하거나, 영적인 책을 읽고, 자연에서 시간을 보내고, 당신이 누구인지 그리고 당신이 가지고 있는 것에 감사하며 시간을 보내고, 기도하고, 세상이나 동물이나 자연의 삶을 더 낫게 하기 위해 무언가 도움이 되는 것을 결정할 수 있다. 경외심, 경이로움, 아름다움을 위해, 당신은 자연 속을 걷고, 음악을 듣거나, 예술을 보고 싶을지도 모른다. 경외심은 호기심과 당신의 환경과 다른 사람로부터 회피하는 것이 아니라 탐험하려는 욕망과 관련이 있다.
- 직업/직장 자기 돌봄을 위해 당신은 근무 시간 동안 할당된 휴식을 취하거나 취해야 될 필요가 있을 수 있다. 업무 시간을 유연하게 사용할 수 있는지 확인하고, 업무를 마감일까지(혹은 그 이전에) 완료하고, 기일을 정하라. 다른 근로자나 상사와 좋은 관계를 발전시키려면, 업무에서 보람 있는 일을 찾거나, 삶의 다른 측면과 업무의 균형을 맞추려고 노력하라. (연습하기 2-8)

다음 장들을 통해 하는 작업은 당신을 더욱 취약하게 하고 다른 사람의 도움을 필요하게 만들지도 모른다. 만약 당신이 어느 지점에서 압도당한다고 느낀다면, 이 장에 나오는 이완과 호흡 전략을 사용하는 것을 기억하라. 당신은 이 장의 '연습하기' 작업을 통해 당신 스스로 안정시킬 수 있는 많은 긍정적인 기법을 배웠다. 이제 당신은 거친 작업을 해낼 준비가 되었다. 시작하면, 독일의 극작가 괴테의 다음 구절을 명심하라. "누구나 시작하기 전에는 망설임이 있다. …… 자기 스스로 기꺼이 헌신한다면, 하늘도 움직인다. 온갖 일들이 그 사람을 돕기 위해 일어날 것이다. 스스로 돕지 않는다면 그런 일은 절대 일어나지 않을 것이다. …… 지금 시작하라."

연습하기 2-8: **나의 안전망**

이 워크북을 사용하여 트라우마 경험과 증상을 극복하면서 필요할 때 다른 사람들과 관계를 유지하는 것도 중요하다. 당신을 돌봐줄 수 있는 다른 사람을 찾는 것은 중요하다. 만약 당신을 도와줄 수 있는 가족 구성원이 없다면, 직장, 교회, 지원 단체(예: AA, ACOA) 또는 사회단체를 통해 다른 사람과 관계를 구축할 수 있다. 당신은 아래에 당신을 지원할 수 있는 사람들의 전화번호를 나열할 수 있다. 하지만, 만약 당신이 위기에 처해 있을 때 그들 중 누구도 연락되지 않는다고 해도, 당신은 안전하게 지낼 수 있다는 것을 기억하라. 이 목록의 끝에, 아무도 없는 경우에도 안전하게 지낼 방법을 추가할 수 있다.

내가 알아야 하는 전화번호는 다음과 같다.

1. 나의 가장 친한 친구:

____

2. 지역 위기상담 번호:

____

3. 나의 애인이나 배우자:

____

4. 나의 상담자:

____

5. 나의 주치의:

6. 나와 가까운 가족 구성원:

7. 나의 이웃:

8. 지역 병원:

9. 나의 자녀:

만약 이 사람 중 누구와도 연락이 안 되고 안전하지 않다고 느낀다면, 누군가와 연락이 될 때까지 안전을 유지하기 위해 다음과 같은 것을 할 수 있다.

3

자신에게 일어난 일을 인지하고 기록하기

당신을 괴롭히는 증상을 다루기 전에, 자신에게 부담을 주거나 재차 트라우마를 겪지 않고, 증상이 어디에서 오는지, 즉 당신에게 일어난 일이 무엇인지 확인하는 것이 중요하다. 기억하라. 이 장이나 다른 장의 어느 부분에서든, 자신을 안정시키기 위해 2장의 '연습하기'를 참고할 수 있다.

또한, 당신은 자신이 하는 활동을 볼 수 있고, 당신이 **주관적 고통 지수 척도**(subjective units of distress scale: SUDS)를 사용함으로써 특정 시간에 느끼는 스트레스의 양과 자신을 평가할 수 있다. 높은 SUDS 수준은 진정, 안정, 심호흡이 매우 필요하다는 것을 나타낸다.

자기만의 SUDS 만들기

SUDS는 당신이 얼마나 많은 고통을 겪고 있는지를 자신이나 다른 사람들에게 전달하는 한 가지 방법이다. 척도는 최소 고통에서 최대 고통까지 0부터 10까지의 11개 점수로 구성된다. 이 척도에 당신 자신의 측정치를 기입하는 것이 중요하다. 때때로, 당신의 고통이 10을 넘는 것처럼 보일 수도 있다. 이 척도는 Smyth(1999)의 연구에서 수정 인용되었다.

0 = 나는 괴로움 없이 완전히 편안하다. 나는 깊은 잠에 빠져 있는지도 모른다.

1 = 나는 매우 여유롭다. 나는 깨어 있지만 졸고 있는지도 모른다.

2 = 나는 깨어 있지만, 긴장감을 느끼지 않는다.

3 = 나는 약간의 긴장감을 느낀다. 약간의 긴장감은 나의 주의가 흐트러지지 않게 해준다.

4 = 나는 약간의 괴로움, 불안, 두려움 또는 불안과 신체의 긴장을 느끼고 있다.

5 = 나의 괴로움은 다소 불쾌하지만 그래도 참을 수 있다(거대한 거미가 있는 거미줄이 보이지만, 그것은 몇 피트 떨어져 있어서 거미가 그 거리를 뛰어올 수는 없다).

6 = 나는 적당한 괴로움과 불쾌한 감정을 느끼고 있다. 나는 약간의 걱정과 불안감을 가지고 있다.

7 = 비록 아직 참을 수 있고 선명하게 사고할 수 있지만, 지금 내 몸의 긴장은 상당하고 불쾌하다.

8 = 나는 높은 수준의 공포, 불안, 걱정으로 엄청난 고통을 느끼고 있다. 나는 이 정도의 고통을 오래 견딜 수 없다.

9 = 괴로움이 너무 커서 내 사고에 영향을 미치고 있다. 그냥 제대로 생각할 수가 없다.

10 = 나는 극도의 고통에 처해 있다. 나는 완전히 공포로 가득 차 있고 내 몸 전체에 극도의 긴장감이 있다. 이것은 내가 상상할 수 있는 최악의 공포와 불안이다. 이것은 매우 강렬해서 아무것도 생각할 수 없다.

당신은 이 책의 작업을 수행하는 동안 언제든지 이 척도를 사용할 수 있다. 당신은 어느 정도의 SUDS 점수에서, 자신을 진정시키기 위해 작업을 멈추고 2장의 '연습하기'로 돌아가야 하는지를 결정할 수 있다. 또한 어떤 SUDS 수준에 고착되면 당신이 일정 기간 동안 워크북 작업을 중단하고 상담자와 상담해야 함을 의미하는지 결정할 수 있다.

이 시점에, 당신의 SUDS 수준은 어느 정도인가?

____

왜 이 수준을 골랐는가?

____

____

기억과 회상에 대해 더 알아보기

이 장에서는 우리는 트라우마 목록을 통해 당신에게 무슨 일이 일어났는지 확인하도록 요청할 것이며, 나중에 트라우마 타임라인을 그리도록 요청할 것이다. 두 작업 모두 당신에게 무슨 일이 일어났는지 기억하도록 요구한다. 하지만 기억이 나지 않는다면 어떻게 해야 할까? 만약 당신에게 무슨 일이 일어났다는 것을 어렴풋이 눈치만 채고 있다면? 그 충격적인 사건이 당신에게 일어났다고 얼마나 확신하는가? 일부 충격적인 사건은 기록, 신문 기사 등을 통해 자신이 경험한 것처럼 느껴진다. 다른 것들은 완전히 알려지지 않을 수도 있다. 당신은 1장에서 주어진 치유 과정 단계 중 어디에 자기 자신을 두었는가?(p.39의 '연습하기: 나의 치유 연대기' 참고) 필요하다고 생각한다면, 당신에게 일어난 특정한 트라우마 사건에 대해 일지나 공책에 이와 같은 '연습하기'를 완료할 수 있다.

당신은 자신의 경험을 시작, 중간, 끝이 있는 완전한 이야기로 떠올리지 못할 수도 있다(Schauer, Neuner, & Elbert, 2012). 당신이 무슨 일이 일어났는지 떠올리기 시작할 때, 기억은 매우 감정적이고, 체계적이지 않거나, 단편적일 수 있다. 당신은 기억을 마치 그림을 그리듯이 모형화하거나 재배치하여 감각적 지각을 재구성하고 싶을지도 모른다.

당신의 기억은 삶의 주요 주제(예: 초기 학교생활)를 중심으로 구성된 삶의 특정 시기(예: 4세에서 9세 사이의 어린 시절)와 관련이 있을 수 있다. 당신의 기억은 삶의 사건 반복에서 기인했을 수 있고, 특정 사건 때문일 수도 있다(Conway & Pleydell-Pearce, 2000). 하지만, 특정 트라우마 사건에 대한 기억은 또한 자전적인 기억의 관점에서 왜곡될 수도 있다. 사건을 특정 시간대에 배열하지 못할 수 있다. 그것은 **강렬한 기억(hot memory)**일 수도 있고, 특별한 영향을 미치는 기억일 수도 있다.

트라우마 목록 구성하기

당신을 계속 괴롭히는 증상에 대해 작업하기 전에, 당신이 겪은 트라우마 사건에 대해 특정한 순서 없이 목록화하는 것을 통해 긍정적이든 부정적이든 당신이 경험한 것에 대한 감각을 갖는 것이 중요하다. 자세한 내용은 언급하지 않고, 다음 목록을 사용하여 당신이 경험한 트라우마와 그것을 경험한 나이를 확인하라. 그렇게 한 뒤에, 당신은 최선을 다해 어떤 것이 장기적이고, 어떤 것이 단기적인지를 나타내는 트라우마 타임라인을 구성할 수 있다. 당신은 또한 경험한 트라우마에 대해 아주 간단한 글을 쓸 수도 있다. 당신이 경험하는 트라우마의 유형은 그러한 사건에 대한 당신의 반응에 영향을 미칠 수 있다. 그것은 트라우마 이야기를 쓸 때 참조 역할을 할 수 있다.

사건	나이	설명
자연재해로부터 생존(토네이도, 허리케인)		
화재로부터 생존		
예상하지 못한 자연사 목격		
폭력으로 인한 죽음 목격		
심각한 자동차 사고 경험		
비행기 사고 경험		
폭행 혹은 노상강도로부터 생존		
강도 혹은 절도로부터 생존		
가족 구성원의 살인사건		
전쟁에 대한 노출		
참전 군인 경험		
죽음과 고통에 노출된 난민		
어린 시절 신체적 학대		
어린 시절 삶을 위협하는 정도의 방임		
어린 시절 성적 학대		
어린 시절 심각한 정서적 학대		
성인기의 심각한 신체적 폭력 경험		
아는 사람에 의한 강간		
모르는 사람에 의한 강간		
한 번에 다수에 의한 강간		
종교적 학대로부터 생존		
어떠한 형태의 음란물에 관여됨		
어떠한 형태의 스너프 포르노에 관여됨		
죽음, 상해, 고통에 노출되는 직업에 종사		
직업 외의 폭력적인 죽음에 대한 노출		
고문으로부터 생존		
대참사 혹은 대학살로부터 생존		
기타 삶을 위협하는 사건		

당신이 겪은 모든 트라우마 경험에 대해 생각할 때, 당신은 경험에서 살아남았고 그렇게 하기 위해 많은 긍정적인 성격 특성을 사용했다는 것을 기억하라(Cohen, Barnes, & Rankin, 1995 수정 인용). 다음의 '연습하기'는 그러한 특성 중 일부를 나타낸다. (연습하기 3-1)

● 연습하기 3-1: **나의 긍정적 특성** ●

당신이 겪은 트라우마 경험을 언급하고 그 사건에서 당신이 이용한 긍정적 특성을 파악하라. 어떤 트라우마 사건에서 그 긍정적 특성을 이용하였는가?

언제, 어떻게 결단을 내렸는가?

언제, 어떻게 투쟁을 지속하고 결국 성공하고자 하는 의지를 보였는가?

언제, 어떻게 당신의 운명, 특히 당신 스스로와 당신의 지지 체계 속의 운명이 당신을 돕는가?

언제, 어떻게 용기를 보였는가?

트라우마를 경험하는 동안, 안전을 포함한 당신의 필요를 충족시키기 위해 언제, 어떻게 개인적 책임을 졌는가?

언제, 어떻게 당신의 창조성을 보였는가?

언제, 어떻게 당신의 회복탄력성을 보였는가?

언제, 어떻게 당신의 직감을 사용했는가?

언제, 어떻게 긍정성을 유지할 수 있었는가?

언제, 어떻게 신체적 힘을 사용할 수 있는가?

이 '연습하기'를 완료하는 것이 당신의 강점에 대해 무엇을 말해 주는가?

당신이 사용했던 다른 강점은 무엇인가?

트라우마 타임라인 만들기

트라우마 경험을 기록하는 한 가지 방법은 트라우마 타임라인을 그리는 것이다. 이것을 진행하는 것은 개인적인 트라우마 이야기를 다시 말할 수 있게 되는 큰 진전이다. 흰 종이를 들고 끝에서부터 시작하여, 당신 인생의 각 연도에 해당하는 칸을 수평선에 표시하라. 이 선은 30센티미터가 될 수도 있고 수 센티미터의 길이가 될 수도 있다. 당신은 종이의 끝에서 몇 센티미터 떨어진 곳에서부터 기록을 시작하여 그 전에 일어난 일을 기록할 수도 있다. 어머니께서 임신 중에 당신에게 큰 영향을 미칠 수 있는 심각한 사건을 겪었는가?(예: 어머니가 구타를 당했는가? 그녀가 넘어졌는가? 그녀가 사고를 당했는가? 이 시기에 치명적인 사망자가 있었는가? 그녀가 침대에 누워 있어야 했는가?)

일생 동안 당신에게 일어난 중요한 사건을 수평선 위에 놓아보자. 이러한 사건은 긍정적이거나 중립적인 사건(예: 개학, 새집으로 이사, 첫 데이트)일 수 있으며, 트라우마 사건(예: 질병, 부상, 학대)일 수도 있다. 선 아래에는 당신에게 중요한 사람에게 일어난 사건을 기록하라. 이러한 사건은 관찰자 또는 목격자로서 당신에게 영향을 미치지만 자신에게 직접적으로 일어나지는 않은 사건(사망, 출생 등)이어야 한다. 당신은 사건, 사람, 장소를 상징하기 위해 사진, 잡지의 그림, 개인적 물건 혹은 당신이나 다른 사람을 그린 그림을 선의 아래나 위에 작성하는 것으로 활용할 수도 있다.

당신이 원한다면 현재 나이를 넘어서 미래로 타임라인을 확장하고 향후 목표 중 일부를 넣을 수 있다. 어떤 사람은 이 타임라인을 "트라우마의 율법(the Torah of trauma)"이라고 불렀다. 당신은 타임라인을 혼자 만드는 것이 재트라우마 위험이 매우 크다는 것을 알아차릴지도 모른다. 필요한 경우 전문가의 도움을 받으라. 또한, 시간을 충분히 들이라. 한 번에 한 해 또는 몇 년 단위로 작성하고 나서 휴식을 취하라. 휴식을 취하고, 재정비하고, 긴장을 풀도록 하라.

트라우마 타임라인을 완성하면서 당신, 혹은 당신에게 일어난 일에 대해 무엇을 알 수 있는가?

____

____

글쓰기로 치유하기: 자신만의 트라우마 이야기 만들기

트라우마를 넘어서기 위해서는, 먼저 서로 다른 기억의 유형 속에서 트라우마에 관해 모두 떠올려야 한다. 불행하게도, 트라우마 경험을 떠올리는 것은 고통과 괴로움을 유발한다. 당신에게 일어난 일에 대해 생각하고 말하는 것을 피하는 것은 자연스러운 일이다. 트라우마 사건이 발생한 직후에, 회피는 효과적인 대처 전략이 될 수 있지만, 장기적으로 그것은 효과적이지 않고 스트레스를 주며, 회복을 막고 문제와 장애의 발전으로 이어진다.

트라우마 경험을 글쓰기로 표현하는 것은 당신이 안전한 현재로부터 과거를 분리시키는 것을 도와주는 노출치료의 한 형태이다. 이 과정은 당신의 공포를 줄여주고 감각 유발에 대한 당신의 반응을 완화시키는 것을 도와준다. 그것은 또한 당신의 이야기가 되어서 과거가 더 이상 당신의 현실에 침범하지 못하게 하는 일관성 있는 이야기를 만드는 것으로 트라우마 기억의 종결을 돕는다. 당신의 이야기는 자신만의 것이다. 당신의 트라우마 기억 조각들은 당신의 역사를 충분히 완성시키는 역사적 이야기의 일부가 된다. 당신은 다음 '활동'에서 제안한 것처럼 좀 더 비공식적으로 글을 쓰거나, 그 다음에서 설명하는 좀 더 체계적인 접근법 중 하나를 사용할 수 있다.

당신은 트라우마 사건이 언제, 어디서, 어떻게 일어났는지 설명하는 것으로 시작하고 싶을지도 모른다. 또한 당신은 준비가 되면 해당 사건의 최악의 부분을 설명하고 싶을지도 모른다. 당신은 트라우마의 결과인 사람, 기억, 신체 능력과 같은 모든 손실에 대해 이야기하고 싶을지도 모른다. 우리의 회복탄력성 또한 이 이야기의 중요한 부분이기 때문에, 당신은 사건을 통해 당신이 어떻게 앞으로 나아갔는지 그리고 트라우마 경험이 당신이 성장하는 데 어떻게 도움을 주었는지 이야기하길 원할 것이다. 글쓰기는 당신의 경험을 시각화하거나 상상함으로 인해 당신의 현재에서 제거하고 과거에 남겨둘 수 있다는 것을 알아차릴 수도 있다(Schauer, Neuner, & Elbert, 2011). 활동 3-1, 3-2

치유의 시간

이제 당신의 트라우마 경험을 확인했으니, 당신이 겪고 있는 PTSD 증상을 다룰 때가 되었다. 기억하라. 이 워크북은 처음부터 끝까지 진행하는 워크북이 아니다. 이것은 당신이 겪었을지도 모르는 트라우마의 모든 끔찍한 세부사항에 자신을 전부 노출하도록 요구하지 않는다. 가장 신경 쓰이는 증상들을 나열하고, 각 증상에 대한 치유 전략과 '연습하기'를 선택하라. 남은 대부분의 장에서는 PTSD의 네 가지 주요 진단 기준을 포함한 각 증상 범주를 다룬다. 작업 중 필요하다고 느끼거나 쉬고 싶을 때는 언제든지 휴식을 취하라. 치유에는 시간이 필요하며, 그 시간을 스스로에게 허용하라.

활동 3-1: 비형식적 글쓰기 혹은 음성 녹음

형식에 얽매이지 않고 트라우마 경험에 대한 모든 세부사항을 개방하기 위해서는, 경험에 대해 일지를 쓰거나 음성 녹음을 할 수 있다. 그렇게 함으로써, 당신은 다음 질문에 대해 스스로 물을 수 있다.

1. 트라우마 사건 이전에 어떠한 일이 일어났는가?

2. 무언가 잘못되었음을 어떻게 처음 알게 되었는가?

3. 그 다음으로는 어떤 일이 일어났는가?

4. 난 무엇을 했는가?

5. 어떠한 피해가 있었는가?

6. 이것이 끝났음을 나는 어떻게 알았는가?

7. 그 후에 나는 무엇을 했는가?

8. 후에 다른 사람들은 무엇을 했는가?

9. 어떤 순간이 최악이었는가?

● 활동 3-2: 회복을 위한 구조화된 글쓰기 ●

글쓰기에 대한 구조화된 접근 방식인 글쓰기 치료는 보다 직접적인 글쓰기 노출(Lichtenthal & Cruess, 2010)과 마찬가지로 트라우마 이력을 처리하는 데 효과적인 것으로 입증되었다(Van der Oord et al., 2010). 이 과정에서 트라우마에 대한 노출과 트라우마 관련 부정적 사고의 재구성은 매우 중요하다(Kalantari et al., 2012). 이 연습은 『복구를 위한 원고 쓰기: 재해 및 전쟁 후 구조적 쓰기를 위한 매뉴얼』(Yule et al., 2005, 2013)에서 수정 인용되었다. 이 접근법에서, 당신은 이틀 연속으로, 첫날에는 15분 동안 그리고 둘째 날에는 네 번의 다른 시간에 15분 동안 글을 쓰게 된다. 이 글은 다음에 요약된 것처럼 트라우마 경험과 관련된 여섯 가지 특정 문제에 초점을 맞추고 있다. 당신은 15분 내내 같은 사건에 대해 쓸 수도 있고, 생각나는 대로 다른 사건에 대해 쓸 수 있다. 글을 쓸 때 주제와는 상관없이 자신에게 완전히 솔직해지는 것이 중요하다. 셋째 날에는 좀 더 타인 지향적인 관점으로 글을 쓴다(예: 다른 사람을 돕기 위해 당신의 어떤 트라우마 경험을 나눌 것인가?).

첫날

트라우마에 대한 가장 깊은 감정과 생각을 적는다. 이 사건이 당신의 인생에 어떤 영향을 미쳤는가? 당신은 무슨 일이 일어났는지, 무엇을 보고 무엇을 느꼈는지, 무엇을 기억하는지를 묘사할 수 있다. 또한 당신은 이 사건을 어린 시절, 배우자 또는 중요한 다른 사람, 부모, 가족, 친구 및 동료와의 관계처럼 삶의 다른 부분과 연결하기를 원할지도 모른다. 이것은 당신이 사랑하는 사람들과 어떤 관계가 있는가? 당신이 미래에 되고 싶은 사람, 과거의 당신, 현재의 당신과 어떻게 연결되어 있는가? 당신은 가장 깊은 감정을 탐구하는 것 외에도, 심지어 트라우마와 관련된 꿈과 잊히지 않는 생각에 대해 쓸 수도 있다.

당신이 경험을 기억하는 모든 방법에 대해 써보자(광경, 소리, 냄새, 기억, 생각, 느낌 등). 당신은 그 경험을 인생에서 다른 중요한 것과 연결시킬 수 있다. 당신은 같은 경험이나 다른 측면 혹은 사건에 대해 쓰고 싶을 수도 있다.

둘째 날

당신을 가장 괴롭힌 감정적 격변이 어떤 것이든, 그것에 대한 당신의 생각과 감정을 탐구하

라. 그 사건 이후에 떠오른 감정에 집중하라. 당신은 죽을 뻔했는가? 일어난 일에 당신 책임이 있다고 생각하는가? 이제 당신이 알고 있는 것, 즉 당신은 죽지 않았고, 당신에게 책임이 없다는 사실에 대해 써보라. 당신은 또한 어제 쓴 것과 같은 강력한 감정이나 당신의 가족에 대한 것을 쓸 수도 있고, 당신이 누구와도 공유하지 않은 경험이나 감정에 대해 쓸 수도 있다.

당신에게 일어난 일에 대한 이야기를 쓰고, 원한다면, 스스로 살아남기 위해 무엇을 했는지에 대해 써보라. 비록 아무도 당신의 이야기를 보지 못할지라도, 광경, 소리, 냄새, 기억, 생각, 감정 등 당신이 트라우마를 기억하는 모든 방법에 대해 글을 쓰는 것이 중요하다. 당신은 생존을 다른 중요한 것과 연결시킬지도 모른다. 당신은 같은 주제에 대해 쓰거나, 당신이 다루지 않은 사건의 다른 측면에 대해 쓰고 싶을 수도 있다.

셋째 날

이 사건은 당신뿐만 아니라 주변의 모든 사람에게 영향을 미쳤다. 당신이 그것에 대해 생각하고 사람들에게 말하는 방식은 시간이 지남에 따라 바뀌었을지도 모른다. 당신의 경험이 아무리 고통스러워도 그것으로부터 무언가를 배워갈 것이다. 비슷한 일을 겪은 다른 사람을 생각해 보라. 당신이 생존하는 데 무엇이 가장 크게 도움이 되었는지 이제 알았으니, 그 사람에게 뭐라고 말해줄 것인가?

지금으로부터 10년이 지났고, 무엇이 일어났는지 돌아보고 있다고 상상해 보라. 향후 이 사건에 대해 어떻게 생각하기를 원하는가? 당신이 과거를 되돌아볼 때 사건의 가장 중요한 부분이 무엇이라고 생각할 것 같은가?

4

트라우마 재경험 시 스스로 돕기

재경험과 침습 반응은 외상 후 스트레스 장애의 네 가지 주요한 반응 중 하나이다. 다른 세 가지는 회피(5장 참고), 진단 기준 D 증상(6장, 7장 참고), 각성 증상(8장 참고)이다. 이 장은 다음의 것들이 일어날 때, 침습 반응을 해결하게 도와주는 기법을 알려줄 것이다.

- 마음에 갑자기 떠오르는 트라우마에 대한 반복적이고, 비자발적이고, 화나는 기억 혹은 생각
- 트라우마에 대한 꿈의 지속적인 반복
- 이러한 악몽이나 생각을 통해 찾아온 트라우마에 대한 새로운 양상
- 사건이 반복되는 것처럼 보이는 플래시백 형태의 해리 반응. 극단적인 예시로, 당신은 당신의 실제 환경이나 주변에 대한 인지를 완전히 못할 수도 있다.
- 냄새, 소리, 날짜, 혹은 원래 트라우마 경험과 관련이 있는 어떠한 자극 등과 같은 촉발자극(내적 혹은 외적 자극)에 반응하며 강렬하거나 지속되는 심리적 스트레스 동반.
- 트라우마의 어떤 측면을 상징하거나 닮아 있거나, 혹은 트라우마와 비슷한 내적 혹은 외적 신호에 신체적으로 매우 심하게 긴장하거나 반응(이것은 촉발자극에 관련된 '연습하기'를 하면서 다룰 것이다).

당신은 아마 하나 이상의 증상을 경험할 것이다(1장에 제시된 PTSD의 정의에서 진단 기준 B 참고).

이중 알아차림 구축하기

당신이 트라우마와 관련된 꿈, 악몽, 기억, 회상, 또는 트라우마의 여러 측면을 다루기 전에, 트라우마가 현재 발생하지 않는다는 것을 받아들이고 자신을 안심시키는 것이 매우 중요하다.

이중 알아차림(dual awareness)을 하는 것은 당신이 정말로 현재의 환경에 있다는 인식 속에 안전할 때 트라우마를 보고, 다룰 수 있게 해준다. 다음 '연습하기'는 당신이 트라우마를 관찰하는 자신(지금)과 경험하는 자신(그때)의 관점에서 볼 수 있도록 도와주는 도구를 제공한다. 당신은 트라우마 기억을 깊이 연구하기 전에 이 '연습하기'를 할 수 있다. 이것은 당신의 이중 알아차림 능력이 어느 정도인지를 보여준다. (연습하기 4-1)

리와인드 기법

영국의 정신과 의사 David Muss(1991)는 트라우마 사건에 대한 원치 않는, 무의식적 기억과 그것이 가져오는 정서적 고통을 없앨 수 있는 다음과 같은 기법을 개발했다. 리와인드(rewind) 기법을 사용할 때는 안전한 환경에서 사용하라. 당신은 상담자와 함께 먼저 작업을 수행하기를 원할지도 모른다. 이것은 또한 '무스 리와인드 치료(Muss Rewind Therapy)'로도 알려져 있다.

1. 안전하고 방해받지 않을 수 있는 시간을 찾는다.
2. 리와인드 기법을 사용하기 전에, 편안한 장소를 찾아 15분간 조용히 앉아 있는다.
3. 2장에서 배운 기법을 사용하여 긴장을 풀기 시작한다. 눈을 감고, 발부터 시작하여 몸의 각 부위의 근육을 수축 및 이완시킨다.
4. 긴장을 풀면서 당신에게 오는 고요함을 느껴 본다. 또한 이완시키는 동안 쾌적한 장소나 안전한 장소를 생각할 수도 있다.
5. 이제 편안한 장소에 앉아 있는 자신을 볼 수 있도록 자신 스스로 밖으로 떠나오도록 한다. 롤러코스터에서 가장 큰 낙하 직전과 같이 다소 아프거나 무서웠던 기억을 선택한다. 이 기억을 생각하면 왠지 마음이 편치 않아질 것이다. 이제 롤러코스터 밖에서 같은 장면을 보라. 자기 위에 떠다니며 자신을 지켜보라. 바라건대, 당신의 기분이 지금 그리 나쁘지 않다.
6. 이제 당신은 두 편의 영화를 경험해야 한다. 바로 앞에 스크린이 있고 영사실이 뒤에 있는 완

● 연습하기 4–1 : **이중 알아차림 발달시키기** ●

이 '연습하기'는 Babette Rothschild의 『몸은 기억한다(The Body Remembers)』(2000, 131)에서 발췌하였다.

최근에 불안하거나 당황스러워서 약간 고통스러웠던 사건을 기억해 보라. 당신의 몸에서 무엇을 알아차렸는가? 당신의 근육에서 무슨 일이 일어났는가? 당신의 배에서는? 당신의 호흡은 어떻게 변하는가? 당신의 심박수는 증가하는가, 감소하는가? 당신은 따뜻해지는가, 추워지는가? 온도에 변화가 있다면, 당신의 몸 일부분에서인가, 아니면 몸 전체에서 균일하게 변화하였는가?

____

____

____

당신의 의식을 당신이 지금 있는 방으로 되돌리자. 벽의 색과 러그의 질감에 주목하라. 이 방의 온도는 몇 도인가? 여기서 무슨 냄새가 나는가? 의식의 초점이 바뀌면서 호흡도 바뀌는가?

____

____

이제 약간 괴로운 사건을 기억하면서 당신의 현재 환경에 대한 인식을 유지하도록 노력하라. 당신이 그 사건을 회상하면서 당신이 신체적으로 어디에 있는지에 대한 인식을 유지하는 것이 가능한가?
현재 환경에 대해 집중하는 것을 인지하면서 이 '연습하기'를 마무리하라.

전히 텅 빈 영화관의 중앙에 당신이 앉아 있다고 상상한다. 이제 당신 몸 밖으로 나와서 영사실로 가본다. 영화를 보며 영화관에 앉아 있는 자신의 모습을 본다. 영사실에서, 당신은 자기 자신뿐만 아니라 영화관 전체를 볼 수 있다.

7. 첫 번째 영화를 본다. 첫 번째 영화는 트라우마 사건을 당신이 경험한 대로, 혹은 당신이 꿈,

플래시백, 악몽 속에서 기억하는 것처럼 재생한다. 당신은 화면에 나오는 자신의 모습을 볼 수 있다. 마치 누군가가 트라우마를 경험하던 동안 비디오를 찍고 그 비디오가 지금 재생되고 있는 것 같다. 영화를 시작할 때는 충격적인 사건이 일어나기 직전의 시점에서 시작하고, 그 사건이 일어나기 전의 자신을 보라. 기억하라. 당신은 영화를 보기 위해 영화관에 앉아 있지만, 당신은 또한 영화를 보는 동안 영화관에 있는 자신을 보면서 영사실에 있다. 필름을 정상 속도로 재생한다. 당신이 생존할 것이라는 것을 깨달았을 때 또는 당신의 기억이 희미해지기 시작했을 때 그 영화를 멈춘다.

8. 그러고 나서 단순히 되감기를 해보라. 당신은 그것을 소리, 냄새, 느낌, 맛, 촉각으로 지금 당신에게 일어나는 것처럼 보면서 그것을 스크린에서 경험할 것이다. 당신은 실제로 그 사건을 재경험하면서 영화에 출연하고 있다. 하지만, 당신은 충격적인 사건 이후부터 사건이 일어나기 전까지 모든 것이 거꾸로 일어나는 것을 보고 경험한다. 이 재경험은 연습이 필요하고 빠르게 이루어져야 한다. 약 1분의 트라우마를 기억한다는 것은 약 10초에서 15초 동안 되감기가 지속된다는 것을 의미한다.

처음에 리와인드, 즉 되감기는 어려울 수 있다. 하지만, 그것이 괜찮게 느껴질 때까지 계속 연습하라. 첫 번째 영화를 보는 것이 고통스러울 수도 있다. 이 과정을 배운 후, 트라우마를 기억하기 시작할 때마다 되감기를 사용하여 일련의 사건을 재빨리 진행하고 시작점인 좋은 이미지로 빠르게 되돌릴 수 있다. 당신은 되감기 후에 방어 기억을 남길 것이다. 시간이 지남에 따라 되감기 과정이 점점 더 빨라질 것이다. 당신의 영화에 무섭고 끔찍한 트라우마의 세부사항을 전부 포함시키는 것은 매우 중요하다. 하나의 기억이 되감기를 통해 해결된다면, 다른 기억이 나타나 자리를 차지할 것인데, 이 기억은 첫 번째 기억의 표면 아래에 숨겨져 있던 기억이다. 이것 역시 이 과정을 통해 해결될 수 있다.

만약 당신이 상담자와 함께 되감기 과정을 시도한다면, 아래 공간을 사용하여 당신에게 이것이 어떻게 작용했는지를 묘사해 보라.

___

___

___

억제와 트라우마 기억

억제(containment)는 트라우마 기억, 플래시백, 또는 생각 이외의 것에 주의를 집중하기 위해 정신을 사용하는 것을 의미한다. 강한 감정을 가지고 있음에도 불구하고, 트라우마를 상기시키고 현재에 머무는 것이 가능하다. 억제 기법을 배우는 것은 당신이 자신이나 다른 사람에게 부정적인 행동을 취하지 않고 그러한 감정을 견딜 수 있도록 도와줄 수 있다. 억제는 자동반사가 아닌 선택에 기반을 둔다. 억제는 압도적이고 안전하지 않은 기억을 처리할 준비가 될 때까지 저장할 수 있도록 도와준다. 그러나 억제는 무기한 회피나 거부를 수반하지 않는다. 사실, 기억을 억제하는 방법을 배우는 것은 트라우마를 다루기 위해 마비와 해리를 사용하는 것이 덜 필요하다는 것을 의미한다.

버지니아주 폴스 처치에 있는 도미니언 병원의 해리성 정체성 장애(이전에는 다중 인격 장애라고 불림)를 가진 사람들을 위한 지원 그룹에 의해 다음과 같은 억제 기법이 개발되었다. 이 집단은 플래시백, 기억 분열 또는 생각과 같은 트라우마 침습을 억제하는 다음과 같은 방법에 주목했다.

- 트라우마 침습의 전조가 보였을 때, 잠재적으로 고통스러울 수 있는 시기를 미리 계획한다.
- 감정을 표출할 수 있도록 우는 것을 스스로 허용한다.
- 당신의 생각과 감정을 글과 녹음으로 기록한다.
- 자신의 주의를 전환하기 위해 카드놀이 혹은 퍼즐 등 단조로운 활동을 한다.
- 자신이 지금 그리고 여기에 있다는 것을 상기하면서 현재의 자신을 굳건히 한다(이중 알아차림을 사용한다). 현실에 머무르기 위한 방법으로 좋아하는 물건을 잡고, 그것과의 접촉에 정신을 집중한다. 또는 당신이 신체적으로 어디에 있는지를 상기시키기 위해 발을 구르거나 의자에 몸을 밀어 넣는다. 손뼉을 치거나 혀를 입천장에 대어 몸의 감각에 집중한다.
- 등산화 혹은 아이젠과 같은 무겁고, 이질적인 신발을 신어서 지면과의 접촉감을 유지한다.
- 기억을 당신 밖에 있는 실제 혹은 상상의 상자에 넣고 더욱 적절한 시간이 올 때까지 닫아둔다.
- 시계나 맥박을 사용하여 스스로 측정해 본다.
- 걷기, 운동, 타이핑, 비디오 게임 등 몇몇 종류의 움직임을 수반한 행동을 해본다.
- 감정을 표출하고 기억을 내보이기 위해 예술을 활용한다.
- 당신이 다른 사람에게 보이지 않게 만들거나 다른 사람에게 들키지 않고 그들 사이에 섞일 수 있게 해준다고 믿는 특정 색의 옷을 입는다.
- 잠재적으로 트라우마화할 수 있는 사건에 카메라를 들고 가서 카메라 뒤에 숨고 촉발자극을

피하기 위한 방법으로 사진을 찍는다.

트라우마성 꿈 다루기

당신은 트라우마의 일부 측면을 반영하는 반복적인 꿈을 꾸는 경험을 할지도 모른다. 아마도 이러한 꿈은 당신을 겁주지 않을 수도 있고, 당신을 잠에서 깨우고 두려움과 패닉을 느끼게 하는 악몽일 수도 있다. 가끔 트라우마 사건에 대한 꿈은 당신이 실제로 겪은 경험에 대한 정보를 제공할 수 있다.

한 여성은 몸이 없는 얼굴에 대한 꿈을 꾼 적이 있다. 이 얼굴은 그녀의 꿈에 여러 번 나타났다. 얼굴은 안색이 좋지 못한 짙은 색이었고 콧수염과 구멍이 많은 피부를 가지고 있었다. 그녀는 그 얼굴이 실제로 어떤 사람의 얼굴인지 전혀 몰랐다. 그녀는 그 얼굴의 모양과 외모에 맞는 사람을 알지 못했다. 수년간의 치료 후에, 그 여성은 오빠가 자신에게 저지른 성적 학대에 대해 오빠와 대면할 준비가 되어 있었다. 그녀는 그를 앉히고 그녀가 상담자의 사무실에서 반복적으로 연습한 것, 즉 그가 어떻게 그녀에게 해를 끼치고 삶을 방해했는지를 단호하게 말했다. 오빠는 울기 시작했다. 그는 그녀가 8세 미만이었을 때 자신이 그녀에게 한 일을 기억하지 않았으면 좋겠다고 말했다. 그는 그녀에게 용서를 빌고 나서 “솔직히 털어놓고 나머지 일들에 대해 그녀에게 말할 필요가 있다”라고 말했다. 그 여성은 그 말에 당황했다. “무슨 뜻이야?”라고 그녀가 오빠에게 물었다. 그는 친구들 무리와 함께 그녀를 버려진 가게 위 다락방으로 데려간 것에 대해 그녀에게 말하기 시작했다. 그의 친구 중 한 명인 콧수염과 여드름으로 인한 흉터를 가진 어두운 피부색의 십대가 그녀를 강간했다. 강간에 대한 그녀의 기억은 오직 꿈속에서만, 강간범의 얼굴에 대해서만 나타났다.

강력한 플래시백 중지 프로토콜(이 장의 뒷부분에 제시된다)은 악몽을 다루기 위해 조정될 수 있다. 당신은 잠자기 전에 일어날 수 있는 악몽에 대비하기 위한 의식으로 다음과 같은 운동을 할 수 있다. 악몽에서 깨어나면 밤에 이중 알아차림을 할 수 있도록 문구를 바꿀 수도 있다. 이 ‘연습하기’는 Babette Rothschild(2000, 134)의『몸은 기억한다』에서 수정 인용하였다. 연습하기 4-2

Baker & Salston(1993)은 꿈 준비를 통해 꿈을 다루는 방법을 논의하였다. 꿈을 준비할 때, 잠자기 전에 가능한 꿈에 대한 인지(생각) 과정을 따르며, 때로는 잠들어 있는 동안에 불쾌한 꿈을 꿀 수도 있다는 것을 인식한다. 꿈을 꾸면, 당신은 꿈을 통제하기 위한 수단으로 그것을 기록하고, 꿈 이야기를 끝까지 완성하며, 꿈의 결말을 다시 쓴다. 그러고 나서 당신은 이완 훈련을 하고 다시 잠을 청

연습하기 4-2: **악몽 다루기**

취침 전, 가능한 한 큰 소리로 당신 자신에게 이렇게 말하라.

나는 밤중에 ___________(보통 공포와 같은 예상되는 감정의 이름을 넣는다)와/과 같은 감정을 느끼며 깰 것이고, 나의 몸은 __________(적어도 세 가지의 당신 몸의 예상되는 반응)을/를 느낄 것인데, 왜냐하면 나는 ___________(구체적인 내용을 제외한 트라우마의 주제)을/를 기억할 것이기 때문이다. 동시에, 나는 내가 지금 ___________(실제 현재 연도)에 있고, ___________(지금 있는 장소의 이름)에 있고, 나는 __________(지금 보고 있고, 이 장소에 있는 물건)을/를 볼 것이고, 그래서 나는 __________(다시 트라우마의 이름)이/가 지금/다시는 일어나지 않을 것을 알고 있다.

만약 당신이 악몽에서 깨어난다면, 꿈꿨던 것에 대해 작업하기 전에 당신을 현실로 끌어낼 수 있도록 노력하라. 앞서 제안한 것처럼 좋아하는 물건을 잡고 접촉에 집중하거나, 침대와 몸의 접촉을 이용하여 현재 위치를 상기시키거나, 손뼉을 치거나, 혀를 입천장을 누르는 감각에 집중하면 빠르게 자신을 현실에 잡아둘 수 있다.

한다. 다음의 '연습하기'는 Baker & Salston(1993)을 재구성한 것이다. (연습하기 4-3, 4-4)

만약 당신의 트라우마 사건이 전쟁이나 성 착취와 관련된다면, 다음의 질문은 수면이나 꿈에서의 그러한 사건의 영향력을 이해하는 것을 도와준다(Daniels & McGuire, 1998).

- 당신이 전쟁에 참여하거나 착취당하기 전 수면은 어떠했는가?
- 전쟁과 성폭력 이래로 어떻게 수면의 패턴이 변화하였는가?
- 얼마나 자주 악몽을 꾸는가?
- 같은 악몽을 반복하는가?
- 그 악몽이 당신의 군 생활 혹은 일상생활에서 일어난 실제 사건을 묘사하는가?
- 악몽이 실제 사건을 왜곡하는가? 어떻게 그리고 어떤 방식으로?

● 연습하기 4-3: **악몽으로부터 학습하고 악몽에 대해 다시 쓰기** ●

아래 공간에 당신의 트라우마와 관련된 악몽에 대해 적어 보라(더 많은 공간이 필요한 경우 일지를 활용한다). 장면, 연관된 감정, 그리고 당신이 기억할 수 있는 한 많은 감각적인 인상(냄새, 피부의 감각, 소리, 광경, 취향)을 포함하여 가능한 한 자세히 묘사하라. 만약 당신이 트라우마에 대해 두 개 이상의 악몽을 꾸고 있다면, 이 책의 웹사이트인 http://www.newharbinger.com/33704에서 이 '연습하기'의 추가 사본을 다운로드하고, 각각에 대해 빈 양식을 사용하라.

____

____

____

____

당신의 악몽이 트라우마 사건의 정확한 재현인가? 예/아니요. (적절한 답에 동그라미 표시)

이제 악몽의 결말을 바꾸는 방법에 대해 생각해 보라.

____

____

악몽이 당신에게 무엇이 일어났는지를 이해하는 데 사용할 수 있는 어떤 새로운 정보를 주는가?

____

____

____

____

악몽이 당신에게 어떻게 도움이 되는가, 아니면 악몽이 트라우마에 다르게 대응할 수 있게 도움이 되는가?

____

____

연습하기 4-4: 악몽과 트라우마의 연관 이해하기

명백하게도, 당신이 악몽의 내용을 마주하고 이해하려고 노력하는 것은 매우 중요하다. 만약 당신이 치료 중이라면, 그렇게 하는 것이 악몽 뒤에 숨어져 있는 의미를 조사하고 연관된 감정을 해방시킬 수 있는 안전한 공간을 당신에게 줄 것이다. 악몽은 유용한 정보가 될 수 있고, 모호하고 숨겨진 정보를 가지고 있다(Daniels, 2013). 당신의 악몽을 자세히 다루는 것은 당신이 악몽의 내용에 둔감하게 되도록 하고 피하려는 시도를 최소화시킴으로써 극도의 각성과 경계심을 줄이는 데 도움을 줄 수도 있다.

당신은 어떤 반복되는 악몽을 가지고 있는가?

___

___

___

___

악몽이 당신에게 일어난 트라우마와 비슷해 보이는 내용을 가지고 있는가? 트라우마 기억이 직접적으로 나타나는가, 아니면 숨어 있거나 위장해 있는가?

___

___

낮 동안에 악몽을 이끌었다고 보이는 특정한 촉발자극이 발생하였는가?(다음 장에서 촉발자극에 대해서 설명할 것이다) 촉발자극 중 몇몇은 몸이 고통을 느끼는 등의 매우 사소한 것일 수 있다.

___

___

___

___

- 언제 첫 악몽을 꾸었는가?
- 가장 최근의 악몽은 언제인가?
- 어떻게 그것이 변화하였는가?
- 처음 악몽에서 깨어났을 때 든 생각은 무엇인가?
- 악몽에서 깬 후에 어떤 감정이 드는가?

만약 악몽에 주의를 기울인다면, 고통을 조금이라도 줄일 수 있을 것이다. 당신은 또한 이전의 '연습하기 4–3: 악몽으로부터 학습하고 악몽에 대해 다시 쓰기'에서 제시된 기법(p.85)을 사용하여 당신에게 적어도 어느 정도의 힘과 통제력을 주는 악몽에 대한 새로운 결말을 쓸 가능성도 있다.

해리로서의 플래시백 다루기

Matsakis는 플래시백(flashback)을 "강한 감정을 동반한 트라우마 사건에 대한 갑작스럽고 생생한 기억"이라고 정의한다(1994a, 33). 그러나 플래시백은 더 이상 단순히 현재에 침투하여 과거가 실제로 지금 현재에서 일어나고 있는 것처럼 보이게 하는 기억으로 간주되지만은 않는다. DSM-5는 플래시백을 해리성 사건으로 정의한다(APA, 2013). 대부분의 경우, 해리는 트라우마 사건의 일부를 피하는 방법으로 사용된다(회피의 한 형태로서의 해리에 대해서는 5장에서 더 자세히 다룰 것이다). 그러나 플래시백이 발생하면, 마치 그 사건으로 시간을 거슬러 올라가 현재와 분리된 채로 거기에 갇혀 있는 것과 같다.

해리란 무엇인가?

만약 당신이 해리(dissociation)를 경험한다면, 당신 주변의 세계에 대한 인식은 어떤 식으로든 분열될 것이다. Branscomb에 따르면, 해리(dissociation)는 "이전에 관련되거나 '연관된' 것의 분리"를 의미한다(1990, 3). 해리는 신체적 감각의 수준에서 일어날 수 있다. 아마도 당신은 트라우마 사건 동안 더 이상 신체의 일부를 느끼지 못할지도 모른다. 해리는 사고의 수준에서 일어날 수 있다. 아마도 경험의 다양한 측면을 분리하고 특정 측면만 기억할 수도 있다. 해리는 또한 감정의 수준에서 일어날 수 있다. 아마도 당신은 어려운 상황에 처하게 되고 갑자기 감각이 마비될지도 모른다. 어느 시점에서든 이러한 수준 중 하나 또는 모두에서 해리될 수 있다.

예를 들어, 당신이 운전 중이라고 해보자. 당신은 정지 표지판에 멈춰 서서 양쪽을 보고 나서 앞에 있는 길을 건너기 위해 차를 돌린다. 갑자기, 당신은 다른 차가 당신을 덮치는 충격을 듣고 느낀다. 그것은 난데없이 일어났다. 당신의 차는 빙글빙글 돌기 시작하여 결국 반대편 차선에서 멈추었다. 당신의 첫 번째 반응은 숨을 쉬고, 다쳤는지 살피고, 그러고 나서 차 안에서 당신의 몸과 차를 볼 것이다. 당신은 약간의 상처가 생겼지만, 기본적으로 당신은 괜찮다. 차는 찌그러졌다. 당신은 나와서 교차로에 있는 다른 차를 본다. 당신의 반응은 분노나 화 중 하나이다. 당신은 다른 운전자에게 가서 소리를 지르기 시작한다. 하지만, 당신은 교차로에 있는 오토바이를 알아차리지 못한다. 이 오토바이도 교차로를 건너오고 있었고 그 운전자는 사고 전체를 목격했다. Rothschild가 "다양한 수준의 기억상실증은 가장 친숙한 해리 유형"(2000, 65)이라고 쓴 것처럼, 이 경우 당신은 사고 중에 분명히 본 것의 일부를 해리시켰다.

혹은 신체적 고통과 감정의 일부를 해리시킬 수도 있다. 사고가 난 후, 당신은 차에서 내려 다른 차로 걸어간다. 당신은 당신의 다리에 생긴 커다란 멍이나 머리에 생긴 심각한 혹에 대해 아직 알아차리지 못한다. 당신이 느끼는 유일한 감정은 다른 운전자에 대한 분노이다. 당신은 아직 심각하게 다치지 않았다는 것에 안도감을 느끼거나 사고가 일어났다는 것에 대해 두려움을 느끼지 않는다. 하지만 당신은 다른 사람들이 그랬던 것처럼 당신의 의식을 분리시키지 않았다. 당신은 여전히 당신의 몸 안에 있다는 것을 알고 있다.

해리를 관찰하는 한 가지 방법은 Levine의 SIBAM 해리 모델(1992)을 사용하는 것이다. SIBAM은 감각, 이미지, 행동, 영향, 의미로 이루어진 모든 경험의 다섯 가지 요소를 나타낸다.

- **신체 감각**(Sensation)은 신체적인 반응과 신체적인 기억을 의미한다.
- **이미지**(Image)는 당신의 머릿속에 남아 있는 사진들을 의미한다.
- **행동**(Behavior)이란 트라우마가 있는 동안 한 행동을 의미한다.
- **정서**(Affect)는 당신의 감정을 의미한다.
- **의미**(Meaning)는 모든 것을 이해하는 방법을 의미한다.

이러한 요소 중 하나 이상의 것은 전체 기억 속에 온전히 남아 있기보다는 트라우마 사건이 일어나는 동안 해리될 수 있다. 따라서 당신은 아버지의 존재와 관련된 강한 불안한 감정(정서)을 가지고 있을 수도 있다. 아버지의 존재는 당신에게 '위험'을 의미한다. 당신은 자신에게 도망쳐야 한다고 말함으로써 위험에 반응한다. 다시 말해 당신의 행동 목표는 탈출하는 것이다. 당신은 또한 그가 가까이 있을 때 두통이나 소름이 돋을 수도 있다. 그러나 당신이 위험을 느끼는 것을 설명하려고 노력할 때, 왜 아버지의 존재가 위험을 의미하는지 설명해 주는 시각적 기억, 혹은 이미지가 없을 수 있다. 이 모델은 사건의 해당 측면을 해리하지 않고 단순히 잊어버렸을 수도 있다는 점을 고려하지 않는다. 그러나 이 모델은 1장 여러 형태의 기억에 대한 논의의 측면에서 가치가 있다.

Rothschild(2000)에 따르면, 암시적 기억은 시각적 기억이나 청각적 기억과 같은 감각 이미지, 통증, 저림, 따끔거림과 같은 신체 감각, 감정 및 자동적 행동을 포함한다. 명시적 기억은 사실, 사건의 순서, 믿음, 의미를 포함한다. 당신은 트라우마 사건이나 사건 동안에 어느 정도 해리되었는지에 대한 느낌을 가지고 있는가? 당신은 당신이 한 일(행동), 감정적으로 느낀 것(정서), 몸에서 경험한 것, 심지어 그 사건이 일어나고 있다는 인식(시간 감각, 트라우마에 대한 앎), 또는 트라우마 사건 동안 당신의 선택(의지)과 해리되었는가? 당신은 그 해리에 대해 일지나 공책에 쓰고 싶을지도 모른다.

당신이 해리되었는지 어떻게 아는가? Schiraldi(2000)는 다음의 체크리스트를 통해 해리 지표의 목록을 제공하였다. (연습하기 4-5)

플래시백이 있다는 것이 무엇을 의미하는가?

플래시백이 발생하는 동안, 현재는 존재하지 않는다. 대신, 플래시백을 경험하는 사람의 현실은 트라우마적 과거에 존재한다. 플래시백은 시간적으로 찰나의 '깜빡임'에 발생하거나 과거와 마찬가지로 실시간으로 발생하는 전체 경험의 기억일 수 있다. 이러한 유형의 플래시백을 **소산**(abreaction)이라고 한다. 플래시백의 발생은 일반적으로 예측할 수 없다. 심지어 자고 있는 동안 깨지 않고서도 일어난다. 플래시백은 일반적으로 트라우마의 시각적 및 청각적 부분을 가리키지만, 해리된 신체 반응(고통 등), 감정(불쑥 튀어나오는 강렬한 분노), 행동(촉발자극이 발생할 때 특정한 방식으로 행동)이 될 수 있다. 플래시백이 발생할 때마다, 트라우마가 다시 발생하는 것처럼 느껴진다. 당신은 플래시백 중간에 기절하거나, 신체적 의식을 잃지 않지만, 일시적으로 현실을 떠난다. 수면 중에 일어나는 플래시백은 악몽일 수도 있고 생생한 꿈일 수도 있다. Meichenbaum(1994)은 플래시백이 거슬리는 생각이나 재경험, 강렬한 감정으로 나타날 수 있다고 지적한다.

플래시백이 발생하는 동안, 당신의 트라우마는 매우 강렬하게 재생된다. 많은 경우, 당신이 방법을 알지 못한다면, 당신은 현재 현실로부터 플래시백을 분리할 수 없을 것이고, 그 트라우마가 당신에게 미치는 영향을 강화시킬 수 있다. 심지어 어린아이들도 플래시백을 경험할 수 있지만, 그들은 말로 표현하기보다는 행동으로 옮기는 경향이 있다. 때때로 아이들은 자신에게 벌어진 일을 다

● 연습하기 4–5: **어떻게 내가 해리되는가?**

당신에게 어떤 일이 일어났는지를 보여주는 다음 해리 지표 중 하나에 체크 표시하라.

해리될 때, 다음과 같이 느끼거나 행동한다.

- ☐ 자주 눕는다.
- ☐ 다른 사람에게 느리게 반응한다.
- ☐ 슬로 모션으로 움직이는 것처럼 보인다.
- ☐ 얕은(낮은) 감정을 가진다.
- ☐ 고통을 느끼지 못한다.
- ☐ 멍하게 공간을 바라본다.
- ☐ 무시한다.
- ☐ 현재에 참여하지 않고 관찰자가 된다.
- ☐ 기억이 가물가물하다.
- ☐ 마치 자동 조종 모드가 된 것처럼 느낀다.
- ☐ 나 자신의 세계에서 이방인인 것처럼 느낀다.
- ☐ 몸 밖에서 나를 보는 것처럼 느낀다.
- ☐ 안개 속에 있는 것처럼 느낀다.

당신이 체크한 느낌이나 행동은 언제 발생하는가?

____

____

른 사람에게 할 수도 있다. 예를 들어, 동생에게 성적인 행동을 하는 9세 소년은 단순한 범죄 행위를 하는 것이 아닌 플래시백을 겪고 있을 수 있다.

30세의 Ruth는 샤워하고 있을 때 갑자기 삼촌의 몸이 그녀에게 닿는 것을 느끼고, 그의 손길을 인지했다. 그 삼촌은 25년 전에 그녀를 성추행했다. 35세의 Margaret은 다른 두 사람과 함께 아파트에 산다. 그들의 위층 이웃은 밤늦게까지 음악을 연주한다. Margaret과 그녀의 룸메이트가 관리자에게 불평하면, 위층의 남성 세입자들은 밤마다 천장을 두드리고 Margaret의 차와 룸메이트들의 차를 긁는 것으로 보복한다. Margaret은 데이트 강간 생존자이고, 이 이웃의 행동은 20년 전의 그 공격을 떠오르게 했다. 그녀는 잠재적인 공격에 대비하여 극도로 경계하고 있다.

특히 플래시백에 대한 참조할 만한 명시적인 사건이 없는 경우 플래시백을 이해하기가 매우 어려울 수 있다. 플래시백은 트라우마 사건의 전체 장면 또는 사건의 일부에 대한 명시적인 기억을 포함할 수 있다. 일반적으로 플래시백은 트라우마 사건의 정서적이고 감각적인 측면도 포함한다. 이것은 당신이 플래시백을 일으킬 때 당신의 전체 신경계가 관련되어 있다는 것을 의미한다. 당신이 트라우마 촉발자극에 노출될 때 신경계는 과각성된다.

때때로, 트라우마가 해결된 것처럼 보일 때에도 플래시백이 발생한다. 이 경우에 다음과 같은 질문을 자신에게 던질 수 있다.

- 플래시백이 나에게 말하려고 하는 것은 무엇인가?
- 더 살펴볼 것이 있는가?
- 더 느껴 볼 것이 있는가?
- 더 들어 볼 것이 있는가?
- 내게 일어난 일에 대해 더 배울 것이 있거나 받아들일 것이 있는가?
- 플래시백이 끝난 후에 그 내용에 대해 파악할 수 있는가? 그리고 더 이상 해리되지 않는가?

이 워크북의 몇몇 기법을 통해, 당신은 각기 다른 방식으로 플래시백을 다루는 법을 배울 수 있다.

(연습하기 4-6)

DVD 기법

플래시백을 다루는 또 다른 방법은 당신의 마음속에 있는 'DVD'에 짧은 형식으로 반복되는 내용을 담아두는 것이다. 그렇다면 당신은 재생 및 정지 버튼을 통해 기억의 작은 부분을 재생할 수 있

연습하기 4-6: **플래시백 다루기를 시작하기**

지난 이 주 동안 당신이 겪은 플래시백에 대해 생각해 보라. 당신이 플래시백이 나타날 때에 현재에 있지 않고 과거로 되돌아가기 때문에, PTSD의 새로운 정의는 플래시백을 해리 사건으로 유형화하고 있다는 것을 기억하라.

플래시백과 당신이 겪은 것에 관해 작성하라.

____

____

과거에 비슷한 플래시백을 경험한 적이 있는가? 그렇다면, 언제 그리고 어떤 상황이었는가?

____

____

플래시백이 어떤 냄새, 느낌, 혹은 소리를 가지고 있는가? 누구와 연관되어 있는가?

____

____

실제 트라우마 경험에 대한 냄새, 느낌 혹은 소리는 어떠했는가? 누가 함께했는가?

____

____

플래시백과 과거 트라우마 상황은 어떻게 다르거나 같은가?

____

____

플래시백이 일어났을 때 기분이 더 나아지기 위해 어떤 행동을 취하는가?

플래시백이 일어났을 때 어떻게 당신 자신을 현재에 있게 하는가?

이 '연습하기'를 수행하면서 어떻게 느꼈는가? 당신이 가진 어떤 플래시백에도 이것을 이용할 수 있다.

다. 심지어 빨리감기나 되감기를 할 수 있다. 이러한 행동은 당신에게 트라우마 재경험에 대한 선택권과 통제감을 부여한다. 당신은 또한 플래시백의 시작이나 끝부분에 무언가를 추가하여 그것을 재구성할 수 있다. 일어난 일에 대한 또 다른 결말 혹은 당신의 안전한 공간에 대한 이미지 등을 추가할 수 있다. (연습하기 4-7)

당신의 머릿속에서 나오기

플래시백을 다루는 가장 중요한 방법은 그것을 당신의 해리된 머리와 몸속에서 당신 주위의 현실 세계로 꺼내는 것이다. 당신은 플래시백을 당신의 과거로의 해리된 여행이 아닌, 그것에 대해서 쓰거나, 말하거나, 그리거나, 콜라주를 만들거나, 어딘가에 표현하는 다른 방법을 통해 꺼낼 수 있다.

다음 몇 페이지에서는 플래시백을 처리하는 방법에 대해 더 많은 지침을 제공한다. 만약 당신이 현재 치료 중이고, 이러한 연습 활동이 너무 버겁다고 느낀다면, 그것을 완료하는 치료 회기에 들어갈 때까지 기다리라. 만약 당신이 플래시백에 대해 이야기할 때 기꺼이 당신의 말을 들어줄 사람이 있다면, 그 사람과 긴밀히 연락하면서 이 절을 작업하라. 플래시백 작업은 매우 버거울 수 있으며, 이 작업을 수행하는 동안 자기 자신을 보살피는 것이 중요하다. 활동 4-1

● 연습하기 4-7: **DVD 기법 사용하기**

당신이 이 기법으로 트라우마 플래시백을 다루기 전에, 당신이 경험한 사건의 긍정적인 기억으로 작업을 시도해 보라.

내가 작업할 플래시백은 ________________________________ 이다.

내가 이 경험을 빨리감기 할 때, 나는 다음과 같은 것을 경험할 것이다(본 것, 느낀 것, 들은 것, 냄새 맡은 것 등).

____

내가 이 사건을 되감기할 때, 나는 다음과 같은 것을 되감기할 것이다.

____

내가 다른 이미지들을 이 사건과 함께 구성할 때, 나는 다음과 같이 할 것이다.

____

만약 내가 나의 플래시백을 구성하기 위해 긍정적 이미지들을 사용할 때, 나는 다음과 같은 것을 사용할 것이다.

____

만약 당신이 이와 같은 기법에 대해 즉각적인 편안함을 느끼지 못한다면, 당신이 편안해질 때까지 이것을 더욱 연습하라. 그런 다음 트라우마 플래시백에 적용해 보라.

내가 작업할 플래시백은 ________________________________ 이다.

내가 이 경험을 빨리감기 하고, 플래시백이 어떻게 진행되었는지에 대해 나는 다음과 같은 것을 경험할 것이다(본 것, 느낀 것, 들은 것, 냄새 맡은 것 등).

____

내가 플래시백에 대해 알고 있는 것을 되감기할 때, 나는 다음과 같은 것을 되감기할 것이다.

내가 플래시백을 다른 이미지와 함께 구성할 때, 나는 다음과 같았다.

이 기법을 사용하여 플래시백을 다루는 것에 얼마나 편안함을 느꼈는가? 이것을 긍정 기억에 적용할 때와 비교하였을 때 더 편안했는가, 아니면 불편했는가?

● 활동 4-1: 플래시백 완화하기 ●

Dolan은 플래시백 완화를 돕기 위해 네 단계 접근법을 개발했다(1991, 107). 그것을 사용하기 위해, 플래시백을 경험한 이후 당신의 일지에 다음 질문에 대해 답해 보자.

1. 이전에 어떤 상황에서 같은 방식으로 느꼈었는가?
2. 현재 상황과 과거 상황은 어떤 면에서 유사한가? 비슷한 설정, 시기, 소리 또는 다른 측면이 있는가? 만약 관련된 사람이 있다면, 그 사람은 과거에 당신의 트라우마에 관련된 사람과 어떻게 비슷한가?
3. 현재 상황은 당신이 해리되었던 과거 상황과 어떻게 다른가? 현재 생활 환경, 지원 시스템 또는 환경과 다른 점은 무엇인가? 현재 주변의 사람은 당신의 트라우마 경험에 관련된 사람과 어떻게 다른가?
4. (만약 있다면) 특히 플래시백이 안전하지 않다고 느끼는 경우, 지금 기분을 개선하기 위해 취할 수 있는 조치는 무엇인가? 만약 플래시백이 당신을 불안하게 만들지 않는 오래된 기억에 불과하다면, 당신은 살아남을 수 있거나 그것을 극복할 수 있었거나 다른 것을 할 수 있다는 긍정적인 메시지를 자신에게 전달하기만 하면 될 수도 있다. 하지만, 만약 당신이 정말로 안전하지 않다면, 실제 위험을 인식하고 자신을 보호하는 것이 중요하다.

플래시백을 다루는 다른 방법

당신이 실제로 플래시백이 발생하고 있다는 인식이 있을 때, 다음에 소개된 기법을 활용하여 자신의 플래시백을 제거하고 현재로 돌아갈 수 있다. 그중 몇몇은 빠르게 적용되도록 만들어졌고, 그 외의 것들은 시간이 걸린다. 그중 다수 또는 대부분이 당신에게 적합하지 않더라도 걱정하지 않아도 된다. 시도해 보고 가장 잘 적용되는 것을 선택하라.

- 열심히 눈을 반복적으로 감았다 뜬다.
- 몸의 자세를 바꾼다.
- 심호흡을 한다(2장 참고).
- 마음속에 있는 안전한 공간으로 가기 위해 심상을 활용한다.
- 실제 안전한 공간으로 간다.
- 주변을 힘차게 돌아다닌다.
- 당신 주변에 있는 물건 이름을 크게 부른다.
- 안전한 물건을 잡고 있는다.
- 치료를 받는 중이라면, 상담자가 당신을 위해 만들어 준 진정을 돕는 음원을 듣는다.
- 손뼉 친다.
- 바닥을 발로 꽉 누른다.
- 찬물로 세수한다.
- 당신 스스로에 대한 긍정적 문구(확언)를 말한다.
- 상상을 통해 세정제를 사용하여 기억이 사라질 때까지 기억을 지운다.
- 플래시백을 화이트 보드에 투영한 다음 지운다. 지우개를 앞뒤로 움직이며 지운다.
- 종이에 플래시백을 그리고, 종이를 찢거나 제거한다(찢고, 태우고, 묻는다).
- 플래시백을 특정 유형의 금고나 보관소에(실제로 종이에, 혹은 상징적으로 마음속에) 넣는다.

플래시백을 다루기 위한 이중 알아차림 사용하기

이 플래시백 정지 프로토콜(Rothschild, 2000, 133)은 이 장의 앞부분에서 다룬 이중 알아차림의 원칙에 기초한다. 이것은 경험하는 자아와 관찰하는 자아를 조화시키고 트라우마 플래시백을 빨리 멈추기 위해 고안되었다. 이 기법을 잘 배울 수 있도록 당신이 경험해왔고, 처리해왔으며, 아마 잠시 잠재워둔 '오래된' 플래시백에 대해 연습하라. 그런 다음, 트라우마 사건의 새로운 측면을 포함한 플래시백을 있을 때나 이전에 알려지지 않은 트라우마 사건 혹은 요소에 이를 사용하라. (연습하기 4-8)

● 연습하기 4-8: **플래시백 정지 프로토콜** ●

아래 빈칸을 채우면서 가능한 한 큰 소리로 당신 자신에게 말하라.

내가 이용하는 플래시백은 ______________________________이다.

지금 당장 나는 ________________(현재의 감정, 대부분 공포감)을/를 느끼고 있으며, 내 몸 안에서 ______________________________(현재 몸에서 느껴지는 감각을 적어도 3개 이상 설명한다)을/를 느끼는데, 왜냐하면 ______________________(구체적인 내용을 제외한 트라우마의 주제)에 대한 플래시백에 해리되었기 때문이다.

동시에, 나는 내가 ________________(실제 연도)에 있고, 여기 ________________(당신이 있는 공간)에 있고, 나는 ________________(당신이 지금 이 공간에서 볼 수 있는 것들을 말한다)을/를 볼 수 있고, 그래서 나는 ________________(다시 한번 더 트라우마 이름)이/가 지금/더 이상 일어나지 않는다는 것을 안다.

이 기법이 당신에게 어떻게 적용되었는가? 이것을 수행하는 것은 어떠한가?

____

____

이 외에도 당신의 해리성 플래시백을 통제할 수 있게 해주는 것은 무엇인가?

____

____

부정적인 생각을 긍정적인 것으로 변화시키기

당신에게 플래시백이 일어난 후에 사용할 수 있는 추가적인 기법은 플래시백 이후 드는 부정적인 생각(나는 이 플래시백에 대해 실패했다, 나는 자신을 지킬 수 없다)을 긍정적인 생각으로 바꾸는 것이다. 이것은 자기 대화를 통해 얻어진다. 플래시백 이후에 두려워진다면, 다음과 같이 말하라. **지금은 현재이고, 그때가 아니다. 나는 트라우마 사건이 발생한 동안 나를 보호할 수 있는 모든 수단을 사용했다. 나는 그때로부터 살아남았고, 나는 앞으로도 살아남을 것이다.** (연습하기 4–9)

● 연습하기 4–9: **나의 선호 플래시백 기법** ●

당신은 여러 '연습하기'를 수행하면서 당신의 플래시백에 대해 무엇을 배웠고 그것을 어떻게 통제하고 다루었는가?

____

____

어떤 '연습하기'가 당신에게 가장 도움이 되었는가?

____

____

촉발자극: 감각을 통한 트라우마 상기

촉발자극(trigger)은 현재에 침투하여 당신의 과거에 일어난 일을 상기시키는 사건의 한 부분이다. 당신이 트라우마 사건의 촉발자극에 반응할 때, 그 사건과 관련된 감정이 그렇듯이, 당신의 부신이 각성되고, 그 트라우마 사건에 대한 기억이 활성화된다. 이러한 반응은 당신이 정확한 트라우마 사건을 기억하지 못할 때에도 일어날 수 있는데, 생리학적 반응은 스스로 부활할 수 있다(Matsakis, 1994a). 촉발자극은 트라우마 사건이 아닌 것에도 또한 존재할 수 있다. 예를 들어, 브라우니 굽는 냄새가 나는 것은 어린 시절의 즐거운 기억을 촉발시킬 수 있다. 그러나 트라우마 촉발자극은 종종 불쾌하거나 공포스럽다. 그것은 플래시백 혹은 불안, 공황, 공포, 화, 분노, 혼란, 떨림, 무감각해지는 느낌, 또는 멍하거나 해리감으로 이어질 수 있다. 그것은 당신을 다시금 트라우마화시킬 수 있다.

플래시백(해리하여 반응하게 하는) 또는 트라우마와 관련된 불쾌한 감정을 유발하는 촉발자극 목록을 작성하는 것이 도움이 될 수 있다. 일단 당신이 촉발자극을 식별하고 그것을 인식하고 나면, 그것을 더 잘 통제할 수 있을 것이고, 심지어 그것에 반응하지 않는 것을 선택할 수도 있다.

당신의 일지에, 트라우마 사건의 촉발자극에 대해 쓰거나, 그림을 그리거나, 콜라주를 하거나, 다른 방식으로 나타낼 수 있다. 다음 몇 페이지에서는 이러한 촉발자극을 경험할 때 해당 촉발자극에 대한 반응을 기록하도록 요구한다. 촉발자극에 노출된 후 플래시백이 얼마나 빨리 발생했는지, 당신이 어디에 있었는지, 무엇을 하고 있었는지, 누구와 함께 있었는지, 정확히 무슨 일이 일어났는지 기록하는 것이 중요하다. 촉발자극을 식별한 후(또는 적어도 촉발자극 목록을 적기 시작한 후) 더 짧은 시간에 촉발자극을 피하거나 완화하는 방법을 배울 수 있다. 또한 이전에 촉발된 플래시백이나 감정을 어떻게 다뤘는지 파악하는 것도 중요하다. 현재로 돌아갈 수 있게 하는 작은 증표를 파악하면 촉발된 반응을 제어하는 데 도움이 될 수 있다. 활동 4-2

촉발 사건 다루기

당신이 촉발자극을 더 잘 조절하는 법을 배울 때, 트라우마는 당신에 대한 힘과 통제력을 잃는다. 촉발자극을 제어할 때는 미리 계획을 세우고 촉발자극이 발생하기 전에 처리할 방법을 찾는 것이 중요하다. 이러한 촉발자극을 다루는 데에 도움이 될 수 있는 사람을 찾는 것도 중요하다. Power(1992a)는 당신 자신의 전략과 기법을 세우는 데에 도움을 줄 수 있는 촉발자극을 다루는 방법에 대해 목록화했다.

활동 4-2: 나의 촉발자극 목록

이 활동은 세 개의 부분으로 구성되어 있다. 이는 목록, 과거 반응에 대한 촉발자극, 미래 반응에 대한 당신의 생각이 포함된다.

1. 일지나 공책에 다음과 관련된 촉발자극에 대해 적거나 목록화하라.

- 내가 본 것
- 내가 들은 것
- 내가 냄새 맡은 것
- 내가 만진 것 혹은 나를 만진 것
- 내가 맛본 것
- 내 몸(감각 촉발자극이 아닌 물리적 촉발자극)
- 특정 장소
- 자연 혹은 시간(예: 날씨, 계절, 하루 중 시간)
- 특정 인물

만약 사람이 촉발자극이라면, 그 사람에 대한 어떤 특정 행동, 성격, 혹은 태도가 촉발자극이 되었는지 판단하라. 그 후 그 사람에 의해 유발된 트라우마의 특정 측면과 어떻게 그 사람이 트라우마 사건과 관련되어 있는지를 보라. 촉발자극은 특정 인물의 나이와 관련될 수 있다. 예를 들어, 촉발자극이 된 인물은 현재 그 사건과 관련된 나이일 수 있다.

2. 일지의 다음 아홉 페이지에서, 위에 나열된 촉발자극의 각 범주를 페이지 맨 위에 작성한 다음, 각 범주에서 촉발자극에 대한 당신의 반응에 대해 쓰고, 각각에 당신이 반응한 긍정적인 방법과 부정적인 방법에 대해 작성하라. 당신의 최근 반응은 과거에 했던 반응과 비교했을 때 어떠한가? 그 반응에서 어떤 좋은 일이 일어났는가? 긍정적인 감정을 경험하거나 즐거운 기억이 있었는가? 어떤 나쁜 일이 일어났는가? 촉발자극을 다시 경험할 가능성이 얼마나 된다고 생각하는가?

3. 이제 당신이 미래에 촉발자극들로부터 주도권을 빼앗기 위해 촉발자극을 다루는 방법에 대해 생각해 보라. 일지나 공책의 각 페이지에 각 촉발자극 영역에 대한 답을 작성하라.

- 이완 연습
- 호흡 연습
- 적절한 약물 치료
- 타인과의 지지적인 접촉
- 사용 가능한 자원 목록 설립
- 불필요한 스트레스 피하기
- 특정 촉발자극과 접촉하는 것을 피하기 위한 삶 구성하기

Matsakis는 "목표는 촉발 사건을 관리하는 것이지, 그것에 대해 부정적인 감정이나 감각을 갖지 않는 것이 아니다"라고 언급했다(1994b, 147). 당신이 이름 붙인 특정 촉발자극을 처리할 방법을 계획할 때는 관리하거나 제어하기가 가장 쉽다고 생각되는 촉발자극부터 시작하는 것이 가장 좋다. 한 번이라도 다룰 수 있다면, 가해자를 직접 보는 것과 같은 촉발자극은 극복하는 법을 배우는 데 몇 달에서 몇 년이 걸릴 수도 있다. 전략을 세울 때, 각각의 특정 촉발자극의 과거 경험, 촉발자극이 일으키는 증상, 촉발자극과 관련된 특정한 두려움, 당신이 사용할 대처 메커니즘에 대해 생각하라.

기억하라. 당신이 일지에 적은 모든 촉발자극에 대해 어떻게 다룰지는 당신이 선택한 것이다. 당신은 당신을 자극하는 모든 것을 피할 수 없다. 따라서 Meichenbaum(1994)이 지적한 바와 같이, 자동적 반응을 유발하는 모든 것을 피하려고 하기보다는 자신의 내적 경험을 통제하는 것이 중요하다. 과거가 현재가 아니라는 것을 이해할 때에야 촉발자극을 무장해제시킬 수 있다.

촉발자극 작업은 매우 큰 스트레스가 될 수 있다. 촉발자극 작업은 항상 트라우마와 연관된 감정처리의 몇몇 형태를 수반하기에, 당신은 촉발자극이 더 이상 당신을 해칠 수 없다는 것을 알 수 있다. 만약 당신이 압도당했다고 느끼기 시작한다면, 당신은 언제든 2장의 몇몇 자기 안정 활동들로 돌아갈 수 있다. 당신은 또한 촉발자극이 곧 일어날 것 같을 때에 이러한 안정 활동을 사용할 수 있다. 다음 '연습하기'는 이전 페이지에서 선택한 어떤 촉발자극에도 도움이 되도록 설계되었다. 만약 어떤 촉발자극이 혼자 마주하기에 너무 어렵다면, 이 '연습하기'를 하지 말고, 상담자와 함께하거나 트라우마를 다루기 위해 고안된 그룹 상황에서만 하라. 하룻밤 사이에 촉발자극의 영향력을 없앨 수는 없다는 것 또한 기억하라. 오랜 행동을 새로운 것으로 대체하는 데에는 시간이 걸린다.

연습하기 4-10

● 연습하기 4-10: **나의 촉발자극 다루기**

당신이 하나 이상의 촉발자극에 대해 다루고 싶다면, http://www.newharbinger.com/33704에서 이 '연습하기'의 여분의 복사본을 다운받고 각 촉발자극에 대해 하나씩 사용하라.

1. 당신이 촉발자극의 힘과 영향력으로부터 주의를 돌리면, 그 촉발자극은 결국 현재 당신의 삶에 거의 또는 전혀 영향을 미치지 않을 것이다. 이 점을 염두에 두고, 다음 문장을 완성해 보라.

   나는 ______________________하는 것을 통해 스스로 ______________________(촉발자극의 이름)으로부터 주의를 돌리기로 선택했다.

   당신의 관심을 벗어나게 할 다른 방법(예: 촉발자극이 시작할 때 노래를 듣거나, 노래하거나, 혹은 가장 좋아하는 노래를 휘파람 부는 것, 당신의 귀를 막거나 귀마개 사용하기, 무엇이 진짜이고 무엇이 아닌지 혹은 현재에 대해 자신에게 말해 보기)을 적어 보라.

   ____

   ____

2. 안정화 기법 혹은 배워왔던 여러 기법을 사용하여 촉발자극을 경험할 때에 현재에 머물기를 선택하라.

   나는 ______________________(촉발자극의 이름)을/를 무시할 것이다.

   나는 또한 ______________________할 것이다.

   혹은, 나는 내 주위에서 보고, 듣고, 혹은 냄새 맡은 다섯 가지의 것, 그런 후, 네 가지, 세 가지, 두 가지, 그리고 한 가지의 이름을 말할 것이다(최대한 마음챙김 관찰의 형식처럼).

   ____

   ____

3. 이제, 하나 이상의 방법을 시도하여 촉발자극의 통제권을 얻은 후에, 그 경험과 당신이 어떻게 느꼈는지에 대해 적어 보라.

나는 ____________________(촉발자극의 이름)가 일어났을 때 ____________________한다.

내가 ____________________________________(촉발자극의 이름)에 반응하기 시작하였을 때,

나는 ____________________________을/를 사용하여 ____________________________

(나 자신을 벗어나게, 그것을 무시하여 현재에 존재하게) 하는 것을 결정했다.

____(촉발자극의 이름)이 그것의 힘을 잃어갈 때,

나는 __________________________을/를 느끼고 나는 ____________________________(당신이 한 것을 묘사한다)했다.

촉발자극 매핑 사다리

촉발자극을 나타내는 방법은 여러 가지가 있다. 이 중 하나인 촉발자극 매핑 사다리(mapping ladder)는 이 책의 저자 중 한 명이 해리성 정체성 장애로 진단된 사람들과 작업할 때 개발하였다. 사다리는 촉발자극 사건이 긴장의 고조로 이어지고, 이는 한 사람의 여러 다양한 시스템에 반응을 일으키며, 다시 트라우마로 이어질 수 있음을 보여주는 도표이다. 생각과 감정, 신체적인 신호, 행동은 촉발자극을 유발할 수도 있고 억제할 수도 있다. 촉발자극 반응을 억제하려면 그것의 영향력을 빼앗는 것을 수반한다. 그것은 당신이 촉발자극과 반응 사이의 연결을 만들고, 당신의 생각과 감정을 보고, 자신을 진정시키고, 전체 과정에서 의미를 찾도록 도와준다.

이 과정은 과거를 현재와 분리하고 촉발자극에 대한 반응 방식을 변경하여 삶에 대한 통제감을 가지는 데에 도움이 될 수 있다. 사다리의 가로 단에 천천히 그리고 침착하게 접근하고, 사다리를 오르내리는 작은 발걸음을 내딛으라. 당신의 촉발자극의 몇몇 이미지와 상징은 당신에게 일어난 일과 왜 당신이 그렇게 반응하는지에 대한 단서를 제공하는 것으로, 당신의 트라우마 경험에 대한 더 많은 정보를 준다. (연습하기 4-11)

● 연습하기 4–11: **촉발자극 매핑 사다리 사용하기** ●

사다리의 왼쪽 편을 따라 올라가면 네 가지 문구가 있다(http://www.newharbinger.com/33704에서 다운받는 것이 가능하다). '촉발 사건'이라고 적혀 있는 아래에서부터 시작하여, 내적 혹은 외적 촉발자극의 이름을 적는다. 예를 들어, 풍경, 소리, 냄새, 계절, 생각, 혹은 다른 사건이나 물건이 있다. 촉발자극에 대한 자신의 반응을 인식하게 되면서 나타나는 반응을 사건이나 물건 위에 적는다. 몸의 어떤 부분이 긴장되는가? 어떤 감정이 떠오르는가? '긴장의 고조'라고 표시된 공간으로 한 단계 올라감으로써, 당신이 어떻게 반응하는지 적어 보라. 각 부분에 대해 답할 것이 없을 수도 있지만, 가능한 한 많이 적어 보라. 촉발자극이 당신의 반응을 이끌었다면, 그 반응은 무엇인가? 당신은 완전히 전개된 플래시백을 가지고 있는가? 쉽지 않다는 것을 느끼는가? 식은땀이 나고 울기 시작하는가? 트라우마가 재경험되는 것처럼 느끼는가?

사다리의 오른쪽에는 위에서 아래로 이어지는 일련의 문구가 촉발자극의 고조를 줄이는 데 도움이 될 수 있는 행동을 설명한다. 당신은 각 단계에서 무엇을 할 수 있는가? 어떤 생각과 감정이 촉발자극의 힘을 빼앗는 데 도움이 되는가? 하나는 내가 현재에 있다는 것일 수도 있다. 그 촉발자극은 과거에서 비롯된 것으로, 현재는 발생하지 않고 있다. 또 다른 반응은 다섯 번의 깊은 심호흡이 필요할 수도 있다. 다시 말해, 각 문구에 대한 구체적인 반응이 없더라도 촉발자극에 대한 억압을 줄이는 데 도움이 될 수 있는 어떤 것이든 기록하라.

여기 특정 상황에서 사다리가 어떻게 작동하는지에 대한 예시가 있다. 당신이 성적 학대의 생존자라고 가정해 보자. 당신은 아버지 생신 파티 행사에 가야 하고, 당신을 학대한 할아버지가 참석한다는 것을 알았다. 파티에 대해 생각할 때, 몸과 사고, 감정 모두에서 고조되는 긴장감을 갖기 시작한다는 것을 알아차린다. 몸의 반응은 어떠한가? 긴장은 어디서 시작되는가? 처음에는 어깨에 힘이 들어가고 손바닥에 땀이 나기 시작한다. 그러고 나서 당신은 쿵쿵거리는 두통을 갖게 되고, 당신은 아랫배에 통증을 유발하는 특정한 학대 접촉을 기억하기 시작한다. 동시에, 당신은 피하고 싶고, 파티에 가는 것을 피하고 싶은 생각을 한다. 당신은 공포를 느끼고 심지어 공황 발작을 경험하기 시작할지도 모른다. 당신은 심지어 마음속으로 할아버지의 말들을 들을 수도 있고, 할아버지에 대한 생각이 당신의 머릿속을 장악할 수도 있다.

촉발자극 매핑

촉발 사건 → 긴장의 고조 → 다양한 또는 모든 시스템의 반응 → 재트라우마 가능성

올라가다			내려가다	
내적(생각 및 감정)	외적(신체적인 신호 혹은 행동)		내적(생각 및 감정)	외적(신체적인 신호 혹은 행동)

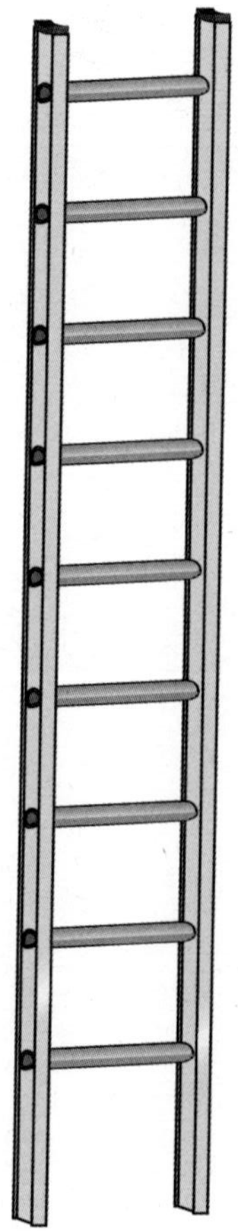

촉발자극과 반응 → 사용 가능한 생각 → 자기 안정의 사용 → 진정 → 차분한 상태로 돌아옴

이 도표는 Miller 등(1989)에서 재구성하였다.

당신은 무엇을 할 수 있는가? 어떻게 이 모든 감정과 신체적 증상과 싸울 수 있는가? 사다리의 오른쪽은 당신의 고조를 낮출 수 있는 공간이다. 당신은 자신에게 이렇게 말할지도 모른다. **현재는 지금이고, 과거는 과거일 뿐이다. 나는 이제 성인이 되어 자신을 보호할 수 있다. 반면 그는 단지 작은 노인일 뿐이다.** 당신은 또한 당신이 겪고 있는 신체적인 신호가 초기 학대로 되돌아간다는 것을 알아차릴 수도 있다. 일어나고 있는 일을 처리하면서, 당신은 신체적 반응과 느낌 둘 다와 싸우기 위해 당신이 할 수 있는 것을 보기 시작할지도 모른다. 당신은 그와 직접 접촉하지 않는 전략을 세울 수도 있다. 남편/파트너에게 간섭을 요청할 수도 있다. 당신은 그에게 다가가 당신을 혼자 내버려 두라고 경고하기로 결정할지도 모른다. 당신은 파티를 피하는 방법을 생각할 수도 있다. 그러면서 당신은 스스로 진정할 수 있다. 당신은 심호흡을 하고, 산책을 하고, 음악을 듣거나, 학대자에게 말할 대본을 쓸 수 있다. 당신이 이 평온한 상태에 있는 동안, 당신을 지금, 그리고 여기로 돌아오게 할 수 있는 것을 생각해 보라. 마음이 차분해지면, 그 과정과 당신이 어떻게 자신을 스스로 도왔는지를 보라. 이 과정은 어렵고 작업에 시간(및 연습)이 걸릴 수 있음을 인식하라. 이 과정을 시도하는 것은 촉발자극에 대한 주요 반응을 극복하기 위한 첫 번째 단계이다!

촉발자극을 감소하기 위한 활동과 닻 이용하기

트라우마 촉발자극, 꿈, 악몽, 침습적 사고에 대한 통제력을 얻는 또 다른 방법은 트라우마를 다시 경험하는 것으로부터 휴식을 줄 수 있는 활동에 참여하는 것이다. Rothschild(2000)에 따르면, 도움이 되는 활동은 트라우마의 침습이 잠식하지 않도록 당신의 집중과 관심이 필요한 활동이다. 영화나 DVD를 보는 동안 침습적 사고가 들기는 쉽다. 하지만, 당신이 주의와 신체 인식을 요구하는 일을 하고 있다면, 그것은 쉽게 침투하지 않는다. 예를 들어, 옷을 다림질하면서 옷을 태우거나 자신이 화상을 입지 않도록 자신이 하고 있는 일에 대해 충분한 주의를 기울일 수 있다.

자기 자신을 돕는 또 다른 방법은 **닻**(anchor)을 사용하는 것이다. Rothschild는 닻을 "구체적이고 관찰할 수 있는 자원" 또는 당신의 마음 밖에 있는 자원으로 묘사하였다(2000, 91). 그 자원은 사랑하는 사람이나 애완동물, 장소(예: 당신의 집), 물체 또는 활동일 수 있다. 그것은 당신의 신체에서 안도감과 행복을 느끼도록 도와준다. 그것에 대해 생각하는 것은 현실을 바꾸지 않으면서, 촉발자극 혹은 침습적 사고를 막는 도구로 사용될 수 있다. 당신의 안전한 장소는 보호를 제공할 수 있는 또 다른 닻이다.

당신의 침습적 사고를 통제하기 위해 사용할 수 있는 활동에는 무엇이 있는가?

___

___

당신의 개인적인 닻은 무엇인가?

___

___

과거의 트라우마에 당신을 안전하게 노출시키기

당신은 우리가 당신에게 트라우마 기억을 아주 자세하게 설명해 달라고 요청하지 않았다는 것을 알아차렸을지도 모른다. 이러한 노출은 치료를 위한 과제에 가깝다. 우리는 당신이 상담사나 상담자와 함께 그 활동을 하지 않는 한, 기억으로 압도당하게 함으로써 트라우마를 재경험하게 하고 싶지 않다. 우리가 당신을 트라우마에 직접 노출시킨 것과 가장 가까운 일은 당신에게 일어난 일에 대해 글을 써 달라는 것이다. 트라우마 경험을 시작, 중간, 그리고 끝으로 이루어진 이야기에 넣는 것은 트라우마와 관련된 강한 감정을 누그러트리는 데에 도움이 된다(Meichenbaum, 1994).

트라우마 기억을 자세히 들여다보는 **직접 노출 치료**(direct exposure therapy)는 전문가의 지도를 받아 각각 60분에서 90분씩으로 구성된 9~14회기를 거쳐야 한다. 직접 노출 치료는 당신을 트라우마 경험으로 데려가서 다음에 대해 다룬다.

- 트라우마 사건이 일어난 시기
- 지속 기간
- 사건 시작부터 사건이 끝난 후까지의 전체 이야기
- 설정 및 사건에 대해 알고 있는 모든 것
- 당신이 설명하는 것과 유사한 이전 사건
- 그 사건이 현재 당신에게 미치는 영향에 대한 당신의 해석

모든 묘사는 현재 시제로 매우 상세하게 이루어진다. 직접 노출 치료는 내담자로서의 당신이 압

도적인 불안이나 자살 생각, 강렬한 공포를 경험하지 않고 그 과정을 견뎌내기 위해서 많은 준비가 필요하다. 직접 노출 치료의 모토는 "고통이 없으면 얻는 것도 없다"이다. 그러나 트라우마 사건에 대한 노출 치료 또는 과노출로 인해 발생할 수 있는 통증의 정도는 이 워크북에 작업의 일부로 포함하기에는 너무 크다. 노출 치료에 대한 이 설명은 전적으로 당신에게 발생한 일을 처리하는 다른 방법에 대한 정보로 여기에 포함되어 있다.

꽃 도표

기억의 일부나 전체를 더욱 자세하게 살펴보고 싶다면, 다음의 설명에 따라 꽃 도표를 사용하라(이 도표는 http://www.newharbinger.com/33704에서 다운로드가 가능하다). 꽃 도표를 사용하여 기억을 분석할 때, 감각 경험, 신념, 신체 반응, 감정, 욕구, 행동 6개 분야를 살펴본다. 자신이 트라우마를 재경험하거나 답을 작성하면서 해리 상태에 빠지지 않도록 하라. TV나 영화를 시청하고 있다고 상상하라. (연습하기 4-12)

회피하지 않기

트라우마 사건에 대처하는 그 외 여러 방법이 있다. 한 가지 방법은 당신에게 일어난 일을 피하거나 부인하려고 노력하는 것이다. 어떤 부정은 자연스럽지만, 때때로 트라우마 사건의 영향을 피하는 것이 당신에게 해로울 수 있다. 다음 장에서는 회피를 줄일 수 있는 몇 가지 방법을 살펴볼 것이다. (연습하기 4-13)

● 연습하기 4-12: **나의 꽃 도표** ●

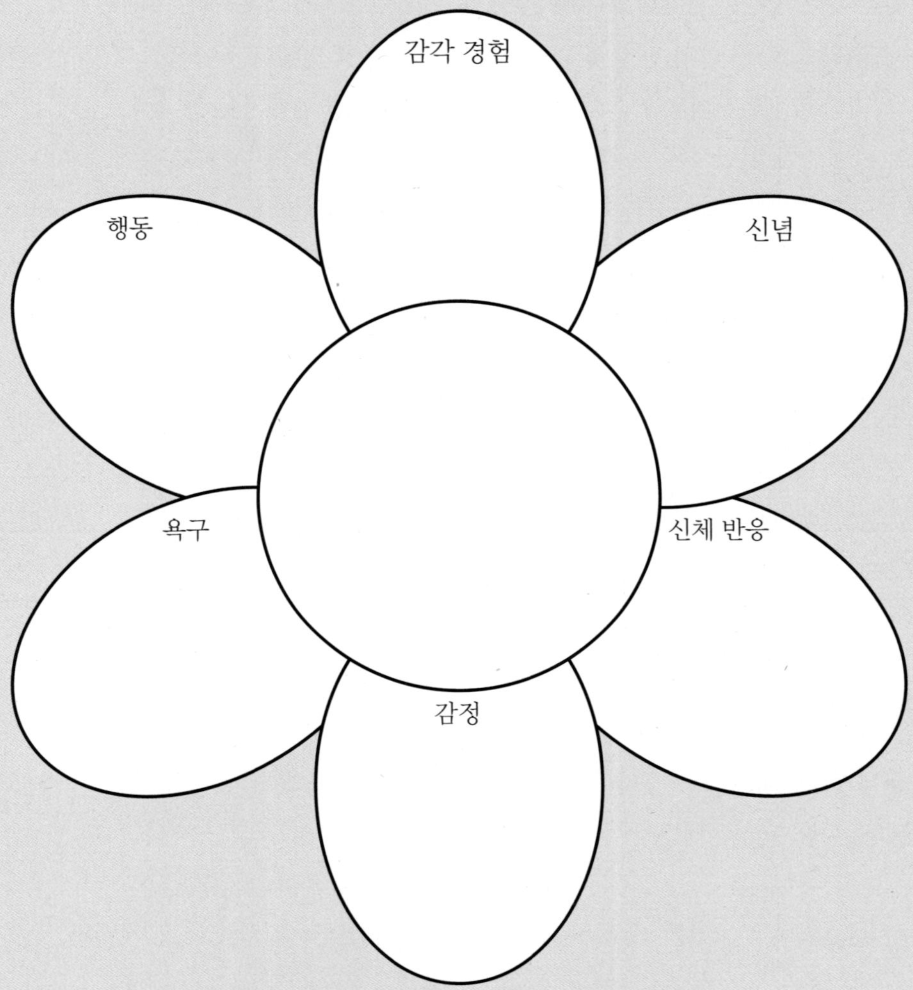

도표의 중앙에 살펴볼 기억을 적는다. 꽃의 첫 번째 꽃잎에, 당신이 기억에 대해 생각할 때 떠오르는 감각 경험에 대해 적는다. 어떤 냄새, 시각, 소리 또는 촉감이 떠오르는가? 다음 꽃잎에서, 트라우마에 대한 당신의 생각과 믿음을 적는다. 트라우마 이전, 도중, 그리고 트라우마 이후에 당신이 자신의 마음(당신의 내사)에 통합한 어떤 메시지가 당신에게 전달되었는가? 트라우마에 대해 어떤 결론에 도달했는가?(예: 그것은 내 잘못이었다고 믿는다. 나는 결코 안전할 수 없다고 믿는다. 나는 그 사건이 일어나게 만들었다고 믿는다. 나는 일어난 일에 대해 내

가 책임이 없다고 믿는다.) 다음 꽃잎에는, 트라우마가 일어나는 동안 당신의 몸이 어떻게 반응했는지를 기록하라. 예를 들어, 당신은 얼거나, 도망가거나, 울거나, 무감각해졌는가? 네 번째 꽃잎에는, 당신이 가졌다고 기억할 수 있는 감정에 대해 기록하라. 무서웠는가? 당황했는가? 충격받았는가? 다섯 번째 꽃잎에는, 트라우마 중에 원했던 것이 있으면 무엇이든 기록하라. 해리되고 싶었는가? 그냥 떠나고 싶었는가, 아니면 가해자를 공격하고 싶었는가? 마지막으로, 마지막 꽃잎에는, 당신이 취한 모든 행동을 기록하라. 해리를 통해 탈출하기로 선택했는가? 반격했는가? 당신은 어떤 식으로든 참여했는가? 만약 당신이 부분적인 전체 기억 혹은 심지어 어떤 부분에 대한 기억을 가지고 있지 않다면, 당신은 트라우마성 기억상실증 또는 망각이라고 불리는 것을 어느 정도 가지고 있을 수 있다. 그냥 기억나는 대로 기록하라. 공간이 더 필요한 경우 공책의 추가 페이지를 사용하여 정보를 기록할 수 있다. 기억하라. 당신이 이 '연습하기'를 완료할 때 기억과 트라우마 사건으로부터 거리를 두려고 노력하라.

연습하기 4-13: **이 장에서 내가 배운 것**

이 장에서는 PTSD의 침습적이고, 재경험적인 측면을 다루는 몇 가지 방법에 대해 배웠다. 이것은 이용 가능한 많은 다른 기법 중 일부일 뿐이다. 바라건대, 연습과 노력을 통해, 그것이 당신에게(적어도 어느 정도는) 적용되길 바란다. 기억하라. 필요할 때마다 이 장의 '연습하기'를 다시 참고할 수 있다.

이 장의 작업을 통해서 자신 자신에 대해 어떤 것을 배웠는가?

2장에서의 기법들이 어떻게 당신이 필요할 때에 당신 자신을 진정시켰는가?

5

덜 회피하며 트라우마에 대처하기

당신에게 일어난 트라우마 사건을 기억하거나 다시 경험하길 피하고 싶은 것은 당연한 일이다. 무엇 때문에 그 모든 일을 다시 겪고 싶겠는가? 왜 자신을 무감각하게 만들면서까지 촉발자극, 생각, 기억을 다루는 법을 배우려 하는가? 만약 당신이 해변에서 허리케인을 만나 집을 잃었던 적이 있다면, 왜 다시 바닷가 근처에서 살고 싶겠는가? 만약 당신이 거의 추락할 뻔하거나 아니면 추락한 비행기를 탔던 적이 있다면, 왜 차나 기차가 아닌 다른 수단으로 여행하길 꿈꾸겠는가? 만약 당신이 어떤 동네에서 다친 적이 있다면, 그곳에 친척이 살거나 직장이 가까이 있더라도 왜 그곳으로 다시 가고 싶단 생각을 하겠는가?

이 책의 1장에서 살펴본 PTSD에 대한 설명을 다시 참고하면 PTSD 진단 기준 C를 구성하는 회피 증상을 볼 수 있다. 당신은 트라우마를 상기시키는 장소, 대화, 활동, 물건, 사람 또는 상황을 피하려고 하는가? 그게 다른 사람들로부터 자신을 고립시키고 사회 활동을 피하고 있음을 뜻하는 것은 아닌가? 당신은 자신이 느끼지 못할 정도까지 비참한 기억, 생각 또는 감정을 피하려고 하는가? 당신은 어떤 식으로든 트라우마 경험이나 트라우마 경험 당시 또는 이후의 감정을 떠올리게 하는 것을 즉각적으로 억압하려고 하는가? 당신은 재발이나 각성 증상을 조절하기 위해 회피하는가?

일반적으로 당신은 기억 및 관련 트라우마성 증상을 피하기 위해 자신을 고립시키고 일어났던 일을 상기시키는 촉발자극을 피하려고 할 수 있다. 이것은 어느 정도 효과가 있을 수 있지만, 결국 당신은 당신의 안전지대(protective cocoon)를 떠나 당신을 어떻게든 촉발시키는 세계로 돌아가고 싶어 하게 되거나 돌아가야만 하게 될 것이다.

회피는 당신이 외상 후 스트레스 장애에 대한 치료를 받지 않게 했을지도 모른다. 만약 당신이 어느 정도라도 트라우마 사건으로부터 멀어지는 데 성공했다면, 왜 굳이 상처를 들쑤시겠는가? 아마도 당신은 자기 뇌에 상징적으로 만들어진 개별 상자에 트라우마를 넣어두었을 것이다. 아마도 당신은 자신의 일상생활에 침투하는 생각을 억제하는 방법을 만들어 냈을 것이다. 그러나 필연적으로, 당신이 회피하기 위해 사용하거나 사용해왔던 방법은 더 이상 먹히지 않을 것이다. 예를 들어, 오랜 경력이나 직업을 가졌던 많은 베트남 참전 용사들이 은퇴하면서 그들의 일은 더 이상 기억을 막는 벽의 역할을 하지 않는다. 그들의 기억이 물밀 듯 밀려오며 그들은 치료받길 원하거나 적어도 군 생활이 그들에게 어떤 영향을 끼쳤는지 깨닫고 있다. 만약 그들이 PTSD 치료를 고려한다면, 그들의 과거 다루기를 돕는 가장 널리 알려진 방법이 노출 치료와 인지행동 치료, 이야기 치료, 안구운동 민감소실 재처리 요법을 통해서든 어떤 형태의 재경험을 포함한다는 것을 알게 될 것이다(9장 참고).

회피를 통해 대처하기

트라우마 사건의 영향을 최소화하려는 대처 시도는 때때로 (예상된) 심리적 손상으로부터 자신을 보호하기 위한 부적응적 방법으로 쓰인다. 이것은 일반적으로 당신이 자기 고립 및 정서적 회피를 통해 인지적 또는 행동적 방법으로 회피하고 있음을 의미한다. 초반에는 이러한 노력이 당신에게 도움이 되는 것처럼 보일 수 있지만, 시간이 지날수록 회피해오던 것은 훨씬 더 침습적으로 돌아오는 경향이 있다. 최근 자신의 트라우마 블로그를 바탕으로 책을 출간한 Michele Rosenthal은 다음과 같이 썼다. "회복하려 하지 않는 한 아무 일도 일어나지 않는다. 그럼 계속 피하면 어떻게 될까? 아무 일도 일어나지 않는다"(2013, 2015). 다시 말해, 회피만을 고수한다는 것은 두려움에 기반을 둔 생존 전략, 즉 당신이 어느 정도 기능을 계속할 수 있게 해주는 전략을 고수한다는 뜻이다.

Briere & Scott(2015)은 다음과 같은 여러 회피 반응에 대하여 기술한다.

- 트라우마 촉발자극에 대한 정서적 반응 감소
- 혼란을 유발할 수 있는 자극으로부터 해리성 이탈
- 잠재적으로 괴로울 수 있는 생각이나 기억을 차단하거나 적극적으로 관여하지 않으려는 방법을 통해 사고 억압
- 사건 자체가 아닌 사건의 영향력, 심각성, 또는 위험성에 대한 부정
- 트라우마 촉발자극에 대한 불안 반응을 차단하지만 분명하지 않거나 치료 전문가에게 알려지지 않은 어떤 유형의 물질을 치료 단계 이전에 사용하기(73)

당신이 트라우마의 일부분을 해결하는 것처럼, 많은 경우 당신이 직면하고 싶지 않은 무서운 무언가가 종종 그 자리에 나타나는 것처럼 보인다. 종종, 두려움은 회피 행동, 정서, 생각을 불러일으킨다. 때로는 제 기능을 하기 위해 트라우마와 그 영향력을 직면하지 않고 피하는 것은 필요하다. 때로는 회피가 의도적이며 당신이 치료 작업을 할 준비가 되지 않았음을 보여주기도 한다. 해야 할 일을 더 다루기 쉬운 작은 조각으로 나누는 것이 고군분투하는 유일한 방법일 수 있다.

회피를 극복하기 위해서, 모든 트라우마 사건을 꼭 한꺼번에 마주해야 하는 것은 아니다. 실제로 트라우마 사건을 다룰 수 있는 부분으로 나누고, 발생 순서대로 살펴보기보단 당신의 선택대로 하나씩 살펴보는 것이 더 합리적이다. 기억을 차단하거나 억압하고, 트라우마에 대한 시각적/경험적 기억으로부터 해리될 수 있다. 그러나 언어적 기억(다른 사람의 말로부터 나온), 생리적 반응 및 정서적 반응은 모든 일어난 일이 실재함을 증명한다. 이러한 경우, 사람들은 매우 깊이 묻혀 있거나 자신과 분리되어 잃어버린 조각을 찾는 데 오랜 시간을 보낸다. 부신 반응이 높아졌을 때만 트라우마에 대한 해리성 재현이 발생하는 아동 성학대의 생존자로 추정되는 한 사람은 최근에 화가 나서 부모에 대해 이야기하며 7세 아이에게 이 모든 일이 일어나는 게 옳지 않다고 말하였다. 그녀가 진정된 이후, Mary Beth는 그녀가 7세라고 말한 부분에 대해 주의를 기울이게 하였다. 이것은 마치 그녀가 덜 정서적으로 보거나 심지어는 떨어져서 그 역사적인 과거를 바라보기 시작하면서 그녀의 머릿속에 전구가 켜지는 것 같았다. 그 사건이 7세 무렵에 일어났다는 사실을 깨달은 것은 그녀가 트라우마 사건이 일어난 그 기간 동안 그것을 가능하게 했던 다른 일들(예: 그녀의 어머니가 병원에 입원했던 일)을 볼 수 있게 해주었기 때문에 매우 중요했다. (연습하기 5-1)

시간이 지남에 따라 경험적 회피는 PTSD의 유지를 돕는다(Thompson, 2012). 트라우마 사건에 대한 생각을 억누르면 일시적으로 안도감을 줄 순 있지만, 이러한 안도감은 오래 가지 못한다. 생존자 존재에 초점이 맞춰지는 것은 어떻게 치료하는지보다는 어떻게 피하고 어떻게 일시적인 안도감을 되돌릴지에 맞춰질 수도 있다. 점점 더 많은 자극이 트라우마와 연관되면서, 더 많은 회피 시도로 이어질 수 있다. 아마도 생존자인 당신은 물질 사용, 과식, 고립 및 기타 다른 행동(진단 기준 E 참고)을 포함하여 당신에게 해를 끼칠 수 있는 위험한 행동을 하게 될지도 모른다. 이것은 새로운 우정을 쌓고 적극적으로 세상을 살아가는 것을 포함하여 잠재적으로 도움이 되는 경험을 회피하는 것으로 이어질 수 있다.

● 연습하기 5-1: **기억을 작은 조각으로 나누어 좀 더 다루기 쉽게 만들기** ●

당신에게 어느 정도 중요하지만 트라우마를 초래할 정도는 아닌 사건의 기억을 선택하라.

당신이 기억하는 그 사건의 배경은 다음과 같다.

____

____

그 사건에 대해 가장 먼저 기억나는 것은 무엇인가?

____

____

일어났던 사건에 대해서 처음에 들었던 생각은 무엇인가?

____

____

그 이후에는 무슨 일이 일어났는가?

____

____

그 다음에는 무슨 일이 일어났는가?

____

____

그 후에 다른 무언가가 있었는가?

____

____

그 사건은 어떻게 마무리되었는가?

____

____

그 사건에 관해 가장 중요한 것은 무엇인가?

____

____

그 사건이 있었던 동안 당신은 어떤 감정이 들었는가?

____

____

지금은 그 사건에 대해서 어떤 감정을 느끼는가?

____

____

그 사건이 당신의 삶에 미친 영향이 있다면, 그것은 무엇인가?

____

____

이 '연습하기'를 하면서 그 사건에 대해 무엇을 배웠는가?

____

____

회피의 실질적 기능

만약 당신의 PTSD 진단 결과가 양성이라면, 당신은 당신에게 일어났던 일에 대해 회피 증상을 보이고 있다는 것이다. 이전에 언급했듯이, 트라우마 기억, 촉발자극, 악몽 및 당신이 겪은 트라우마 사건을 상기시키는 것들을 피하기 위해서는 많은 에너지가 필요하다. 당신은 당신에게 일어난 일을 상기시키는 장소, 사람, 또는 사건을 피하기 위해 큰 발걸음을 내딛어야 할 수 있다. 당신은 '나는 괜찮아. 그 일은 나와 전혀 상관없어.'라고 스스로 계속 되뇌지만, 그와 동시에 당신의 내면에서는 당신이 여전히 트라우마의 영향을 받고 있다는 것을 알고 있다. 또한 당신은 트라우마 사건을 떠올리지 않기 위해 다른 것에 대해 걱정하거나 집중하려 할 수도 있다. Pennebaker & Campbell(2000)은 침습적인 사고, 심상, 꿈, 기억을 억누르는 사람들은 공격과 죽음, 질병, 실패 및 다른 끔찍한 일에 대한 생각을 수반한 실제 트라우마보다 더 위협적이고 빈번한 침습을 경험하게 된다는 것을 발견하였다.

아마 당신은 당신에게 일어난 일들을 말로 다 설명할 수 없을 것이며, 당신이 느낀 공포 역시 어떠한 단어로도 다 표현할 수 없을 것이다. 트라우마 사건을 상기시키는 것이나 기억을 어느 정도 피하는 것은 건강에 좋다. 그러나 회피가 언제 건강에 좋고 나쁜지는 어떻게 알 수 있을까? 만약 회피가 더 이상의 트라우마가 초래되는 것을 막아준다면, 그것은 건강한 것이라고 볼 수 있다. 당신에게 있어서 매우 중요한 업무를 앞두고 있지만 트라우마에 대한 생각으로 너무 고통스러워서 해야 할 일을 할 수 없는 상황이라면, 어느 정도의 회피는 건강한 것이다.

예를 들어, George가 영어 수업시간에 발표를 하고 있다. 그는 가정 폭력과 관련된 주제를 맡았다. 그의 아내는 언어적 · 신체적 폭력을 일삼는 사람이었고, 그는 그녀의 질타에 대한 분노를 조절하기 위한 치료를 받고 있었다. 만약 그가 발표하는 동안 그 주제와 관련된 자신의 고통을 느끼도록 내버려 둔다면, 그는 트라우마를 재경험했을 것이다. 그는 자신의 감정을 내려놓고 발표하여 A 학점을 받았고, 이후 그의 상담자와 이 일에 대해 이야기를 나누었다. 그는 끝내 울음을 터트렸는데, 그와 같은 반 학생들은 어떻게 남성이 폭력의 피해자가 될 수 있는지 이해하지 못했기 때문이다.

Dennis는 19세이다. 그와 그의 여동생은 양아버지로부터 성폭행을 당했다. 양아버지는 목사였는데, 여동생이 성적 학대를 폭로해서 성직을 박탈당했다. Dennis는 어머니에게 양아버지가 학대해온 사실을 알렸고, 그가 이 사실을 알렸다는 이유로 끔찍한 일이 생길까 두려워했다. 그가 어머니에게 사실을 알린 이틀 후, 여동생은 차 사고로 목숨을 잃었다. 양아버지는 여동생의 장례식에서 설교를 할 수 있도록 주교로부터 특별 허가를 받았다. Dennis는 여동생의 관을 옮겨야 했고, 장례식에 꼭 참석해야만 했다. 그는 장례와 자신을 학대했던 양아버지의 추도 연설을 견디기 위해 자신을 해리시켰다.

다음 문장을 완성하여 회피의 실질적 기능을 살펴보라.

나는 ______________________________ 할 때, 보호적이고 긍정적인 방식으로 회피를 사용했다.

회피 전략으로서의 해리

Matsakis(1998)는 많은 트라우마 생존자들이 트라우마를 촉발하는 상황이나 관계를 피하기 위해 해리하는 것을 포함한, 할 수 있는 모든 것을 동원하여 과잉 각성되지 않으려 한다고 보고했다. 해리는 플래시백(4장 참고)을 포함할 뿐만 아니라, 지각된 위협과 당신에게 일어난 일과 관련된 불쾌한 감정으로부터 자신을 보호하는 방법으로도 작용할 수 있다. Briere & Scott(2015)은 멍 때리기와 허공 응시하기, 정신줄 놓기(74)를 포함한, 눈에 보이는 해리 증상이 명백한 회피의 징후라고 기록했다.

해리는 압도적인 사건을 견디는 방법이며, 그 사건이 발생하는 동안 사용할 수 있는 생존 전략이다. 트라우마가 심하면 심할수록, 당신은 자신을 보호하기 위해 더 자연스럽게 해리한다.

현재 당신은 얼마나 자주 해리를 사용하는가? 당신은 백일몽이나 공상, 또는 환상 속으로 도피하는가? 당신은 아무 내용도 기억하지 못하면서 몇 시간 동안 TV를 보는가? 당신은 컴퓨터나 비디오 게임을 몇 시간 동안 계속 이어서 하는가? (연습하기 5-2)

연습하기 5-2: **나는 언제 해리하는가?**

당신을 멍하게 하거나 현재로부터 당신을 해리하게 하는 상황 5가지를 나열하라.

1. ______________________________

2. ______________________________

3. ______________________________

4. ______________________________

5. ______________________________

당신은 해리와 관련해 무엇을 할 수 있는가?

해리를 할 때 가장 먼저 해야 할 일은 언제 그리고 왜 당신이 해리를 하는지 깨닫는 것이다. 해리를 촉발시킬 수 있는 촉발자극에 대한 인식을 높이는 것은 해리 상황에 대비하거나 해리를 방지하는 데 도움을 줄 수 있다. 2장에서 논의된 바와 같이 안정화 기법들은 해리를 방지하거나 해리 시간을 줄이는 데 도움을 줄 수 있다.

해리를 다루기 위한 다음의 기법은 Bandler(1985)가 개발한 신경언어학적 프로그래밍 분야(NLP)에서 비롯되었다.

1. 만약 당신이 충격적인 사건의 어떤 측면을 해리했다는 것을 발견한다면, 그 사건을 영화 스크

린에 올린 다음 관객석에 앉아 보라(4장 리와인드 기법 참고).

2. 이제 안전한 장소로 가서 자신을 고정시킬 수 있는 닻을 내리라(안전한 장소에 대한 정보와 '연습하기'는 2장 참고).
3. 이제 당신이 보고 들은 것, 또는 기타 다른 경험한 것을 얼린 뒤(마음속으로 이것을 얼음이 든 용기에 넣거나, 또는 다른 방법을 사용하여 분리하기), 다시 당신의 몸에 집중하라.
4. 현재의 자신과 트라우마를 겪었던 좀 더 어렸던 자신 모두를 위로하는 시간을 보내라. 어린 당신에게 그녀나 그는 괜찮을 것이고, 그 일에 대해 책임이 없다고 말하라. 당신이 관찰한 트라우마의 모든 세부사항을 좀 더 어렸던 자신에게 설명하라.
5. 2장에서 소개된 안정화 기법을 사용하여 현재로 돌아가라.

해리를 다루는 많은 다른 방법이 있는데, 트라우마성 스트레스 교육과 지지를 위한 시드런 연구소(Sidran Institute)는 훌륭한 자원 중 하나이다.

해리의 결과

해리의 결과로 일어나는 일은 다음과 같다.

- 무뎌진 정서적, 육체적 고통, 쾌락, 반응, 그리고 이전에 당신에게 즐거움을 가져다주었던 것과 세상에 대한 흥미 상실
- 고통과 즐거움을 구별하지 못함(감정을 느끼지 못할 때, 당신은 다시금 피해 입기 쉬움)
- 사고의 오류
- 정서적 반응의 부재가 자신이 수치스럽다는 느낌과 믿음으로 이어짐
- 삶으로부터의 후퇴
- 다른 사람으로부터 분리된 느낌
- 성관계에 무관심, 성기능 장애(행동)
- 에너지 없음, 무감각한 느낌(아무 일에도 신경 쓰지 않음)과 무기력한 상태(항상 피곤함)
- 정신적 나태함을 경험함
- 신체적 고통을 느끼지 못함

이런 일을 경험한 적이 있는가?

이전의 자동차 사고 사례로 돌아가서 다음과 같은 질문을 할 수 있다. 이전에 자동차 사고에 연루된 적이 있는가? 뼈가 부러졌는데 고통을 느끼지 못한 적이 있는가? 아마 자동차 사고가 난 후, 당신은 차에서 내려 사고가 난 다른 차량으로 걸어갔을 것이다. 당신은 아직 다리에 큰 멍이 든 것이나 머리에 심각한 혹이 난 것을 알아차리지 못했다. 당신이 경험한 유일한 감정은 당신을 친 다른 운전자에 대한 분노였다. 당신은 크게 다치지 않았다는 것에 안도감을 느끼지 못했다. 당신은 여전히 몸 안에 있었지만 아무런 고통도 느끼지 않았다. 당신은 이러한 유형의 고통에서 해리되었던 경험에 대해 일지나 공책에 쓸 수도 있다.

다음 '연습하기'는 당신에게 일어났던 충격적인 사건을 느끼거나 직면하지 않도록 차단하는 여러 방법을 나열한 것이다. 만약 이러한 방법을 자기 자신을 보호하기 위해 건설적으로 사용하는 것이 아니라 다른 이유로 사용하는 경우, 전문 트라우마 상담자나 당신을 지지해줄 수 있는 가족 또는 당신을 이해해 주는 친구, 그리고 동료 생존자와 같은 다른 이들의 지원과 도움을 구하는 것을 고려하라. 그 이후에 이 '연습하기'는 당신을 지지하는 사람, 특히 상담자와 공유할 만한 자료가 될 수 있다.

(연습하기 5-3)

● 연습하기 5-3: **트라우마 경험을 피하기 위해 내가 해야 할 일** ●

당신이 다양한 유형의 해리 반응을 통해 트라우마를 피했던 모든 방법에 체크 표시하라.

☐ 몸에서 자신을 분리시키기

☐ 주변 사람과 연락 끊기

☐ 1분 이상 멍하니 허공 응시하기

☐ 현재 주어진 상황에 참여하는 참가자가 아닌 상황을 관찰하는 관찰자로 있기

☐ 공상에 빠지기

☐ 과도한 마술적 사고(자신의 생각만으로 자신과 무관한 일을 통제할 수 있다고 생각)

☐ 로봇처럼 행동하기, 자동 조종 상태(autopilot) 되기

☐ 자기 몸 밖에서 자신을 바라보고 있는 듯이 느끼기

당신이 경험한 각성 반응에 해당하는 것에 체크 표시를 하라. 각성 반응이란 당신이 다음과 같은 상태에 있음을 발견할 수 있는 반응이다.

- ☐ 집중하기 어려움
- ☐ 내 주변의 잠재적인 위험을 알아차리지 못함
- ☐ 위험성이 큰 활동 또는 놀이에 참여(어떤 것들이 있었는지 나열하라)
- ☐ 주변에 다른 사람이 있음에도 그냥 잠듦
- ☐ 일 중독을 포함한 강박적인 행동 보임
- ☐ 마약이나 알코올을 충동적으로 또는 중독적으로 사용함
- ☐ 본인 나이보다 어리게 행동함
- ☐ 특히 내가 잠이 들거나 막 깨어났을 때, 그림자 같은 검은 인물이나 유령 같은 인물을 봄
- ☐ 대부분의 시간 동안 혼란을 경험함
- ☐ 흥분을 불러일으키고 내부의 죽은 느낌을 상쇄하기 위해 온갖 위험을 무릅쓰고 행동함
- ☐ 나를 달래기 위해 몸을 앞뒤로 흔듦

회피 또는 해리를 위해 이러한 방법은 언제, 어디서, 어떻게, 왜 썼는지 묘사하라.

____

____

____

당신의 답은 자기 자신에 대해서나, 당신이 어떻게 트라우마 경험 또는 트라우마 기억을 피하고 있는지에 대해 무엇을 말해 주고 있는가?

____

____

회피로서 해리 감소하기

만약 스스로가 트라우마 사건으로부터 자주 해리하거나 피하는 것을 발견한다면, 당신은 트라우마 사건에 대한 기억을 찾는 것보다 개인적인 자기 돌봄과 안전에 집중하는 것이 더 중요하다. 당신은 '내가 어디로 갔지?'보다는 '내가 지금 어디 있는 거지(현실에서)?'라고 자신에게 주기적으로 질문하고 싶을지도 모른다. 이것은 당신이 현재로 돌아가고 당신이 현실 세계에서 어디에 있는지 상기시키는 데 도움이 될 것이다. 또한 회피를 유발하는 촉발자극뿐만 아니라 해리를 통해 회피가 어떻게 기능하는지 식별하는 것이 중요하다.

기억하라. 트라우마에 대한 해리 반응은 트라우마가 일어났을 때 적응적인 반응이었다. 즉, 그것은 당신이 생존할 수 있도록 도와주는 행동이었다. 만약 당신이 여전히 그 필요성을 느낀다면, 그것은 계속 적응적인 역할을 할 수 있다. 하지만, 그것이 언제 어디서 발생하는지를 결정하는 것은 당신에게 달려 있으며, 만약 해리가 적응적이지 않고 오히려 해가 되는 것처럼 느껴진다면 이 책을 통해 그것이 도움이 되는지 여부를 살펴보고 실제로 그 연습을 할 것인지 결정하는 것도 당신에게 달려 있다. (연습하기 5-4)

● 연습하기 5-4: **해리에 대해 알게 된 점** ●

해리에 대한 연습을 통해 당신은 자기 자신에 대해 어떤 것을 배웠는가? 당신에게 일어난 일 중 기억(신체, 정서, 인지 기억)에서 완전히 사라진 부분이 있는가? 해리를 자주 하는가? 해리를 유발하는 자극에 대해 더 잘 파악하게 되었는가?

____

____

____

다음은 회피를 줄이기 위한 몇 가지 전략이다. 각 전략 다음에, 이 전략을 어떻게 사용했는지, 그리고 이 전략이 어떻게 도움이 되었는지 빈칸에 적어 보라.

1. 회피를 줄이기 위한 첫 번째 단계는 두려움을 느끼는 기억이나 촉발자극을 찾는 것이다. 이 단계는 세부 내용을 깊이 살펴보지 않고도 할 수 있다.

   방법: ______________________________

   ____

2. 다음 단계는 안전하고 긍정적인 활동에 참여하기 위한 몇 가지 목표를 설정하는 것이다.

   방법: ______________________________

   ____

3. 마음챙김을 사용하여 긴장을 풀고 안전함을 느낄 수 있다(2장 참고).

   방법: ______________________________

   ____

4. 또한 안전한 환경에서 훈련된 전문가와 함께 노출 치료의 도움을 받을 수 있다. 전문가는 트라우마 사건을 다룰 수 있는 부분 또는 조각으로 나눌 수 있도록 도와준다. 천천히 진행하라.

   방법: ______________________________

   ____

다른 회피 전략 다루기

만약 당신이 당신에게 일어난 일과 관련된 감정을 느끼는 것이 두려워서 피하는 것이라면, 당신이 조금씩이라도 경험할 수 있도록 허용해 보는 것은 중요하다. 만약 당신이 극도로 불안하다면, 당신은 불안을 줄이는 데 도움이 되는 약을 복용하고 싶을지도 모른다. 정서적 과잉반응 또는 과소반응은 다음 장에서 다룬다.

회피하려는 시도를 줄일 방법은 많다. 먼저, 기억 전체를 살피지 않고 자신에게 무슨 일이 일어났는지 살펴보도록 허용하라. 3장의 기록하기 기법들을 사용하여 도움을 받을 수 있다. 또한 이어지는 '연습하기'를 통해 당신의 트라우마에 대한 개요나 요약본을 만드는 것부터 시작해볼 수 있다. 만약 당신이 오랫동안 지속된 트라우마 사건의 피해자라면, 이 모든 '연습하기'를 한 번에 다하려고 하지 않길 바란다. 당신은 너무 많은 나쁜 일을 겪어왔기 때문에, 하나씩 살펴볼 수가 없었다. 먼저 가장 덜 충격적인 경험부터 시작해 보자. (연습하기 5-5)

● 연습하기 5-5: **나의 트라우마 사건에 대한 짧은 개요** ●

트라우마 사건 이전에 나는 ______________________________(이)라고 느꼈다.

그러던 중 갑자기, ______________________________(트라우마 경험)이/가 벌어졌다.

처음과 중간, 끝을 포함한 트라우마의 부분(조각)들을 작성하면 다음과 같다.

____

____

____

____

__________(트라우마 경험) 동안, 나는 ______________________________했다/였다.

또한 나는 ______________________________________을/를 느꼈다.

나는 ______________________________________을/를 통제할 수 있었다.

나는 ______________________________________을/를 통제할 수 없었다.

______________________________________(트라우마 경험)이/가 끝나고, 나는

____였다.

다시 말해, 때때로 회피하는 것은 당신에게 일어난 모든 나쁜 일에 의해 완전히 압도되는 것으로부터 당신을 보호하기 위한 방법으로 필요하다. 만약 당신이 당신의 기억 앞에서 무력감을 느끼고 그래서 그것을 피하고 싶다면, 다음 '연습하기'를 통해 다른 영역에서 당신이 어느 정도 통제력을 얻을 방법을 생각해 보라. (연습하기 5-6)

회피를 줄이는 동안 안전하게 지내기

만약 당신이 기억에 대해 작업할 만큼 안전하다고 느끼지 않는다면, 2장으로 돌아가서 안전에 대한 현재 신념을 수정하고 다루는 작업을 하라. 신념에 관한 다른 부분은 6장에서 다룬다.

만약 당신이 트라우마에 직면하게 된다면, 자신을 현실적으로 바라보고 위협에 정확하고 현실적인 방식으로 대응하는 방법을 배우는 것이 중요하다. 만약 당신이 트라우마를 보기 시작하면 어떤 일이 일어날 것 같은가? 당신이 말하면 누군가 구하러 올 거라고 믿는가? 당신이 무슨 일이 있었는지 이야기하면 누군가가 여전히 처벌할 것이라고 믿는가? 만약 당신이 트라우마를 다루게 된다면, 당신의 삶을 여전히 통제하고 당신을 해칠 사람들이 있다고 믿는가?

4세 때부터 Annette는 아버지에게 학대를 받았다. 그녀는 18세가 될 때까지 계속해서 추행을 당했고 이후 결혼했다. 그녀는 12세였을 때 자신이 당해온 학대에 대해 어머니에게 말했고 어머니는 그녀를 때렸다. Annette는 마침내 상담자가 참석한 치료 회기에서 학대에 대해 아버지와 대면했다. 그녀는 자신이 기억하는 것을 녹음해서 상담자와 반복해서 재생했다. 그들은 그 기억에 대해 이야기 나누었고, 그녀가 무엇을 말할 것인지를 다루었으며, 아버지와의 대면을 연습했다. 그녀의 어머니는 아버지와 함께 그 회기에 왔다. 그녀의 아버지는 자신이 한 일을 인정했고, Annette는 아버지의 반응을 녹음했다. 그래도 그녀는 그의 보복과 그와의 대면이 무엇을 의미할지 계속 두려워했다. 그녀는 자살 시도를 하게 되었고 결국 병원에 입원하게 되었다. 이제 그녀는 녹음 파일을 경찰에 가져갔고, 경찰은 그녀의 아버지를 기소하려고 한다. 그럼에도 불구하고, 그녀는 그가 그녀에게 무슨 짓을 할까봐, 그리고 자신이 이 사실을 이야기했다는 이유로 어머니와 형제들과 연락이 끊기게 될까봐 두려워하고 있다.

두려움 참아내기

당신에게 일어난 일을 다루는 법을 배우는 것은 자신을 다치게 하거나 완전히 피하려고 노력하지 않고 고통스러운 감정을 용인하는 법을 배우는 것을 의미한다. 트라우마와 관련된 감정 중 일부

● 연습하기 5-6: **회피를 선택함으로써 내가 손해보았던 경험** ●

대처 방식으로 회피를 선택하면 때때로 당신에게 고통이나 피해를 입힐 수 있을 뿐만 아니라, 목표 달성을 방해하거나 자신을 다치게 할 수도 있다. 지나간 삶을 돌아보면, 회피적 행동이 당신의 성공을 방해한 적이 있었는가? 당신은 회피로 인해 부정적 결과를 경험했는가?

☐ 직장에서 (그랬던 적이 있다면, 언제, 어떻게 그랬는가?) ____________________

____

____

☐ 집에서 (그랬던 적이 있다면, 언제, 어떻게 그랬는가?) ____________________

____

____

☐ 아이들과 (그랬던 적이 있다면, 언제, 어떻게 그랬는가?) ____________________

____

____

☐ 애완동물과 (그랬던 적이 있다면, 언제, 어떻게 그랬는가?) ____________________

____

____

☐ 놀면서 (그랬던 적이 있다면, 언제, 어떻게 그랬는가?) ____________________

____

____

☐ 영적 활동을 하면서 (그랬던 적이 있다면, 언제, 어떻게 그랬는가?) ____________________

____

____

는 슬픔, 죄책감, 분노, 수치심, 두려움이다. 아마도 가장 다루기 힘든 감정은 촉발 사건에 기반을 둔 공포일 것이다. 다시 한 번, 당신의 촉발 사건을 확인하고 그 영향을 줄이는 방법에 대해 연구하는 것은 당신에게 통제력을 주는 매우 중요한 방법이다. 아직 이 작업을 수행하지 않은 경우에는, 4장으로 돌아가서 '활동: 나의 촉발자극 목록'(p.100)을 사용하여 촉발자극을 식별하라. (연습하기 5-7)

다음 '연습하기 5-8'에서, 당신은 고통을 덜 주거나 그것을 피하고 싶은 욕구를 유발하기 위해 각각의 촉발자극에 대해 할 수 있는 세 가지를 선택할 것이다. 예를 들어, 만약 당신이 자신의 학대자에게서 났던 특정한 향수 냄새에 의해 촉발된다면, 당신은 다음과 같은 것을 할 수도 있다.

- 향수 가게에 가서 다른 향수 냄새를 맡아 본다. 당신이 두려워하는 향수를 테스트 용지에 뿌린다. 냄새를 다 맡은 후에, 테스트 용지를 가져가서 찢거나 짓밟는다.
- 향수 한 병을 사서 박살 낸다.
- 향수를 사 와서 당신이 정말로 향수와의 관련성을 바꾸고 싶은 곳에 뿌린다.

회피로 이어지는 촉발자극을 다루는 또 다른 방법은 당신이 즐길 수 있는 새로운 활동을 배우고, 그 활동과 촉발자극 일부를 결합하여 촉발자극을 긍정적으로 만드는 것이다. 이 기법은 시간이 걸린다. 촉발자극이 하룻밤 사이에 그 영향력을 잃을 것이라고 기대하면 안 된다.

● 연습하기 5-7: **촉발자극**

두려움이나 고통과 관련하여 당신이 가장 피하고자 하는 촉발자극 다섯 가지를 가장 최악인 것부터 순서대로 나열하라. 당신은 그것으로부터 자기 자신을 둔감하게 하거나, 그것으로부터 거리를 두거나, 아니면 그것에 대한 영향력을 되찾는 방법을 개발하려고 할 수도 있다.

1. ______________________________
2. ______________________________
3. ______________________________
4. ______________________________
5. ______________________________

● 연습하기 5-8: **회피하게 만드는 촉발자극 다루기** ●

이전에 나열한 다섯 가지 촉발자극을 통제하는 데 도움이 되는 세 가지 행동을 선택하라.

촉발자극 1: ______________________________

a. ______________________________

b. ______________________________

c. ______________________________

촉발자극 2: ______________________________

a. ______________________________

b. ______________________________

c. ______________________________

촉발자극 3: ______________________________

a. ______________________________

b. ______________________________

c. ______________________________

촉발자극 4: ______________________________

a. ______________________________

b. ______________________________

c. ______________________________

촉발자극 5: ______________________________

a. ______________________________

b. ______________________________

c. ______________________________

이제 당신이 할 수 있는 행동을 나열했으니, 목록의 맨 아래에 있는 가장 덜 끔찍한 촉발자극 5부터 시작하여 작업할 촉발자극을 하나 또는 두 개 선택하라. 당신이 작성한 행동을 하는 것은 효과가 있을 것이다.

세 가지 일을 하면서 무슨 일이 일어났는지 작성하라.

____

____

이 '연습하기'를 통해 당신의 촉발자극이나 당신에게 미치는 영향력에 대해 무엇을 알게 되었는가?

____

____

만약 당신의 촉발자극을 보는 것이 고통스럽다면, 당신은 글쓰기(편지, 일기, 시), 미술 프로젝트(그림, 사진 기록, 콜라주 만들기), 춤을 추거나 여러 형태의 창의적 동작에 참여하는 것, 음악을 연주하거나 듣는 것, 무언가 만드는 것(물건, 구조, 의식)을 포함하여 당신의 두려움을 간접적으로 보는 방법을 찾을 수도 있다. 당신의 트라우마 경험을 간접적으로 표현하는 것을 돕기 위해 당신은 어떤 활동을 할 수 있는가?

회피를 줄이는 다른 방안

Wilson(Wilson, Friedman, & Lindy, 2001)과 Courtois(1988)와 같은 트라우마 전문가들은 회피 행동을 줄이는 다른 방법을 제안한다.

- 트라우마 사건에 대한 기억을 피하려고 노력하는 것을 줄인다.
- 다른 사람과의 접촉을 늘린다. 사교 모임에 가입한다.
- 자가 치료는 어떤 것이든 그 사용을 줄인다.
- 『트라우마 이후의 삶: 치유를 위한 워크북(Life After Trauma: A Workbook for Healing)』(Rosen-

bloom & Williams, 2010)과 같은 워크북을 사용하여 자신의 신념 체계를 다룬다.

- 상황에서 위협을 평가하기 위해 감정이 아닌 머리(이성)를 사용하는 법을 배운다.
- 트라우마 사건이 자신에게 끼친 손해를 살펴보고 그것을 복구할 계획을 세운다. 사람, 소유물, 집 등 무엇을 잃었는가?
- 자신의 안전한 장소에서 더 많은 것을 유지하는 법을 배운다.
- 긍정적인 감정으로 이어지는 활동에 참여한다.
- 과거의 트라우마 사건을 현재와 분리하기 위해 당신이 배웠던 안정화 기법을 사용한다.
- 자기 자신과 트라우마 사건에 대처하는 법을 배운다. 트라우마 사건에 대해 작업하기 위해 하루나 일주일 동안 일정한 시간을 정한다. 일지를 쓰거나 트라우마 사건에서 영감을 받은 공예를 한다.
- 자신을 가장 괴롭히고 자신이 가장 피하고 싶은 트라우마 사건의 일부에 대한 꽃 다이어그램을 작성한다(온라인으로도 이용 가능한 4장의 꽃 다이어그램을 사용하거나 일지나 공책에 복사본을 만들어 사용한다).
- 노출 치료를 시작한다.

연습하기 5-9: **이 장을 통해 배운 것**

이 장의 '연습하기'를 통해 자신에게 일어났던 일을 더 많이 직면하는 데 어떻게 도움이 되었는가?

____

____

____

____

____

____

6

진단 기준 D의 증상 다루기 I

진단 기준 D는 PTSD 진단에 포함하기 위해 새로 도입된 증상 범주이며, 이러한 증상 중 두 가지 이상이 진단되어야 한다. 이는 이 책의 이전 판에서 복합 외상 후 스트레스 장애를 설명하는 장에 포함되었던 많은 증상을 통합한다. 이러한 증상과 관련된 자료가 너무 많아서 이번 판에서는 진단 기준 D를 두 개의 개별 장으로 나눌 것이다. 이 장에서는 세 가지 진단 기준 D 증상을 다룬다. 첫 번째는 해리성 기억상실증이나 기억손실이다. 두 번째는 자기 자신, 다른 사람, 그리고 세상에 대한 오래 지속되고 과장된 부정적인 믿음이다. 여기서 다루는 세 번째 진단 기준 D 증상은 트라우마 사건의 원인이나 결과에 대한 끊임없이 반복되고 오래 지속되는 왜곡된 생각으로, 이는 자신이나 타인에 대한 비난으로 이어질 수 있다.

트라우마는 많은 면에서 자신을 변화시킨다. 때때로, 일어난 일에 대한 기억은 명백하게 잃어버리지는 않지만 도전을 받기도 한다. 당신의 신념 체계와 자기 자신과 다른 사람들을 보는 방식에 대한 트라우마의 영향을 해리성 기억상실증으로 함께 묶는 것이 다소 이상하게 보일 수 있지만, DSM-5의 저자들은 그렇게 분류하고 있다. 이 책은 최신판을 따르고 있다.

해리성 기억상실증

Dolan은 트라우마성 기억상실증을 "트라우마 사건과 관련된 완전한 기억 억압"으로 묘사하고, "회피할 수 없는 트라우마에 대한 극단적인 방어 반응"이라고 언급한다(1991, 141). 삶의 일부, 특히 아주 초기의 부분을 잊어버리는 것은 정상적인 것이 아니다(Boon, Steele, & Van der Hart, 2011). 일부

전문가들은 이것을 '억압된 기억 증후군'이라고도 알려진 '상황별 기억상실증'으로 간주한다. Frued는 해리성 기억상실증이 극도의 불안이나 트라우마인 사건이나 사건에 대한 기억으로부터 자신을 지키는 방법이라고 썼다. 이러한 억압된 기억은 그 사건이 일어난 지 몇 년 후에 갑자기 의식의 전면에 나타나거나 심지어 꿈에 나타날 수도 있다. 트라우마성 기억상실증은 잊어버리는 것 그 이상이다.

새롭게 정의를 내리는 사람들이 이 증상을 다른 유형의 회피 전략이 아닌 여기에 포함시킨 것은 의아해 보인다. 이 증상 뒤에 숨겨진 신념은 기억과 완전히 분리된 것 중 하나이다. 비록 다른 사람들이 어떤 사건이 일어났다는 것을 알고 그 지식을 피해자와 공유할지라도, 그 피해자는 그것이 일어날 가능성에 대해 생각을 할 수 없다. 모든 형태의 해리에 대한 자세한 설명은 5장을 참고하라.

자신과 타인, 그리고 세상에 대한 부정적인 신념

인간은 자신과 타인, 그리고 자신의 개인적 세상에 대해 특정한 믿음이나 기대를 가지고 있는데, 이것을 **도식**(schema)이라고도 한다. 신념(beliefs)은 당신이 진실이라고 인식하거나 진실이라고 생각하는 것을 **아는 것**(knowings)이다. 당신의 신념과 자기 자신, 타인, 그리고 세상에 대한 당신의 생각은 당신이 어떻게 행동하고 무엇을 선택할지에 영향을 미칠 수 있다. 다음의 '연습하기'는 트라우마 사건에 노출된 결과일 수 있는 다양한 신념에 대해 살펴보며, 신념은 안전, 신뢰, 권력, 존중, 친밀감 등 5가지 기본적인 심리적 욕구와 흔히 관련이 있다. 당신이 견뎌냈던 그 무언가 때문에 변해버렸을지도 모르는 신념에 대해 인식하는 것은 당신의 삶에 미치는 트라우마의 영향을 확인하고, 당신이 도전하거나 바꾸기 위해 선택할 수 있는 새로운 신념에 대한 정보를 얻는 한 가지 방법이다. (연습하기 6-1)

당신의 삶에 부정적인 영향을 미치는 이러한 믿음을 바꾸거나 도전하기 위해 어떤 노력을 할 수 있는가? 한 가지 방법은 인지처리 치료(CPT)을 사용하는 것이다. 이는 인지행동 치료와 구성주의적 자기개발 이론을 포함한 여러 다른 치료법을 적용한 것이다. 이 이론은 원래 McCann & Pearlman(1990, 1992)에 의해 개발되었으며, Rosenbloom & Williams(2010)에 의해 수정되었다. 이 이론은 개인이나 집단과 함께 사용할 수 있는 구조화된 형식으로 발전되었다. CPT의 목표는 트라우마 사건에 영향을 받은 신념을 이해하고, 필요한 경우 수정, 해결, 도전 또는 변경하도록 돕는 것이다. 또한 CPT를 통해, 당신은 고착된 지점 또는 회복에 방해가 될 수 있는 문제가 되는 신념을 식별하도록 배운다. 다음 '연습하기'에서 당신은 문제가 있는 신념에 도전하고 심지어는 변경하는 데 도움이 되는 몇 가지 CPT 기법을 배울 것이다(Resick & Schnicke, 1993). (연습하기 6-2)

● 연습하기 6-1: **내 트라우마와 관련된 신념은 무엇인가?** ●

당신에게 해당되는 신념을 확인하고 그 신념이 만들어졌거나 당신의 행동이나 선택을 결정하는 상황에 대해 작성하라. 무슨 일이 일어났는지 구체적으로 설명하라. 트라우마와 관련이 있는가?

신념 1:

☐ 나는 내가 피해자이고 내 문제는 다른 사람들의 잘못 때문이라고 생각한다.

이 신념이 나의 행동을 결정하는 상황:

____

신념 2:

☐ 나는 신체적으로나 정서적으로 어떤 일을 해낼 능력이 없어 아무것도 할 수 없다고 생각한다(참고로, '할 수 없다'는 것은 대개 '하지 않겠다' 또는 '하고 싶지 않다'는 의미이다. '나는 할 수 없다'는 것은 사실상 거부의 표현이다.).

이 신념이 나의 행동을 결정하는 상황:

____

신념 3:

☐ 나는 내 행동이 다른 사람에게 영향을 미치지 않는다고 생각한다. 내 행동이 그에게 상처를 주거나 해를 끼치거나, 정서적인 고통을 주지는 않을 것이다.

이 신념이 나의 행동을 결정하는 상황:

____

신념 4:

☐ 나는 내가 다른 사람의 입장이 될 수 없거나 마지못해 그의 입장에 선다고 생각한다.

이 신념이 나의 행동을 결정하는 상황:

____

신념 5:

☐ 나는 내가 싫어하는 일을 마지못해 한다고 생각한다.

이 신념이 나의 행동을 결정하는 상황:

신념 6:

☐ 남들이 나에게 어떤 일을 부탁할 때 나는 돈, 시간 등의 여유가 없다고 생각한다.

이 신념이 나의 행동을 결정하는 상황:

신념 7:

☐ 나는 내가 하고 싶지 않은 일을 피하기 위해 아프거나 통증을 만들어 낸다고 생각한다.

이 신념이 나의 행동을 결정하는 상황:

신념 8:

☐ 나는 어떤 일을 할 에너지가 없을 때가 많다고 생각한다. 특히 그 일을 하기 싫을 때 그렇다.

이 신념이 나의 행동을 결정하는 상황:

신념 9:

☐ 나는 내가 의무를 다하지 않아도 된다고 생각한다. '잊어버렸다'고 말하거나 그냥 내 책임을 무시하면 된다.

이 신념이 나의 행동을 결정하는 상황:

신념 10:

☐ 나는 다른 사람이 내 논리를 이해하지 못하더라도 내가 원하는 대로 해주기를 자주 기대한다고 생각한다.

이 신념이 나의 행동을 결정하는 상황:

신념 11:

☐ 나는 남의 물건을 내 것처럼 사용하고, 허락 없이 물건을 빌려 갈 자격이 있다고 생각한다.

이 신념이 나의 행동을 결정하는 상황:

신념 12:

☐ 나는 나의 욕구가 진짜 나의 권리라고 생각한다.

이 신념이 나의 행동을 결정하는 상황:

신념 13:

☐ 나는 다른 사람이 주기적으로 내 신뢰를 저버리기 때문에 전혀 신뢰할 수 없다고 생각한다.

이 신념이 나의 행동을 결정하는 상황:

신념 14:

☐ 나는 내가 그렇게 될 것이라고 생각한 일은 진짜로 일어날 것이라고 생각한다.

이 신념이 나의 행동을 결정하는 상황:

신념 15:

☐ 나는 사실 여부를 파악하지 않고도 결정을 내릴 수 있다고 생각한다.

이 신념이 나의 행동을 결정하는 상황:

신념 16:

☐ 내가 틀렸다는 증거가 있더라도, 나는 내가 옳고 내 관점도 옳았다고 생각한다.

이 신념이 나의 행동을 결정하는 상황:

신념 17:

☐ 비록 내가 틀렸다는 것이 증명되더라도, 나는 내 초기 입장을 꼭 고수해야 한다고 생각한다.

이 신념이 나의 행동을 결정하는 상황:

신념 18:

☐ 나는 미리 생각하거나 계획하는 것이 불필요하거나 유용하지 않다고 생각한다.

이 신념이 나의 행동을 결정하는 상황:

신념 19:

☐ 나는 내가 항상 이기게 되어 있고, 실패는 선택사항이 아니라고 생각한다.

이 신념이 나의 행동을 결정하는 상황:

신념 20:

☐ 나는 두려워하는 것은 약한 것이라고 생각하기 때문에, 무섭더라도 무섭지 않다고 부정한다.

이 신념이 나의 행동을 결정하는 상황:

신념 21:

☐ 나는 직접적인 위협, 협박, 빈정거림, 수동 공격성과 같은 분노의 표현이 사람들로부터 내가 원하는 것을 얻을 수 있는 좋은 방법이라고 생각한다.

이 신념이 나의 행동을 결정하는 상황:

신념 22:

☐ 만약 어떤 일이 내가 기대하는 대로 되지 않는다면, 나는 비난받고 내 부족함이 드러날 것이라고 생각한다.

이 신념이 나의 행동을 결정하는 상황:

신념 23:

☐ 나는 내가 다른 이들에 의해 실망할 것이라고 생각한다.

이 신념이 나의 행동을 결정하는 상황:

신념 24:

☐ 나는 어떤 갈등에서도 내가 이길 것이라고 믿는다. 내게는 권력이 있다.

이 신념이 나의 행동을 결정하는 상황:

신념 25:

☐ 나는 토론에 참여하는 것과 토론 그 자체를 즐긴다.

이 신념이 나의 행동을 결정하는 상황:

이 '연습하기'를 마치면서 자기 자신에 대해 새로운 것을 배웠는가? 당신이 이전에 알고 있던 것을 확인시켜 주었는가? 당신의 트라우마 경험이 당신에게 어떤 영향을 미쳤는지에 대해 말하고 있는 바는 무엇인가?(필요하다면 일지를 사용하여 더 작성하라)

연습하기 6-2: **고착 지점 또는 문제가 되는 신념**

만약 당신이 다음과 같은 일반적인 왜곡된 신념(distorted beliefs)을 가지고 있다면, 그것이 당신의 치유 과정을 방해하고 있을지도 모른다. 아래에 나열된 신념은 일반적으로 부정적인 사고나 부정적인 감정을 강화한다. 당신이 사용하는 각각의 것을 확인하고, 그것이 당신의 생각 및 감정을 강화하는지에 주목하라. 당신은 또한 이러한 왜곡을 언제 사용하는지에 대해 일지나 공책에 쓸 수 있다.

- ☐ 1. 나는 어떤 상황에 대한 부정적인 것에만 초점을 맞추고, 긍정적인 것을 걸러낸다.
- ☐ 2. 나는 흑백 논리를 사용한다. 회색 그림자는 없다. 이런 종류의 **이분법적 사고**(all or nothing thinking)는 일을 지나치게 단순화시킨다.
- ☐ 3. 나는 지나치게 일반화하여 단 하나의 정보나 단 하나의 사건에 근거하여 결론을 내린 이후 어떤 일이 있든 같은 결론이 다시 일어날 것으로 예상하거나, 일단 나에게 나쁜 일이 생기면 비슷한 상황에서 항상 비슷한 나쁜 결과가 있을 것이라고 예상한다.
- ☐ 4. 나는 최악의 상황이 일어날 것이라고 **파국화**(catastrophize)하고, 항상 재앙이 일어나려 하고 있다고 생각한다. 내가 무슨 짓을 해도 결국 상황은 나쁘게 끝날 것이다.
- ☐ 5. 나는 사람들이 나에 대해 어떻게 느끼는지에 대해 속단한다. 이것은 일종의 **독심술**(mind reading)이다. 이는 뒷받침할 증거도 없이 섣부른 결론을 내리는 것으로도 알려져 있다.
- ☐ 6. 나는 다른 사람들이 행동하거나 말하는 모든 것이 나에 관한 것이라고 생각한다. 나는 모든 것을 개인적으로 받아들이고, 심지어 일어나는 모든 나쁜 일이 나 때문에 발생한 것이라고 믿기도 한다.
- ☐ 7. 나는 내 공정 기준으로 상황을 판단하고, 내 판단에 동의하지 않는 다른 사람들을 원망한다. 이것은 **공정성의 오류**(fallacy of fairness)라고 불린다.
- ☐ 8. 나는 내게 일어난 일에 대해 다른 사람들을 비난한다.

- ☐ 9. 나는 '-해야 한다'는 단어를 사용하여 일어날 수 있는 일을 묘사하고, 만약 일어나지 않는다면 죄책감을 느낀다. 만약 다른 사람들이 내가 해야만 한다고 생각한 것, 즉 **당위진술문**(should statement)을 따르지 않으면 화가 난다.
- ☐ 10. 나는 내가 외적으로 다른 사람들에 의해 통제당하고 있으며 무력한 피해자라고 느낀다. 이것은 **통제의 오류**(fallacy of control)로 알려져 있다.
- ☐ 11. 나는 **정서적 추론**(emotional reasoning)을 사용하고, 내가 어떤 것에 대해 느끼는 것은 반드시 진실이라고 믿는다.
- ☐ 12. 나는 내 감정이 전능하다고 믿고, 그것이 나의 현실을 결정한다.
- ☐ 13. 감정은 힘이 있기 때문에, 내 감정은 그것이 사실이라는 것을 증명한다(Schiraldi, 2011).
- ☐ 14. 나는 다른 사람들을 나에게 맞게 변화시키고 내가 원하는 대로 하도록 만들 힘이 내게 있다고 믿는다.
- ☐ 15. 나는 제한된 정보를 바탕으로 전반적인 판단을 한다. 나는 사람들이나 상황에 꼬리표 붙인다. 이를 **과잉일반화**(overgeneralizing)라고 한다.
- ☐ 16. 나는 내가 항상 옳다고 믿는다. 틀리는 것은 나에게 선택사항이 아니다. 나는 여기에서도 **이분법적 사고**를 사용한다.
- ☐ 17. 나는 내 모든 피해에 대해 결국 보상을 받을 것이라고 믿고, 그 보상이 오지 않으면 씁쓸할 것이다.
- ☐ 18. 나는 다른 사람이 어떻게 생각하고 느끼고 있는지 알 수 있다고 믿는다. 이것을 **독심술**이라고 한다(이전에 언급함).
- ☐ 19. 나는 내가 저지른 실수를 실제보다 더 크게 부풀린다. 이것을 **과대평가**(magnifying)라고 한다.
- ☐ 20. 나는 내가 하는 모든 것이 만족스러웠던 적이 한 번도 없으며, 내가 하는 모든 것이 옳지 않다고 생각한다.
- ☐ 21. 나는 내가 쓸모없고 결함이 있는, 가치 없는 사람이라고 생각한다.
- ☐ 22. 나는 일이 잘 풀리지 않으면 상처받지 않도록 변명을 하거나 핑계를 댄다. 이것을 **합리화**(rationalizing)라고 한다.

이 신념 중 어떤 것을 확인했는가? 그것은 당신에게 도움이 되거나 해가 되는가? 그것은 사실에 근거하고 있는가? 당신은 그것이 사실인지 어떻게 알 수 있는가?

____

____

당신은 이러한 신념에 대한 찬성이나 반대 증거를 살펴봄으로써 신념에 도전하려고 시도해 본 적이 있는가? 당신은 당신이 부정적으로만 보고 있는 경험에도 긍정적인 측면이 있을지도 모른다고 생각해 본 적이 있는가? 다른 사람들이 당신의 결론에 동의하거나 당신에게 대안을 제시할 의향이 있는가? 당신의 신념이 논리적인가?

____

____

만약 당신이 어떤 인지적 오류를 신념에 적용하고 있는지 자세히 알고 싶다면, 다음 중 하나를 선택하고, 종이나 공책에 기록해 보라. 그리고 그 신념을 언제 사용했는지, 그로 인해 내린 결정이 어떻게 당신에게 도움이 되었거나 방해가 되었는지에 대한 예를 하나 이상 적어 보라. 만약 당신의 신념이 당신을 방해했다면, 당신 또한 그러한 신념에 도전할 방법을 생각해낼 수 있는가?

____

____

자신에 대한 믿음은 어디에서 오는가?

반복적으로 발생하는 압도적인 트라우마의 경우 당신 삶의 모든 부분, 즉 자기 자신을 바라보는 방식(정체성), 자신의 신체 이미지(및 신체 감각), 타인에 대한 내면화된 이미지, 가치 및 목적과 의미에 대한 감각에 영향을 줄 수 있다. 한 인격체로서 그리고 한 자아로서, 자신에 대한 감각을 잃는 것은 자기 자신이 진정한 사람이 아니라고 믿게 할 수도 있다. 대신에 당신은 자기 자신을 쓸모없는 쓰레기 조각이나 악한 것으로 본다. 만약 당신의 트라우마가 매우 이른 시기에 발생하였고 꽤 심각했다면, 당신은 **해리성 정체성 장애**(dissociatire idenfify disorder)(이전에는 다중 인격 장애라고 불렸음)라고 불리는 자기분열을 일으켰을지도 모른다. 자아에 대한 이 영구적인 손상은 결코 완전히 극복될 수 없다. 그러나 수정될 수는 있다. 7장에서 죄책감과 수치심을 수정하고 다루는 방법에 대해 논의할 것이다. 7장의 본문과 '연습하기'를 참고하면, 이 장에서 작업할 때 도움이 될 것이다.

당신이 겪었던 트라우마 경험은 그 누구도 당신이 겪은 일과 당신에게 일어난 일을 이해할 수 없을 것이라고 믿게 만들었을 수 있다. 다른 사람들은 트라우마 자체를 이해할 수 없을 뿐만 아니라, 당신이 왜 그렇게 반응하고 자기 자신에 대해 왜 그렇게 형편없이 생각하는지 이해하지 못한다. McKay & Rogers(2000)는 트라우마의 다양한 측면(정서, 사고, 기억 등)을 되살리는 촉발자극이 타인과의 관계에서 자신에 대한 부정적 인식으로 어떻게 이어질 수 있는지 논의한다. 당신이 고의적이고 의도적인 손상과 피해를 입었다는 것과 당신에게 일어난 일에 대해 완전히 무력하고 힘이 없다는 것을 깨달았을 때, 당신은 무력감을 느낄 수 있다.

당신의 신념은 많은 경우 타인(의료 전문가 포함)으로부터 수집되어 자신의 것으로 내사한 것이거나, 당신의 신념 체계에 통합된 타인의 신념으로부터 수집된 것이다. 당신은 이 신념을 받아들일지 말지 선택할 수 있다. 이 장에서는 이러한 신념에 도전할 수 있는 전략을 제공한다.

당신의 도식은 자기 자신과 타인 그리고 당신의 세상에 대한 믿음이자 기대이다. 이러한 도식은 당신의 정보 처리 방식과 자신의 경험을 이해하는 방법을 안내하고 체계화시킨다. 당신의 도식은 인생의 기본적인 규칙이 된다. 만약 도식이 왜곡된 정보를 기초로 하고 있다면, 이것은 자기 자신과 타인, 그리고 사회를 부정적인 방식으로 인식하도록 이끌 수 있다. 당신의 가장 강력한 도식은 가장 많이 강화되어왔다. 당신은 오래된 기능을 돕기 위해 새로운 도식을 개발할 수도 있고, 새로운 상황에 낡은 도식을 적용하려 할 수도 있다. 자신에 대한 부정적인 신념은 외상 후 스트레스 장애 유지의 중심이다(Ehlers & Clark, 2000). 당신은 자신의 세상을 살기에 안전하지 않은 곳으로 보거나, 아니면 자기 자신을 무능하다고 보고 있는가?

McCann & Pearlman(1990, 1992)에 따르면 5가지 기본적인 심리적 욕구는 행동에 동기를 부여한다. 우리는 이미 앞서 안전에 대한 기본적인 욕구에 대해서 논하였다(2장 참고). 그 밖의 욕구에는 신뢰, 권력, 자존감, 친밀감이 있다. 이러한 심리적 욕구를 만족시키도록 기능하는 것이 바로 **자아 자원**(ego resources)이다. 자아 자원이란 지능, 유머 감각, 의지력, 내면 인식 능력(자아 성찰), 경계 인식 및 설정 능력, 자기 보호적 판단 능력을 포함한다. 적절한 자아 자원은 개별적인 존재로서 자신을 안정적으로 지탱해 준다. 이러한 자아 자원은 감정을 견디거나 통제하게 하며, 자기혐오를 줄여 주고, 외롭지 않은 홀로서기를 가능하도록 돕는다.

트라우마는 사회에 대한 심리적인 경험을 혼란스럽게 만들어 안전, 신뢰, 권력, 자존감, 친밀감에 대한 도식을 왜곡시킨다. 이로 인해 당신은 세상이 위험하고 자신은 무기력하다는 새로운 도식을 형성하게 된다. 당신의 신념은 부정적으로 변하거나, 당신의 정체성, 정서적 삶, 심리적 욕구를 만족시키는 능력을 방해할 수도 있다. 때때로 이러한 도식은 당신을 만성적으로 불안하게 하고 과잉 경계하게 할 수 있다. 계속해서 사회를 위험하고 위협적인 것으로 인식한다면 두렵고 불안해지고 공황 상태에 빠질 수 있다. 당신의 트라우마 경험으로 인해 타인을 신뢰하지 못하게 되면 과도하게 의심하고 방어적이게 되며, 유기감, 실망감, 도움과 지원의 거부, 스스로에 대한 의구심, 배신감과 비통함을 경험할 것이다. 다른 사람들에 대해서 부정적인 잘못된 판단을 내림으로써 자신을 곤란하고 위험한 상황에 빠뜨려 친밀한 관계 형성에 어려움을 겪을 수도 있다. 많은 군인들은 그들의 정부가 그들을 배신했거나 다른 사람들이 그들을 해치려 한다고 믿는다(Scurfield, 2011).

핵심 신념에 도전하기

당신이 가지고 있는 부정적인 믿음은 당신이 원한다면 도전하고 수정할 수 있다. 이 과정은 꼭 쉽지만은 않으며, 많은 지속적인 노력이 필요할 수 있다.

만약 핵심 신념에 맞서거나 논박하고 싶다면, 당신에겐 몇 가지 선택지가 있다.

- 당신은 당신의 신념이 타당하다는 증거나 근거를 찾아볼 수 있다.
- 당신은 다른 사람들을 찾아 그들과 함께 당신의 믿음에 대해 토론할 수도 있다.
- 당신은 신념의 특정 측면을 바꾸기 위해 심상과 시각화를 사용해볼 수 있다.

또한 당신은 자신에게 자신의 신념에 도전하는 다음과 같은 질문을 해볼 수 있다(Resick, 1994 부분 수정 인용)

- 그 신념에 대한 찬성 혹은 반대 증거는 무엇인가?
- 그 신념은 습관인가, 아니면 사실인가?
- 상황에 대한 나의 해석은 정확한가, 아니면 부분적으로 현실적이지 않은가?
- 나는 흑백논리 혹은 이분법적인 방식으로 생각하고 있는가?
- 현재 사용하고 있는 단어나 구절이 극단적이거나 과장되었는가?(예: '항상', '평생', '반드시', '당연히', '마땅히', '꼭 해야만 하다')
- 나는 변명하고 있는가?

- 신념에 대한 정보의 출처는 신뢰할 수 있는가?
- 나는 확률(회색 지대) 또는 확실성(흑백)의 관점에서 생각하고 있는가?
- 나의 판단은 사실이 아닌 느낌에 근거를 두고 있는가? 느낌이 곧 사실이라고 생각하는가?
- 이 신념은 오로지 나의 것인가? 아니면 다른 사람들에게서 비롯된 것이거나 다른 사람의 것인가?
- 이 신념은 내가 중요하게 생각하는 것, 가치관, 판단에 부합하는가?
- 이 신념은 나의 기분을 상하게 하는가?
- 이 신념은 나를 다치게 하는가?
- 이 신념은 다른 사람들을 다치게 하는가?
- 이 신념은 내 욕구에 적절한가?
- 이 신념은 다른 사람들의 욕구에 적절한가?
- 이 신념은 나 자신을 배려한 것인가?

자신과 타인, 그리고 세상의 안전에 대한 신념과 트라우마가 이러한 신념에 어떠한 영향을 미쳤는지는 2장에 논의했기에, 이 장에서는 네 가지 다른 기본 심리적 욕구와 관련된 신념을 중점적으로 다룰 것이다.

신뢰와 배신에 대한 신념에 도전하기

트라우마 사건에 대한 노출은 신뢰를 어렵게 만들 수 있다. 그러한 사건을 견디고 살아남은 것은 트라우마 이전에는 존재하지 않았던 애착, 친밀감, 대인관계의 문제로 이어질 수 있다(Wilson, Friedman, & Lindy, 2001). 다음과 같은 문제가 발생할 수 있다.

- 사회적, 정서적 및 개인적인 삶의 영역에서 다른 사람들과의 소외감
- 불신과 경계심
- 분리, 격리 및 철수
- 삶의 기쁨과 기쁨을 느낄 수 있는 능력의 상실
- 관능적이고 성적으로 느끼거나 성적인 감정을 가질 수 있는 능력의 상실

• 타인과의 건강한 유대감을 가질 수 있는 능력의 상실
• 반복적인 자기 파괴적 관계
• 자기 위안과 타인 및 자기 자신으로부터 양육(그리고 접촉조차)을 받을 수 없는 것에 대한 불만
• 경계를 설정하거나 유지하는 문제
• 당신의 욕구, 필요 및 느낌을 주고받는 데 있어서 겪는 문제
• 사실에 근거할 수도 있고 그렇지 않을 수도 있는 상실과 버림받은 느낌

만약 당신이 위에 나열된 문제 중 하나라도 발견했다면, 이 장의 '연습하기' 과제는 당신이 신뢰를 쌓아 결국에는 관계에서 어느 정도 친밀감을 형성할 수 있도록 도움을 줄 것이다. 신뢰와 친밀감은 다섯 가지 기본 심리적 욕구 중 두 가지이다.

많은 경우에 트라우마 생존자들은 트라우마 사건 발생 이후 자기 자신과 타인, 그리고 세상을 신뢰하는 데 어려움을 보인다. 특히 그들의 트라우마가 인간의 의도나 실수 때문이라면 더욱 더 그렇다. 시간이 지남에 따라, 이 생존자들은 고립되거나 홀로 남겨질 수 있다.

과거에 배신당한 경험은 현재 당신이 신뢰감을 갖기 어렵게 만들 수 있다. 과거에 친했던 사람이 당신을 배신한 적이 있는가? 그렇다면, Matsakis(1998, 62)가 개발하고 수정한 다음의 '활동'을 완성해 보라. 활동 6-1

● 활동 6-1: **나를 배신한 사람** ●

당신과 가까운 관계였으나 당신을 배신한 사람들 각각에 대해 다음 문장을 완성해 보라(첫 번째 인물에 대한 것은 이곳에 기록하고, 나머지는 당신의 일지에 작성하라).

나는 ____에게 배신당했다.

그 결과 나는 ____.

예 나는 나를 학대한 아버지에게 배신당했다. 그 결과 나는 유년 시절의 기억이 거의 없으며 다시는 남자를 믿을 수 없게 되었다.

구성주의적 자기개발 이론(self-development theory)에 따르면(McCann & Pearlman, 1990, 1992), 신뢰는 자기, 타인, 그리고 세상에 대한 자신의 인식과 판단에 대해 확신하고자 하는 욕구 또는 자신의 정서적, 신체적, 심리적 욕구를 충족시키기 위해 다른 사람들에게 의지하고자 하는 욕구와 관련이 있다. 만일 당신이 경계를 설정하거나, 효과적으로 의사소통하거나, 언제, 어떻게 자신과 타인에게 의지하려 하는지 알고 싶다면, 먼저 신뢰에 대한 자신의 신념을 평가해 보는 것이 필요하다. 다음의 두 가지 '활동'과 '연습하기'를 통해 신뢰에 대한 신념을 확인하고 도전해 볼 수 있다.
활동 6-2 연습하기 6-3

활동 6-2: 신뢰에 대한 나의 신념

자신에게 다음의 질문을 하고 일지나 공책에 답해 보라.

1. 신뢰할 수 있다는 것은 나에게 무엇을 의미하는가?
2. 어떤 상황에서 나는 내 생각을 신뢰할 수 있는가?
3. 어떤 상황에서 나는 내가 내린 사람에 대한 판단 혹은 결론을 신뢰할 수 있는가?
4. 어떤 상황에서 나는 내가 내린 상황에 대한 판단 혹은 결론을 신뢰할 수 있는가?
5. '직감(intuition)'이라는 단어를 어떻게 정의할 수 있는가? 이것은 비논리적인 통찰인가?
6. 내 직감이 나에게 무언가 말해 준다고 느낄 때는 언제인가? 나는 언제 내 직감을 알아차리는가?
7. 다른 사람이나 상황에 대한 느낌, 인상, 믿음을 자각할 수 있는 또 다른 방법은 무엇인가?
8. 나는 신뢰할 만한 사람인가?
9. 내가 약속을 지키는 때는 언제인가? 그렇지 못할 때는 언제인가?
10. 나는 누군가에 대한 신뢰를 점차적으로 쌓는가, 아니면 한꺼번에 쌓는가?
11. 나는 어떠한 사람이나 집단을 신뢰하는가, 아니면 신뢰하지 못하는가?
12. 내가 다른 사람에게 의지해야 할 때 나는 어떻게 느끼는가?
13. 다른 사람들에게 내 업무를 도와달라고 요청할 때는 언제인가?
14. 다른 사람들에게 내 정서적인 욕구와 관련하여 도움을 요청할 때는 언제인가?

● 연습하기 6-3: **신뢰에 대한 나의 핵심 신념을 파악하고 이에 도전하기** ●

앞선 '활동'의 질문 중 한 가지 답을 선택하여 다음 질문에 답해 보라.

앞선 활동에서 작성한 신뢰에 대한 나의 신념: ______________________________

____

1. 그 신념이 나에게 의미하는 바는 무엇인가? ______________________________

____

____

2. 위의 질문(1번)에 대한 답변이 나에게 의미하는 바는 무엇인가? ________________

____

____

3. 위의 질문(2번)에 대한 답변이 나에게 의미하는 바는 무엇인가? ________________

____

____

위의 질문(3번)에 대한 답변은 당신의 핵심 신념, 즉 다른 신념보다 더 깊은 기저에 있는 신념에 대해 말해 준다. 당신의 핵심 신념은 무엇인가? ______________________

____

____

핵심 신념에 도전하거나 검증하기 위해, 다음과 같은 질문을 해볼 수 있다.

이 신념은 나의 것인가, 아니면 다른 사람으로부터 비롯된 것인가? ________________

이 신념은 나의 우선순위와 목표에 부합하는가? ______________________________

이 신념은 나의 가치관과 판단에 부합하는가? ________________

이 신념은 (나 자신이나 다른 사람에 대해) 내 기분을 더 좋게 하는가, 아니면 더 나쁘게 하는가? ____
____

이 신념은 어떤 식으로든 나에게 해를 끼치는가? ________________

이 신념은 (가정, 일터, 여가 활동에서) 나에게 적절한 요구 및 책임감을 부여하는가? ________________
____

힘과 통제에 대한 신념에 도전하기

McCann & Pearlman(1990, 1992)과 Rosenbloom & Williams(2010)에 따르면, 삶의 기본적인 욕구는 사람들에게 자신과 타인에게 일어나는 상황에 대해 힘과 영향력을 행사하는 것이다. 그러나 트라우마 경험은 스스로가 외부의 힘을 통제할 수 없을 정도로 무기력하다고 믿게 만든다. 당신은 이 상황에 갇혔다고 느끼며 벗어날 방법을 찾지 못할 수도 있다. 당신은 남에게 지배당하지 않기 위해, 그리고 남보다 우위에 있기 위해 노력해야 한다고 믿고 있거나, 혹은 개인적인 힘으로서 사회에 독단적으로 맞서기보다는 그들의 요구에 응하거나 양보해야 된다고 생각할 수도 있다. 활동 6-3 연습하기 6-4, 6-5

2012년 4월, Mary Beth와 그녀의 10대 세 자녀는 니카라과 마타갈파에 위치한 희망의 다리(Puentes de Esperanza)의 지도와 지시에 따라 워런턴 연합 감리교회(Warrenton United Methodist Church)가 후원하는 선교 여행에 참여했다. 20명으로 구성된 이 팀은 약 800명의 사람들이 살고 있는 작은 빈민촌에서 두 채의 집을 짓는 데 일주일을 보냈다. 지역 오순절 교회의 성인 30여 명과 함께 일할 기회를 갖게 된 것은 Mary Beth의 축복이었으며, 그들에게 그들의 기본적인 심리적 욕구, 특히 안전, 권력, 통제, 응집력 있는 삶의 이야기에 대한 필요성을 가르쳤다. 성인들은 목사와 소수의 남성 집사들을 제외하고는 거의 모든 성인이 문맹이었다. 다음 '활동'을 통해 그들이 삶에 대한 이야기, 안전한 장소, 힘의 방패를 그리는 것을 보는 것은 정말 놀라웠다. 그 경험은 그들에게 매우 의미가 있었고, 이것을 보는 것은 Mary Beth에게 엄청난 경외감과 감사함을 가져다주었다. 활동 6-4

활동 6-3: 힘과 통제에 대한 나의 신념

만일 힘과 통제에 대한 당신의 신념을 탐색해 보고 싶다면, 자신에게 다음의 질문을 하고 일지나 공책에 답해 보라.

1. 개인적인 힘은 나에게 무엇을 의미하는가?
2. 현재 내 인생의 어떤 상황에서 다른 사람과 힘을 공유해야 하는가? 그 사람들은 누구인가?
3. 과거에 개인적인 힘을 포기하도록 강요받았던 때는 언제인가?
4. 나는 언제 다른 사람을 통제하려고 하는가?
5. 어디에서 내가 통제하는가?(통제를 주관하는 것은 나의 내부인가, 외부인가?)
6. 내 인생의 어떤 측면을 제어할 수 있는가?
7. 나는 권력투쟁을 하는가? 누구와? 어떻게 그것을 해결할 수 있는가?
8. 나는 사람들의 부적절한 권력 남용에 어떻게 반응하는가(위협, 조종, 자살 징조 등)?
9. 내 힘의 근원은 어디서부터 오는가? 그것은 직업에서 오는가? 몸매에서 오는가? 성별에서 오는가? 나의 문화에서 오는가? 내 성취에서 오는가?
10. 내 권력이 위협받는다면, 나는 다른 사람들을 지배하려 하는가, 아니면 적절하게 자기주장을 하는가?
11. 힘에 대한 나의 환상은 무엇인가?
12. 나는 나 자신을 독립적인 인간으로 보는가? 언제? 어디서?
13. 나는 자신에게 의지할 수 있는가, 아니면 항상 다른 사람에게 의존해야 하는가?

연습하기 6-4: **힘과 통제에 대한 나의 핵심 신념 파악하기**

앞선 '활동'의 질문에 답하는 것은 힘에 대한 당신의 신념을 확인하는 첫 번째 단계이다. 이제 당신의 답변 중 하나를 선택하여 자신에게 다음과 같은 질문을 해보라.

1. 그 신념이 나에게 의미하는 바는 무엇인가? ______________________________

____

____

2. 위의 질문(1번)에 대한 답변이 나에게 의미하는 바는 무엇인가? ______________

____

____

3. 위의 질문(2번)에 대한 답변이 나에게 의미하는 바는 무엇인가? ______________

____

____

위의 질문(3번)에 대한 답변은 당신의 핵심 신념, 즉 다른 신념보다 더 깊은 기저에 있는 신념에 대해 말해 준다. 당신의 핵심 신념은 무엇인가? ______________________

____

____

핵심 신념에 도전하거나 검증하기 위해, 다음과 같은 질문을 해볼 수 있다.

이 신념은 나의 것인가, 아니면 다른 사람으로부터 비롯된 것인가? ______________

이 신념은 나의 우선순위와 목표에 부합하는가? ______________________________

이 신념은 나의 가치관과 판단에 부합하는가? ____________________

이 신념은 (나 자신이나 다른 사람에 대해) 내 기분을 더 좋게 하는가, 아니면 더 나쁘게 하는가? ____
____

이 신념은 어떤 식으로든 나에게 해를 끼치는가? ____________________

이 신념은 (가정, 일터, 여가 활동에서) 나에게 적절한 요구 및 책임감을 부여하는가? ____________
____

● 연습하기 6-5: **힘과 통제에 대한 부정적 신념에 도전하기** ●

위의 '연습하기: 힘과 통제에 대한 나의 핵심 신념 파악하기'에서 주어진 기법을 사용하여 두 가지 추가적인 핵심 신념을 파악하라(연습 활동을 반복하기 위해 일지나 공책을 사용할 수 있다). 다음에 표시된 빈칸에 세 가지 핵심 신념을 채워 넣어 보라. 그런 다음, 위의 '핵심 신념에 도전하기' 절(p.141)의 질문 목록을 사용하여 각 핵심 신념에 도전하고(예: 신념에 대한 증거와 반대되는 증거는 무엇인가?), 다음의 빈칸에 그 답을 작성하라. 답할 공간이 더 필요한 경우, 일지 또한 활용하여 작성하라.

핵심 신념 1: ____________________

이 신념에 도전하는 질문에 대한 답:

____
____
____
____
____

핵심 신념 2: ______________________

이 신념에 도전하는 질문에 대한 답:

____

____

____

____

____

핵심 신념 3: ______________________

이 신념에 도전하는 질문에 대한 답:

____

____

____

____

____

힘과 통제에 대한 당신의 신념에 대해 무엇을 배웠는가?

____

____

활동 6-4: **힘의 방패**

개인적인 힘을 개발하는 한 가지 방법은 그것을 힘의 방패 형식으로 그려 보는 것이다. 일지나 공책에 당신에게 맞는 어떠한 형식으로든 방패를 그릴 수 있다. 방패를 여섯 개의 부분으로 나누고 각 부분에 그림을 그리거나, 글을 쓰거나, 당신이 가지고 있거나 잠재된 힘의 원천을 상징하는 무엇인가를 붙여보라. 자신의 기법, 능력, 자원, 성과 또는 지지 체계를 상징하기 위해 단어나 그림을 이용할 수 있다. 만약 현재 당신이 처한 현실을 고려하였을 때 이 6가지 영역을 채우는 데 어려움이 있다면, 이 책의 모든 작업을 마친 순간으로부터 1년 뒤에 되고 싶은 자신을 생각하고 그 시각에 기초하여 방패를 그리라. 당신의 현재와 미래에 대한 희망 모두에 근거한 방패를 그릴 수 있다. 개인적인 힘의 일부 원천은 다음과 같이 상징할 수 있다.

- 당신의 인생 좌우명(예: 나는 할 수 있다, 인생을 마음껏 누려라)
- 당신의 지식
- 당신의 의사소통 능력
- 당신이 사랑하거나 당신을 사랑하는 사람, 당신을 돌보는 것, 당신을 수용하는 사람
- 당신이 열정과 책임감을 가지고 하는 일
- 어떤 것에 대해 당신이 어느 정도 통제력을 가지는 것
- 당신의 삶 자체가 상징하는 것
- 당신의 기운을 북돋우거나 생존 의지를 굳건하게 하는 에너지원
- 당신의 개인 자원
- 당신이 충성하는 사람
- 당신의 정신적 지주가 되는 사람
- 자신과의 약속
- 타인과의 약속
- 당신에게 힘을 주었던 삶의 경험
- 당신을 보호하는 신념
- 당신의 지지 연결망
- 당신의 안전지대
- 상황을 변화시키는 능력
- 자기 돌봄 전략

힘의 방패가 당신에 대해 말하고 있는 것은 무엇인가? 다른 것보다 더 중요한 힘의 원천이 있는가?

자존감에 대한 신념에 도전하기

만약 당신에게 일어났던 트라우마의 부정적인 영향을 적어도 일부라도 극복하려면 자신을 돌보고, 자신이 어떤 사람이고, 무엇을 좋아하는지, 그리고 자신의 강점에 대한 긍정적인 감각을 기르는 것이 중요하다. 트라우마는 스스로에 대한 긍정적 정서나 믿음에 도전하게 하여 부정적인 사고와 무가치감, 경멸 그리고 환멸 같은 감정을 초래한다. 당신은 자신이 결함이 있거나, 나쁘거나, 상처 입었다고 믿을지도 모른다. 또한 자신의 존재가 다른 사람들을 더럽히거나, 단지 존재하는 것만으로도 그들을 고통스럽게 한다고 생각할 수도 있다. 자존감의 저하는 자기혐오, 절망, 냉소, 위축, 그리고 일반적으로 다른 사람으로부터 멀어지려는 것과 관련이 있다.

당신의 **자존감**(self-esteem)은 당신의 정체성의 핵심이다. 만약 당신이 자신을 사람으로서 가치 있게 여긴다면, 당신은 건강한 자존감을 가지고 있는 것이다. 건강한 자존감의 한 측면은 자기 존중이다. 자신을 능력 있고 유능한 사람으로 본다면, 당신은 스트레스에 더 잘 대처하고 위기에 도전으로써 대응할 수 있을 것이다. 무언가를 잘 하는 것은 더 높은 자존감으로 이어진다. 더 높은 자존감과 어떤 일을 할 수 있다는 것은 성취감으로 이어진다. 즉, 이 세 가지 요소(활동성, 효능감, 높은 자존감)는 서로 관련이 있다(Schiraldi, 1999). 자존감을 높이는 주된 방법은 높은 자존감 확언을 생각해내고 발전시키는 것이다. 확언은 긍정적인 자기 진술문이다. 확언은 이 장의 뒷부분에서 더 자세히 논의될 것이다.

높은 자존감의 확언을 개발시키고자 할 때 이완 연습도 함께하는 것이 도움이 된다(2장 참고). 일단 몸을 이완시켰다면 당신이 이루었던 성공이나 또는 해결함으로써 좋은 느낌을 가졌던 문제나 위기 상황을 마음속에 떠올려 보라. 그리고 그것을 떠올렸을 때의 좋은 느낌을 경험하라.

자존감을 향상시키는 방법

자존감을 향상시킬 수 있는 여러 다른 방법이 있다. 당신은 의사소통 기법의 향상을 원하거나 취미 활동을 찾아보거나, 다른 사람을 위해 무엇인가를 하고 싶을 수 있다. 또한 당신은 자존감에 대한 신념을 살펴보고 싶을 수 있다. 중요한 것은 자신에 대한 인식이 현실적이며, 정확하고, 솔직해야 한다는 것이다(Schiraldi, 1999). 자존감은 자신에 대한 무조건적인 가치와 무조건적인 사랑을 바탕으로 형성되어야 하며, 이것이야말로 진정한 자기 수용이다. 활동 6-5, 6-6 (연습하기 6-6)

● 활동 6–5: 나의 자존감 이해하기

당신의 일지나 공책에 다음 질문에 대한 답을 당신이 원하는 만큼 작성하라.

1. 나 자신에 대해 좋아하거나 가치를 두는 것은 무엇인가?
2. 내 육체적 자기(내 신체)를 돌보기 위해 무엇을 하는가?
3. 정서적으로 어떻게 자신을 돌보는가?
4. 자신에게 보상을 주기 위해(어떤 것이라도 하고 있다면) 언제, 어떻게, 무엇을 하는가?
5. 언제, 어떻게, 자신의 가치를 평가절하하는가?
6. 나의 꿈과 희망은 무엇인가?
7. 자신에 대한 현실적인 기대는 무엇인가?
8. 자신에 대한 비현실적인 기대는 무엇인가?
9. 어떤 상황에서 유머 감각을 발휘하는가?
10. 언제, 어떤 방법으로 사랑과 애정을 표현하는가?
11. 어디에서 희망을 찾는가?
12. 어떤 상황에서 자신의 감정에 대해 숨김없이 솔직한가?
13. 심지어 자신의 기분이 나쁠 때도 타인의 기분을 살피고 신경 쓰는가?

연습하기 6-6: **자존감에 대한 핵심 신념 파악하기**

앞선 '활동'에 대한 답변 중 하나를 선택하여 자신에게 다음과 같은 질문을 해보라.

1. 그 신념이 나에게 의미하는 바는 무엇인가? ______________________

____

____

2. 위의 질문(1번)에 대한 답변이 나에게 의미하는 바는 무엇인가? ______________________

____

____

3. 위의 질문(2번)에 대한 답변이 나에게 의미하는 바는 무엇인가? ______________________

____

____

위의 질문(3번)에 대한 답변은 당신의 핵심 신념, 즉 다른 신념보다 더 깊은 기저에 있는 신념에 대해 말해 준다. 당신의 핵심 신념은 무엇인가? ______________________

____

____

핵심 신념에 도전하거나 검증하기 위해, 다음과 같은 질문을 해볼 수 있다.

이 신념은 나의 것인가, 아니면 다른 사람으로부터 비롯된 것인가? ______________________

이 신념은 나의 우선순위와 목표에 부합하는가? ______________________

이 신념은 나의 가치관과 판단에 부합하는가? ______________________

이 신념은 (나 자신이나 다른 사람에 대해) 내 기분을 더 좋게 하는가, 아니면 더 나쁘게 하는가? ____

____

이 신념은 어떤 식으로든 나에게 해를 끼치는가? ______________________

이 신념은 (가정, 일터, 여가 활동에서) 나에게 적절한 요구 및 책임감을 부여하는가? ________

____

● 활동 6-6: **자존감에 대한 핵심 신념에 도전하기** ●

이전 '연습하기'를 사용하여 두 가지 핵심 신념을 추가로 파악하라(일지나 공책에 작성한다). 그런 다음, '핵심 신념에 도전하기' 절의 질문 목록을 사용하여 각 핵심 신념에 도전하라(예: 그 신념에 대해 찬성하고 반대하는 증거는 무엇인가?).

____

____

____

이 '활동'을 마치면서 자기 자신에 대해 어떤 것을 배웠는가?

____

____

____

____

당신이 도전하고자 하는(어쩌면 변화하고자 하는) 자신의 신념을 인식함으로써 자존감은 향상되기 시작할 것이다. 자존감을 향상시키기 위한 방법은 다음과 같은 능력을 포함한다. (연습하기 6-7)

- 당신의 부정적 사고를 감지하는 능력
- 생각 멈추기 기법을 사용하여 부정적 사고를 멈추는 능력(8장 참고)
- 당신의 확언을 연습하는 능력
- 당신이 성취할 수 있는 현실적인 목표를 설정하는 능력
- 다양한 흥미를 개발하고 그와 관련된 활동에 참여하는 능력
- 적당한 페이스를 유지하면서 높은 수준의 에너지를 유지하는 능력
- 적절한 위험을 감수할 수 있는 능력
- 당신 자신과 당신이 내린 결정을 믿을 수 있는 능력
- 어떤 상황이나 다른 사람들에게 맞추기 위해 당신의 모습을 바꾸기보다는 지킬 줄 아는 능력
- 당신이 경험했던 과거를 기억함과 동시에 현실적인 미래의 목표를 간직하고 현재에 살아갈 수 있는 능력
- 어떠한 실수도 교훈으로 바꿀 수 있는 능력

친밀감에 대한 신념 도전하기

친밀감이란 자신 또는 자신과 타인 간에 유대감을 느낄 수 있는 능력을 말한다. 지속적인 트라우마는 당신과 타인 간의 연결이 끊어지거나 자신의 내면과의 단절로 이어질 수 있다. 이번 장은 스스로 취약하지 않다고 느끼고, 트라우마와 관련된 상호작용 패턴을 끊으며 새롭거나 수정된 신념 체계를 토대로 당신이 적절한 경계를 설정하고, 타인과 의사소통하고, 건강한 애착관계를 형성하도록 돕는 것을 목표로 한다. 이러한 신념에는 힘의 부여와 자기 수용에 대한 신념 등이 포함된다. 다음의 질문을 통해 당신이 검증하거나 도전하기를 원하는 친밀감과 관련된 신념을 확인할 수 있을 것이다. (연습하기 6-8, 6-9) 활동 6-7

● 연습하기 6-7: **자존감에 대한 확언** ●

자존감과 관련된 확언을 4~5개 선택하라. 몸을 이완시키고 나서 첫 번째 자존감의 확언을 마치 그것이 전적으로 사실인 마냥 입 밖으로 크게 소리 내서 말하거나, 자기 자신에게 이야기해 보라. 당신이 사용할 수 있는 확언의 예는 다음과 같다.

- 나는 가치가 있다.
- 나는 다른 사람과 나 자신을 비교하지 않으며 있는 그대로의 내 모습을 좋아한다.
- 나는 내 일을 만족할 만큼 잘 처리할 수 있다.
- 나는 최선을 다한다.
- 나는 타인을 잘 챙긴다.
- 나는 나의 삶을 변화시킬 수 있다.
- 나는 타인의 삶을 변화시킬 수 있다.
- 나는 자신을 사랑할 만한 가치가 있다.
- 나는 자신을 존중할 만한 가치가 있다.
- 나는 타인으로부터 사랑받을 만한 가치가 있다.
- 나는 타인으로부터 존중받을 만한 가치가 있다.
- 나는 나와 타인 간의 경계를 존중한다.
- 나는 사랑스럽고 유능하다.
- 나는 자신을 무조건적으로 사랑한다.
- 나는 변화하고 성장할 능력이 있다.
- 나는 기꺼이 사랑받을 수 있다.
- 나는 나의 몸을 자랑스럽게 여긴다.
- 나는 더 이상 무기력한 어린아이가 아니다.

이 '연습하기'가 당신에게 어떤 효과가 있는가?

● 연습하기 6-8: **친밀감에 대한 핵심 신념**

다음의 질문에 답하거나 떠오르는 생각을 기록해 보라(더 많은 공간이 필요하다면, 당신의 일지나 공책을 사용하라).

나는 다른 사람들과 유대감을 느끼는가? 만약 그렇다면 누구와 그러한가? ______________________

____

나에게 친밀한 관계란 내가 ____

____ 을/를 의미한다.

현재 나는 ____ 와/과 친밀한 관계를 맺고 있다.

나는 '사랑'이라는 단어가 ____________________________________ 을/를 의미한다고 믿는다.

나는 ____ 에게 편안하게 사랑한다고 표현할 수 있다.

지지받을 수 있는 사람이나 장소가 있는가? ____

____

나는 누구로부터, 어디에서 지지를 얻는가? ____

____

나는 누구로부터, 어디에서 사랑을 얻는가? ____

____

트라우마를 경험한 이후(혹은 트라우마에 대해 치유 작업을 시작한 이후), 현재 나는 다른 사람들로부터 더욱 더 거리감을 느끼는가? ____

____

나는 다른 사람에게 사랑과 관심을 어떻게 표현하는가? 나 자신에게는? ____________________

____

나는 다른 누군가와 친밀한 성적 관계를 가질 수 있는가? ____________________

____

다음의 어느 항목이 당신에 대해 잘 묘사하고 있는가? 해당되는 모든 것에 체크 표시하라.

- ☐ 사람들을 멀리한다.
- ☐ 사회적 활동을 회피한다. (예: ________________________________)
- ☐ 혼자만의 시간을 원한다.
- ☐ 타인과 대화하는 것이 두렵다.
- ☐ 다른 누군가와 신체적으로 가까워지는 것이 두렵다.
- ☐ 억지로 다른 사람과의 신체 접촉을 시도한다.
- ☐ 내가 사랑하는 혹은 사랑의 감정을 느끼는 사람이 제안하는 어떠한 성적인 접촉도 거절한다.
- ☐ 타인을 지나칠 정도로 보살핀다.
- ☐ 나를 보살펴 줄 사람이 아무도 없다.
- ☐ 대개 다른 사람들을 적대시한다.
- ☐ 다른 사람에게 의지하는 것이 두렵다.
- ☐ 다른 사람들이 항상 나를 실망시킬 것이라고 생각한다.
- ☐ 어떤 종류의 접촉도 나에게는 두렵다.

- ☐ 즐기지 못한다.
- ☐ 친구를 사귀지 못한다.
- ☐ 친구 관계를 유지하지 못한다.
- ☐ 친구가 없다.
- ☐ 타인에게 진정한 나를 보여 주지 못한다.
- ☐ 다른 사람들을 만나기 위해 외출하지 않는다.
- ☐ 내가 괜찮다는 믿음을 갖지 못한다.
- ☐ 나는 사랑받을 수 없으며, 사랑받을 자격이 없다.
- ☐ 나에 대해서 다른 사람들이 좋게 말하는 어떤 것도 믿을 수가 없다.
- ☐ 결정을 내릴 수가 없다.
- ☐ 파멸을 초래하는 관계를 계속 유지하고 있다. (Leehan & Wilson, 1985 수정 인용)

앞의 질문에 체크 표시한 항목이 많을수록 친밀감과 신뢰에 대한 당신의 신념에 도전하고 변화시키기 위한 방법을 더 많이 검토할 필요가 있다. 또한 당신의 경계와 대화 기법에 대해서도 검토해야 한다(7장 참고).

연습하기 6-9: **친밀감에 대한 핵심 신념 파악하기**

이전 '연습하기'에 대한 답변 중 하나를 선택하여 자신에게 다음과 같은 질문을 해보라.

1. 그 신념이 나에게 의미하는 바는 무엇인가? ______________________________

____

____

2. 위의 질문(1번)에 대한 답변이 나에게 의미하는 바는 무엇인가? ______________

____

____

3. 위의 질문(2번)에 대한 답변이 나에게 의미하는 바는 무엇인가? ____________________

____

____

위의 질문(3번)에 대한 답변은 당신의 핵심 신념, 즉 다른 신념보다 더 깊은 기저에 있는 신념에 대해 말해 준다. 당신의 핵심 신념은 무엇인가? ____________________

____

____

핵심 신념에 도전하거나 검증하기 위해, 다음과 같은 질문을 해볼 수 있다.

이 신념은 나의 것인가, 아니면 다른 사람으로부터 비롯된 것인가? ____________________

이 신념은 나의 우선순위와 목표에 부합하는가? ____________________

이 신념은 나의 가치관과 판단에 부합하는가? ____________________

이 신념은 (나 자신이나 다른 사람에 대해) 내 기분을 더 좋게 하는가, 아니면 더 나쁘게 하는가? ____

____

이 신념은 어떤 식으로든 나에게 해를 끼치는가? ____________________

이 신념은 (가정, 일터, 여가 활동에서) 나에게 적절한 요구 및 책임감을 부여하는가? ____________________

____

● 활동 6-7: 친밀감에 대한 핵심 신념에 도전하기 ●

이전 '연습하기'를 사용하여 두 가지 핵심 신념을 추가로 파악하라(일지나 공책에 작성한다). 그런 다음, 이 장의 앞부분에서 다루었던 '핵심 신념에 도전하기' 절의 질문 목록을 사용하여 각 핵심 신념에 도전하라. (예: 신념에 대한 증거와 반대되는 증거는 무엇인가?)

이 '활동'을 마치면서 자기 자신에 대해 어떤 것을 배웠는가?

____

____

____

____

트라우마에 대한 자기 비난 또는 타인 비난

당신은 트라우마의 원인이나 결과에 대해 지속적이고 오랫동안 왜곡된 생각을 가지고 있을 수 있으며, 트라우마에 대한 자기 비난이나 타인 비난으로 이어질 수 있다. 이것은 진단 기준 D의 세 번째 증상이다.

비난 마주하기

만약 당신을 탓한 일이 아님에도 당신이 경험한 트라우마에 대해 자신을 비난하는 것은 인지적 왜곡이다. 그 신념의 반대편에는 당신이 경험한 트라우마에 대해 신이나 다른 더 높은 권력자를 비난하는 것이다. 다음 '연습하기'는 당신이 자신이나 다른 사람을 비난하는 방법을 살펴보는 데 도움이 될 것이다. (연습하기 6-10, 6-11)

비난과 관련된 당신의 신념에 도전하고, 찬반 증거를 찾으며, 다른 사람들이 어떻게 느끼고 생각하는지 물어보는 것은 덜 비판적인 대안적 신념을 형성하는 데 도움이 된다(Burns, 1989). 그러나 당신은 계속 자책하고 싶지는 않을 것이다. 당신이 어떻게 자기 연민과 자기 용서 단계까지 이를 수 있는지 고려하는 것은 중요하다.

● 연습하기 6-10: **누구를 비난해야 하는가?** ●

다음의 과정(Boon, Steele, & Van der Hart, 2011 수정 인용)을 통해 비난과 그러한 신념의 결과에 대한 왜곡된 믿음을 살펴볼 수 있다.

______________________________ 일(트라우마 사건)이 일어났을 때, 나는 ______________________________(자신, 타인)을 비난했다.

신념을 이끌어낸 상황에 대해 설명하면 다음과 같다.

____

____

이 신념에 대한 나의 생각은 다음과 같다.

____

____

이 신념에 대한 나의 정서적 반응은 다음과 같다.

____

____

이 신념에 대한 결과로 나타난 나의 신체 감각은 다음과 같다.

____

____

이 신념으로 인해 내가 결정한 일과 행동은 다음과 같다.

____

____

● 연습하기 6-11: **부정적 신념 검토하기**

다음은 Mary Beth가 부정적인 신념을 검토하기 위해 개인적으로 개발한 방법으로, 어디에도 게시된 적이 없다. 그녀는 이 방법을 어린 시절에 피해를 입은 내담자들에게 사용했고, 수치심과 굴욕감, 무가치하다는 부정적인 자기 인식과 비난에 대해 다루었다. 예시문을 포함하였다. 활동의 단계별로 자신의 예를 작성하도록 빈칸이 있다.

1단계: 이 신념을 이끌어낸 사건은 무엇인가?

예 나는 내가 일을 아주 못한다고 생각하는 동료들로부터 폄하되고 있고, 사유서를 작성해 오라는 지시를 받았다.

내가 경험한 사건: ______________________________

____

2단계: 자신의 힘을 약화시키는 어떤 신념(무력감과 일어난 일에 대한 부정적인 책임감과 관련된)을 가지고 있는가?

예 사람들은 나에게 무례하고 나를 비웃으며, 나는 그들에게 굴욕당하고 있다.

나는 교사로서 많은 경력을 쌓았는데도 사유서를 작성해야 한다는 것에 화가 난다.

나는 나쁘다.

나는 가치가 없다.

나는 이곳과 맞지 않는다.

나는 무력하다.

나는 망신당하고 있다.

나의 신념: ______________________________

____

3단계: 이 신념이 사실이라는 증거는 무엇인가?

예 나는 어렸을 때부터 비슷한 공격을 받아왔어.

나는 이러한 부정적 신념을 내 성격 구조에 포함시켜왔어.

과거에 사람들이 했던 말이 내 머릿속을 떠나지 않아.

나의 부정적 신념에 대한 개인적 증거: ______________________________

____

4단계: 이 신념을 반박할 수 있는 증거는 무엇인가?

예 나는 직장에서 내 모습을 녹화해서 봤어. 그리고 내가 신뢰할 수 있는 동료도 보았어. 녹화된 영상을 보니 난 내 일을 잘하더라.

난 일평생 남들의 표적이 되어왔어. 내 등에는 가해자를 끌어들이는 과녁판이 있는 것만 같아.

나는 진실하고 윤리적으로 행동하는 사람으로 뽑힌 적이 있어.

이제는 나 자신을 주장할 때야.

나는 한 번도 부정적인 직무 평가를 받은 적이 없어.

내 친구들은 나를 지지해줘.

반박할 수 있는 문장이나 신념: ______________________________

____

5단계: 부정적인 자기 비난과 신념이 사실이 아니라는 것을 알게 된 지금, 무엇을 할 수 있는가?

예 나는 단호하게 행동할 수 있어.

나는 내 장점을 어떻게 내세울지 계획을 세워 볼 수 있어.

난 변호사를 구해서 적대적인 업무 환경에 대해 소송을 걸 수 있어.

나는 나아가 더 높은 학위를 취득하거나 내 능력을 알아봐 주면서도 보수가 더 좋은 직장을 찾아볼 수도 있어.

새롭게 할 수 있는 행동: ______________________________

____

6단계: 일어났던 일을 설명하기 위해 덜 비판적인 대안적 신념을 만들어 작성하라.

____

____

자기 연민

PTSD의 증상은 당신의 삶의 많은 부분을 방해할 수 있다. 당신은 자기 자신에 대해 부정적인 생각을 시작할지도 모른다. 당신은 상처를 입었거나 가치가 없다고 느끼거나 자신을 실패자로 여길 수도 있다. 자기비판과 결합된 자기 연민(self-compassion)의 부족은 당신의 무력감과 절망감, 수치심과 죄책감을 증가시킬 수 있다(7장 참고). 자기비판은 또한 당신의 몸에 부정적인 영향을 미친다. 편도체가 환경에서 위협을 감지하면, 혈압과 아드레날린과 코르티솔의 분비를 증가시키는 투쟁 또는 도피(fight-or-flight) 반응을 촉발시키는 것과 더불어 신체적이든 정서적이든, 외부적이든 내부적이든 위협에 맞서거나 피하는 데 필요한 힘과 에너지를 동원한다. 그러므로, 자기비판은 실제로 스트레스 반응을 유발할 수 있다. 반면에, **자기 자비**(self-kindness)는 긍정적인 정서와 연민을 만들어내는 뇌의 영역과 관련이 있다. 당신이 자신에 대해 따뜻하고 부드러운 감정을 경험할 때, 당신의 마음과 몸은 변화한다. 자기 자비는 고통스러운 경험이 발생했을 때 두려움이 작용하지 않고 더 안전하게 느낄 수 있게 해준다.

당신이 자신을 연민할 때, 부정적인 자기평가를 평화적이고 연결된 수용으로 바꾼다. 이 분야의 대표적인 연구자인 Kristin Neff(2003, 2009)의 관점에 따르면 자기 연민의 핵심적인 특징은 특히 고통받는 동안 자기비판을 하지 않는다는 것이다. 자기 연민은 문제에 대한 더 큰 관점을 제공하고, 더 큰 지혜와 정서적 지능과 관련이 있으며, 또한 존재함에 대한 긍정적인 상태를 강화한다. 자기 연민적인 사람들은 자기 연민이 부족한 사람들보다 더 많은 행복, 낙관주의, 호기심, 긍정적인 영향을 경험하는 경향이 있다(Neff, Rude, & Kirkpatrick, 2007). 자기 연민에 대한 더 자세한 정보와 당신이 얼마나 자기 연민적인지 알아보는 테스트는 Neff의 웹사이트인 http://www.self-compassion.org를 참고하라.

자기 연민에 대한 Neff의 접근법은 자기 자비(self-kindness), 공통된 인간성(common humanity), 마음챙김(mindfulness) 등 세 가지 주요 요소를 포함한다(Neff, 2011).

자기 자비

자기 자비는 자신이 고통을 받거나, 실패하거나, 부족하다고 느낄 때 자기 비난비판으로 자신을 비하하거나 벌하기보다는(특히 원하는 것을 얻을 수 없거나 원하는 것이 될 수 없을 때), 자신을 향해 따뜻하게 대하고 이해하는 것을 의미한다. 인생의 어려움을 경험하는 것은 피할 수 없는 일이지만, 당신은 자기 자비를 통해 자신을 진정시키고, 돕고, 보살필 수 있다. 자기 자비는 또한 도움이 필요한 소중한 친구를 대하는 것처럼 수동적이지 않고 능동적으로 자기 자신을 위안하는 것을 포함한다. 만약 자신의 고통에 정서적으로 동하게 된다면, 그 힘든 순간에 자신을 어떻게 위로할 수 있는지 고려해 보고, 그 후에 자신에게 따뜻함과 친절을 베풀어 보라.

공통된 인간성

가혹한 자기평가는 고립감을 느끼게 하는 경향이 있다. 자신에 대해 마음에 들지 않는 부분을 발견했을 때, 당신은 다른 모든 사람들은 완벽하고 당신만 불충분하다고 느낄지도 모른다. 이러한 비이성적인 자기중심성은 가치 없는 자신에만 초점을 맞추는 왜곡되고 제한된 비전을 제공한다. 자기 연민은 자기 동정(self-pity. 왜 나여야만 하는가?)을 의미하지 않으며, 이것은 우리 모두가 경험하는 삶의 도전과 개인의 실패가 인간으로 살아가는 데 한 부분이라는 것을 인식하는 것이다. 자기 연민은 당신이 고통스러울 때 덜 쓸쓸하고 덜 황량하고 덜 고립된 느낌을 갖도록 돕는다.

마음챙김

마음챙김(2장 참고)은 생각과 감정을 밀어내거나 부정하지 않고, 있는 그대로 관찰하는 비판단적이고 수용적인 마음 상태이다. 마음챙김은 그 순간에 떠오르는 복잡한 생각과 감정을 알아차리고 인식하도록 가르치기 때문에, 당신은 친절하고 수용적이며 비판단적으로 생각과 감정을 바라보고 경험할 수 있다. 마음챙김은 자신에 대한 생각이 옳든 그르든 상관없이 있는 그대로의 자신을 받아들이는 것을 의미한다. 마음챙김은 연민을 길러준다. 당신은 고통을 무시하면서 자신에 대해 연민을 느낄 수는 없다. 자신을 위로하기 위해서는 어려움에 직면할 필요가 있다.

자기 연민에 대한 다음의 '연습하기'는 Neff의 최근 연구에서 수정 인용하였다(Neff, 2011).

연습하기 6-12, 6-13 활동 6-8

용서는 어떠한가?

많은 트라우마 전문가들은 트라우마의 피해자는 자신을 학대한 사람을 용서할 필요가 있다고 말한다. 용서란 당신을 학대한 사람에 대한 분노와 증오를 떨쳐 버릴 수 있는 한 가지 방법일 뿐만 아니라 복수에 대한 욕망에서 벗어날 수 있는 방법이 될 수 있다. 물론 많은 가해자들이 조건 없는 용서를 받을 자격이 있는 것은 아니다. 또한 대부분의 가해자들은 자신의 잘못을 인정하지 않으며, 오히려 용서를 구할 만큼 잘못을 하지 않았다면서 용서해 주기를 바라지도 않는다.

만일 당신이 어떤 사람 때문에 트라우마를 경험한 것이라면, 당신은 가해자를 용서하려 할 수도 있을 것이다. 가해자를 용서하는 것은 가해자의 행위가 옳거나 받아들일 수 있다는 것을 의미하지

연습하기 6-12: **자기비판에 대한 평가**

당신은 일반적으로 어떤 것(외모, 직업, 관계, 양육 등)에 대해 자신을 판단하고 비난하는가?

당신은 자신의 결함이나 실수를 발견할 때 어떤 식의 언어표현(모욕적이거나 혹은 친절하고 이해심 많은)을 사용하는가?

자기비판은 당신의 내면에서 어떻게 느껴지는가?

인생의 어려움을 만났을 때 당신은 보통 어떻게 반응하는가?

당신이 어려움에 부딪히거나 불리한 삶의 사건이 발생할 때 당신은 자신을 어떻게 대하는가? 고통을 무시하고 문제를 해결하는 데 집중하는 편인가, 아니면 잠시 멈춰 서서 자신을 돌보고 위로한 다음 다시 일을 진행하는 편인가?

당신은 힘든 상황을 더 크게 인식하고 반응하는 편인가(상황에 대해 계속 근심하고 걱정하는가), 아니면 좋은 결과와 나쁜 결과 사이에서 균형을 유지하려고 노력하는 편인가?

당신은 일이 잘못될 때, 다른 사람들과 단절됨을 느끼는 편인가? 당신은 당신을 제외한 모든 사람이 당신보다 더 나은 삶을 살고 있다고 믿는가? 당신은 모든 사람이 각자의 삶에서 고난을 경험하고 있다는 것을 잊지 않으려고 노력하는가?

● 연습하기 6-13: **자기 연민 문구 사용하기** ●

당신이 정서적으로 고통을 느끼는 그 순간 자신을 연민하는 것을 잊지 않도록 도울 수 있는 몇 개의 구절을 암기하는 것은 도움이 된다. 그 어려운 시기에, 심호흡을 하고, 당신의 가슴에 손을 얹거나 다정하게 자신을 끌어안고, 자기 연민의 세 가지 구성 요소를 담고 있는 다음 문구를 반복하라.

지금은 고통의 순간일 뿐이다.
고통은 삶의 일부분이다.
나 자신에게 친절하게 대할 수 있을까?
내가 필요한 연민을 자신에게 줄 수 있을까?

● 활동 6-8: **자기 연민 기르기** ●

일주일 동안 매일 자기 연민 일지를 작성하라. 하루가 끝날 무렵에 그날에 일어난 일에 대해 되짚어보라. 기분이 나빴던 것, 자신을 평가했던 부분, 당신을 고통스럽게 한 힘든 일 등 그 어떤 것이든 적어 보라. 각각의 사건을 마음챙김, 공통된 인간성, 자비로운 마음을 사용하여 자기 연민적 방식으로 처리해 보라.

않으며, 트라우마가 당신의 인생에 부정적인 영향을 미치지 않았다는 것을 의미하는 것도 아니다. 또한 그것은 다른 사람들이 당신에게 잊으라고 말하는 것처럼, 당신에게 일어난 사건을 이제 모두 잊어버리라는 것을 의미하지도 않는다(Schiraldi, 2000).

Enright & Fitzgibbons(2000)에 따르면, 용서란 의지를 가지고 원한을 떨쳐 버리며, 가해자에게 연민과 관대함, 선행과 도덕적 사랑으로서 대하는 것을 말한다. 거창한 이 단어들이 무엇을 의미하는가? 이것에 대한 정의는 당신이 가해자와 다시 이전의 관계로 돌아가거나 혹은 그 사람을 신뢰하거나 화해하는 것을 의미하지 않는다. 이것은 당신과 당신의 세계에서 일어난 일들을 눈감아 주거나 너그럽게 봐준다는 것을 의미하지도 않는다. 이는 당신 자신의 내면적인 반응을 변화시킨다는 것을 의미한다. 만약 당신이 용서한다면, 이것은 바로 당신 자신을 위해서 의도적으로 행동한 것이다. Enright & Fitzgibbons에 따르면, 용서란 미약한 용서부터 완전한 용서, 그리고 표면적인 용서부터 깊은 용서까지 다양한 범위의 용서가 있다고 보고하였다. 그뿐만 아니라 용서는 당신에게 일어난 사건을 선별하여 용서할 만한 것인지를 고려하는 시간을 거치면서 발전하게 된다.

당신은 다양한 수준에서 용서할 수 있다. 정서적으로(가해자에게 동정심을 느끼는), 인지적으로(당신의 말이나 생각을 통해), 혹은 영적으로(용서할 수 있게 도와 달라고 권능의 힘이나 신에게 의지하는 것을 통해) 용서할 수 있다. 이들에 따르면 용서에 초점을 맞추는 것은 심리적 기능의 개선을 돕는 대처 전략에 해당되는 것이다.

또한 그들은 용서에 해당하지 않는 사항들도 언급하고 있다. 용서란 가해자가 사죄하도록 만들어 그 사죄를 받아들이는 것만이 아니다. 용서는 트라우마 사건 또는 범죄가 발생하기 이전의 상황으로 되돌려주지는 못한다. '마지막 시점'에서 성급하고 피상적인, 혹은 어떠한 감정도 실리지 않은 사죄를 받아들이는 것은 그 이후에 슬픔이나 분노를 표현할 수 없게 만들기 때문에 당신이 치유되는 데 여전히 한계를 갖게 만들 뿐이다. 반면에 만일 사죄를 받아들이고 용서한 이후에 어떠한 감정이 나타나게 된다면 당신은 자신의 경솔함을 탓할 수도 있다. 사죄란 가해자가 후회하고 있다는 것을 의미한다. 그러나 당신이 용서하는 것은 가해자가 후회하고 있는지의 여부에 따라서 결정되는 것이 아니다. 용서란 가해자에게 관용이나 관대함 혹은 자비를 베푸는 것이 아니며, 또한 당신이 트라우마를 참아내거나 범죄를 잊어버리거나 분노를 잠재우는 것을 의미하지는 않는다. 만일 당신이 신중하게 생각하지 않고 가해자에게 '나는 당신을 용서하겠어요'라고 말한다면, 가해자는 일시적으로나마 책임감을 면하게 되고 곤경에서 벗어나 일상생활을 영위해 나갈 것이다. 하지만 당신은 여전히 계속해서 트라우마에 시달릴 것이다.

자기 용서

가해자를 용서함으로써 당신은 분노와 격노를 어느 정도 떨쳐 버릴 수 있을 것이다. 그러나 자신이 어떠한 행동을 했는지 여부에 상관없이 발생한 사건에서 자신이 공모했다고 생각하는 부분에 대해 자신을 용서하는 것이 더욱 중요한 일이다. 만일 당신이 통제력을 잃었거나, 발생한 사건에 대해 죄책감을 느끼거나, 저항할 수 없었다거나, 혹은 이 사건을 미연에 방지할 수 없었다 하더라도 자신을 용서할 필요가 있다. 자신을 용서함으로써 분노와 복수심을 떨쳐 버리는 데 도움이 될 뿐 아니라, 두려움을 줄일 수 있으며, 가해자에 대한 강박적인 생각을 떨쳐내는 데 일조할 수 있다. 그리고 당신에게 일어났던 사건에 대한 더 많은 기억을 할 수 있도록 도와줄 것이다. 용서를 통해 분노를 해소하는 것은 당신을 억누르고 있던 가해자의 압박을 어느 정도는 감소시킬 것이다. (연습하기 6–14) (활동 6–9)

연습하기 6–14: **용서**

과거에 발생한 사건과 관련하여 아직까지 자신에게 얼마나 많이 분노하고 있는가?

____

자신을 용서하기 위해서 해야 할 일은 무엇인가? ______________________________

____

자신을 용서하는 것이 당신을 치유하는 데 도움이 된다는 점에 대해 어떻게 생각하는가?

____

가해자를 용서하기를 원하는가? ______________________________

____

만약 그렇다면 당신은 어떻게 할 것인가? ______________________________

____

활동 6-9: 용서에 대해 배운 것

자기 용서에 대해 배운 것은 무엇인가? 자신에 대해 알게 된 것은 무엇인가?

____

____

____

____

확언을 통해 신념에 도전하고 수정하기

신념을 수정하는 데 도움이 되는 또 다른 방법은 확언을 통해 신념에 도전하는 것이다. 다시 말해, **확언**은 부정적인 사고 및 자아상과 싸우고 도전하며 변화를 위해 반복해서 자신에게 말하는 긍정적인 생각을 말한다. 확언은 자신의 삶에서 원하는 것이나 자신을 어떻게 규정하고 싶은지를 현재형으로 진술하는 것이다(Zampelli, 2000). 확언은 긍정적인 혼잣말의 한 형태로 자기 자신과 자기 몸을 어떻게 보고 싶은지를 말해 준다. 따라서 확언을 할 수 있는 가장 적합한 사람은 바로 당신 자신이다. 비록 다른 사람들이 당신의 신체에 대해 아무리 긍정적으로 표현하더라도 스스로가 그렇게 생각하지 않는다면, 그 말을 믿는 것이 어려울 뿐만 아니라 자신에게 이 같은 긍정의 표현은 하지 않을 것이다.

확언을 정기적으로 사용하는 것은 자기 자신에 대한 신념과 그 신념에 근거한 당신의 정서와 행동을 바꿀 수 있다. 이런 종류의 진정한 변화는 총 6단계로 이루어지며, 하룻밤 사이에 일어나는 것은 아니다. 다음은 이러한 단계의 개요와, 각 단계의 일반적인 사고의 예시이다.

사전: '나에 대한 나의 부정적인 신념은 옳기 때문에 나는 그것을 바꿀 필요가 없다.'

계획: '음, 아마 약간의 변화는 내게 필요할 것 같다.'

준비: '이제 내가 해야 할 일과 내가 어떤 확언을 쓰거나 말할 수 있는지에 집중할 수 있을 것 같다.'

행동: '나는 이것을 할 것이고 하고 있다. 나는 매일 확언을 말하거나 쓰고 있다.'

유지: '나는 그 확언을 믿기 시작했다. 나는 확언을 그렇게 자주 말할 필요가 없어졌고, 나는 이제 그것을 어느 정도 믿는다. 세상을 바라보는 눈이 달라지기 시작했고, 나는 자신에 대해 더 좋게 느끼기 시작했다.'

종결(이상적인 마무리): '와, 나는 사실 괜찮은 사람이고 나 자신을 그렇게 부정적으로 볼 필요는 없다. 가끔 나는 내가 괜찮다는 것을 잊기도 하지만, 재빨리 회복된다. 그 확언은 정말로 나 자신을 묘사할 수 있는 수용 가능한 방법이고, 내가 위기에 처했을 때에도 효과가 있다. 나는 나에게 가장 좋은 것을 할 수 있다.'

확언은 '나'(예: '나는 지금 몸무게가 적당해') 또는 '나의'(예: '일을 마무리하는 나의 능력은 훌륭해')라는 단어로 시작된다. 또한 확언은 현재 일어나는 것이지, 미래에 일어나는 것이 아니다. 확언은 '나는 잘한다'이지 '나는 잘할 것이다'가 아닌 것이다. 더불어 확언은 트라우마와 관련된 두려움을 극복하기 위한 진술(예: '나는 혼자서도 걸어서 출근할 수 있다', '사고 후에도 나는 혼자 힘으로 내 차를 운전할 수 있다')이 될 수 있다. 확언은 세상과 관계 맺는 자신의 스타일에 맞도록 당신만의 표현으로 사용된다. 만약 스스로 작성한 확언이 모두 사실이 아니라고 생각한다면 긍정적인 행동을 함축하는 조건적 단어를 적용해 작성해 보라. 예를 들면, '나는 더 유능한 사람이 되어가고 있다' 또는 '나는 끊임없이 최선을 다하려고 노력하고 있다'와 같은 형태의 확언은 가장 효과적이면서도 현실적인 희망을 포함하고 신뢰에 근거한다.

확언은 힘든 작업을 대신하는 활동이 아니다. 하지만 확언은 자신에 대한 신념과 세계를 대하는 방식을 변화시키는 한 가지 방법으로(예: '나는 화내지 않고도 사람들과 관계를 맺을 수 있다', '나는 두려움 없이 ____________________을/를 할 수 있다'), 이러한 신념에 근거하여 자신을 해치는 행동을 긍정적으로 전환하는 효과적인 방법이다. 확언은 자신의 감정을 회피하거나 사건 및 타인을 조종하기 위한 것이 아니다. 확언이 효과가 있으려면 당신이 실제로 확언의 힘을 믿기 시작할 때까지 자신에게 반복해서 되풀이할 필요가 있다. 확언을 신뢰하기 시작할 때, 당신은 다른 관점에서 자신의 세계를 보기 시작할 것이다.

마음에 새기기 위해서 각각 다섯 번씩 반복해서 이 책에 몇 가지 확언을 작성하는 것으로 시작해 보라. 만약 하루에 적어도 스무 번씩 자신에게 확언하는 것이 어렵게 느껴진다면 공책을 준비해서 페이지 가장 위에 확언을 기록하라. 취침 전에 한 페이지를 긍정적인 확언으로 꽉 채우며, 크게 소리 내어 읽을 수 있다. 또한 하루가 시작되기 전에 여러 번 작성해 볼 수 있다.

확언을 작성할 때는 표현에 필요한 신체적인 수단을 하나 이상 사용하게 되는데, 확언을 작성하기 위해서는 눈과 손의 협응, 확언을 크게 말하고 종이에 쓰기 위한 언어 능력 그리고 전 과정을 거치기 위한 사고가 필요하다. 따라서 확언을 기록하는 것 자체가 사고의 습관으로 이어지게 되며, 이것은 당신이 당신 자신에게 통합되고, 신념 체계의 일부분이 되도록 만든 새로운 자기 메시지이다.

연습하기 6-15

● 연습하기 6-15: **나의 확언**

당신이 선택한 유용한 확언은 다음과 같다.

1. ______________________________

2. ______________________________

3. ______________________________

이제 다음의 빈칸에 각각의 확언을 다섯 번씩 반복해서 기록하라(여백이 더 필요하다면 일지나 공책을 사용하라).

1. ______________________________

____

____

____

____

2. ______________________________

____

____

____

____

3. ______________________________

____

____

____

____

만약 당신이 확언을 반복해서 쓰고 싶지 않다면, 확언을 한 번만 쓰고 반복해서 되뇌어 보라. 확언을 반복해서 말하는 것은 결국 그것에 대한 당신의 믿음을 굳건히 하고, 이 능력이 당신에게 실제 있는 것처럼 느끼는 데 도움이 될 것이다. 또한 확언을 반복하는 것이 자신을 묘사하는 좀 더 수용할 만한 방식임을 인정하게 될 것이다. 특히 위기 상황에 처했을 때 자신에게 사용할 수 있는 긍정적이고 행동 지향적인 확언이 있다면 큰 도움이 될 것이다(예: '나는 나 자신을 위해 최선의 것을 할 수 있다', '나는 이 상황에서 내 주장을 잘 펼칠 수 있다').

● 연습하기 6-16: **이 장에서 내가 배운 것** ●

이 장에서 설명한 증상 중 당신에게 해당하는 것이 있는가? 그렇다면 당신에 대해서 알게 된 것은 무엇인가?

____

____

____

____

____

7

진단 기준 D의 증상 다루기 Ⅱ

6장에서는 DSM-5의 진단 기준 D에 포함된 처음 세 가지 증상을 살펴보았다. 이 장에서는 해당 범주의 남은 네 가지 증상에 대해 살펴볼 것이다. 이는 트라우마와 관련된 지속적인 부정적 정서 상태, 트라우마 이전에 했던 활동에 대해 현저하게 저하된 흥미, 다른 사람과 소원해지거나 사람들로부터 소외되거나 따돌림당한다는 느낌, 긍정적 정서를 경험할 수 없고 정서를 겉으로 드러내지 않는 것이 포함된다.

진단 기준 D에 포함된 증상은 6장과 7장 모두에서 다루고 있으며, PTSD 진단을 위해서는 두 가지 이상의 증상이 나타나야 한다는 것을 인식하는 것은 중요하다. 따라서 두 가지(또는 그 이상) 증상이 PTSD 진단에 어떻게 기여했는지 이해하기 위해서는 두 장에서 다룬 증상 모두를 고려해야 할 필요가 있다.

길게 지속되는 부정적 정서

이번 장에서는 트라우마에 의해 영향을 받거나 변화되었거나, 또는 트라우마 후 자아의 일부가 되어버린 본질적으로 부정적이고 지속적인 부정적 정서 상태에 대해 살펴본다. 이러한 정서 중 일부는 다른 정서와 관련이 있으며, 그 정서의 더 심각하거나 덜 심각한 버전일 수 있다. 이 장에 포함된 주요 정서는 두려움, 화와 분노, 우울, 죄책감, 생존에 대한 죄책감, 수치심, 무기력감, 슬픔, 상실감과 비애이다. 화는 각성 증상에 대해 다루는 8장에서도 살펴볼 것이다. 이 장에서 살펴본 주요 정서만이 트라우마의 영향을 받는 것은 아니다. 당신은 삶에 영향을 준 다른 사람들을 떠올리게 될

지도 모른다.

먼저 다음과 같은 질문을 자신에게 해보라. 당신이 제대로 살아갈 수 없는 이유는 내면이 공허해서인가, 아니면 오직 부정적 정서를 가지고 있어서인가? 당신은 삶이 부정적 정서에 끌려다니도록 내버려 두고 싶은가?

정보 전달자로서의 정서

Karla McLaren(2001)의 연구를 활용하여 Epona라는 말들을 이용한 현장 체험 치료법을 개발한 Linda Kohanov는 정서는 정보를 전달하는 메시지라고 이야기한다. 정서를 정보로 사용하여 정서 뒤에 숨겨진 메시지를 발견하는 능력을 **정서 민첩성**(emotional agility)이라고 부른다. Capacchione(2001)는 정서는 경험에 대한 반응인 동시에 경험의 한 형태라고 하였다. 그것들은 우리가 몸에 지니고 있는 에너지의 한 형태이다. 만약 당신이 정서를 식별하기 어렵다면, 당신의 신체를 정서의 근원으로서 살펴보라.

당신은 어떤 정서를 느끼는가? 당신이 경험하는 정서의 수는 많은가, 적은가? 당신은 많은 정서의 존재를 인식하고 있는가, 아니면 화나 슬픔과 같은 한두 가지의 정서에 매몰되어 있는가? 정서는 말, 소리, 보디랭귀지, 신체 반응, 신체적 표현(눈물 흘리기, 주먹 꽉 쥐기, 이 갈기 등)과 같이 다양한 방식으로 표현되며, 때로는 언어로 표현되는 것(말이 의미하는 바와 행동이 나타내는 바가 다르다)과 반대되기도 한다. 정서는 자신으로부터 바깥쪽으로 흐르거나, 안쪽으로 흘러 질병, 폐색증, 심지어는 자기 파괴적 행동까지 초래할 수 있다. 정서가 제대로 표현되면 이것은 변화를 만들어낼 수 있다. 트라우마 사건으로부터 치유되기 위해서는 어떤 정서에 영향을 받았는지, 변화되었는지, 숨겨져 있는지 인식한 후 이를 수정하거나 변화시키는 행동을 하는 것이 중요하다. 먼저 부정적인 정서 상태를 초래하는 부정적인 정서의 근원을 탐색하고, 그 다음 이 정서를 타당화하며 도움이 되는 정서로 받아들이거나, 파괴적이며 수정 및 변화가 필요한 정서로 받아들일 수 있다. Capacchione(2001)는 정서가 건강한지, 아닌지를 나타내는 지표로도 쓰인다고 이야기한다. 정서 역시 신체의 일부이며 뇌, 심장, 내장에서 만들어진 뉴로펩타이드(neuropeptides)라고 불리는 분자로 운반된다(Pert, 1999).

이 장에서는 PTSD와 함께 지속될 수 있는 몇 가지 부정적 정서에 대해 자세히 살펴보고, 다음과 같은 몇 가지 질문을 통해 이러한 정서가 당신의 삶에서 어떻게 정보를 줄 수 있는지 알아볼 것이다.

- 이 정서가 당신에게 주는 메시지는 무엇인가?
- 이 정서에 대해 어떤 질문을 하고 싶은가?

- 이 정서를 계속 놔두면 얼마나 심해질 수 있는가?
- 당신의 삶을 장악하도록 놔두지 않으면서도 이 정서를 느낄 수 있는 긍정적인 방법은 무엇인가?

또한 그림이나 글, 또는 동작 등과 같은 다양한 방법을 사용하여 당신이 느끼는 정서를 표현해 보도록 요청할 수 있다.

Capacchione(2001)는 일반적인 범주로 표현되는 부정적 정서에는 다섯 가지가 있다고 여긴다(슬픔, 화, 두려움, 혼란, 우울). 화는 가장 파괴적인 상태인 격노와 덜 파괴적인 상태인 짜증과 분노로 이어진다. 두려움은 가장 심각한 수준인 공황, 무서움, 공포로 이어지고, 덜 극단적인 수준에서는 떨림, 긴장, 불안으로 이어진다. 슬픔은 한편에서는 상처, 외로움, 비애로, 다른 한편으로는 침울, 우울, 낙담으로 이어진다. 정서적으로 건강한 사람은 자기 의심, 자기비판, 자기 처벌 없이 자신의 정서를 인식하고 위의 질문에 답할 수 있다. 그러나 많은 트라우마 생존자들은 부정적 정서를 수용하거나 다루기 어려워하며, 극심한 고통이나 갈등을 일으키는 정서를 더 긍정적 정서로 바꾸거나 대체하려고 한다. 당신은 정서가 당신을 압도할 것 같은 위협을 받더라도 스스로 진정할 수 있는가? 당신은 부정적 정서를 경험하더라도 여전히 의사결정을 잘 할 수 있는가? 당신은 말과 행동이 일치하는 일관된 방식으로 행동하려고 하는가? 언제 어떻게 당신은 정서적 고통을 견딜 수 있는가?

Bloom(2000)은 인간은 성장에 필요한 기본 잠재력을 가지고 삶을 시작한다고 말한다. 당신은 유전적으로 그리고 신체적으로 타고난 기질에 기초하여 건강하고 행복한 삶을 살 잠재력을 가지고 태어났다. 그러나 생의 초기에 트라우마를 경험했다면 그 트라우마의 영향은 곧 당신의 신체적, 심리적, 사회적, 도덕적 발달을 방해하기 시작한다. 만약 당신이 반복적으로 트라우마를 경험했다면, 학대당하는 상황을 견뎌내기 위해 **학습된 무기력감**(learned helplessness)을 경험했을 가능성이 크다. 즉, 도망치려는 시도가 아무 소용도 없다는 사실을 배우는 것이다. 나중에 당신이 그 상황에서 도망치는 것이 가능해지더라도 그렇게 하지 않거나 혹은 그 상황에서 또 다른 학대를 당하는 상황으로 자신을 밀어 넣을 수도 있다(예: 폭력적인 가정환경에서 해로운 데이트나 결혼 관계로 확장). 만일 학대한 사람에게 계속적으로 긍정적 정서를 느낀다면, 이는 당신이 **트라우마 유대관계**(traumatic bonding)를 경험하고 있다(당신을 학대하는 사람과 깊은 유대관계를 맺는다)는 뜻이다.

반복적으로 트라우마에 노출되는 제2형 트라우마는 당신이 건강한 방식으로 타인과 애착을 형성하는 것을 방해할 수 있다. 이는 당신의 정서가 격양되는 것을 통제할 수 없도록 만들 수도 있다. 당신은 괜찮았다가도 순식간에 격분한 상태가 될 수도 있다. 또한 안정적인 관계를 맺기에는 자기 또는 타인에 대한 충분한 신뢰가 당신에겐 없다는 것을 깨달을 수도 있다. 대신에 당신은 일이 뜻대로 되지 않을 때, 자신뿐만 아니라 타인에게도 공격적이게 될 수 있다(표면상으로 드러나든지 보다 교묘하고 수동 공격적인 형태로 나타나든지 어느 쪽으로든).

당신의 내적 정서 상태와 신체 감각, 그리고 외부 스트레스에 대한 반응을 조절하는 능력은 당신의 정체성을 확립하는 데 도움을 준다(Cole & Putnam, 1992). 만약 당신이 제2형 트라우마의 피해자였다면, 자신에 대해 예측 가능한 지각 능력이 부족하여 타인과 분리가 잘 이루어지지 않고 왜곡된 신체상을 가지며, 충동이 통제되지 않고, 사회적 상황에서 의심하고 불신할 수도 있다.

이러한 설명이 익숙한 이야기로 들리는가? 당신은 자신을 다치지 않게 하면서 화를 낼 수 있는가? 당신은 공격적이지 않게 화를 낼 수 있는가? 당신은 화가 났을 때 해리되지 않고 현재에 머무를 수 있는가? 당신이 어떤 기분인지 이름 붙이거나 상황과 부합하는 정서를 느끼고 있는지 등, 화가 났을 때 당신의 신체 감각이 어떤 상태인지 표현할 수 있는가?

감정은 일반적으로 기쁨 또는 고통과 관련이 있다. 고통의 감정은 기쁨과 관련된 감정과 반대된다. 예를 들면, 절망의 반대는 희망이고, 슬픔의 반대는 기쁨이며, 증오의 반대는 사랑이다. 트라우마로 인해 발생한 고통스러운 감정은 종종 부정되거나 회피된다. 많은 트라우마 생존자들은 감정을 조절하는 데 어려움을 경험한다. 많은 경우, 심각한 PTSD를 가진 사람들은 존재하는 감정의 범위를 알아차리지 못할 뿐만 아니라 대부분의 상황에서 제한적인 정서 반응만을 한다. 감정을 경험하거나 특정 정서를 인식하는 것은 자신을 해치고 싶은 충동을 유발시키기도 한다. 자신을 해치고 싶도록 유발하는 정서에는 화, 슬픔, 수치심, 공허감, 죄책감, 배신감과 같은 것이 있다. 그러나 만약 당신이 그러한 많은 감정을 제대로 알지 못한다면, 그것을 긍정적이든 부정적이든 어느 쪽으로도 사용할 수 없게 된다. (연습하기 7-1)

부정적으로 지속되는 정서 바라보기

우리가 첫 번째로 살펴볼 부정적으로 오래 지속되는 정서는 두려움이다.

두려움

두려움은 삶의 하나 이상의 측면(신체적, 정서적, 영적, 정신적)에서 실제적인 위협이나 위험을 인식하게 되는 것을 포함한다. 두려움은 매우 기본적인 정서이며, 한편으로는 생명을 보호하고 다른 한편으로는 생명을 파괴하는 능력을 가진 자연스러운 경고 시스템이다. Kearney 등(2014)의 긍정적 정서의 확장-구축 이론(The broaden-and-build theory of positive emotions)에 따르면, 두려움은 PTSD와 관련된 특징적인 정서이다. 두려움은 크게 다가와 공포로 이어질 수도 있고, 아니면 작게

● 연습하기 7-1: **감정 인식하기** ●

다음의 감정 상태 중 당신이 알고 있는 감정은 무엇이며, 지난 2주 동안 당신이 경험했던 감정은 무엇인가? 지난 2주 동안 느꼈던 감정에 동그라미로 표시하고, 각 감정이 어떤 느낌인지 안다고 말할 수 있는 감정에 모두 밑줄 그어보자.

버림받다	심술궂다	친근하다	충성스럽다	긴장되다
수용되다	미치다	성취감을 느끼다	운이 좋다	겁에 질리다
가슴 시리다	짓눌리다	충만하다/흐뭇하다	미칠 것 같다	오싹하다
다정하다	호기심 있다	격분하다	못되다	피곤하다
외롭다	패배적이다	관대하다	비참하다	참다
냉담하다	낙담하다	기쁘다	인내하다	번민하다
재미있다	기뻐하다	감사하다	평온하다	촉박하다
화나다	의존적이다	뾰로통하다	반갑다	걱정스럽다
불쾌하다	홀로 남겨지다	심술나다	무력하다	믿음직하다
불안하다	열망하다	가책을 느끼다	몰두하다	추하다
미안하다	필사적이다	행복하다	자랑스럽다	인정받지 못하다
평화롭다	망가지다	무기력하다	후회스럽다	눈치 없다
자각하다	이질적이다	희망적이다	거부당하다	이해받다
배신당하다	실망하다	절망적인	양심의 가책을 느끼다	불친절하다
모질다	낙심하다	굴욕적이다	책임감 있다	불행하다
지루하다	괴롭다	상처 입다	앙심을 품다	속상하다
용감하다	위압적이다	성급하다	안전하다	쓸모없다
차분하다	불운하다	부적절하다	심사가 뒤틀리다	소중하다
유능하다	갈망하다	무능하다	고요하다	피해 입다
배려하다	털털하다	순진하다	수치스럽다	위반되다
신중하다	황홀하다	불안정하다	충격받다	상처 입기 쉽다
쾌활하다	의기양양하다	흥미롭다	수줍어하다	따뜻하다
침착하다	당혹스럽다	진노하다	안쓰럽다	피곤하다
자신 있다	격노하다	거슬리게 하다	흥분되다	기진맥진하다
모순되다	신나다	성나다	망연자실하다	전멸하다
연결되다	무방비하다	고립되다	바보 같다	철회되다
만족하다	어리석다	질투나다	달콤하다	멋지다
용기 있다	미친 듯하다	즐겁다	동정적이다	보람 있다

위의 목록은 감정과 관련된 단어 중 일부일 뿐이다. 당신은 이 단어 대부분을 식별해내고, 상상하거나 혹은 기억해낼 수 있는가? 이 '연습하기'를 마치면서 자기 자신에 대해 어떤 것을 배웠는가?

느껴져 걱정으로 이어질 수도 있다. 걱정은 이 장의 뒷부분에서 긍정적 정서가 없는 증상 범주에 대해 논의하며 다룰 것이다. 만약 어떤 상황이 정말로 두려운 것이라면, 해리하지 않고 당신의 신체에 머무르며 그 상황에서 벗어나는 방법에 대해 알아내거나 다른 사람들에게 조언을 구하는 것이 중요하다. McLaren(2001)에 따르면, 두려움은 불안과 걱정과 같은 정서를 포함하는 것으로 나타났다.

두려움은 신체에 큰 영향을 미칠 수 있는 흔한 트라우마 기반의 정서이다. 당신은 트라우마 사건이 일어나는 동안과 사건이 일어난 후에 매우 두려웠을 가능성이 매우 크다. 만약 당신이 일평생 동안 발생한 트라우마의 피해자라면, 두려움 없이 사는 삶이 어떤 것인지조차 모를 수 있다. 당신은 하루나 일주일 동안 몇 번이나 안절부절못하거나 초조해하는가? 당신은 몸을 떨거나, 두려움에 떨거나, 숨는가? 당신은 곧 일어난 일을 불안해하며 기다리는 공황 상태에서 얼마나 자주 주변을 살피는가? 근육이 긴장되고 아픈가? 당신은 트라우마를 떠올리게 하는 무언가가 갑자기 나타났을 때, 설사나 복통 또는 두통을 느끼는가? 만약 트라우마를 재경험하게 될 것이라 생각될 때, 당신은 울거나, 훌쩍거리거나, 말문이 막힌 자신을 발견하는가? 만약 당신이 이 문단을 읽으면서 자신에게 그렇다고 답했다면, 당신은 트라우마와 관련된 두려움을 경험하고 있을 가능성이 크다. 흔히 두려움은 직관적으로 깨달을 수 있다. (연습하기 7-2)

만약 위협에서 오는 두려움을 무시하게 된다면, 걱정, 불안, 공황, 공포와 같은 감정으로 발전될 수 있다. 트라우마 경험으로 인해 공황 발작이 일어난 적이 있는가? 만약 트라우마 사건이 발생하는 동안 당신이 공황 발작을 일으켰다면, 당신을 도울 수 있는 책과 자료가 있다. 이 책은 그 책에서 나오는 내용을 반복하도록 발간된 것은 아니지만, 공황 반응은 갑자기 일어나며 공포와 세상이 끝날 것 같은 느낌과 감정, 위험의 감정을 수반한다는 것을 아는 것이 중요하다(Meichenbaum, 1994). 당신은 공황 발작과 공포 반응에 대한 민감성을 줄이기 위해, 해리하거나 회피할 수 있다. 공황 발작은 신체 반응과 감각, 공포와 불안, 생각(공황 발작이 일어나거나 일어날 것이라고 예상하는 것), 행동(회피, 과호흡)을 수반한다.

당신이 트라우마를 겪었을 때, 당신의 몸은 위험을 인식하고 도망치거나, 얼어붙거나, 투쟁하는 것으로 반응했을 것이다. 그러나 트라우마 이후에 객관적인 위험 징후가 없을 때에도 불구하고 공황 상태로 대응할 정도로 과잉경계나 과민반응이 지속되면 마치 세상을 끝이 없는 전쟁터로 여길 수 있다. 심지어 당신은 불안과 공황 상태에 빠지면, 자신이 심각한 질병(예: 심장마비나 신경쇠약)을 가진 것으로 자가진단을 내릴 수도 있다. 당신은 과호흡이 오기 시작하고 손발이 저린다는 느낌을 받을 수 있다. 당신은 몸을 떨 수도 있으며 심하면 기절에까지 이를 수 있다.

공황 발작은 당신의 죽음이 임박했다는 것을 알리는 징조가 아니다. 공황 발작은 뜬금없이 나타

● 연습하기 7-2: **두려움 살펴보기**

다음의 질문에 답하면 당신은 두려움에 대해 더 잘 이해하게 될 것이다.

두려움이 나에게 전하는 메시지는 무엇인가?

____

____

내 두려움에 관해 나는 어떤 질문을 하고 싶은가?

____

____

만약 내가 두려운 감정을 그대로 놔둔다면, 어떻게 더 심해질 것인가?

____

____

두려움에 장악당하지 않으면서도 여전히 그 두려움을 느낄 수 있는 긍정적인 방법은 무엇인가?

____

____

아래의 빈칸이나 일지를 사용하여 두려움을 나열하거나 두려움에 대한 그림을 그려 보자. 그림을 그리는 것은 정서를 외재화시킴으로써 해당 정서에 대한 더 잘 통제할 수 있게 하는 방법이다.

나는 것처럼 보이지만, 아무 촉발자극도 없이 갑자기 나타나지는 않는다. 만약 당신에게 정말로 위험한 것이 무엇인지 인식하거나, 위험에 대한 부정확한 인식을 줄이고 위험에 대한 당신의 생각을 통제한다면, 당신의 공황 발작은 줄어들기 시작할 것이다.

그렇다면 어떻게 공황 발작을 통제하고 공황 발작으로 각성된 공포를 조절할 수 있을까? Meichenbaum(1994, 43)은 다음의 6단계를 제시하였다.

1. 공황 발작의 발생을 예감하는 신체 감각들을 인지한다. 즉, 당신의 증상에 직면한다(Weekes, 1986).
2. 자신의 신체 증상에 대한 잘못된 해석을 인식한다. 그 증상은 그리 심각한 것이 아니다.
3. 과호흡하려는 자신을 바로잡아 호흡을 조절한다. 즉, 당신의 증상을 받아들인다.
4. 공황 발작에 개입하여 발작을 유발하는 촉발자극과 동반되는 감정(예: 무력감, 절망, 슬픔, 상실감)을 확인하고 이완하려고 노력한다.
5. 자신이 하고 있는 일을 바꾸거나, 자신을 단련하거나, 재미있는 일을 하거나, 누군가에게 전화하기 등과 같이 다양한 대처 전략을 사용한다. 공황 발작은 5~10분 정도면 자연스럽게 진정되고, 이는 당신의 죽음과 관련이 없다는 것을 이해한다.
6. 자신의 행동에 책임을 지고 공황 발작 시에 당신이 행했던 대처에 대해 칭찬한다.

공황 발작을 조절하고 제한하거나, 회복하기 위한 다른 방법에는 이완하고, 마음이 흐르는 대로 내버려두고, 부드럽게 숨 쉬고, 각성 수준을 낮추기 위해 2장에서 배운 기법을 사용하는 것을 포함한다. 만약 당신이 공황 발작과 싸우려 들고 과도하게 긴장한다면, 공황 발작은 오히려 더 오래 지속될 것이다. 또한 공황 발작을 촉발시킨 기억이 무엇인지 인식하게 되면, 그 기억을 보다 잘 다루는 데 도움이 된다(4장의 기법을 사용해 볼 수 있을 것이다). 당신의 몸을 조화롭게 재적응시켜 보라. 잠을 잘 자고, 제대로 먹고, 운동을 열심히 하라. 또한 자신의 강점과 회복을 돕는 자원을 나열해 보라(이 책의 마지막 장을 사용해도 된다). (연습하기 7-3)

또한 기억에 대한 두려움, 미래를 마주하는 두려움, 기분을 마주하는 두려움 등 당신이 사용하는 모든 회피 기제에 두려움이 내포되어 있을 수 있다.

● 연습하기 7-3: **부정적 사고 나열하기** ●

당신의 신체 반응과 연결되어 있으며 자동으로 떠오르는 부정적인 생각을 나열해 보는 것은 도움이 된다. 보통 사소한 걱정으로 시작해서 죽음에 대한 두려움으로 끝나는 생각이 수십 개에서 수백 개까지 있다는 것을 우리는 쉽게 발견할 수 있다. 생각 리스트를 작성하여 외현화시키는 것은 생각에 대한 에너지를 분산시키고 비현실적인 것을 분리해내도록 도울 수 있다.

____

____

____

____

____

분노와 격노

트라우마 생존자로서, 당신은 분노나 격노의 감정 또한 경험할지도 모른다. 짜증과 분노의 표출은 각성 수준이 올라가며 나타나는 증상으로, 많은 트라우마 생존자들이 이러한 증상을 직면하게 된다. 분노와 격노는 흔한 트라우마의 부산물이다. 다시 말해, 트라우마 사건을 경험한 사람들은 종종 타인이나 사건, 상황에 대한 자신의 감정에 집중한다. 트라우마 사건으로부터 큰 타격을 입고 나서 그 사건이 왜 일어났는지 납득되는 설명이 없을 때, 당신은 분통을 터뜨릴 수 있으며, 이로 인해 두려움, 비애, 슬픔, 수치심, 또는 죄책감과 같은 감정이 당신을 덮쳐버릴 수 있다. 트라우마 사건의 가해자를 알고 있다면, 당신의 분노는 그 가해자에게 직접적으로 향해질 수 있다. 만일 그 가해자가 당신을 보호하고 사랑하며, 존경해야 하는 사람이라면, 당신의 분노는 격노로 변해버릴 수 있다. 당신의 분노는 비슷한 사건을 겪었음에도 트라우마 없이 살아남은 사람들에게 향할 수도 있다. 만약 당신이 법 집행, 형사 사법 제도, 변호사, 보험 회사, 그리고 심지어는 상담자를 상대해야 한다면, 당신의 분노는 계속해서 상처 주는 시스템을 향할 것이다. 또한 당신의 분노는 자기 자신과 자신의 신체를 향할 수도 있는데, 특히 자기 자신이나 트라우마 사건의 영향을 받은 타인에게 발생한 일을 자기 탓으로 돌릴 때 그럴 수 있다. 긍정적인 측면으로 보면, 당신이 변화하거나 대의를 위한 일을 할 수 있도록 동기 부여할 수도 있다. Cohen, Barnes, & Rankin이 주목했듯이, 분노는 "트라우마의 부당함에 대한 전형적인 반응"이 될 수 있다(1995, 58).

분노에 다양한 수준과 종류가 있다. 하지만 트라우마 생존자들은 종종 다양한 수준과 종류의 분노를 다 똑같은 것으로 치부해 버리곤 한다. 트라우마 기반의 분노일 때, 분노를 느끼는 이유는 다양하다. Matsakis(1994a)는 다음과 같은 요인에 화가 날 수 있다고 이야기한다.

- 당신에게 일어난 일에 대해 당신이 비난하는 사람(개인, 팀 또는 조직의 구성원)
- 슬금슬금 다가와 갑자기 나타나는 증상
- 충격적인 사건에 의해 생긴 신체적인 불편함이나 장애
- 물질 중독이나, 도박, 소비, 일 등을 포함하여, 트라우마를 피하기 위해 했던 행동
- 주변 사람의 이해 부족
- 일어난 일에 대한 재정적 보상을 보험 회사나 가해자 또는 책임이 있는 기관 및 조직으로부터 받아낼 수 없는 것
- 지속적으로 당신에게 트라우마를 가하는 사회(예: 책임자를 처벌할 수 없게 만들어 놓은 듯한 법적 제도)
- 자신을 보호하거나 트라우마가 일어나는 것을 막지 못한 자기 자신

이 분노의 이유 중 당신에게 해당되는 것이 있는가?

___

___

분노 표현하기

당신은 자신에게 일어난 일, 자신의 삶, 사랑하는 것에 대해 분노할 수 있다. 당신은 누군가를, 무언가를, 어딘가를, 어떤 방법으로든 맹렬히 비난하고 싶을지도 모른다. 아마도 당신은 당신의 격노나 분노의 대상으로 특정 가해자를 염두에 두고 있을 수 있다. 아니면 당신은 자신의 집을 파괴시킨 토네이도를 일으킨 자연 그 자체를 맹렬히 비난하고 싶을 수도 있다. 화를 입어 마땅한 대상이나 무언가에 화를 내는 것이 불가능할 때, 당신은 그 분노를 당신이 사랑하는 사람을 포함한 다른 사람에게 돌릴 수 있다. 만약 다음의 진술문이 당신에게 해당된다면, 당신은 분노를 부적절하게 표현하고 있는 것일 수 있다. (연습하기 7-4)

연습하기 7-4: **나의 분노 표현법**

당신에게 해당하는 항목에 모두 체크 표시하라.

- ☐ 내가 곧 법이고, 화를 내서라도 다른 사람들에게 나의 의견을 관철시킨다.
- ☐ 나는 적절한 시기에 분노로 공격한다. 나는 상대방이 취약하거나, 지쳐 있거나, 다른 일을 하고 있거나, 경계심을 늦추고 있을 때 공격한다.
- ☐ 무조건 내가 이기는 나만의 논쟁 방법이 있다. 대화를 독점하고, 다른 사람의 느낌이나 의견을 무시하거나 그들이 포기해 버릴 만큼 말을 많이 한다.
- ☐ 다른 사람들이 나에게 저지른 사소한 잘못이나 비판을 절대 잊지 않으며, 분노가 폭발할 때까지 쌓아둔다.
- ☐ 나는 화가 나면 소리나 비명을 지르거나, 물건을 던지거나 부수고 아니면 폭력적으로 변한다.
- ☐ 나는 화를 내지 않는다. 그저 복수해서 되갚을 뿐이다.
- ☐ 나는 화가 나면 자리를 피해 버리거나 대화하길 거부한다. 그러고 나면, 다른 사람들은 대화에 참여하거나, 논의하거나, 반박할 기회가 없다.
- ☐ 나는 화가 나면 남을 비꼬거나 상처 주는 말을 한다.
- ☐ 나는 사람들끼리 서로 싸우게 만든다.
- ☐ 나는 피해자 역할을 해서 다른 사람들에게 죄책감을 심어준다.
- ☐ 나는 다른 사람들의 사과는 절대 받지 않으며, 어떨 때는 몇 년 동안 원한을 품고 있는다.
- ☐ 나는 최선을 다해서 싸우는 일에 내 모든 것을 건다. 나를 화나게 했던 일이라면 그것이 몇 년 전의 일이든 상관없이 모두 들추어낸다.
- ☐ 나는 다음 싸움에 대비해 조용히 준비를 한다. 이메일 내용이나 지갑 또는 주머니를 살펴보거나, 통화 내용을 엿듣고 나중에 그 정보를 상대방과 싸울 때 쓴다.
- ☐ 나는 내가 왜 화났는지에 대해 이야기하길 거부한다. 말해 봐야 시간 낭비일 뿐이다.
- ☐ 나는 나쁜 생각이 들면, 그 일이 실제로 일어나게 만든다.

- ☐ 나는 화가 나면 상처를 주거나 돌이킬 수 없는 말을 한다.
- ☐ 내가 상대방에게 화를 내면, 그 사람도 나에게 화를 내며 공격적으로 대응할 걸 알면서도 어쨌든 나는 우선 화부터 낸다.
- ☐ 내가 만약 상대방에게 내가 화가 난 이유를 이야기하면, 그 사람은 그 사실을 아는 것만으로도 망연자실할 것이다.
- ☐ 내가 스스로 화내는 것을 용납한다면, 내가 어떤 사람인지 드러날 것이고, 나는 더 쉽게 상처받게 될 것이다.
- ☐ 내 화는 추하게 보일 수 있다. 내가 화를 드러내면 다른 사람들은 나를 부정적으로 볼 것이다.
- ☐ 나는 어떻게 해서라도 사람들이 나나 다른 사람 또는 다른 일에 화가 나는 것을 피해야만 한다.
- ☐ 나는 어떻게 해서라도 화내지 않아야 한다.
- ☐ 만약 다른 사람이 나에게 화를 내면, 모든 것을 바로잡기 위해 나는 내 행동을 무조건 고쳐야 한다.

이 '연습하기'에서 체크 표시한 항목이 많을수록, 당신이 분노를 건강하지 못한 방법으로 표현하고 있음을 나타낸다. 당신은 건강하게 분노를 표현하는 다른 방법들을 배울 필요가 있다. 더 건강한 방법으로 분노를 표현하는 방법에 대해 살펴보기 전에 먼저 분노가 무엇인지부터 살펴보자.

경고로서의 분노

분노는 당신의 안녕감을 위협하는 것이나 실제 위험에 대해 경고해 준다. 당신이 어떻게 화를 낼지는 선택할 수 있다. 만약 당신이 부적절한 방법으로 분노를 표현하길 선택한다면, 이것은 자해, 우울, 무력감, 위험 행동, 분노 폭발로 이어질 수 있다. 분노 표현은 연속선상에 놓여있으며, 성가심과 짜증에서 격분과 격노에 이르기까지 다양하다. 분노가 트라우마와 연관되어 있을 때, 분노 폭발은 분노를 유발하는 요인에 비례하지 않을 수 있다. 이러한 분노는 순식간에 격정적으로 일어나며 고혈압, 두통, 신체 통증과 고통을 수반하는 신체 증상을 야기한다. 분노가 격노(격노는 무력감이 동반된 분노)로 바뀔 때가 있다. 그것은 당신이 상황이나 사람 또는 사건을 통제할 수 없다고 여길 때 일어난다. 당신이 트라우마를 경험했을 때, 분노는 당신이 트라우마를 겪은 후에 느끼는 중심 정서가 될 수 있다. Enright & Fitzgibbons(2000)에 따르면, 분노가 다른 사람을 향할 때 더욱 파괴적으로 변한다. 이러한 분노는 짧은 순간에도 매우 강렬할 수 있다. 이것은 당신의 분노의 이유가 아닌 다른 사람들에 대한 성가심, 짜증 또는 좌절하는 학습된 패턴으로 이어진다. 또한 분노는 극단적으로 수동적이거나 적대적이며, 당신의 실제 정신연령보다 발달상 훨씬 더 어린 연령층에 적합하다(예: 두 살배기처럼 행동하고 짜증 내는 것). 연습하기 7-5, 7-6

당신이 분노를 몸 안에 가둬둔다면, 이것은 질병으로 이어질 수 있다. 그러나 Capacchione(2001)가 이야기했듯이, 분노 또한 적절하게 표현될 수 있고, 그렇기 때문에 수용될 수 있다. 만약 당신이 분노를 적절하게 표현하기로 선택했다면, 그 상황을 살펴본 후 당신의 분노에 대해 자신에게 다음과 같은 질문을 해보라.

- 분노가 내게 전한 메시지는 무엇인가? 내 경계가 침범되었는가?
- 내 분노에 관해서 해야 할 질문은 무엇인가? 내가 보호하려거나 회복시키려는 것은 무엇인가?
- 언제부터 내 분노가 쌓였는가?
- 언제부터 내 분노가 격렬한 폭발로 심해졌는가?

Kohanov(2013)는 당신이 자신을 보호하기 위한 특정 행동을 배울 때까지 분노는 걷히지 않을 것이라고 말한다. 여성들은 화가 나면 울고, 남성들은 자신의 취약함을 느끼고 싶지 않기 때문에 분노를 표출하여 슬픔을 감춘다. 타인의 경계를 침범한 자신에게 화가 날 때, 분노는 수치심이나 죄책감으로도 변할 수 있다. 때로 분노는 안으로 향하여, 슬픔 및 우울로 표현될 수 있다.

당신의 분노가 효과적이지 않아 좌절했을 때는 언제인가? 좌절감 또한 격노의 지점까지 쌓일 수 있다.

- 당신의 좌절감이 전하고 있는 메시지는 무엇인가?
- 좌절감을 해소하기 위해 당신이 다르게 행동할 수 있는 것은 무엇인가?
- 당신이 아이디어나 도움을 구할 수 있는 사람은 누구인가?

좌절감은 당신이 매번 동일한 방식을 사용하면서도 자신의 삶, 일, 또는 관계의 어떤 측면을 변화시키거나 영향을 줄 수 있는 다른 결과를 얻고자 할 때 발생한다. 매번 같은 일을 반복하면서도 다른 결과를 기대하는 것은 정신이상(insanity)을 의미한다.

분노를 수정하거나 제한하는 방법을 다루는 더 많은 연습 활동은, 8장의 각성에 대한 내용을 참고하라.

● 연습하기 7–5: **분노가 준 상처** ●

분노가 어떻게 당신에게 문제를 일으켰는지 생각해 보라. 일으킨 문제는 무엇이며, 그 일은 언제 발생했는가?

분노가 나(그리고 내 주변 사람)를 다치게 하는 방법:

1. ______________________________

2. ______________________________

3. ______________________________

당신의 답은 분노가 당신을 다치게 하는 방법을 어떻게 바꾸길 원하거나 어떻게 바꿀 필요가 있다고 말하는가?

● 연습하기 7-6: **분노를 부적절하게 표현했던 상황** ●

당신이 상처받거나 분노했을 때 부적절하게 당신의 생각이나 감정을 표현했던 상황을 떠올려 보라. 아래에 그때의 상황과 감정을 묘사해 보라.

- 내가 해를 입고 피해를 입었던 상황은 ______________________________
  ______________________________.
- 나는 ____________(당신에게 상처 준 사람)이/가 의도적으로 나에게 해를 입혔다고 생각한다. 왜냐하면 ______________________________ 때문이다.
- 나는 ______________________(당신에게 상처 준 사람)이/가 나에게 그렇게 행동하지 말았어야 한다고 생각한다.
- 그 사람은 ______________________________ 행동을 했어야 했다.
- 나는 ______________________________ 때문에 화가 났다.
- 내가 분노를 표현한 방식은 ______________________________.
- 아마도 나는 분노를 다르게 표현할 수 없었을 것이다. 왜냐하면 ____________
  ______________________________ 때문이다.
- 하지만 분노를 적절하게 표현할 수 있었다면, 나는 ____________
  ______________________________ 했을 것이다.

이번 '연습하기'와 이전의 '연습하기'가 당신 자신과 당신의 분노에 대해서 말해 주는 것은 무엇인가?

____

____

우울

다음 부정적 정서는 우울이다. Kohanov(2013)는 우울증을 "영혼의 정지 신호"로 볼 수 있다고 말한다. 그녀는 당신이 슬픔, 두려움, 분노 또는 비애와 같은 감정의 메시지를 듣지 않거나 이러한 감정이 당신에게 무엇을 말하고 있는지 묻지 않을 때, 우울이 뒤따른다고 이야기하고 있다. 우울은 당신이 앞으로 나아가는 것을 막고, 어떤 면에서는 당신이 위험한 상황에 빠지는 것을 막을 수도 있다. 그런 식으로 비상 브레이크 역할을 하기도 한다.

최근에 당신이 우울했던 때를 떠올려 보라.

- 어떤 상황이었는가?
- 우울이 내포하고 있는 메시지는 무엇인가?
- 당신의 우울함에 대해 어떤 질문을 하고 싶은가? 예를 들면, 우울의 근원은 어디인가?
- 자신이 에너지가 있는 것처럼 느껴지는가? 만약 에너지가 고갈된다면, 어디에서 새로운 에너지원을 찾을 수 있는가?

우울이 심해지면, 자살 사고나 자살 시도를 포함한 비참한 결과를 초래할 수 있다(8장의 '자살에 대한 이야기' 참고). 우울이 더 심해질수록 깊은 슬픔과 비애로 이어질 수 있다(이 장의 뒷부분에서 논의된다). 일반적으로 우울은 분노가 내부로 향하는 것을 의미한다. 특히 자신에게 화가 날 때, 분노를 어떻게 다룰지 배우는 것은 우울에도 도움이 된다.

다음으로 다룰 오랫동안 지속되는 부정적 정서는 죄책감, 생존자의 죄책감, 그리고 수치심이다.

죄책감

만약 당신이 경험한 트라우마 사건에 대해 조금이라도 책임을 느낀다면 당신은 죄책감을 느끼고 있을 가능성이 크다. **죄책감**은 트라우마 사건이 발생하기 이전, 사건이 진행되는 동안, 사건 이후에 당신이 했거나 하지 않았던 행동이 잘못됐다고 생각했을 때 일어난다. 만일 일어났던 일이 실제 당신의 책임이라면 죄책감은 긍정적 정서가 될 수 있다. 예를 들어, 당신이 술 마시고 운전을 하다 제대로 운전하지 못해 누군가를 사망하게 한 경우, 당신은 죄가 있으며 죄책감을 느낄 타당한 이유가 있다. 만약 당신이 불법 약물을 사용하고 있었고, 그 약을 다른 사람에게도 주었는데 그 사람이 심장마비로 죽었다면 당신은 죄가 있다. 만약 당신이 정당방위가 아닌 다른 상황에서 타인에게 폭력

연습하기 7-7: **나의 죄책감**

당신에게 일어났거나, 당신이 관여된 트라우마 사건에 대해 죄책감을 느껴야 한다고 생각하는가? 당신이 했던 행동과 이에 대해 죄책감을 느껴야 하는 이유를 작성해 보라.

나는 죄책감을 느낀다. 그 이유는 다음과 같다.

1. ______________________________

2. ______________________________

3. ______________________________

4. ______________________________

5. ______________________________

이제 트라우마 사건의 상황을 살펴보자. 트라우마 사건이 발생하도록 당신이 했던, 혹은 하지 않았던 행동은 무엇이었는가? 다음의 질문(Figley, 1989 수정 인용)을 자신에게 해보고 그에 대한 답을 아래 빈칸에 적어 보라.

무슨 일이 있었는가?

____

____

그 일이 왜 일어났는가?

____

____

왜 나에게 그런 일이 일어났는가?

____

____

그 일이 일어나는 동안 행동 나는 왜 그렇게 행동했는가?

그 사건이 발생한 이후로 나는 왜 이렇게 행동해 왔는가? 나는 어떻게 변했는가?

만약 그 사건이 다시 일어난다면 나는 어떻게 행동할 것인가? 이전과 다르게 행동하고 싶은가? 나는 다르게 행동할 수 있는가?

이 '연습하기'가 당신과 당신의 행동에 대해 무엇을 알려 주는가?

을 행사했다면, 죄책감을 느끼는 것은 당연하다.

이제 당신이 경험했던 사건에 대해 당신의 실제 책임이 어느 정도인지 살펴볼 차례이다. 당신은 책임에 대해 왜곡된 느낌을 가지고 있을 수도 있다. 예를 들면, Susan은 6세 때 성폭행을 당했다. Susan은 그 일이 일어났던 것에 대해 자신을 비난했다. 그녀를 폭행했던 남자는 그녀의 어머니가 출장을 갔을 때 그녀를 맡아 준 35세의 과외 선생이었다. 이 상황을 들여다보면, 성폭행에 대한 과외 선생의 책임은 얼마나 되는가? Susan의 엄마의 책임은? Susan은? 이 상황에서 다른 누군가가(예: 사회) 부여되는 책임은 없는가? 그들의 책임은 얼마나 되는가?

이와 연결되는 '연습하기'는 Scurfield(1994)가 개발한 것인데, 당신이 경험한 트라우마에 대해 당신의 책임이 어느 정도인지 결정하는 데 도움을 줄 것이다. (연습하기 7-8) (활동 7-1)

● 연습하기 7-8: **나의 책임감**

1. 앞의 '연습하기'에서 작성했던 내용을 다시 한번 살펴보라. 당신이 기억하고 있는 트라우마 사건의 핵심 내용은 무엇인가? 일인칭 시점('나')을 사용하여 이 질문에 답해 보라.

____

____

____

2. 현재 시점에서 볼 때 그 사건에 대한 당신의 책임은 어느 정도라고 생각하는가, 또는 생각했는가?

나는 그 사건에 대해서 ______________%의 책임이 있다.

당신에게 이만큼의 책임이 있는 것이 확실한가?('예' 또는 '아니요'로 답하라) 책임이 더 많거나 적을 가능성은 없는가? 당신의 책임에 대해 자세히 진술해 보라. 합리적/비합리적 진술과 사실에 입각한 진술, 그리고 당신의 감정을 포함하여 당신의 책임을 자세히 살펴보라(Matsakis, 1994a)(종이가 더 필요할 수 있다). 다음의 질문으로 유도해 볼 수 있다. 그 사건과 그에 따른 결과가 당신의 무고한 실수 때문이라고 생각하는가? 당신이 적절한 결정을 내리지 못해서인가? 당신이 능력인가, 아니면 무능력인가? 당신의 능력과 지식, 아니면 어리석음? 당신이 주의 깊게 행동해서인가, 아니면 그렇지 않아서인가? 당신이 신중해서, 아니면 부주의해서인가? 당신이 충동적이어서, 또는 미성숙해서인가? 기법이 부족해서인가? 도덕성이 부족하여 당신에게 죄가 있는가? 당신의 성격이 나빠서인가? 당신은 트라우마 사건이 일어난 것에 대해 얼마나, 어떤 식으로 자신을 비난하는가? 그 사건이 일어나던 도중이나 이후에 다른 사람이 다치거나 피해 입은 것에 대해 당신은 얼마나 책임을 느끼는가?

____

____

____

3. 1단계에서 당신이 당신에게 부여했던 책임의 정도를 다시 살펴보자. 방금 작성한 내용을 토대로, 당신은 지금 당신에게 그만큼의 책임이 있다고 다른 사람을 납득시킬 수 있는가? 이제 당신의 책임이 몇 %나 된다고 수정하겠는가?

____

____

4. 이번엔 그 사건과 관련된 다른 사람들을 생각해 보자. 각각의 사람들은 어떤 역할을 했는가? 관련된 사람들의 책임을 %로 표시하라.

____

____

5. 만일 다른 사람들에게 어느 정도 책임이 있다면, 당신의 책임 정도는 어떻게 되는가? 트라우마 사건이 일어나는 동안 당신이 했던 행동이나 하지 않았던 행동, 당신이 할 수 있었던 것과 할 수 없었던 것을 다시 한 번 생각해 본 후, 당신의 책임 정도를 결정하라.

내 책임은 __________ %이다. 왜냐하면 ______________________________ 때문이다.

여전히 당신이 책임을 느끼는 부분은 무엇인가?(예: 당신이 어떤 이야기를 하지 않았다면, 하지 않았던 이유는 무엇인가? 누군가로부터 위협받았는가? 그렇게 말하는 법을 배운 적은 있는가?)

____

____

6. 만약 당신이 여전히 책임을 느끼는 사건이나 사건의 일부분이 있다면, 이미 당신은 개인 신념이나 행동에 의해 충분히 벌을 받았다고 생각하지 않는가? 당신이 얼마나 더 고통을 받아야 하는가? 실제 책임 정도에 따라 자기를 용서하는 것이 매우 어렵고 힘든 과정일 수도 있다. 그럼에도 불구하고, 트라우마 사건에 당신이 연루된 정도나 책임의 정도에 대해 어떻게 하면 자신을 용서할 수 있을지 자문해 보는 것이 필요하다. 다음의 빈칸에 질문의

일부 또는 전체에 대해 답을 작성하라. 자신을 용서하기 위해 무엇을 해야 할까? 만약 당신이 이 행동이나 이러한 행동을 하지 않았다면, 무엇이 당신을 가로막았는가? 자신을 용서하기 위해 그 사건에 대한 더 많은 정보를 얻는 것이 필요한가? 사건에 대한 설명에서 자신을 용서할 수 있는 부분에 대한 내용이 빠져 있지는 않은가? 만약 당신 자신을 용서할 수 없다면, 당신 자신과 당신이 한 행동만이라도 받아들일 수 있는가?

____

____

____

____

7. 여전히 그 사건에 대한 책임의 대가를 치러야 한다고 생각한다면, 자기 파괴적이지 않은 방법을 생각해 보라.

____

____

앞의 작업 단계를 요약해 보면 다음과 같다.

1. '나'라는 일인칭 시점을 사용하여 무슨 일이 있었는지를 말로 표현한다.
2. '나에게 몇 %의 책임이 있는가? 확실한가? 내 책임이 더 많거나 적을 수도 있는가?'라고 자신에게 질문한다.
3. 당신에게 몇 %의 책임이 있고 그래야만 하는지를 자기 자신이나 다른 사람에게 납득시킨다.
4. 다른 사람에게도 책임이 있는지 살펴보며 당신이 가지는 책임의 정도에 반박해 보고, 타인의 잘못이 몇 %나 되는지 작성해 본다.
5. 당신이 한 일과 하지 않은 일을 돌아보면서, 전체 100%의 책임 중 당신의 책임이 어느 정도인지 다시 계산해 본다.
6. 당신이 당신에게 책정한 책임의 정도로 인해 당신이 얼마나 고통을 느껴왔는지 묘사하고, 그 고통이 충분한지, 그리고 실제 당신의 책임 정도와 부합한지 결정한다(Schiraldi, 2000).
7. 적절한 경우, 만회할 수 있는 방법을 찾아보고, 당신의 삶을 살아가는 데 집중한다.

● 활동 7-1: '연습하기: 나의 책임감'을 통해 내가 배운 것 ●

이 '연습하기'는 발생한 트라우마 사건에 대해 무엇을 가르쳐 주는가? 당신 자신과 당신의 책임에 대해서 무엇을 가르쳐 주는가? 이를 통해 당신에게 일어났던 일을 막을 방법에 대해 알게 되었는가?

____

____

____

Schiraldi는 "죄책감이 도덕성을 확고하게 한다"라고 말한다(2000, 182). 죄책감을 성공적으로 해소하기 위해서는 부정, 처리, 해결의 일련의 단계를 거쳐야 한다. 죄책감을 다룰 때 당신의 행동이 얼마나 해로웠는지, 그리고 그 피해에 대한 당신의 책임을 평가하게 된다. 만약 당신에게 어느 정도 죄가 있다고 생각한다면, 당신이 얼마나 사죄하고 미안한 마음을 느끼고 있는지 표현하고, 적절하게 만회하는 것이 옳다.

죄책감과 관련된 많은 신념은 '……**해야 한다**'와 '……**해야 마땅하다**'라는 생각을 포함한다. 만약 이러한 신념이 잘못되었다면, 각각의 신념이 당신에 대해 무엇을 말하는지 자신에게 질문하고, 지지 증거와 반대 증거를 찾아 신념에 대해 논박해 보는 것은 중요하다.

만약 계속해서 트라우마 사건에서 했던 일 때문에 죄책감을 느낀다면, 그러한 죄책감이 당신에게 어떤 도움을 주는지 자신에게 질문할 필요가 있다. 죄책감이 당신이 했던 행동이나 역할에 대한 면죄부(일부이든 전체이든)로 작용하고 있다고 생각하는가? 죄책감은 당신의 행동이 변하도록 동기를 부여하는가?

____

____

이러한 자문을 한 뒤에도 여전히 '만약 내가 ……했더라면' 하고 자신에게 말하고 있는가? 그러나 당신은 '만약 내가 ……했더라면'이라고 말하면서 당신이 받지 않아도 될 비난을 자신에게 하고 있을 수도 있다. 만일 당신이 지금 죄책감을 느낀다면 그것은 아마 트라우마 사건이 있었던 초기에 다른 사람들이 당신에게 주입했던 메시지 때문일지도 모른다. 특히 트라우마 사건이 어린 시절에 발생한 경우 죄책감을 극복하는 한 가지 방법은 트라우마 사건 당시의 자기 사진을 모으거나 그 나이 또래의 아이들을 살펴보는 것이다. 이렇게 하는 것이 거대한 성인 가해자에 비해 당신이 작고 연약한 존재였다는 점을 인식하도록 도와주는가? 어린 아동이 성인 가해자에게 대항하기 위해 할 수 있는 것이 거의 없다는 것을 알게 된다면, 아동이 어떠한 학대를 받았든 그에 대한 책임이 전혀 없다는 것을 인식하게 될 것이다. 죄책감을 극복하는 또 다른 방법은 트라우마가 발생한 상황에서 본인에게 선택권의 여지가 있었다면 실제로 어떤 선택을 할 수 있었는지 살펴보는 것이다. 또한 가능했던 선택 중에서 당신이 어떻게 결정했고 실행했는지에 대한 증거를 찾아볼 수도 있다.

Schiraldi는 관점을 전환시키기 위해서, 트라우마가 일어난 상황에서 당신이 했던 반응과 관련해 다음의 질문에 답하도록 제안하였다(2000, 195−196).

- 트라우마가 일어났을 때 침착하게 생각할 수 있었는가?
- 그때 당신이 선택할 수 있는 모든 방법을 알고 있었는가?
- 당신은 선택할 수 있었는가?
- 가능했던 선택 중에 긍정적이거나 좋은 것이 있었는가?
- 그 상황은 당신에게 익숙한 것이었는가, 아니면 새롭거나 낯선 상황이었는가?
- 어떤 선택이 최선이라는 것을 알 수 있는 확실한 방법이 있었는가?
- 모든 선택에 대한 가능한 모든 결과를 명백하게 알고 있었는가?
- 당신이 할 수 있었던 선택 중 어떤 것을 다른 사람이나 무언가가 빼앗아 갔는가?
- 올바른 선택으로 인도할 만한 중요한 정보는 없었는가?
- 모든 선택에 대해 심사숙고한 후에 올바른 결정을 내릴 만큼의 시간이 있었는가?
- 결정을 내리는 데 방해하는 것(피로, 배고픔, 혼란스러움, 공황 상태)이 있었는가?
- 당신이 의도했던 결과는 무엇이었는가?
- 고의로 다른 사람에게 해를 끼치고자 하였는가?
- 실수로 다른 사람에게 해를 끼쳤는가?
- 비록 올바른 결정은 아니었더라도 그 상황에서 합리적인 결정을 내렸는가?
- 트라우마 사건이 발생했을 때, 당신이 세웠던 어떤 초기 목적을 달성했는가?

- 당신이 사용할 수 있는 다른 대처 전략이 있었는가?
- 더 심각한 트라우마 상황을 피했는가?
- 이상적으로 생각해 보았을 때, 그 트라우마 사건을 다루기 위해 당신이 할 수 있었던 일은 무엇이었는가?
- 만일 당신의 가장 친한 친구가 당신처럼 반응했다면 친구의 행동을 이해할 수 있는가? 당신의 친구에게 뭐라고 말하겠는가? 그 친구를 용서할 수 있는가?

Schiraldi가 말했던 것처럼 "만약 죄책감이 현실적이고 행동과 성격을 성숙하게 한다면 적응적인(건강한) 것이 될 수도 있다"는 것을 기억하는 것이 중요하다(2000, 27).

생존자의 죄책감

Matsakis(1999)는 생존자의 죄책감에 대해 다음과 같이 설명했다. 생존자의 죄책감은 트라우마 사건이 일어나는 동안 당신이 했던 행동이나 하지 않았던 행동 때문에 다른 사람들이 다치거나 죽고, 혹은 학대당했으며, 트라우마를 막을 수 있었는데 막지 못했다는 등의 믿음으로 생긴다. 또한 당신이 다치거나 죽었어야 했는데 운명을 거슬러 살아남았다고 믿을 때 생기기도 한다. 그리고 자신이 한 행동이나 하지 않았던 행동을 다른 사람들이 알게 되면 비난할지도 모른다는 두려움 때문에 죄책감을 계속 비밀로 남겨 두려 할 수도 있다.

예를 들어, 당신이 전쟁에 참여한 군인이라고 가정해 보자. 전쟁 중에 당신이 부대를 이끌고 들판을 전진하고 있었다. 당신은 두 명의 부하에게 당신 옆에서 걸을 때 특정 위치에 서서 가라고 명령했다. 그런데 부하들은 모두 죽고 당신만 살아남았다. 부하 한 명은 중간에 당신과 자리를 바꿨고, 당신이 그의 자리에서 걸었더라면 결국 죽을 운명은 당신이었기 때문에, 당신은 자신이 죽었어야 한다는 죄책감이 들 것이다. 그 후 당신은 '그를 대신하기 위해' 스스로 죽기 위한 직접적이거나 간접적인 방법을 계속해서 찾게 된다. 그의 영혼이 악몽에 끊임없이 나타나고, 당신은 그에게 목숨을 빚졌다고 생각한다. 실제로 당신에게는 그의 죽음에 대한 책임이 없지만 죄책감은 날이 갈수록 점점 더 커져만 간다. 만일 그때 그 길이 죽음에 이르는 길이라는 것을 알았다면 당신은 분명 그를 그 길로 걸어가게 하지 않았을 것이다. 또한 당신도 그 길을 걸어가지 않았을 것이다. 그러나 당신은 몰랐다. 자연스럽게 당신은 상황이 다르게 돌아가길, 그리고 전쟁터에서 아무도 죽지 않았기를 바랄 것이다. 친구를 잃은 당신의 고통은 너무나 깊고, 슬픔은 사라지지 않는다.

만일 당신이 친구들을 태우고 운전을 하다가 교통사고를 내서 몇 명의 친구가 죽었다면 이와 비슷한 죄책감을 느낄 것이다. 자신을 행복하거나 성공할 만한 가치가 없다고 여기기 때문에 자신에게 해를 가할 수도 있다. 그러나 당신이 어떤 행동을 하거나 하지 않아서 그들을 죽게 했다 하더라도 당신은 그들의 죽음을 막을 어떠한 힘도 없었다는 점을 알아야 한다. 이때 느끼는 생존자 죄책감은 죽은 자들을 애도하고 잊지 않으려는 한 가지 방법일 수는 있겠지만, 그렇게 하는 것이 그들을 평안히 잠들게 하는 방법은 아니다. 만일 당신이 그 죽음에 실제로 책임이 있다면 생존에 대한 죄책감은 훨씬 더 강할 것이다. 생존자로서 느끼는 죄책감으로 고통받고 있다면 다음의 '연습하기'를 통해서 그것을 확인해 볼 수 있다(Matsakis, 1999). 연습하기 7-9

생존자의 죄책감에 대한 치유

Matsakis(1999)는 생존자의 죄책감을 치유하는 것이 당신이 했던 일, 혹은 다치거나 죽은 이들을 잊어버리라는 의미는 아니라고 이야기한다. 또한 당신이 다시는 후회나 죄책감을 갖지 않을 것이라는 의미도 아니다. 당신이 현실적이고 솔직한 심정으로 그 사건에 대한 당신의 책임이 어느 정도였는지를 돌이켜 보고, 파괴적인 방법으로 자신을 벌주는 행위를 삼가라는 의미이다. 생존자 죄책감에서 치유되기 위해서 해야 하는 부분 중 하나는 상실에 대해 애도하라는 것이다. 상실을 다루는 방법에 대해서는 이 장의 마지막 부분에서 다룰 것이다.

생존자의 죄책감을 치유하는 또 다른 방법은 경제적, 직업적, 정치적, 대인관계적 측면에서 회복하는 경험을 하고, 이를 통해 다른 사람들을 돕거나 일어난 일에 대해 보상하고 속죄하는 것이다. Matsakis는 생존자 죄책감을 치료하는 7단계 전략을 다음과 같이 제시하였다(1999, 164-165). 이 책의 여러 '연습하기'를 하면서, 7단계 과정을 참고할 수 있다.

1. 무슨 일이 있었는지 기억한다.
2. 생존자 죄책감을 다른 정서로부터 분리시킨다.
3. 트라우마 사건 이전, 발생 도중, 발생 이후에 당신의 역할을 탐색한다. 또한 이 장의 앞부분에 나와 있는 '연습하기: 나의 책임감'을 참고하여 생각의 오류와 비합리적인 감정들을 찾아본다.
4. 실제 책임에 바탕을 두고, 새롭게 구성된 자기 자신에 대한 진술을 사용하여 자기 비난과 비합리적 죄책감에 맞선다.
5. 당신이 했던 행동에 대한 죄책감을 수용한다.
6. 당신의 자존감, 자기 돌봄, 신체적 · 정서적 건강, 직업 수행 능력, 삶의 질과 삶 자체에 대해 당신의 죄책감이 미치는 영향력을 살펴본다.

● 연습하기 7-9: **생존자의 죄책감**

다음의 빈칸에 당신에게 해당되는 말을 적어 보라.

- 나는 ______________하지 않았을 때 ________________________로부터 살아남았다.
- 나는 ____보다 덜 다친 채로 살아남았다.
- 나는 __________________________이/가 발생했을 때 정서적인 고통과 스트레스를 피했다.
- 나는 __________________________이/가 발생했을 때 사회적 불명예와 굴욕으로부터 벗어났고 ____하지 않았다.
- 나는 차라리 _______________________________와/과 함께 죽었더라면 하고 바랐다.
- 나는 ______________이/가 발생했을 때 죽었어야 했고 ________이/가 살았어야 했다.
- 만일 ______________이/가 살았고 내가 죽었더라면, _______________은/는 내가 사는 것보다 더 훌륭한 삶을 살았거나 나보다 더 나은 사람이 되었을 것이다.
- __________________은/는 더 이상 고통을 당하지 않고, 나는 이 모든 고통으로 허덕이고 있으므로 _______________은/는 나보다 더 운이 좋은 사람이다.
- 나는 _____________________에 대한 꿈을 꾼다. 나의 꿈에서 ____________________ 일이 일어난다. 때때로, __________________________의 영혼이 나를 괴롭힌다.
- 나는 다시 _______________________________________ 때로 다시 돌아갈 수 있다면, ____의 결과가 바뀌는 상상을 한다.
- 나는 결코 ________________ 혹은 _______________에 대해서 이야기한 적이 없는데, 그것은 내가 _____________________________________와/과 관여되었기 때문이다.

- 나는 ______________ 때문에 너무 죄책감에 시달려서 내 영혼을 잃어버렸다고 믿는다.
- 자살할 용기가 있었으면 하고 바라지만 내가 ______________________ 했기 때문에 죽은 후에 나에게 어떤 일이 일어날지 무척 두렵다.
- 만일 내가 ______________________에 대해서 이야기한다면 나는 벌을 받을 것이다.
- 나는 ______________________ 때문에 종교적 믿음이나 영성이 사라져 버렸다.
- ________________에 대해서 강한 비애를 느낄 때, 나는 ______________________.
- ________________에 대해서 강한 분노를 느낄 때 나는 ______________________.
- 일어났던 일을 잊기 위해서 약물에 의존한다. 나는 ______________________ 때 ______________________을/를 사용한다.
- ____________와/과 관련된 혹은 유사한 사건을 다루는 영화나 다큐멘터리를 보게 되면, 매우 우울해지고 정서적이 되어 ______________________하게 된다.
- 나는 나 자신을 위해 살지는 못한다. 내가 살아가는 이유는 단지 ______________________ 때문이다.
- 나는 ______________________(이)라는 죽은 이를 대신해 살아가고 있다.
- 나는 살 만한 가치가 없다. 정해진 운명 대로였다면 나는 ______________했을 것이다.
- 나는______________ 날 ______________________ 때 죽었어야 했다, 왜냐하면 ______________________(이)기 때문이다.
- 나는 현재 ______________________함으로써 ________________와/과의 사적인 관계를 망치고 있다.
- 나는 ______________________함으로써 ________________와/과의 업무적인 관계를 망치고 있다.

- 내 죄책감이 여전한 이유는 트라우마 사건이 일어났을 때나 그 후에 나는 등한시했으며, 내가 ____ ______________________________ 했기 때문이다.

- 돌이켜보니, 내가 ____ 했더라면 그 일이 일어나는 것을 막을 수 있었을 것이다.

- 또한 내가 ____ 을/를 함으로써 비도덕적 행동에 관여했다는 사실을 안다.

- 내가 ______________________________ 한 것이 나의 신앙심을 잃게 만들었다고 느낀다.

- 나는 ______________________________ 함으로써 죄책감으로부터 벗어나려고 애써 왔다.

이 '연습하기'를 통해 당신 자신에 대해 어떤 것을 배웠는가?

____

____

____

만일 이러한 연습을 하는 것이 어떤 기억을 촉발시키거나 새로운 기억을 불러일으켰다면, 여기에 그 기억을 나열하고 3장과 4장에 있는 몇몇 '연습하기'로 돌아가서 다시 작업해 보라.

____

____

____

7. 죄책감에 대해 솔직해지기로 결심하고 죄책감을 긍정적으로 활용한다.

이제 당신에게 죄책감을 불러일으키는 사건을 천천히 떠올려 보고, 그중 어떤 사건을 여기에 자세히 설명하고 싶은지 생각해 보라. 이러한 연습은 트라우마 사건에 대한 반응을 불러일으킬 수 있다. 또한, 당신에게 새로운 정보를 제공할 수도 있다. 이완할 필요가 있을 때는 2장의 몇 가지 '연습하기'를 참고할 수 있음을 기억하라.

생존자 죄책감을 다루는 또 다른 방법은 자기 대화라는 새로운 방식을 시도하는 것과 일어난 일에 대해 새로운 방식으로 생각해 보는 것이다. 당신이 죄책감에 대해 비합리적으로 생각할 때마다, 더 긍정적이고 현실적인 생각을 통해 비합리적인 생각에 맞서려고 노력해야 한다. (연습하기 7-10, 7-11, 7-12)

만회하기

당신은 만회하는 행동을 함으로써 생존자 죄책감을 다룰 수 있다. 보상하는 방법 중 하나는 치유를 위한 의식을 만드는 것이다. 이 책의 뒷부분에서 '치유 의식'에 대한 내용을 다루고 있다. Matsakis는 만회하면 죄책감이 감소할 수 있으며, "비록 과거를 변화시킬 만큼 완벽하거나 강력하지는 않더라도 당신이 바꿀 수 있는 것이 있다"고 한다(1999, 226). 당신은 다른 사람들과 함께 어떤 일(예: 병원에서 자원봉사하기)을 할 수도 있고, 당신이 경험했던 트라우마 사건을 의미 있는 방식으로 다루는 어떤 일(예: 음주운전에 반대하는 모임에 가입하여 활동하기)을 할 수도 있다. 혹은 경제적으로 만회(예: 10대를 위한 트라우마센터에 설립금 기부하기)할 수도 있다. 활동 7-2 (연습하기 7-13)

수치심

PTSD 진단 준거에 포함되지는 않지만 트라우마 생존자들이 공통적으로 호소하는 또 다른 정서적 반응은 **수치심**(shame)이다. 수치심이란 무엇인가? 수치심은 죄책감보다 더 심하고, 극복하기 어려운 감정이다. 죄책감은 당신이 트라우마 사건 동안 했어야 했거나 하지 않았던 행동에 대해서 부정적인 감정을 가지는 것이다. 수치심은 실제 자신이 실제 한 행동이나 자기 자신에 대해 좋지 않은 감정을 가지는 것이다. 수치심은 완벽해야 하는 자신에게 결점이 있음을 인식함으로써 생겨나는 내면의 아주 깊은 감정이다. 수치심은 때때로 스스로 받아들일 수 없다거나, 자신의 가치를 깎아내리는 방식으로 이용당했을 때 야기된다(예: 성폭행을 당하는 동안 신체적으로 흥분되었다는 것에 대한 수치심).

● 연습하기 7-10: **생존자 죄책감을 유발하는 사건** ●

어떤 사건이 당신에게 생존자 죄책감을 갖게 만드는가? 여기에 그 사건을 기록해 보고, 더 많은 공간이 필요하다면 일지나 공책을 사용하라.

____

____

____

당신이 치유되거나 아니면 적어도 죄책감을 줄이는 데 방해가 되는 믿음이나 사고의 오류를 살펴보는 것 또한 매우 중요하다. 당신이 선택한 각각의 트라우마 사건에 관한 질문에 답을 해보는 것은, 당신의 신념을 확인하고 그중 어느 것을 변화시킬 것인지 결정하는 데 도움을 받을 수 있다.

그 사건에 대한 당신의 책임의 정도를 잘못 판단했는가? 당신의 책임이 너무 크거나 작다고 여겼는가? ______________________________

그 사건이 일어나는 것을 막을 수 있었다고 생각하는가? ______________________

당신이 내린 결론에 대한 이유가 잘못되었다고 생각하는가? ____________________

당신이 했던 일이 도덕적이라고 생각하는가? ______________________________

당신이 내렸던 결정을 판단하기 위해 사건에 관한 모든 정보를 가지고 있는가? 만일 그렇지 않다면 어디서 그와 관련된 정보를 얻을 수 있는가?

____

____

당신이 가능하다고 생각했던 이상적인 상황과 비교하여 당신 자신을 평가하고 있는가?

____

그 사건에 대해 만회하려는 좋은 의도가 있는가? 그것은 어떤 것인가?

그 사건을 만회하려는 의도 중 하나를 실천해볼 마음이 있는가? 어떤 것을 하겠는가?

그 사건과 관련해서 자신을 판단할 때, 오로지 자신의 감정에만 의존하는가?

앞에서 '연습하기: 나의 책임감' 연습을 했음에도 불구하고, 여전히 트라우마 사건에 대해 전적으로 자신에게 책임이 있다고 생각하는가?

정말로 그 사건을 막을 수 있었는가?

정말로 그 사건을 막을 만한 힘이 있었는가?

정말로 다르게 행동할 수 있었는가?

만약 당신이 그 사건 중에 죽었다면 정말로 다른 사람이 살아남았을 것이라고 생각하는가?

● 연습하기 7-11: **긍정적 사고로 대체하기**

이전에 연습했던 것을 살펴보라. 그 사건에 대한 당신의 관여도 및 책임감에 관해 5가지 부정적 사고를 확인해 보라.

1. ______________________________
2. ______________________________
3. ______________________________
4. ______________________________
5. ______________________________

이제 당신이 갖고 있는 부정적 사고를 어떤 긍정적 사고로 바꿀 것인가?

1. ______________________________
2. ______________________________
3. ______________________________
4. ______________________________
5. ______________________________

수치심은 부적절함, 열등감, 당황스러움, 실망감 등의 감정을 동반하는 자학의 한 형태이며, 수치심에 근거하여 정체감이 형성되는, 즉 당신의 정체감이 수치심에만 온전히 뿌리를 두는 상황으로 이어질 수 있다. 수치심은 화를 내거나 펑펑 운다고 해서 없어지는 것이 아니다(Rothschild, 2000). 또한 이 감정은 당신이 받아들일 수 있는 행동의 내적 기준을 위배했기 때문에 자신을 공격하도록 이끌 수도 있다. 만약 당신이 수치심을 느낀다면, 당신이 세상에 나쁜 사람으로 보일 것 같다고 느낄 것이다. 당신이 트라우마 사건으로 피해를 당했을 때, 특히 당신이 아동 학대의 피해자라면 자신에게 일어난 일에 대해 수치심을 느낄 수 있다. 가해자는 폭행 중이나 그 이후에 당신에게 수치심을 안겨주는 메시지를 전달했을 수 있다(예: 당신은 당신에게 일어난 일을 좋아했다, 당신이 선택한 일이다 등). 당신은 이러한 메시지가 잘못된 것이고 외부로부터 주입된 것이라고 생각하기보다는, 이 메시지가 맞다고, 그리고 당신의 일부로 받아들였을지도 모른다. 이러한 내사(introjection)는

● 연습하기 7-12: **치유 독백** ●

Matsakis는 거울 앞에 서서 거의 자동으로 내뱉을 수 있을 때까지 다음과 같은 독백을 하루에 서너 번 반복할 것을 권한다(1999, 222).

______________________________ 동안 ________________________ 상황이 발생했다. 나는 그 일을 기억할 때마다 항상 ____________________________(사고의 오류)라고 생각하고 죄책감을 느낀다. 내가 ____________________________에 대해 죄책감을 느낄 때 그것은 부적절한 감정이라고 자신에게 상기시킬 필요가 있다. __________________라고 생각하는 대신에, 그 상황을 ____________________________________라고 보는 것이 필요하다. 또한 그 사건이 일어나는 동안 내가 ________________________와/과 같은 힘을 보여 주었다는 것을 기억할 필요가 있고, 그러한 힘을 발휘한 자신을 인정해 줄 필요가 있다. 하지만 실제로 내가 ____________________________에 대한 잘못이 (실제로) 있으므로 좋은 것에만 집중하는 것은 잘못일 수 있다. 그러나 부정적인 측면에만 집중하는 것 또한 잘못이다.

● 활동 7-2: **어떻게 만회할 것인가?** ●

만약 당신이 만회하고자 한다면 어떻게 그것을 실천할 것인지에 대해 일지나 공책에 적어 보라.

● 연습하기 7-13: **'생존자의 죄책감'을 통해 내가 배운 점** ●

생존자의 죄책감과 관련된 '연습하기'는 어떠했는가? 이 '연습하기'를 통해서 당신이 새롭게 알게 된 것은 무엇인가? 당신의 죄책감에 대해 알게 된 점은 무엇인가?

____

____

____

더 이상 진실로서 받아들일 필요가 없는 거짓말에 불과하다. 진실은 당신 안에 있다. 즉, 이제 당신은 당신 자신이 누구인지, 당신이 믿는 것이 무엇인지에 대해 스스로 선택할 수 있다.

당신에게 선택할 수 있는 결정권이 없을 때도 마찬가지로 수치심을 느낄 수 있다. 그러면 당신은 자신이 잘못됐고, 나쁘고, 가치가 없거나 혹은 당신이 기대에 못 미쳐 당신에게 나쁜 일이 일어났다고 느낄 수도 있다. 수치심은 굴욕감, 부적절함, 낮은 자존감으로 이어지는 자신에 대한 매우 부정적이고 비판적인 평가를 포함하기 때문에 매우 고통스러운 감정이다. 또한 수치심을 느끼는 것은 당신 자신을 고립시키거나 사람들과 떨어져 생활하는 것을 추구하도록 이끌 수 있다. 수치심의 근원에는 학대, 침해, 폭행, 또는 배신 그리고 상처 입고, 손상되고, 파괴된 자기감이 자리 잡고 있다. (연습하기 7-14)

수치심과 싸우는 주된 방법은 수치심을 인식하고, 확인하고, 명명하고, 수치심을 유발한 사건을 명명하거나 묘사한 다음, 새로운 신념으로 대체하는 것이다. Power에 따르면, "수치심을 버리는 것은 상처 입은 마음을 치유하는 첫 여정이다. …… 회복은 하나의 과정이며…… (수치스러운 사건으로부터) 분리되어 있다는 것을 인식하는 것부터 시작하여, 취약함, 상처, 그리고 고통스러운 감정을 다룬다"(1992b, 60).

새로우면서도 치유적인 믿음과 행동을 생각해낼 수 있도록 다음의 '연습하기'를 활용하라. (연습하기 7-15)

한 가지 질문할 것이 있다면 다른 사람이 자신을 더 좋은 사람으로 보이게 하려고 당신에게 투사하여 당신이 수치심을 겪고 있는 것은 아닌지에 대한 것이다(Kohanov, 2013). 만약 당신이 수치심의 투사 대상이라면, 자신을 위해 나서서 희생양이 되길 거부하는 것이 중요하다.

무기력

트라우마 사건의 경험과 연관된 또 다른 정서는 무기력감이다. 만약 당신이 트라우마 사건이 발생하는 동안 정말 무기력하고 무력했다면, 다음의 '연습하기'를 완료하는 것이 도움이 될 것이다. (연습하기 7-16)

마지막으로 우리가 다룰 주요 정서는 상실에 대한 슬픔과 비애이다.

연습하기 7-14: **나를 수치스럽게 만드는 신념**

수치심에 대한 당신의 개인적인 신념을 살펴보기 전, 먼저 다음의 목록 중에서 당신에게 해당하는 것들이 있는지 살펴보라. 이러한 신념은 타인이 당신에게 했던 말들에서 기인했을지도 모른다. 만일 이러한 메시지가 가해자가 말한 것이라면 각 신념의 뒤에 메시지 전달자를 적어 보자.

- ☐ 나는 위험을 감수할 수 없다. ______________
- ☐ 나는 누군가의 눈에 띄거나 귀에 들리면 안 되는 존재이다. ______________
- ☐ 나는 있으나 마나 한 인간이다. ______________
- ☐ 타인으로부터 거부당하지 않기 위해 하고 싶지 않은 일도 한다. ______________
- ☐ 내가 원하는 것을 요구해서는 안 된다. ______________
- ☐ 나는 다른 사람들에 비해 열등하다. ______________
- ☐ 나는 나쁜 사람이기 때문에 자신에게 함부로 대해도 된다. ______________
- ☐ 나 자신에 대한 신념은 모두 부정적이다. ______________
- ☐ 나는 완벽해야 한다. ______________
- ☐ 나는 ______________에게 실망스러운 존재다. ______________
- ☐ 나의 흥미, 선택, 바람은 다른 사람들에게는 가치가 없는 것이다. ______________
- ☐ 내 삶에서 무엇인가가 잘못된다면, 그것은 내 책임이다. ______________
- ☐ 나는 계속해서 내가 ______________에 대해 비난받아 마땅하다는 것을 증명할 방법을 찾는다. ______________

만약 당신이 그 외 다른 수치스러운 신념을 가지고 있다면 여기에 나열해 보라.

____

____

앞에 진술한 신념 중에서 당신의 인생에서 가장 강력하고 수치스러운 3가지 신념은 무엇인가? 한두 개 정도의 신념이 삶을 지배할 수도 있기 때문에 꼭 3가지를 생각해 낼 필요는 없다. 만일 3가지 이상의 수치심을 가지고 있다면 다른 종이에 더 기록해 보라.

1. ______________________________

2. ______________________________

3. ______________________________

이제 신념과 그 출처에 대해서 살펴보도록 하자. 어떤 상황에서 그러한 신념이 당신의 일부가 되었는가? 누가 가장 먼저 그것에 대해 이야기했는가? 그 이면에는 어떠한 사실이 있는가? 앞에서 진술한 신념 각각에 대해서 다음의 연습을 해보라. 만일 당신이 3가지 이상의 수치스러운 신념을 가지고 있다면 다른 종이에 더 기록해 보라.

신념 1: ______________________________

상황: ______________________________

그렇게 이야기 한 사람: ______________________________

그 상황에서의 사실: ______________________________

이 수치스러운 신념을 대체할 수 있는 신념: ______________________________

신념 2: ______________________________

상황: ______________________________

그렇게 이야기 한 사람: ______________________________

그 상황에서의 사실: ______________________________

이 수치스러운 신념을 대체할 수 있는 신념: ______________________________

신념 3: ______________________________

상황: ______________________________

그렇게 이야기 한 사람: ______________________________

그 상황에서의 사실: ______________________________

이 수치스러운 신념을 대체할 수 있는 신념: ______________________________

연습하기 7-15: **수치심에서 회복하기**

수치심을 치유하는 데 도움이 되는 다음 문장을 완성하라.

나를 수치스럽게 하는 사람들과 함께 있을 때 다음과 같이 떳떳하게 주장할 수 있다.

1. ______________________________
2. ______________________________
3. ______________________________

수치심과 싸우는 데 필요한 긍정적인 진술문을 만들 수 있다. 내가 사용할 수 있는(그리고 적어도 믿어 보고자 하는) 3가지 확언은 다음과 같다.

1. ______________________________
2. ______________________________
3. ______________________________

만일 누군가가 나에게 수치심을 느끼게 한다거나 다시 그런 감정을 느끼기 시작한다면 나는 다음과 같은 방법으로 이겨 낼 것이다.

1. ______________________________
2. ______________________________
3. ______________________________

다음 질문에 답하는 것은 당신의 수치심을 해결하는 데 도움이 될 수 있다.

- 나의 수치심은 정말로 나의 것인가, 아니면 다른 사람의 것인가?
- 나의 수치심은 어떤 메시지를 담고 있는가?
- 나의 수치심은 어떤 질문에 대한 답을 찾으려고 하는가?

● 연습하기 7-16: **나의 무기력감**

다음 중 당신이 가지고 있는 생각은 어떤 것인가? 해당하는 것에 체크 표시하라.

- ☐ 사람들은 내 욕구를 무시한다.
- ☐ 아무도 날 이해하지 못한다.
- ☐ 사람들이 나를 볼 때, 진정한 나의 모습을 보지 않는다.
- ☐ 사람들은 나에게 너무 많은 것을 기대한다.
- ☐ 사람들은 나에게서 이득을 취하거나 날 이용한다.
- ☐ 사람들은 나를 통제하려 한다.
- ☐ 사람들은 내가 하지 않은 일에도 늘 나에게 화를 낸다.
- ☐ 사람들은 내가 그들이 하길 바라는 것을 해주지 않는다.
- ☐ 사람들은 나를 조종한다.
- ☐ 사람들은 나를 따돌리고 나에게 못되게 군다.
- ☐ 사람들은 내게 잔인한 말을 한다.
- ☐ 사람들은 나를 존중하지 않는다.
- ☐ 사람들은 내게 공평하지 않다.
- ☐ 사람들은 내가 하는 말을 듣지 않는다.
- ☐ 사람들은 나를 신경 쓰지 않는다.
- ☐ 내가 도움이 필요할 때 사람들은 날 돕지 않는다.
- ☐ 사람들은 나를 거부한다.
- ☐ 사람들은 나를 가치 있게 여기지 않는다.
- ☐ 사람들은 나를 당연하게 여긴다.
- ☐ 사람들은 내가 멍청하다고 생각한다.
- ☐ 사람들은 내가 매력적이지 않다고 생각한다.

이 문항 중 당신은 몇 가지에 체크 표시하였는가? ______________________________

당신이 체크 표시한 문항은 당신에 대해 어떤 것을 말해 주는가?

____

____

당신이 표시한 문항 중 '사람들'이라고 쓰여있는 문항이 있다면, 그 문항으로 돌아가 신념 옆에 그 사람들의 이름을 적어 보자. 예를 들어, 누가 당신을 당연시 여겼는지 또는 당신을 따돌렸는지 적어 보자.

당신에게 해를 가하고, 학대하고 존중하지 않았던 그 사람들에 대해 당신은 무엇을 깨달았는가?

____

____

그러한 사람들이 많이 있는가, 아니면 별로 없는가? ____________________________

다른 사람들은 당신이 학대당하고 무시당하는 것을 보고만 있는가? ________________

슬픔

Kohanov(2013)에 따르면, 슬픔은 보통 상실이 가까워졌을 때 일어난다. 당신은 트라우마 사건으로 인해 무엇을 상실하였는가? 슬픔은 종종 Kohanov가 말한, McLaren(2001)이 "눈물의 치유수"라고 부르는 것과 함께 나타난다. 만약 당신이 슬픔을 느낀다면, 슬픔에 대한 어떤 질문을 하는 것이 필요한가? Kohanov(2013)는 다음과 같은 질문을 할 것을 제안한다.

- 내가 놓아주어야만 하는 것은 무엇인가?
- 내가 활기를 되찾기 위해 필요한 것은 무엇인가?

슬픔은 당신을 변화시키며 더 이상 자신의 것이 아닌 것을 놓아주도록 동기를 부여할 수 있다.

그러나 비애는 슬픔보다 더 깊은 정서로, 그 깊은 이면에는 '죽음이나 상실에서 비롯된 지나치게 고통스러운 것을 해방시켜야 한다'는 메시지가 담겨 있다. 비애에 대해 묻는 중요한 질문은 '애도할 필요가 있는 다른 것은 무엇인가?'이다.

상실감과 비애

트라우마는 흔히 상실감을 포함한다. 당신은 안전과 안정감, 삶의 의미와 목적, 신체적인 건강, 대인관계 능력, 정체성, 자존감, 사랑하는 누군가 또는 무언가를 잃어버렸을 수도 있다. 이러한 상실감은 비애를 초래한다. 비애는 불신이나 충격, 분노나 짜증, 불안, 우울, 집중력 저하 그리고 불면증 등의 단계를 포함하며, 이것들은 PTSD 자체의 증상과 유사하다(Figley, Bride, & Mazza, 1997). 만일 당신이 죽음과 관련된 트라우마를 경험했다면, 처음에 당신은 충격을 받거나 정신적 고통과 괴로움에서 자신을 보호하기 위해 죽음 자체를 부정하는 방식으로 반응했을지도 모른다. 비애를 다루고자 하는 첫 번째 목표는 사랑하는 사람이 죽었다는 사실을 받아들이는 것이다. 당신이 충격받거나 죽음을 부정하는 것은 당연한데, 이렇게 반응하면 일반적으로 죽음에 대한 혼란스러운 마음이나 사랑하는 사람이 없는 이 세상을 살아가야 할 필요를 겪지 않아도 되기 때문이다. 다시 말해서, 당신은 다음 단계로 나아가기 시작한다. 활동 7-3

비애의 마지막 단계에는 수용과, 당신이 사랑했던 사람과 당신이 상실한 것과의 지속적인 관계를 확립하는 것, 그리고 결코 당신은 이전과 같을 수 없음을 인식하는 것을 포함한다. 이 단계에는 개인적인 영성과 믿음으로 죽음을 초월하는 것 역시 포함한다. 또한 새로운 사람, 직업, 해야 할 일, 사명과 같은 긍정적인 것에 에너지를 쏟고 추진해 나가는 것도 포함된다. 여기서 초월한다는 것은 보통 삶과 죽음, 자기 자신, 고통 그리고 영혼에 대한 당신의 태도를 바꾸는 것을 의미한다.

때때로 당신의 비애에 대해 긍정 확언을 만들어 보는 것이 도움이 될 수 있다. 몇 가지 예는 다음과 같다.

- 모든 감정은 자연스럽고 건강하며 나에게 필요한 것이다.
- 비애는 나의 자연스러운 감정 중 하나로 내게 힘을 줄 수 있다
- 비애는 나의 에너지를 자유롭게 해준다.
- 비애를 느끼고, 받아들이고, 표현하는 것은 필요한 일이며 나에게 일어났던 일을 해결할 수 있도록 도울 것이다.

● 활동 7-3: 비애의 과정

비애를 극복하기 위해서 죽은 사람에 대해 그리운 모든 것을 적어 보라. 일지를 활용해서 다음의 문장을 완성해 보라.

- ____________________이/가 죽은 이래로 나는 결코 ________________________________ ____을/를 할 수 없다.
- 나는 절대 ____을/를 할 수 없다.

다음의 질문에도 답해 보라.

- 왜 하필 나에게 이런 일이 일어났는가?
- 왜 이런 일이 일어났는가?
- 나는 이제 어떻게 살아야 하는가?
- 내가 할 수 있는 것은 과연 무엇인가?
- 나에게 필요한 것은 무엇인가?
- 지금의 나는 누구인가?
- 이 모든 것이 의미하는 것은 무엇인가?

사건이 발생한 장소에 대해서 당신이 기억하고 있는 것을 세세하게 그려 볼 수도 있고, 죽음에 대한 상세한 설명을 큰 소리로 이야기하거나, 기록해 보거나, 죽은 사람에게 편지를 쓸 수도 있다(Ayalon, 1992).

• 비애는 내가 얼마나 많이 ____________을/를 사랑했는지 보여주는 하나의 증거다.

• 비애는 변화를 시도하고 위기를 다루기 위한 하나의 단계다.

당신은 비애에 대해 어떤 다른 긍정 확언을 할 수 있는가?

____

____

당신이 비애를 다루고자 한다면, 다음의 작업이 도움이 될 것이다(Grand, 2000 수정 인용).

- 아무도 나를 위해 슬퍼해 줄 수 없고, 나만이 자신을 위해 슬퍼할 힘이 있다는 것을 깨닫는다.
- 비애의 목적은 내가 상상을 현실로 받아들이는 데 도움을 주려는 것임을 기억한다.
- 상실의 고통에 무뎌지려고 노력하는 것은 비애를 더 오래 지속시킬 수 있다는 것을 기억한다.
- 내가 슬픔에 잠겨 있을 때도 평상시와 똑같이 생활하도록 한다.
- 필요하다면 도움을 요청한다.
- 되도록 상실 직후에 극단적인 삶의 변화나 중요한 결정을 내리는 것을 피하도록 노력한다(적어도 몇 달은 기다려 본다).
- 비애는 고통스럽지만 내가 견뎌낼 수 있는 감정이라는 것을 잊지 않는다.

적절하게 감정 사용하기

적절한 행동을 유도하기 위해 감정을 사용하는 방법에 대해 배우는 것은 중요하다. 만약 당신의 목표가 힘 있는 자기를 개발하는 것이라면, 과잉 반응하거나 과소 반응하지 않으면서도 유쾌하고 불쾌한 감정 모두를 경험하는 것이 중요하며, 힘들 때 자신을 진정시킬 수 있는 능력 역시 중요하다. 목표는 당신이 감정을 표현하는 여러 가지 방식을 살펴보고 그중에서 적합한 감정 표현 방법을 선택하도록 하는 것이다. (연습하기 7-17)

때로 당신이 느끼는 감정 중에서는 과거의 트라우마와 관계된 것도 있을 것이다. 예를 들어, 어

● 연습하기 7-17: **감정을 어떻게 조절할 것인가?**

다음과 같은 질문을 자신에게 해보라.

만일 내가 정말 많이 슬프다면? 그 슬픔을 어떻게 표현하겠는가? 매우 우울하겠는가, 아니면 한번 시원하게 울고 마음 아파한 뒤에 앞으로 나아가겠는가?

____

____

____

만일 내가 정말 많이 행복하다면? 그러한 행복감을 계속 억제할 수 있는가, 아니면 통제 불능인 것처럼 보일 것인가?

____

____

____

느 순간 경미한 두려움을 느낀다면, 그것은 심한 공포를 경험했던 폭행 상황을 회상하게 만들 수 있다. 이 같은 두려움이 과거로부터가 아닌 현재 상황의 특정 자극으로 생겨난 것임을 인식하도록 학습하는 것은 당신을 압도하는 과거의 영향력을 감소시키는 효과를 지닌다. 만일 당신이 아동기 때 학대를 당했다면, 자신의 감정을 참아내고 자신과 타인을 향한 공격적인 행동을 조절하며, 타인의 감정에 공감하고, 자기 자신이나 타인을 향한 공격적인 행동을 조절하며, 다른 사람들에게 공감을 느끼는 것이 매우 어렵다는 것을 발견할 수 있다. (연습하기 7-18)

감정을 조절하는 한 가지 기법(Schiraldi, 1999 수정 인용)은 다음 단계를 따른다.

1. 통제를 잃거나 당신 자신이 분리되지 않으면서 특정 감정(기쁨, 슬픔)을 충분히 느낄 수 있도록 허용하여 그 감정을 경험하도록 한다.
2. 당신에 관해 더 많은 것을 배우는 방법으로 감정을 느끼는 경험을 사용한다. 지금 현재 어떤

● 연습하기 7-18: **감정 조절 연습** ●

당신은 자신이 부정적 정서에 압도되었던 상황을 생각해 낼 수 있는가? 여기에 그 상황을 묘사해 보고, 그때 느꼈던 첫 감정의 이름을 붙여 보라.

____

____

이제 그 감정에 대해 앞에서 설명했던 6단계를 적용해 보라.

이 활동이 유용했는가? 그 감정에 대해 무엇을 배웠는가? 당신이 특정 감정을 통제하도록 도울 수 있는 또 다른 상황을 생각해 낼 수 있는가?

____

____

만약 당신의 감정에 대해 글로 표현하기 어렵다면, 감정을 나타내는 그림을 그리거나 감정을 표현하는 콜라주를 만드는 것도 고려해 볼 수 있다.

다른 감정이 존재하는가? 이러한 다른 감정이 원래 감정에서 비롯된 것인가? 당신은 각각의 감정을 개별적으로 분리해서 살펴볼 수 있다.

3. 원래 감정의 근원을 확인한다. 필요하다면 종종 트라우마가 일어났던 그때까지 거슬러 올라가 되짚어본다.
4. 그 감정을 유발했던 상황이 종결되었다는 느낌을 받기 위해 필요한 말이나 행동을 한다.
5. 그 감정의 결과물을 확인하는 방식, 즉 아마도 떠나거나 죽은 누군가에게 작별 편지를 쓰는 것이나, 의식(11장 마지막 부분의 '치유 의식' 참고)을 행하는 것, 혹은 다른 누군가를 위해 어떤 일을 하는 것 등을 찾아본다.
6. 그 감정에서 벗어나 계속 나아간다. 그 감정에 갇혀 있지 말고 일상생활을 해 나간다.

감정 표현하기

감정에 대해 배우고 다루며, 적절하게 표현할 수 있는 다른 방법은 무엇인가? 8장에서는 분노를 다루는 몇 가지 추가적인 방법을 제시한다. 감정과 관련하여 도움이 될 만한 또 다른 기법은 다음과 같다.

- 감정을 불러일으키는 신호와 촉발자극을 식별하는 법에 대해 배우고, 당신이 느낄 법한 다른 감정(분노, 두려움 등)과의 차이는 무엇인지 적어 본다.
- 어떤 상황을 어떻게 처리해야 할지 모를 때, 감정에 대처하는 방법을 미리 연습해 둔다(예: '내가 해야 할 일이 무엇인지 생각할 시간이 필요하다'라고 큰 소리로 말하는 것).
- 상담 중인 경우, 상담자를 포함한 다른 사람의 감정을 수반하는 역할극을 수행한다.
- 다른 사람들과 감정에 대해 이야기를 나눈다.
- 당신이 신뢰하는 사람들과 감정을 표현하는 연습을 하고 피드백을 요청한다.
- 감정이 너무 격해져서 각성하였을 때, 진정시키기 위해 이완 기법을 사용한다.
- 상황에 대한 당신의 신념을 점검하고, 그 신념이 어떻게 정서적 반응을 일으키는지 살펴본다. 이후에는 이러한 신념을 도전하고 수정하면서, Meichenbaum(1994)이 열거한 대로 자신에게 가장 큰 피해를 입히기 쉬운 자기 대화로 빠지지 않도록 한다.
  - 사건에 대한 재앙적인 해석(예: '이건 너무 끔찍해서, 나는 더 이상 견딜 수가 없어')
  - '……해야만 한다', '반드시 그래야만 해', '꼭 ……해야만 해', '……해야만 돼' 등과 같이 요구적이고 강압적인 말
  - '절대', '항상'을 사용하는 과잉일반화
  - '멍청하다', '불가능하다' 등으로 자기 자신에게 부정적인 낙인찍기
  - 자기 자신을 '재수 없는 놈', '멍청한 놈', '개××' 등으로 자기 자신을 부르는 범주적 사고
  - 상황을 중간 없이 모두 좋게만 또는 나쁘게만 보는 흑백 사고

12장에서는 문제해결과 대처 기법에 대해 논의할 것이다. 추가적인 방안을 원한다면 12장을 살펴보라. 또한 당신이 감정을 느끼는 것에 대해 정확히 어떻게 느끼는지 보는 것도 중요하다. (연습하기 7-19)

● 연습하기 7-19: **내 감정 느끼기**

이 '연습하기'는 당신이 어떻게 감정을 느끼는지 더 잘 이해하도록 도울 수 있다(Miller et al., 1989 수정 인용).

내가 좋아하는 감정을 나열한다.

____

내가 좋아하진 않지만, 적어도 수용할 수 있는 감정을 나열한다.

____

내가 느끼고 싶지 않은 감정을 나열한다.

____

내가 느끼고 싶지 않은 감정을 느낄 때, 이 감정을 어떻게 할 것인가?

____

내가 느꼈을 때 당황스러운 감정을 나열한다.

____

만약 내가 당황스러웠던 감정을 느낀다면, 그 감정을 어떻게 할 것인가?

____

내가 느꼈을 때 수치스러운 감정을 나열한다.

____

만약 내가 수치스러웠던 감정을 느낀다면, 그 감정을 어떻게 할 것인가?

____

____

감정 느끼는 경험에 대한 두려움

감정을 느끼고 표현하는 것을 두려워하는 것은 안전이나 신뢰, 개인적 영향력, 자존감, 친밀감에 대한 충족되지 않은 기본적인 욕구에 대한 신념과 관련되어 있을 가능성이 높다(Rosenbloom & Williams, 2010). 당신은 특정한 감정 그 자체를 두려워하기보다 거부당하거나, 버림받거나, 벌 받거나, 비난받는 것을 더 두려워할 수도 있다. 만약 당신이 자신이 느끼는 감정을 겉으로 표현하게 스스로 허용해 준다면 어떤 일이 일어날 것 같은가?

하루 동안, 당신의 감정을 솔직하게(스스로나 타인을 해하지 않으면서) 표현하도록 노력해 보라. 어떤 일이 일어났는지 아래 빈칸에 기록해 보라.

표현된 감정	해당 감정을 표현했을 때 일어난 일

감정을 표현하는 것은 위험을 감수하는 것을 의미한다. 그 위험을 감수하는 것은 감정 개발 및 자기 계발로 이끌 수 있기 때문에 생산적일 수 있다. 이러한 유형의 위험 감수는 단지 짜릿함을 경험하기 위한 행동이나 아드레날린을 끌어올리는 비생산적인 위험 감수와는 대조적이다. 비생산적인 위험은 종종 건강이나 직업, 대인관계 및 기타 삶의 주요 영역 혹은 삶 자체를 위태롭게 하는 위험 행동들을 포함한다(Ilardo, 1992). 감정을 솔직하게 표현하는 것은 자신과 다른 사람들에게 더 솔직해지고, 점차 마음속에 쌓아두었던 정서적 짐을 내려놓게 되어 즉시 또는 시간이 지남에 따라 만족감을 가져올 수 있다. 감정을 표현하는 것은 도박일 수 있으나, 최종적으로 당신이 감정으로부터 해방되는 결과는 그 위험을 감수할 만한 가치가 있다.

기쁨과 행복 찾기

인생이 당신에게 부정적인 감정만을 가져오지 않기를 바란다. 트라우마 생존자로서 당신은 인생에서 기쁨이나 행복을 맛보기 어려울 수 있다. 또한 당신은 자신의 감정을 반영하고 그것을 생각해 보기 위해 감정에서 벗어나 보는 것을 어려워할 수 있다. 진단 기준 D의 새로운 증상 중 하나는 긍정적인 감정을 경험하거나 표현할 수 없는 지속적인 무능력이다. 당신은 인생에서 가장 바라는 것이 무엇인가? 인생 목표에 대한 버킷리스트가 있는가?

당신의 세계관은 어떠한가?

당신의 **세계관**은 삶의 로드맵과 신념, 기대, 생각, 인생 각본을 포함한다. 자신에 대해 긍정적인 신념을 가질 기회를 자신에게 주라. 긍정적인 신념은 긍정적 정서를 불러일으킨다. 당신은 당신 자신에 대해 긍정적인 신념을 가지고 있는가? 당신은 자비와 연민한 마음을 가지고 자신을 대하고 있는가?

Kearney 등(2014)에 따르면, 자기 연민은 건강한 심리적 기능과 관련 있으며, 이것은 자기비판의 감소, 삶에 대한 만족, 사회적 유대감을 포함한다. 자애는 선의의 감정 상태이다. 여기에는 자신에 대한 좋은 의도가 포함되어 있다. 당신은 다음과 같은 문장을 자신에게 말해 본 적이 있는가? 있다면 얼마나 자주 그랬는가?

- 나는 내 세상에서 안전할 수 있다.
- 나는 행복할 수 있다.
- 나는 다른 긍정적 정서를 가질 수 있다.
- 나는 건강할 수 있다.
- 나는 새로운 상황과 경험, 아이디어를 받아들일 준비를 할 수 있다.
- 나는 내 사적인 경험에 주의를 기울일 수 있다.
- 나는 긍정적인 사회적 지지를 받을 수 있도록 스스로 허락해줄 수 있다.
- 나는 내 삶을 위한 긍정적인 목적을 가질 수 있다.
- 나는 침착할 수 있다.
- 나는 친구가 있을 수 있다.

- 나는 내 잠재력을 키울 수 있다
- 나는 걱정하는 시간을 줄일 수 있다.

위 문장을 꾸준히 그리고 자주 반복하는 것은 자기 자비의 느낌으로 연결될 수 있다. 이 문장과 다른 유사한 문장은 당신에게 사적이라서 쉽게 접할 수 있다. 사고나 감정은 장기적인 효과나 영향을 미치지 않는다. 부정적 사고가 이전의 문장과 같은 긍정적 사고로 대체되었을 때, 부정적 정서는 더 오래가지 못한다. 이러한 문장을 자신에게 여러 번 반복하여 말하는 것은 "개인 자원 형성(built personal resources)"으로 이어진다(Kearney et al., 2014). Capacchione(2001)는 "우리가 믿는 대로 우리는 느낄 것이다"(217)라고 했다. 만약 당신이 경험한 트라우마에 대해 자신을 비난한다면, 6장의 자기 자비 부분(p.166)을 다시 검토하는 것이 필요할 것이다.

걱정 다루기

시간을 가장 많이 낭비하는 정서 상태 중 하나는 **걱정**이다. John Chadsey(2014)의 목사는 미국 버지니아주 워런턴에 위치한 연합감리교회(United Methodist Church)에서 한 설교 중 "스트레스를 받고 싶지 않다면 어떤 것도 걱정하지 말라. …… 스트레스의 가장 큰 원인은 걱정"이라고 말했다. 그는 '걱정(worry)'이 질식하거나 목을 조르는 것을 의미하는 고대 영단어라고 언급했다. 그는 걱정의 몇 가지 부정적인 속성을 나열했다.

- 걱정은 비합리적이다.
- 걱정은 부자연스럽다.
- 걱정은 건강에 좋지 않다. 걱정은 과거를 변화시키거나 미래를 통제할 수 없지만, 오늘을 망칠 수는 있다.
- 걱정은 불필요하다.

Briere & Scott(2015)은 트라우마 생존자가 자아존중감, 긍정적 존중, 연민을 발전시켜야 할 필요성에 대해 기록했다. 어떤 특정 기억을 보호하는 형태로 회피할 필요가 있더라도, 트라우마 생존자인 자기 자신이 얼마나 용감한지 인식하는 것은 중요하다. 만약 당신이 치료받고 있다면, 당신의 상담자가 그 용기를 인정하고 당신의 긍정적 존중을 격려하길 바란다. (연습하기 7-20, 7-21)

● 연습하기 7-20: **당신은 걱정이 있는가?** ●

당신은 걱정이 있는가? 만약 그렇다면 아래의 빈칸에 세 가지 가장 큰 걱정거리를 적고, 바로 위에 나열되어 있는 네 가지 속성을 살펴보라. 당신의 걱정은 이러한 속성에 잘 들어맞는가?

____

____

____

____

걱정과 관련해 당신이 할 수 있는 일은 무엇인가? 다음에 몇 가지 아이디어가 제시되어 있다.

- 실제로 나는 내가 걱정하던 부분을 통제할 수 없기 때문에 걱정을 놓아주도록 스스로 허락해 주거나, 아니면 내가 걱정하던 것 중에 어느 정도 통제할 수 있는 부분이 있는지 살펴본다.
- 내가 신뢰하는 사람에게 나의 걱정에 관해 이야기하고 나서 그 걱정을 놓아준다.
- 내가 어떤 사람이고 무엇을 가졌는지에 대해 감사한다. 감사함을 매일 말하고 표현한다. Chadsey의 목사가 말한 것처럼, "감사하는 태도를 가지라". 감사는 가장 건강한 감정이다. 부정적으로 해석될 수 있는, 나에게 일어난 사건보다는 나에게 주어진 축복을 본다. 나에게 주어진 축복에 집중해 본다. 나에게 주어진 축복은 무엇인가? 내가 감사하게 여기는 물건이나 사람, 또는 그 외 감사한 것을 다섯 가지 작성한다.

  내게 주어진 축복 다섯 가지는 ______________________________.

- 삶에서 좋은 부분에 대해 생각해 본다.
- 내가 가진 것과 삶의 환경, 그리고 내가 누구인지에 대해 만족한다.
- 현재 내가 가진 것에 유념하며 즐긴다.
- 나의 걱정을 신께 맡긴다.
- 자기 자신을 넘어서서 만족감을 얻는다.

● 연습하기 7-21: **긍정적 정서 더 들여다보기** ●

당신이 주로 찾는 세 가지 긍정적 정서는 무엇인가? 사랑인가? 행복인가? 기쁨인가? 걱정 없이 만족하는 것인가? 아래에 세 가지 정서를 작성하고 각 정서에 대해 정의 내려보라.

1. ______________________________

2. ______________________________

3. ______________________________

한 사람의 인생에서 다른 사람이나 생명체에게 사랑을 표현할 수 있는 것은 가장 큰 기쁨이다.

또 다른 긍정적 정서는 희망이다. 당신이 지속적인 절망 상태에 있는 것을 놔두기보다는 당신의 삶과 미래, 그리고 현재에 희망을 심어줄 수 있도록 돕는 것은 당신의 상담자에게(만일 있다면) 매우 중요한 일이다. 결과가 보장된 것은 아니지만, 자기 자신에 대한 긍정적인 시각을 개발하도록 돕는 것은 잠재적인 증상 감소로 이어질 수 있다. Briere & Scott(2015, 102)은 "희망은 무력함에 대한 강력한 해독제"라고 덧붙여 설명한다.

당신 스스로 하든 아니면 당신의 상담자와 함께하든, 부정적 정서를 식별하고 그 정서가 당신에게 보내는 메시지를 찾는 것은 정서 조절의 한 부분이다. 당신은 얼마나 다양한 감정의 이름을 대고 당신과 타인에게서 인식할 수 있는가? 이 과정의 일부는 그 감정들을 유발하는 사고를 식별하도록 배우는 것이다. 촉발자극에 대한 논의는 4장을 참고하라. (연습하기 7-22)

슬픔을 행복으로 대체하기

당신은 언제 가장 행복한가? 당신의 행복을 얼마나 오래 지속되는가? 덧없이 느껴지는가? 당신에게 행복이란 무엇인가?

행복은 단순한 것이 아니다. 트라우마 사건을 겪은 이후 행복을 느끼는 것은 때때로 어렵게 느껴질 수 있으며, 행복을 찾는 것이 매우 어려워 보일 수도 있다. 불행을 경험하는 것은 어쩌면 당신의 일상일지도 모르며, 전반적으로 '어두운 전망(doom and gloom)'에 대한 느낌이 당신 삶에 퍼질 수 있다. 연합감리회의 김지연 목사는 "행복은 그리스도를 통해 배울 수 있다: 행복의 습관"이라는 설

연습하기 7-22: **정서와 촉발자극의 연결고리 탐색하기**

과거에 어떤 일이 일어났는지에 따라, 당신 주변에 있는 것은 부정적 정서나 긍정적 정서를 촉발시킬 수 있다.

1. 현재 당신 주변에 있는 것에 의해 촉발된 기억 하나를 선택하라.

   예 K는 주로 장마철에 베트남에서 복무한 베트남 참전 군인이다. 그는 매번 비에 젖어 있고, 그의 발에는 열대 피부병이 발병했다. 그는 비에 젖은 정글의 냄새, 축축한 공기, 발의 통증, 그리고 그가 힘들게 헤쳐 나가려고 했던 진흙의 끈적임을 기억한다. 며칠 동안 계속해서 비가 오거나 비가 그치고 나서 그가 축축한 공기를 맡으면, 베트남에서 있었던 기억이 촉발된다. R은 베트남 음식을 좋아하는 또 다른 참전 용사이다. 그는 베트남 음식점이 있는 동네 근처에 가서 베트남 쌀국수 냄새를 맡았다. 그는 만족감을 느꼈다.

   환경적으로 촉발된 당신의 기억에 대해 간략하게 설명하라.

   ____

   ____

2. 자기 자신에 대한 부정적인 신념일지라도, 촉발된 기억과 관련 있는 생각을 작성하라.

   ____

3. 현재 당신이 느끼는 감정을 살펴보라. ______________________________

4. 부정적인 사고에 도전하거나 긍정적인 사고를 강화하라.

   ____

   ____

교에서 행복해지는 데 필요한 것이 무엇인지 이야기했다(Chadsey & Kim, 2014).

- 행복해지기 위해서는, 자신에게서 초점을 돌리는 것이 중요하다. 이것은 당신에게 무엇을 의미하는가?
- 행복해지기 위해서는, 사람들이 신뢰하는 사람이 되는 것이 중요하다. 당신을 신뢰하는 사람들이 있는가?
- 행복해지기 위해서는, 당신의 말과 행동이 일치하면서 진실하게 사는 것이 중요하다. 당신의 말과 행동은 일치하는가? 그렇지 않다면, 무엇을 바꿔야 하는가?
- 행복해지기 위해서는, 약속을 지키는 것이 중요하다. 이것은 당신에게 무엇을 의미하는가?
- 행복해지기 위해서는, 다른 사람들과 잘 어울려 일하는 것이 중요하다. 당신이 다른 사람들과 잘 어울려서 일할 때는 언제인가?
- 행복해지기 위해서는, 다른 사람들의 감사를 받는 것이 중요하다.
- 행복해지기 위해서는, 자신과 다른 사람들에게 정말로 중요한 것이 무엇인지 보여주고, 시간과 돈을 어떻게 쓸 것인지 잘 선택하는 것이 중요하다.
- 행복해지기 위해서는, 다른 사람들에게 베푸는 것이 중요하다. 당신은 자신의 무엇을 베푸는가?
- 행복해지기 위해서는, 다른 사람들을 배려하는 것이 중요하다. 당신은 언제 배려심이 많아지는가?
- 행복해지기 위해서는, 죽을 가치가 있는 것을 위해 사는 것이 중요하다. 이 복잡한 관점은 의미를 찾으라는 것을 뜻한다. 이 양상이 당신에게 이야기하는 것은 무엇인가?

Schiraldi는 행복은 "전 세계 사람들이 가장 원하는 것"이라고 말한다(2011, 47). 행복은 긍정적인 감정을 꽤 규칙적으로 느끼고 삶과 자아에 대해 전반적으로 만족하는 것을 의미한다. 행복은 당신이 정말 삶을 온전히 즐기기 위해 필요하다. 또한 Schiraldi(2011)는 행복해지는 능력의 절반은 이미 당신의 유전자에 들어있다고 이야기한다. (연습하기 7-23)

긍정적 정서를 느끼고 표현하는 것에 대해 무엇을 배웠는가? 당신에게 중요한 무엇을 배웠는가?

● 연습하기 7-23: **행복 체크리스트** ●

다음의 체크리스트는 행복이 무엇을 포함하는지에 대한 여러 목록에서 수정 인용된 것이다. 더 많이 체크 표시할수록, (이론적으로) 당신이 더 행복하다는 것을 의미한다.

- ☐ 나는 어떤 상황에서도 좋은 점을 찾는다.
- ☐ 나는 의식적으로 나 자신의 행복을 창조한다.
- ☐ 나는 야망이 있고, 야망을 달성하기 위해 통제하는 것을 좋아한다.
- ☐ 나는 내 인생에서 원하는 것이 무엇인지 알고, 인생을 충실히 살기로 결정한다.
- ☐ 나는 불평이 내 에너지 낭비라는 것을 안다.
- ☐ 나는 두려움으로 인해 통제되거나 제한을 갖지 않는다.
- ☐ 나는 내 실수에 대한 책임을 진다.
- ☐ 나는 이미 예견된 위험을 감수한다.
- ☐ 나는 일평생 정식으로 배우거나(예: 수업 듣기), 아니면 비공식적으로(예: 말하기, 듣기, 쓰기) 학습한다.
- ☐ 나는 해결 중심적이다.
- ☐ 나는 단기적인 쾌락보다는 장기적인 행복을 원한다.
- ☐ 나는 내 감정을 조절할 수 있다.
- ☐ 나는 변화를 수용한다.
- ☐ 나는 너그럽고 친절하다.
- ☐ 나는 내가 통제할 수 있는 것에 내 에너지를 집중한다.
- ☐ 나의 직업은 나의 정체성이 아니라, 나의 일이다.
- ☐ 나는 이완하는 방법을 안다.
- ☐ 나에게는 행복한 친구가 있다.
- ☐ 나는 나 자신을 대변할 줄 안다.
- ☐ 나는 내가 가진 것에 감사하고, 내가 가진 축복에 대해 인정한다.

- ☐ 나는 다른 사람들과 내 주변 사람들에게 참을성이 있다.
- ☐ 나는 나 자신을 용서한다.
- ☐ 나는 있는 그대로의 나를 사랑한다.
- ☐ 나는 변화를 수용한다.
- ☐ 나는 다른 사람들의 성취를 축하한다.
- ☐ 나는 피해자가 된 나의 경험에 연연하지 않는다.
- ☐ 나는 현재에 살고 있다.
- ☐ 나는 모든 일에는 이유가 있다는 것을 안다. (DeNicola, 2014)

활동에 대한 흥미 손실

트라우마 이전에 즐겼던 활동에 대한 흥미가 현저히 감소하는 것은 또 다른 증상이다. 많은 트라우마 생존자들의 삶에서 공통적으로 나타나는 주제 중 하나는 삶의 '활동'에 대한 참여가 제한된다는 것이다. 소파에 앉아 때로는 실제로 무슨 내용인지 모른 채 텔레비전을 보거나 무수히 많은 영화를 시청하는 것이 일상 경험의 전부일 수도 있다.

대부분의 사람에게는 삶이 쉽지 않다. 때로는 멈춰서 당신이 살아가는 의미를 살펴보는 것이 도움이 될 수 있다. 이를 알면 당신의 인생 목적을 정의하는 데 도움이 될 수 있다.

- 어떻게 삶을 '살고' 있는가?
- 삶이 당신을 떠나가고 있다고 느끼고 있는가?
- 주변이 점점 좁혀지는 것처럼 느껴지는가?
- 과도한 경계심을 크게 가지고 있다면, 당신의 범주에서 벗어나는 것을 두려워하는가?
- 어떤 종류의 활동을 즐기는가?
- 언제 그 활동을 하는가?
- 혼자 하는 것과 다른 사람들과 함께하는 것 중 어떤 쪽이 더 편한가?

당신의 답이 자신에게 어떤 의미가 있는지에 대해 어떻게 생각하는가?

____

____

많은 상황에서, 부정적 정서가 느껴진다면 새로운 활동이나 익숙한 활동에 참여하는 것은 매우 어렵다. 새로운 일을 하고 싶어도 시작하기가 어려울 수 있다. 자신과 타인과 세상에 대한 통제, 안전, 신뢰, 권력에 관한 어떤 신념이든 재검토하는 것이 중요하다. 6장으로 돌아가서 어떻게 새로운 상황에서 안전, 신뢰, 통제가 어떻게 이루어지는지에 대해 검토하라. 준비되면 먼저 안전한 상황을 선택하고, 그 후로 더 도전적인 상황으로 나아가라.

타인으로부터 소외되거나 박탈당한 감정

많은 트라우마 생존자들은 더 이상 타인들과 편안하게 느끼지 않는다고 보고한다. 특히 그 다른 사람들이 트라우마 생존자가 아닌 경우에는 더욱 그러하다. 그들은 상황이 불안전하다고 인식하거나, 신뢰해야 했던 사람들로부터 상처를 입은 경험이 있는 경우, 또는 위협을 느낄 때 다른 사람들과 관계를 맺기 어려워할 수 있다. 당신은 이와 유사한 감정을 가지고 있는가? 누구와 함께 있으면 편안한가? 누구와 함께 있을 때 안전한가? 누구에게 정을 느끼는가?

만약 당신이 다른 사람들로부터 소외된 느낌이 있고, 관계에서 안전하지 않다고 느끼거나 타인을 신뢰하는 데 기본적인 어려움이 있다면, 자신과 타인에 대한 부정적인 신념을 다루기 위해 6장의 '연습하기'로 돌아가야 할 수도 있다. 이 부분은 당신이 다른 사람들과의 관계를 개선하는 데 도움이 되는 기법에 중점을 둔다.

건강한 관계를 어떻게 묘사할 수 있는가? Boon, Steele, & Van der Hart(2011)에 따르면, 건강한 관계를 형성하는 데 어떤 특성이 존재하고 있다. 그중 일부는 다음과 같다.

- 상호 존중, 공감 및 평등
- 명확한 경계선
- 자율성, 의존성, 상호의존성의 균형
- 실제로 함께 있지 않아도 상대방에 대한 지속적인 연대감

- 어려운 문제해결을 위한 협상 활용
- 기본적인 믿음

당신은 이와 유사한 특성을 갖춘 관계가 있는가? Kohanov(2013)에 따르면, 진정한 관계는 특정한 특성을 갖고 있다. 진정한 관계를 가진 참여자들의 특성은 다음과 같다.

- 감정을 정보로 활용한다.
- (자신과 타인의) 불편한 감정에 당황하지 않고 마주한다.
- 당황하지 않고 타인의 감정을 인식하고 따른다.
- 부적절한 행동을 의사소통의 한 형식으로 간주한다.
- 민감하고 유연하며 대응적인 경계를 설정한다.
- 관계에서 교류된 감정이 나타난 방식을 이해하며, 이는 타인으로부터 감정을 자각하고 공감, 투사, 전이, 조건화된 감정 유형을 포함할 수 있다.
- 관계에서 타인을 고치려는 유혹에 저항한다.
- 관계에서 타인을 지원하고 '가능한 신성한 공간을 유지한다'.

Jim Rohn(2014)에 따르면, 좋은 관계의 다른 요소는 여덟 가지 필수 요소로 구성된다.

1. 사랑, 다른 사람을 존중하고 대우하는 약속
2. 봉사하는 마음, 다른 사람들을 섬기는 것에 초점을 맞춤
3. 정직한 소통
4. 친근함
5. 인내
6. 헌신과 같은 충성심
7. 공동 목적
8. 즐거움의 요소를 포함한 행복

적절한 경계 설정

적절한 경계를 설정함으로써 다른 사람들과 좋은 관계를 유지할 가능성이 커진다. 좋은 관계를 가지고 있다면, 당신과 상대방은 서로를 존중하고 있는 그대로 받아들인다. 무엇이 변했는지, 무엇이 변할 수 있는지, 무엇이 변해야 하는지, 각자 무엇을 바꾸고 싶은지에 대해 상대방과 소통할 수 있어야 한다. 이때 요구하거나 무례하게 행동하지 않는 것이 중요하다.

관계가 지속되기 위해서는 양쪽 모두에게 건강한 변화에 대해 수용하고 조정하는 것이 중요하다. 상대방이 당신에게 정서적, 신체적, 영적으로 위해를 가하는 방식으로 변화시킨다면, 당신은 관계를 끝내거나 경계를 바꿀 수 있는 권리가 있다. 당신은 행복하지 않은 관계에서 벗어날 권리가 있다는 것을 기억하라. 당신에게는 다른 사람을 당신이 생각하는 좋은 관계에 끼워 맞출 권리가 없고, 다른 사람들도 당신을 변화시킬 권리가 없다.

과거의 관계는 다른 사람들의 행동과 신념에 의해 형성되었을 수 있다. 그들의 반복적인 트라우마성 학대는 당신을 세뇌시키고 공포와 무력감을 느끼게 했을 수 있다. 이로 인해 무력함이나 상대방의 거부와 버림에 대한 공포로 순종적이 되거나 그들과 너무 긴밀하게 결합하여 벗어나기 어려웠을 수 있다. 이제 더 이상 그러한 신념이나 과거의 위협, 행동, 통제에 사로잡힐 필요는 없다. 당신은 자신만의 개인적인 경계를 설정할 권리가 있다. 관계에서 자신의 권리를 상기시켜야 할 필요가 있다면, 당신과 그 관계에 있는 사람은 다음 계약서를 작성하고 서명하여 따르기로 합의할 수 있다.

(연습하기 7-24)

의사소통 기법

효과적인 의사소통을 통해 관계를 강화할 수 있다. 이는 해야 할 말이 있을 때 상대방과 직접 대화하는 것을 포함한다. 효과적으로 소통할 때는 의미하는 바를 명확하게 전달하는 메시지를 사용하고, 질문 대신 명확한 진술을 하며, 자신의 욕구와 감정을 분명히 표현하라. 상대방을 상처 주려는 의도는 피하고, 말하는 것뿐만 아니라 적극적으로 경청하는 것도 중요하다.

적극적 경청

적극적으로 듣는 것은 열린 마음으로 상대방의 관점을 이해하려 하고, 공감을 통해 상대방의 감정 상태나 느낌을 파악하며, 상대방이 하는 말이 자신이 알고 있는 사실과 어떻게 일치하는지 인식하려고 노력하는 것을 의미한다. 경청할 때는 눈을 마주치며, 적절한 신체적 거리를 유지하고, 필

● 연습하기 7-24: **우리의 관계 계약** ●

이 계약은 다음과 같이 체결된다.

______________와/과 __________ 간에 체결되며 서명하는 날부터 유효하다. 계약은 __________ (기간) 동안 유효하다.

1. 우리는 이 관계를 소중히 여기며 성공하기를 원한다.

2. 우리는 이 관계의 성공이나 실패가 각자에게 절반씩 책임이 있다는 것을 인정한다.

3. 다음 네 가지 사항에 동의함으로써 관계를 개선할 수 있다.

   a. ______________________________

   b. ______________________________

   c. ______________________________

   d. ______________________________

4. 다음 네 가지 사항에 대해 타협할 의사가 있다.

   a. ______________________________

   b. ______________________________

   c. ______________________________

   d. ______________________________

5. 우리는 이 관계에서 어떠한 방식으로도 서로 학대하지 않을 것이다.

6. 과거의 관계 문제를 다시 제기하지 않을 것이다.

7. 정기적으로 이 관계에 참여할 시간을 할애할 것이다.

a. ______________________________

b. ______________________________

c. ______________________________

d. ______________________________

8. 우리는 관계에 대해 대화할 필요가 있을 때마다, 좋은 의사소통 규칙을 따르는 한, 대화할 시간을 설정할 것이다.

서명: ______________________ 일자: __________

서명: ______________________ 일자: __________

요하다면 질문하라. 적극적 경청은 상대방의 말을 요약하는 것도 포함한다. 상대방의 말을 **요약**할 때는 단순히 그 말을 반복하는 것이 아니라, 질문을 통해 당신이 잘 이해했는지 확인한다. 예를 들어, "제가 제대로 들었다면, 내일 밤 파티에 가고 싶지 않다고 말씀하시는 거죠? 전 부인이 거기 있을 수도 있어서 그렇나요?"라고 할 수 있다.

바꾸어 말하기는 당신이 상대방에게서 들은 것의 통념, 혹은 당신이 들었다고 생각하는 구체적인 생각과 같은 예시를 포함한다. 당신은 상대방의 말에 관심이 있다는 것을 보여준다. 당신이 들은 것을 바꾸어 말하는 것은 상대방에게 경청하고 있다는 것을 알 수 있게 돕고, 어떠한 오해나 부정확한 것을 고칠 수 있게 해준다. 목표는 명확성을 얻는 것이다. 이 과정은 대화하는 중에 침착할 수 있게, 그리고 당신이 반응하기 전에 더 많은 정보를 얻을 수 있도록 도움을 준다.

질문하기

상대방과 의사소통을 하려고 할 때, 상대방이 어떻게 생각하고 느끼는지 더 잘 이해하기 위해 심층적인 질문을 할 수 있다. **심층 질문**은 상대방으로 하여금 자신이 막 한 말에 대해 생각하고 인식하며, 그것을 명확히 하도록 요구한다. 심층적인 질문을 하는 것은 상대방이 '틀렸다'는 의미가 아니다. 명확히 하기 위해 질문을 할 때, 특정한 것을 설명해 달라고 요청하거나 '당신이 한 말의 의미는 무엇입니까?'라고 말할 수 있다. 상대방으로 하여금 그들의 답이나 그들의 말의 의미에 대한 인식을 재조정하도록 요청할 수도 있다('그렇게 말한 이유는 무엇입니까?'). 또한 다른 사람들에게 같은 질문을 해서 답을 비교할 수도 있다.

감정 표현

기본적인 의사소통 기법 중 하나는 **'나'라는 단어**를 사용하여 감정을 표현하는 것이다. 예를 들어, '나는 당신과 함께 있을 때 행복합니다'와 같은 말이다. 이런 진술의 목적은 관계를 개선할 대화를 시작하는 것이다. 당신의 감정을 고려할 만하다고 느끼게 하려면, 상대방이 당신의 감정을 알 필요가 있다. 감정을 표현하는 것은 당신의 내면 상태에 대한 보고이며, 의사소통과 관계 구축에 도움이 될 수 있는 정보를 제공한다.

행동 묘사

행동 묘사는 의사소통을 개선하는 또 다른 기본적인 기법이다. 이 기법을 사용하면, 상대방의 특정하고 관찰 가능한 행동을 옳고 그름, 좋고 나쁨으로 평가하지 않고 보고한다(예: '지난 며칠 동안 제가 의견을 제시할 때마다 들은 것은 반대와 이견뿐이라는 것을 알아차렸습니다'). 행동을 묘사하는 목적 역시 각 사람이 서로에게 미치는 영향과 관계에 대한 논의를 시작하는 것이다. 관찰 가능한 증거와 행동을 사용하여 행동을 명확하게 묘사하는 것이 중요하다. 이 기법을 사용할 때, 관찰한 것을 넘어서 추론하려고 하지 않는 것이 중요하다.

유머 사용

유머를 사용하면 긴장을 완화하고, 나쁜 감정을 줄이며, 동료애를 증가시키고, 포인트를 강화하는 데 도움이 된다. 유머는 또한 감정을 더 개방적이고 자발적으로 표현하는 데 도움이 될 수 있다. 과장, 반어, 말장난 등의 여러 유머를 사용할 수 있다. 트라우마를 겪은 사람들은 그들이나 다른 사람들에게 발생한 상황에 대해 농담하는 것을 의미하는 **블랙 유머**(black humor)를 사용할 수도 있다. 그러나 블랙 유머는 트라우마를 겪지 않았거나 트라우마 분야에서 일하지 않는 사람들에게는 종종 오해를 일으킨다. 유머는 다른 사람을 공격하는 방법이 아니어야 하며, 장난스럽게 사용되어야 하며, 다른 사람을 상처 입히도록 고안된 조롱이나 비꼬기를 유발해서는 안 된다. 유머는 상황을 더 즐겁게 만들고 관계를 개선할 수 있다. 웃음은 면역 체계에 좋으며, 스트레스 호르몬을 줄이고, 장기적으로 칼로리를 태울 수 있다. 웃을 이유가 많은 것 같다.

'나 전달법' 사용

'나 전달법(I-message)'은 듣는 사람이 아니라 말하는 사람에 초점을 맞춘 구체적이고 비판단적인 메시지이다. '나'라는 메시지를 사용할 때는 상대방의 행동이 자신에게 어떤 영향을 미치는지를 비난하지 않고 설명한다. 이 메시지는 세 부분으로 구성되며, 영향을 미치는 행동, 그 영향이 무엇인지, 그리고 그 이유를 명시한다.

1. 당신이 ______________________________ 할 때(행동을 설명한다),
2. 나는 ______________________________ 을/를 느낀다(느낌을 말한다).
3. 왜냐하면 ______________________________ (결과를 설명한다).

예를 들어, '당신은 왜 항상 저에게 무례하게 굴어요?'라고 말하는 대신 다음과 같이 말할 수 있다. '당신이 동료들 앞에서 ______________________ (상대방이 한 말을 다시 말한다)라고 말하면 나는 화가 나고 모욕감을 느껴서 당신 곁에 있고 싶지 않아요.' (연습하기 7-25)

의사소통 스타일

Miller 등(1989)은 의사소통에는 네 가지 스타일이 있다고 말한다. 각 스타일에 대한 설명을 읽은 후, 해당 스타일을 언제 누구와 사용하는지 생각해 보라.

잡담

잡담(small talk)은 친밀감을 형성하고 연락을 유지하기 위해 사교적인 상황에서 사용되는 경향이 있다. 잡담은 일반적으로 편안하고 따뜻하며 유쾌한 분위기로 진행되며, 인사말, 이야기, 일상적인 주제나 일상에 대한 이야기를 포함한다. 또한 최근에 발생했거나 앞으로 발생할 특별한 사건에 관해 이야기하는 것도 포함될 수 있다. **일 이야기**(shop talk)는 업무 중에 이루어지는 잡담의 한 형태이다. 일상적인 대화나 정보를 수집하거나 제공하고 업무 관련 활동 및 일정을 점검하는 데 사용될 수 있다. 팀 회의에서 진행 상황을 보고하고 설명하기 위해 누가, 무엇을, 어디서, 언제, 어떻게 질문하는 것도 포함될 수 있다. 일 이야기를 하면 다른 사람들에게 자신이 얼마나 유능하고, 정보를 잘 알고 있으며, 생산적인지 보여줄 수 있다.

연습하기 7-25: **의사소통 기법**

다음 주에 어떤 의사소통 기법을 시도해 보고 싶은가? 누구와 함께하고 싶은가?

이러한 기법을 시도하는 목적은 무엇인가?

일주일 동안 이 중 한두 가지를 시도한 후, 다음 칸에 좋은 의사소통을 위해 시도한 결과를 작성하라. 그 사람과의 관계가 개선되었는가?

잡담은 언제, 누구와 함께하는가? 일 이야기는?

컨트롤 토크

컨트롤 토크(control talk)는 지시, 설득, 평가, 교육, 강화, 권위 보여 주기, 동의 또는 협조 얻기, 판매, 경고 등을 위해 사용된다. 목적은 책임감을 보이면서도 도움이 되고 설득력 있는 태도를 취하는 것이다. 이는 진술, 질문, 지시, 가정을 사용한다. 컨트롤 토크는 다른 사람에게 변화를 강요하거나 자신을 방어하려 할 때 **파이트 토크**(fight talk)로 변할 수 있으며, 이때 요구, 공격, 비난, 위협,

위압적인 진술이 포함한다. 파이트 토크의 목적은 자신을 정당화하고, 자신의 두려움이나 취약성을 숨기고, 상대방을 비하하거나, 통제를 위해 학대를 사용하는 것이다. 이는 종종 '왜 그랬어?'와 같은 비난적인 진술과 질문을 포함한다. 악의에 찬 **스파이트 토크**(spite talk)도 컨트롤 토크의 한 형태로, 다른 사람에게 죄책감을 느끼게 하거나, 복수하거나, 자신을 보호하기 위해 사용된다. 이는 험담, 불평, 불만, 침묵, 반항 등을 포함할 수 있다.

컨트롤 토크는 언제, 어떻게, 누구와 하는가? 파이트 토크는? 스파이트 토크는?

____

____

____

탐색 대화

세 번째 의사소통 스타일은 **탐색 대화**(search talk)이다. 탐색 대화를 사용하면 통찰력을 얻거나, 일어난 일을 명확히 하고, 선택권 또는 원인을 찾고, 대안을 평가하거나 질문을 하는 것을 목표로 한다. 이미 알고 있는 것을 탐구하고, 아이디어를 모으며, 확장하고자 한다. 이 탐색 대화를 사용할 때의 기분은 차분하고, 지지적이며, 호기심이 많으며, 가능성에 열려 있다.

탐색 대화는 언제, 누구와 함께하는가?

____

____

____

직설적 대화

직설적 대화(straight talk)는 마지막 의사소통 방식이다. 직설적 대화는 개방적이고, 직접적이며, 정직하고, 단호하며, 반응적이고, 존중적이다. 직설적 대화를 사용하면, 정보를 공개하고, 다른 사람들을 통제하려 하지 않으면서 그들과 연결하고, 협력하며, 미래를 향해 나아가려는 목표를 갖는다. 직설적 대화에는 관찰, 적극적 경청, 그리고 위에서 설명한 다른 의사소통 기법 사용이 포함되며, '지금'에 초점을 맞춘다.

직설적 대화는 언제, 누구와 함께하는가?

____

____

의사소통에 대한 최종적인 생각

의사소통은 피할 수 없다는 것은 기억하라. 의사소통을 하지 않을 수 없다. 누군가 또는 무언가에 대해 구두로 대답하지 않더라도 여전히 의사소통을 하고 있는 것이다. 의사소통은 수면 중에도 계속되는 과정이다(특히 사람이나 동물과 함께 자는 경우). 의사소통은 되돌릴 수 없다. 한 번 메시지를 전달하면 되돌리거나 지울 수 없다. 메시지는 도전, 수정 또는 재표현될 수 있지만 원래의 메시지는 이미 전달되었다.

의사소통에는 말로 전달되는 내용, 설정, 의사소통의 스타일과 기법, 메시지 발신자와 수신자 사이의 신뢰 수준, 각자의 인식 등 많은 수준이 존재하며, 이 모든 것이 역할을 한다. 의사소통의 발신자와 수신자가 완전히 동일한 인식을 공유할 수 없으므로 의사소통 오류의 여지가 항상 존재한다. 의사소통은 말로 전달되는 내용(언어적)과 행동으로 전달되는 내용(비언어적, 몸짓)이 동일하거나 서로를 강화할 때 가장 효과적이다. 또한 듣는 사람이 말하는 사람에게 피드백을 주고 상호작용할 때 의사소통이 가장 효과적이다. 의사소통의 주요 목적 중 하나는 더 많은 의사소통, 그리고 더 나은 의사소통을 구축하는 것이다. 마지막으로, 의사소통은 내가 누구인지에 영향을 받는 매우 개인적인 과정이며, 내가 말하거나 표현하는 것을 내가 어떤 사람인지와 완전히 분리하는 것은 불가능하다.

이 장에서의 '연습하기'를 마치면서 자기 자신에 대해 배운 내용을 검토하기 전에, 좋은 청취의 십계명을 생각해 보라(버지니아주 CISM 팀원, 1998 수정 인용).

1. 조용히 하고 말하지 말라.
2. 말하는 사람을 편안하게 하려면 주의와 몸짓, 눈 맞춤 및 존중을 표현하라.
3. 상대방에게 당신이 상대방의 말을 듣고 싶어 한다는 것을 보여주라.

4. 피상적인 대화가 아닌 경우라면 가능한 방해요소(소음, 텔레비전 등)를 제거하라.
5. 몸짓과 발성('오', '와', '음' 등의 소리)을 통해 공감을 표현하라.
6. 이야기하는 사람에게 인내심을 갖고 자신이 원하는 것을 말할 수 있게 기다리라.
7. 분노를 조절하라.
8. 논쟁하거나 비판하지 않도록 노력하라.
9. 위에 나열된 의사소통 기법을 사용하라. 탐색적 질문을 하고, 다시 말하거나 요약하며, 감정과 행동을 설명하라.
10. 말을 그만하라.

연습하기 7-26: **이 장에서 내가 배운 것**

이 장과 6장에서 트라우마에 대처하는 방법에 대해 무엇을 배웠는가?

____

____

____

____

8

각성 완화하기: 잠들 수 없거나, 진정할 수 없거나, 화나고 짜증 날 때 무엇을 하는가?

트라우마는 자율신경계를 과하게 자극한다. 과자극은 당신의 각성 상태가 만성적으로 높다는 것을 의미하며, 이는 당신의 몸에 심각한 영향을 미칠 수 있다. 이러한 영향에는 잠들기 어렵거나 수면을 유지하기 어려운 상태, 짜증 나거나 분노가 폭발하고, 집중력이나 기억력에 문제가 생기며, 지나치게 경계하고, 쉽게 놀라며, 치료에 도움이 될 만한 기운이 없다고 느끼는 것을 포함한다. 자신을 보호하는 것이 너무 어렵다고 느껴진다면, 당신의 신체는 질병이나 심지어는 해리를 통해 외부와 차단할 수도 있다. 일부 트라우마 생존자들은 만성 피로, 섬유 근육통, 과민성 장 증후군, 두통, 심각한 긴장과 같은 면역 체계 관련 질병을 통해 트라우마를 표현하는 것으로 보인다. 4장에서 배운 것처럼 촉발자극을 식별하는 것은 당신의 몸을 통제하는 데 도움이 될 수 있다. 이러한 촉발자극은 공포와 극심한 두려움뿐만 아니라 극도의 경계심과 흥분을 초래할 수 있다.

트라우마 생존자의 몸, 즉 당신의 몸은 진정과 보살핌을 필요로 한다. 이 장은 PTSD와 관련하여 각성 수준이 증가할 때 발생하는 생리적 증상에 대해 살펴보고 다루는 데 도움이 된다. 이번 장에서는 새롭게 추가된 각성 증상(DSM-5, 2013)인 무모한 행동 또한 다룰 것이다. 이 활동을 하는 것은 당신이 진정되거나 신체 반응의 일부를 통제하거나 다시 연결되도록 도울 수 있다. 이 장의 최종 목표는 당신의 신체가 반응하는 방식을 정상화하여 일정 수준의 평온함과 질서, 또는 **항상성**으로 돌아갈 수 있도록 돕는 것이다.

신체 질환의 증상이 있거나 신체 증상이 며칠 또는 몇 주 이상 지속되는 경우, 트라우마의 영향에 대해 이해하고 있는 의사에게 진료를 받도록 한다.

수면 개선을 위한 방법

첫 번째로 살펴볼 각성 증상은 수면 증상을 다루는 것이다. 다음 몇 페이지에서는 잠드는 데 어려움이 있거나 잠에서 깼다가 다시 잠들 수 없을 때 도움이 되는 방법에 대해 알아볼 수 있다. 많은 트라우마 생존자들은 잠이 들거나 수면 상태를 유지하는 데 어려움을 겪는다. 실제로 Matsakis는 "수면 문제는 아마도 가장 오래가는 PTSD 증상일 것"이라고 말한다(1994a, 167). 확실한 것은 PTSD를 겪지 않더라도, 당신이 잠에 들고 수면 상태를 유지하는 것은 어려운 일일 수 있다.

촉발자극을 주변환경에서 제거하고, 수면에 도움이 되는 분위기를 조성하며, 좋은 수면 습관을 들이는 등 수면 환경을 개선함으로써 누구나 수면을 더 잘 취할 수 있다. 트라우마 생존자로서, 당신이 수면에 들 준비를 하는 것은 중요하다. 한 가지 방법은 잠자리에 들기 전, 트라우마와 관련된 것을 보고 듣고 그것에 대해 생각하기를 피하는 것이다. 만약 당신이 늦은 밤에 텔레비전이나 비디오를 본다면, 가볍게 볼 수 있으며 트라우마로부터 자유로운 것을 선택하라. 예를 들어, 당신이 자연재해에서 살아남았다면 사이렌이나 화재, 황폐한 것을 선택하지 말라. 잠자리에 들 때 당신의 삶에서 긍정적인 것에 대해 생각해 보라. 잔잔한 음악이나 파도 소리, 연주, 잔잔히 내리는 빗소리 또는 다른 진정되는 소리를 들어 보라. 또한 수면 패턴을 바꿔 볼 수도 있다. 당신이 저녁형 인간이라면, 자정까지 기다렸다가 잠자리에 들고, 충분한 수면이 필요할 경우 가능하다면 오전 7시나 8시에 일어나라. 처방전 없이 살 수 있는 약이나 약물을 사용하여 멍한 상태로 잠드는 것을 피하도록 하라. 그러나 따뜻한 우유 한 잔이나 칠면조(안정 아미노산인 L-트립토판 함유)를 먹어 긴장을 풀 수 있다. 또는 당신의 주치의가 현재 당신이 복용 중인 약물과 함께 먹어도 상관없다고 판단한 경우, 멜라토닌을 복용할 수도 있다.

수면 중이나 침실에서 트라우마를 경험한 경우, 침실이나 수면의 어떤 부분이 트라우마를 촉발하는지 확인하는 것은 매우 중요하다. 수면과 침실에 대한 촉발자극 목록을 작성해 보라(4장의 '활동: 나의 촉발자극 목록' 참고). 예를 들어, 만약 당신의 방이 당신이 트라우마를 경험했던 방과 같은 색이라면, 다른 색으로 페인트칠을 할 수 있다. 가구 배치가 비슷하다면, 해당 배열을 변경할 수 있다. 바꿀 수 있는 부분은 바꾸기 시작하라.

만약 당신의 파트너가 잠을 잘 자지 못하는 경우, 다른 침대를 사용하거나 촉발자극이 있을 때 파트너를 깨우는 방법에 동의하는 등과 같이 대안에 관해 이야기 나눠 볼 수 있다.

Kelly는 침실 구석에 있는 매트 위에서 자는 것을 좋아했다. 그녀는 한밤중에 자신이 왜 퀸사이즈 침대에서 나와 그 매트 위에 엎드려 있는지 이해할 수 없었다. 그녀는 과거 트라우마에 대해 연구하기 시작하면서, 어렸을 때 퀸사이즈 침대에서 성추행을 당했다는 것을 깨달았다. 그녀는 침대와 침실을 안전하게 할 방법에 대해 고민하기 시작했고, 퀸사이즈의 침대를 치우고 트윈 사이즈의 침대를 구매하여 벽 쪽에 배치시켰다. 그러고 나서 그녀는 자신을 보호하기 위해 벽에 등을 대고 잠을 잤다.

연구자들은 숙면의 질을 높이기 위한 많은 방법에 대해 알아냈다. 다음 목록은 Matsakis(1994a)와 워싱턴 시 의회 의료 연합(Metropolitan Washington Council of Governments Health Care Coalition)에서 발췌한 것이다. 만약 과거에 당신에게 효과가 있었고 당신이 좀 더 수월하게 잠들도록 도운 것이 있다면, 그것을 다시 시도해 보라. 만약 효과가 없었다면, 다른 사람들이 제안하더라도 시도하지 않도록 한다.

- 종종 낮시간 동안 운동을 하되, 잠들기 바로 직전에는 하지 않는다.
- 편안한 음악을 듣는다.
- 안정이 되는 음원을 듣는다.
- 잠자리에 들기 전에 안정화 기법을 연습한다.
- 기도한다.
- 수면 보조제로 사용할 수 있는 처방된 약물이나 호르몬/산화 방지 멜라토닌 약을 복용한다.
- 잠자리에 들기 전에 당신을 안정시켜 주거나 진정시켜 줄 수 있는 사람과 이야기를 나누되, 논쟁하지 않는다.
- 당신의 하루에 대해 글로 쓰거나 녹음을 하되, 트라우마 경험에 대해서는 기록하지 않는다.
- 가볍게 먹고 카페인을 피한다.
- 화장실에 가기 위해 일어날 필요가 없도록, 잠자리에 들기 전 두 시간 동안 음료 섭취는 피한다.
- 지루한 일을 한다.
- 매우 지루한 책을 읽는다.
- 당신이 몇 시에 잠들든, 정해진 시간에 일어난다(매일 같은 시간에 일어나려 노력한다).
- 같은 장소에서 잠을 잔다. 침대나 장소를 옮겨 다니지 않는다(거실 소파 말고 침대가 잠을 자기 위한 것이다).
- 온도 조절기를 편안하고 시원한 온도로 설정한다. 해당 온도를 확인한다(Riggenbach, 2013).
- 필요한 경우 야간 조명을 사용한다.
- 늦은 오후나 초저녁에 산책을 해서 몸을 지치게 하고 체온을 올린다. 체온이 떨어지는 것은 때때로 당신을 졸리게 만든다.

- 걱정을 많이 해서 잠이 잘 안 오는 것을 발견한다면, 낮에 '걱정할 시간'을 계획하고 잠자리에 들기 2시간 전에 그 시간을 다 써버린다.
- 수면 패턴을 찾을 수 있도록 매일 잠을 자는 시간과 잠을 잔 후의 기분을 기록한다.
- 복용 중인 약이 수면에 방해가 되는지 의사에게 확인한다.
- 백색 소음기를 사용하거나 귀마개를 착용하여 잠자는 데 방해가 될 수 있는 소음(예: 시끄러운 이웃의 음악 또는 거리 교통 소음)을 차단한다. 다른 소음을 최소화하도록 노력한다.
- 잠자리에 들기 4시간 전에 따뜻한 물로 목욕한다. 목욕 후에 당신의 몸이 식어감에 따라, 당신은 잠들기가 더 쉽다는 것을 발견할 수도 있다.
- 다음과 같은 정해진 규칙적인 취침 시간의 루틴을 따른다.

  (1) 당신의 필요에 맞는 규칙적인 취침 시간을 선택하고, 적어도 일주일 동안 이 시간에 잠자리에 든다.

  (2) 잠자리에 들기 약 2시간 전쯤에는 트라우마성 기억을 떠오르게 하는 것을 억제하거나, 마비시키거나, 피함으로써 어떤 것도 트라우마 회복을 방해하지 못하게 한다.

  (3) 편안한 일을 한다.

  (4) 최소한 실제 취침 시간 한 시간 전에 개인적인 관리 절차를 수행함으로써 잠자리에 들 준비를 시작한다.

  (5) 당신의 방을 살펴보고 안전하고 편안한지 확인한다. 옷장, 창문, 문을 확인한다. 악몽, 플래시백, 또는 침습적 사고를 유발할 수 있는 모든 것을 치운다.

  (6) 침대에 두고 싶은 어떤 것이든 모은다(특수 커버, 동물 인형, 반려동물).

  (7) 당신을 곤란하게 할 수 있는 생각과 감정을 계속 억제한다.

  (8) 잠을 잘 수 있도록 휴식 기법을 사용한다.

  (9) 누워서 잠을 자도록 허락한다.

  (10) 만약 당신이 악보를 사용하거나 다른 종류의 음향 장치를 사용한다면, 그것을 켜 본다.

  (11) 눈을 감고 도전해 본다.

위 중에 어떤 것을 시도해 보았는가? 그중 잠드는 데 도움이 된 것이 있는가? (연습하기 8-1)

● 연습하기 8-1: **취침 계획** ●

아래 빈칸에 당신의 취침 계획을 세우라. 당신이 무엇을 할 것인지 구체적으로 작성하라.

1. ______________________________

2. ______________________________

3. ______________________________

4. ______________________________

5. ______________________________

6. ______________________________

이 계획을 10일 동안 실행해 보라. 10일 후에, 당신의 워크북의 해당 페이지로 돌아와서 당신의 수면 패턴에 어떠한 일이 일어났는지 작성하라. 수면의 질이 높아졌는가?

또 다른 수면 루틴

Baker & Salston(1993)은 이미 제안된 몇 가지 제안을 통합하는 다음과 같은 수면 루틴을 시도할 것을 제안한다.

처음으로 이 전략을 시도하기 전에, 당신의 집 주변에서 하기 싫은 10가지를 생각해 내라. 이러한 것은 냉동고 청소, 변기 청소, 방 먼지 털기, 가계부 쓰기 및 이와 유사한 행동일 수 있다.

잠자리에 들기 두 시간 전에, 준비를 시작하라. '나는 이제 자러 갈 준비를 하고 잘 거야.'라고 자신에게 말하라. 따뜻한 목욕이나 샤워를 하고 잠옷을 입어 보라. 만약 당신이 침대에 옷을 입지 않는다면, 불을 끌 준비가 될 때까지 목욕 가운을 입어 보라. 따뜻한 우유나 몇 모금의 물을 제외한 모든 음료 섭취를 중단하라. 이제 편안한 활동을 하라. 긴 역사 소설을 읽거나, 뜨개질하거나, 부드러운 음악을 듣도록 한다. TV나 비디오를 보지 말고 뉴스도 보지 않는다.

일단 잠자리에 들고 잠들기 위해 불을 끄면, 당신은 최대 30분 이내에 잠들어야 한다. 만약 당신이 바로 잠들지 않는다면, 당신은 그 30분 동안 휴식을 취하는 운동을 선택할 수 있다. 만약 당신이 30분 안에 잠들지 않는다면, 당신은 일어나서 당신의 목록에 있는 첫 번째 일을 해야 한다.

만약 한밤중에 잠을 자다 깨서 다시 잠들기 어려울 때, 15분 이내에 다시 잠들도록 노력하라. 만약 당신이 15분 안에 잠들지 않는다면, 당신은 목록에 있는 첫 번째 일을 하고 나서 잠자리에 들어야 한다. 만약 당신이 이미 그날 밤 목록의 첫 번째 일을 하고 나서 잠이 들었던 것이라면, 당신은 목록의 두 번째 일을 하고 나서 다시 잠자리에 들어야 한다. 다시 말해, 당신은 15분 이내에 잠들어야 한다. 당신이 잠들고 그 수면이 유지될 때까지 목록에 있는 일을 계속하라.

매일 밤 당신이 잠을 잘 수 없을 때, 목록의 맨 위에서 다시 시작하라. 5일 동안 매일 밤 냉장고를 청소했더라도, 6일째 되는 날 밤에는 냉장고가 더러운 것마냥 다시 청소해야 한다. 만약 이 기법이 4주 이내에 숙면을 취하는 데 도움이 되지 않는다면, 의사에게 진찰을 받고 수면을 돕는 약을 처방받아 보라. (연습하기 8-2)

좋은 수면 습관

Saindon(2001)은 이전에 나열된 수면 힌트 중 일부를 포함하여 많은, 스스로 할 수 있는 도움 팁을 제안했다. 그녀는 수면 문제가 트라우마 사건에서 회복 중인 사람들에게 흔한 증상이며, 트라우마가 발생한 후에는 잠들기 위한 많은 일반적인 방법이 더 이상 효과가 없을 수도 있다고 지적한다. 대신에 악몽, 수면 공포, 재현, 구조 또는 갱신에 대한 생각이 수면 주기를 방해할 수 있다. 그녀는 좋은 수면 위생을 실천하기 위해 다음을 추천한다.

- 침대에서 책을 읽거나 TV를 보지 않는다. 독서와 TV 시청은 깨어나는 활동이다. 잠자는 데만 침대를 사용한다(30분 동안 침대에 누워도 잠이 오지 않으면 위에서 제안한 루틴을 사용한다).
- 잠을 자던 습관에 따라 잠들지 말고, 졸리거나 피곤할 때 잔다. 낮잠을 자지 않는다.
- 잠자리에 들기 전 저녁 후반부 동안 바람을 쐰다. 잠자리에 들기 90분 전에 불안감을 유발하는 활동이나 생각에 관여하지 말고, 취침 전 3시간 이내에 운동을 하지 않는다.
- 잠자리에 들기 전에 적어도 다섯 번의 심호흡 운동을 반복한다.
- 발가락부터 정수리까지 근육의 긴장을 풀어본다.
- 방을 따뜻하게 하기보다는 시원하게 유지한다.
- 양을 세는 것은 자극적이다. 침대에 누워 있을 때는 그렇게 하지 않는다.
- 취침 2~3시간 전에는 술이나 커피를 마시거나 담배를 피우지 않는다.

● 연습하기 8-2: **잠이 오지 않을 때 해야 할 10가지 활동** ●

이제 목록을 만들어 보라. 기억하라. 이것은 당신이 가장 하기 싫어하는 10가지 일이다. 이것은 잠에 든 다른 사람을 깨우지 않으면서 집 안에서 해야 할 일이어야 한다. 만약 집안일이 20분에서 30분 이상 걸린다면, 이것을 부분으로 나누라. 당신이 가장 싫어하는 것은 1번이어야 한다. 당신은 잠이 오지 않을 때 항상 이것으로 시작할 것이다.

1. ________________________________
2. ________________________________
3. ________________________________
4. ________________________________
5. ________________________________
6. ________________________________
7. ________________________________
8. ________________________________
9. ________________________________
10. ________________________________

- 기억이 나는 반복적인 악몽이나 나쁜 꿈에 긍정적이고 바람직한 결말을 추가한다. 잠자기 전에 그 꿈을 생각하고, 만약 그것이 다시 떠오를 경우를 대비하여 새로운 결말을 덧붙인다.
- 마음을 자유롭게 하려고 매일 밤 잠자리에 들기 전에 당신의 희망과 꿈에 대해 적어 본다.
- 잔잔한 음악이나 자기최면 음원을 듣는다.

이러한 제안 중 하나 이상이 당신에게 도움이 되기를 바란다.

분노: 정서 신호

분노는 **정서 신호**로 각성 증상 중 하나이기도 하다. 그것은 당신의 행복이나 실제 위험에 대한 위협에 대해 경고한다. 당신의 분노는 실재이다. 7장에서 언급했듯이, 분노는 성가심과 짜증에서부터 극도의 분노와 격노에 이르기까지 표현의 범위가 다양할 수 있으며, 트라우마와 관련될 때, 분노의 폭발은 그것을 자극하는 것과 비례하지 않을 수 있다. (연습하기 8-3)

현실에서 분노는 다음과 같은 전제나 경우에 당신에게 도움이 될 수 있다

- 당신의 분노는 자연스럽고 당신의 일부이다.
- 당신의 분노는 주변에서 일어나고 있는 일에 대한 신호이다.
- 당신의 분노는 당신이 자기 자신을 더 잘 알도록 도와준다.
- 당신의 분노는 자기 자신을 보호하라고 말한다.
- 당신의 분노는 자신에게 필요한 변화를 주라고 말한다.
- 당신은 자신이 화를 낸 이유를 주변 사람들과 공유할 수 있다.

분노 해결하기

트라우마와 관련된 분노를 해결하는 것은 쉽지 않다. Schiraldi(2000)가 지적한 바와 같이 분노를 해결하기 위해서는 다음을 수행해야 한다.

1. 당신의 감정과 접촉할 수 있는 충분한 분노를 경험하고 표현한다.
2. 당신이 정말 왜 화가 났는지 알기 위해 당신 자신과 무슨 일이 일어났는지에 대한 이해를 높인다.
3. 상황이 종결되고 마무리되었다는 느낌을 받기 위해 당신이 해야 할 일을 한다.
4. 정의를 살피거나, 누군가 또는 무언가에 맞서거나, 사과를 받음으로써 트라우마를 끝내려고 노력한다. 때때로 이러한 것은 불가능하다. 당신의 가해자는 죽었거나 사과하기를 꺼릴 수 있다. 법 체계는 당신에게 정의롭지 않을 수 있다.
5. 당신이 가지고 있는 분노에 대해 책임을 지고 그것을 표현하는 법을 선택한다.

● 연습하기 8–3: **분노의 도움**

분노가 당신에게 어떻게 도움이 되었는지 생각해 보라. 그것은 무엇이고 분노가 도움이 된 상황이 일어난 것은 언제인가?

내 분노는 다음과 같은 방식으로 나에게 일어난 일을 처리하는 데 도움이 되었다.

1. ______________________________

2. ______________________________

3. ______________________________

당신의 답은 분노가 당신을 돕는 방법을 어떻게 바꾸고 싶어 하거나 바꿀 필요가 있는지에 대해 무엇을 말해 주는가?

6. 분노 이면에 있는 감정을 묘사할 수 있는 단어나 그림으로 표현한다. 만약 당신이 분노에 대해 글을 쓴다면, 분노를 촉발시킨 것이 무엇인지, 어떤 신체 감각이 일어났는지, 또 누가 관련되었는지를 묘사한다. 이것은 자신이나 타인을 해치지 않고도 화를 낼 수 있는 더 안전한 방법이다.

7. 일반적으로 분노는 두려움이나 상처받음을 표현하는 방식이다. 분노 너머에 무엇이 있는지 확인하는 것이 중요하다. 어떤 사람이 당신을 다치게 했다고 생각하는가? 당신의 분노는 적절한 곳을 향하는가? 만약 그렇다면, 당신의 분노는 누구 또는 무엇에게 향하는가?

8. 당신의 분노 이면에 숨어 있는, 치유되지 않은 상처를 살펴보라. Schiraldi(2000)에 따르면, 이 상처는 일반적으로 당신의 과거로부터 비롯된다. 당신의 상처를 들여다보기 전에 자기 안정을 취하는 것을 잊지 않는다.

9. 분노를 외부로 향하게 하라. 분노를 자신에게 돌리거나 자신에 대해 나쁘게 생각하는 데 사용하지 않는다. 당신에게 상처를 주는 사람들이 왜 당신이 화가 났는지 알게 하되, 그들을 비난하거나 공격해서는 안 된다. 발생한 일에 대해 상대방은 무슨 말을 하고 싶어 하는지 들어 본다.

10. 분노하지 않아도 안전하다고 느낄 수 있도록, 자신을 보호할 수 있는 다른 방법에 대해 배운다.

화가 나는 것도 당신이 현재 반응하는 방식도 다 당신이 선택한 일임을 기억하는 것이 중요하다. 당신이 매우 화가 나 통제력을 잃었을 때 오히려 무력해질 수 있다. 그러므로, 자제력을 잃는 것보다 분노를 적절하게 표현하기 위해 당신이 할 수 있는 것을 배우는 것도 도움이 된다. (연습하기 8-4)

이 '연습하기'에서 대안을 생각해내는 데 어려움이 있다면, 다음 페이지의 제안이 도움이 될 수 있다. 당신은 당신에게 일어난 일에 대한 분노를 말이나 사진 또는 동작으로 표현할 수 있다. 일지에 분노에 대한 글이나 그림을 그려 볼 수 있다. 또한 당신은 잡지에서 분노를 상징하는 하나 이상의 사진을 가져와서, 어떻게 그리고 왜 그 사진이 분노를 대표하는지 결정하고, 일지나 공책에 그 사진을 붙일 수 있다. 또한 당신은 다음과 같은 문장이나 비슷한 것을 자신에게 말할 수도 있다.

> 내가 매우 화가 났을 때, 나는 다른 상황에서 그랬던 것처럼 자신을 돌보기 위한 일을 할 수 있다. 내가 매우 화가 나고 변명으로 자신을 방어하고 싶을 때, 나는 그저 듣기만 하거나 질문을 할 수도 있다는 것을 기억할 필요가 있다. 내가 들은 것을 다시 되돌려주어 내가 했던 말을 제대로 이해하고 있는지 확인하고, 그 다음 자신이 잘 들은 것이 맞는지 묻거나 서로 동의하는 부분에 대해 찾아볼 수 있다. (Schiraldi, 2000, 132)

당신이 화를 다스려야 할 때 할 수 있는 또 다른 일은 헬스장에 가서 운동을 하거나, 긴 산책을 하거나, 화를 실용적이고 도움이 되는 것으로 바꾸는 것이다. 또한 당신의 신체 활성화 정도를 따라가야 할 필요가 있다. 신체 운동이 분노를 더 높인다면, 분노를 조절하기 더 어려워질 수 있다. 분노를 바꾸려고 한다면, 당신은 신체적인 징후(예: 이 꽉 깨물거나 주먹 꽉 쥐기), 인지적 징후(예: 의심하고 단정지어 버리거나, 흑백논리로 바라보는 것), 그리고 행동적인 징후(예: 싸우려 하거나, 자기자신을 부풀리거나, 타인을 경멸의 표정으로 바라보는 것) 등을 살펴볼 필요가 있다. (연습하기 8-5)

과민성 대처하기

과민성은 분노와 관련이 있으며 일반적인 각성 증상이다. 당신의 과민성에 대한 느낌을 바꾸기 위해, 당신은 그것의 신체적, 인지적, 행동적 징후를 인식하기 위해 이전 '연습하기'의 단계를 밟을 수 있다. 긴장을 풀고, 운동을 하고, 마음챙김과 같은 다른 기법들은 분노뿐만 아니라 과민성에 대처하기 위해 사용될 수 있다.

연습하기 8-4: **분노에 대한 대안적인 표현**

내가 화났을 때 사용해 볼 수 있는 대안은 다음과 같다.

1. ______________________________
2. ______________________________
3. ______________________________
4. ______________________________
5. ______________________________

연습하기 8-5: **나의 분노 신호**

이러한 신호 중 어떤 것을 가지고 있고 어떻게 그것을 바꿀 수 있는가?

____

____

나의 분노에 대해 내가 바꿀 수 있는 그 밖의 다른 것들은 다음과 같다.

1. ______________________________
2. ______________________________
3. ______________________________
4. ______________________________
5. ______________________________

당신의 답은 당신과 분노를 다루는 방식에 대해 무엇을 말해 주는가?

____

____

분노와 과민성 통제를 위한 이완

분노와 과민성을 다루는 한 가지 방법은 이완 호흡을 하는 것이다. 코로 천천히 숨을 들이마시고, 5초 동안 숨을 참은 다음, 입으로 아주 천천히 숨을 내쉰다. 만약 당신이 이것을 다섯 번 반복한다면, 당신은 자신을 진정시키고 화를 가라앉히는 데 도움이 될 것이다.

때로는 화가 나기 전에 이 이완 운동으로 돌아오는 것이 좋다. 필요한 순간이 오기 전에 미리 마음속에 편안한 장소나 장면을 품는 것이 도움을 줄 수 있다. 다음 '연습하기'에서 볼 수 있겠지만, 일반적으로 이 장면은 당신이 과민성, 화, 분노를 일으키고 싶지 않기 때문에 안전한 장소가 아니다(McKay & Rogers, 2000, 31). (연습하기 8-6)

분노와 자기 돌봄

알다시피, 분노를 통제하는 것은 어렵다. 왜냐하면 분노는 매우 무력하게 만드는 감정이 될 수 있기 때문이다. 분노를 조절하기 위해서, 당신은 비이성적인 생각과 당신에게 말하는 부정적인 메시지를 바꾸는 것이 중요하다. 예를 들어, 당신은 나쁜 사람이고 끔찍한 일을 많이 했기 때문에 나쁜 대우를 받는 것이 마땅하다고 말하는가? 당신은 당신이 다른 사람들에게 벌을 받아야 한다고 믿거나 다른 사람들이 당신에게 분노를 터뜨릴 자격이 있다고 믿는가? 이러한 생각과 메시지를 인식하는 것은 그것을 바꾸는 첫 번째 단계이다. 당신은 또한 당신의 분노가 용서할 수 없는 일을 저지른 사람이나 잔학한 사람에 대한 정당한 분노가 아닌 한, 다른 사람이 당신의 분노 감정을 유발하지 않는다는 것을 깨달아야 한다. 당신이 어떻게 반응하는지는 당신의 결정이다. (연습하기 8-7, 8-8)

분노와 과민성을 누그러뜨리기 위해 마음챙김 활용하기

Mizuki(2013), 그리고 2장의 마음챙김 정의에 대한 합의에 따르면, 마음챙김은 "개방적이고 수용적인 방식으로 순간의(일어나고 있는) 경험(생각, 감정, 행동, 감각)에 완전히 주의를 기울이는 기법"이다(229). 마음챙김이라는 것은 어떤 것에 정서적으로 관여하는 것보다 호기심이 많은 관찰자로 남는 것을 의미한다. 마음챙김은 감정이나 행동을 판단하지 않기 때문에 감정의 힘과 영향을 줄이는 데 도움이 될 수 있다. 대신, 당신은 그것들을 묵묵히 관찰하고 있다. 규칙적인 이완과 마음챙김 운동은 분노나 과민성의 가벼운 징후에 반응할 때 당신의 몸을 진정시키는 법을 배우도록 도와준다. 몸이 차분할 때, 분노는 더 약하고 통제하기 쉽다.

연습하기 8-6: **나의 이완 장면**

언제, 어디에서 장면이 일어나는가?(시간과 장소를 고른다)

그 장면에서 무엇을 보았는가?

무엇을 들었는가?

당신이 피부로 느끼는 것은 무엇인가? 당신이 만질 수 있고 만지는 것은 무엇인가?

어떤 냄새를 맡았는가? 어떤 맛을 느꼈는가?

당신은 어떤 느낌을 느끼는가?(예: 평화, 기쁨, 진정됨)

당신의 이완 장면에 추가할 다른 것들은 있는가?

이제, 당신이 필요할 때에 당신의 장면으로 빠르게 들어가기 위한 긍정적인 촉발자극 단어 혹은 구절을 생각하라. 그 단어나 구절은 다음과 같다.

● 연습하기 8-7: **나의 분노 유발 메시지** ●

당신은 어떤 자기 분노 유발 메시지를 가지고 있는가?

1. ____________________

2. ____________________

3. ____________________

이제 당신의 분노 유발 자기 메시지를 표현하는 개인적 경로를 확인하라. 여기에 가능한 경로가 있다. 당신은 모든 빈칸을 채울 필요는 없지만, 하나하나 신중하게 살펴보라.

1. 나는 나 자신에게 ____________________라고 말한다.
2. 그렇다면 나는 ____________________라고 생각한다.
3. 그럼 나는 ____________________을/를 비난한다.
4. 그렇다면 나는 무엇이든 혹은 누구든 비난하는 대상에 대해 ____________________ 와/과 같은 판단을 내릴 것이다.
5. 그럼 나는____________________하는 것을 통해 화를 표출할 것이다.
6. 나의 분노를 진정시키기 위해, 나는 보통 ____________________ 을/를 한다.

당신 자신에게 말하는 메시지에 대해 이 '연습하기'는 무엇을 말해 주는가?

____

____

당신은 각각의 메시지를 긍정적으로 바꿀 수 있는 능력을 가지고 있다. 당신이 이전에 목록화한 자신에게 말한 어떤 부정적인 메시지를 선택하고 어떻게 바꿀 수 있는지를 한번 살펴보라.

____

____

연습하기 8-8: **나를 화나게 하는 상황**

이제, 당신이 읽고 연습한 분노에 대한 모든 정보를 명심하고, 이것을 개별 사건에 적용하라.

당신을 화나게 하고 분노하게 하는 상황은 다음과 같다.

____

____

그 상황에서 당신을 묘사하는 단어들을 적어 보라.

____

____

이제 다른 방식으로 그 상황에 대해 생각해 보라. McKay & Rogers(2000)는 당신 자신에게 다음과 같은 질문을 묻기를 권한다(만약 더 긴 빈칸이 필요하다면, 따로 일지에 적어 보라).

이 상황에서 내게 필요한 것은 무엇인가?

____

내가 그것을 충족하려면 어떻게 해야 하는가?

____

내 두려움은 무엇인가?

____

어떤 트라우마 사건이 내게 영향을 미치는가?

____

트라우마 사건이 아닌 것 중에 어떤 것이 내게 영향을 미쳤는가?

그때 알지 못했던 것이 그 상황에 도움이 되었는가?

반응하기 위해 나는 어떤 기법을 사용했는가?

어떤 기법이 나는 부족했는가?

그때 어떤 정서적 제한이 내게 영향을 끼쳤는가?

어떤 물리적 제한이 내게 영향을 끼쳤는가?

내가 행동하는 데에 어떤 가치와 믿음이 영향을 끼쳤는가?

어떤 보상과 기쁨의 자원을 얻기를 원하는가?

나를 돕기 위한 어떤 자원을 가지고 있는가?

내게 필요한 다른 자원이 있는가?

____

전반적인 상황에 대한 이러한 질문이 무엇을 말하거나 무슨 글을 쓸 수 있는가?

____

____

이제 격분에 의지하지 않고 분노를 해결하는 데 도움이 될 수 있는 상황에 대처할 수 있는 몇 가지 대안을 생각해 보라. 다음 중 당신에게 적합한 것은 무엇인가? 적절한 대안 옆에 체크 표시해 보라.

- ☐ 흥분을 가라앉히고 충동적이거나 공격적으로 행동하지 않도록 상황을 떠난다.
- ☐ 상황과 당신의 분노를 통제한다.
- ☐ 혼자만의 시간을 가진다. 혼자 있을 때는 분노 대상이 없어서 화를 내기 어렵기 때문이다.
- ☐ 운동을 통해 분노를 해소하라. 만약 당신이 신체적인 것을 할 수 없다면, 수축 운동을 한다. 예를 들어, 벽에 손을 대고 당신이 지칠 때까지 매우 세게 밀어낸다.
- ☐ 지칠 때까지 혼자 소리치고 비명을 지른다.
- ☐ 베개를 때리거나, 전화번호부를 치거나 찢거나, 병을 재활용 통에 던진다.
- ☐ 현재 주어진 환경의 현실에 집중하라. 자신이 정말 안전한지, 아니면 실제로 위험에 처해 있는지 인식한다.
- ☐ 아이를 무릎 위에 앉혀 부드럽게 안아주거나, 소중한 사람이나 자신을 20초 이상 안아주거나(나비 포옹법을 사용하여), 개나 고양이를 쓰다듬어 옥시토신이 나오게 몸을 편안하게 만든다.
- ☐ 안전 장소 및 안전 인물의 이미지를 사용한다.

Mizuki(2013)는 분노와 화가 표면화될 때, 감정으로부터 한 걸음 물러설 수 있으며, 감정에 반응하거나 휘둘리지 않고 존재할 수 있다고 제안한다. 이 활동은 감정에 대한 통제력을 향상시키기 때문에, 화가 덜 나거나 더욱 잘 통제할 수 있다. 또한, 정기적으로 마음챙김을 연습하는 것은 기억, 감정 조절, 자기 성찰, 자기평가 및 사고와 관련된 영역의 뇌에 회백질을 쌓는 데 도움이 될 수 있다(Moore & Malinowski, 2009; Hölzel et al., 2011). 이런 종류의 마음챙김을 연습하기 위해서, 지금 당장 5분의 시간을 갖고 주변의 소리에 귀를 기울여 보자. 충분히 오랫동안 주의 깊게 들을 수 없다고 생각되면, 타이머를 설정하라. 5분을 마치면, 당신의 관찰에 대해 일지에 써 보라. 다양한 장소에서 다양한 감정으로 연습을 하고, 당신이 쓴 것을 보라.

경계 설정을 통한 분노 줄이기

적절한 경계를 설정할 수 있는 것은 분노를 줄이는 또 다른 방법이다(관계를 구축하는 데 도움이 되는 방법으로 경계를 설정하는 문제는 7장에서 이미 다루었다). 타인에게 정서적, 육체적, 영적 또는 다른 경계를 위반하도록 허용하지 않음으로써, 타인의 개인적 공간을 존중하면서 개인적 공간을 보존함으로써 분노는 감소할 것이다. 경계를 정하는 것은 자기 돌봄의 한 형태이다. 그것은 교묘하게 조종당하는 것 없이 한계를 설정하는 것을 포함한다. 경계는 구체적이고 합리적이며 논리적이며 시행 가능해야 한다(Kohanov, 2013). 경계는 또한 명확하고 일관적이며 일치할 필요가 있다.

당신의 경계가 침범되고 화가 났을 때를 생각해 보라. 이제, 어떤 유형의 경계를 설정하거나 설정했는가? 그 경계가 시행되었는가? 당신의 시행에 일관성을 가지고 있는가?

Riggenbach(2013)에 따르면, 건강 경계가 다음과 같이 개인을 건강하게 만들 수 있다.

- 다른 사람과 효과적으로 상호작용한다.
- 원하는 것을 자주 얻을 수 있다.
- 행동의 한계를 안다.
- 다른 사람의 행동을 어디까지 참을 수 있는지 안다.
- 다른 사람들의 개인적 영역을 존중한다.
- 다른 사람들을 위한 책임이 아닌 다른 사람에 대한 책임을 진다.
- 적절한 순간에 '예' 혹은 '아니요'라고 할 수 있다.

당신은 건강한 경계를 가지고 있는가? 경계는 물리적 혹은 정서적이거나, 둘 다가 될 수 있다.

신체적 경계

경계는 허용되거나 가능한 것과 그렇지 않은 것 사이에 설정하는 모든 유형의 분할 또는 분리이다. 당신은 주변과 당신 안에 많은 다른 유형의 경계를 가지고 있다. 경계의 한 유형은 물리적 공간을 포함한다. 당신이 다른 사람들과 함께 있을 때 편안함을 느끼기 위해서는 주변에 필요한 물리적 공간의 양을 인식하는 것이 중요하다. (연습하기 8-9)

만약 당신이 매우 엄격한 신체적 경계를 가지고 있다면, 심지어 사회적인 상황에서 누군가가 당신을 만진다고 해도, 당신은 매우 불편함을 느낄 수 있다(예: 누군가가 당신의 어깨에 손을 얹는 것). 당신은 신체적 접근을 피하고, 매우 뻣뻣한 자세를 유지하며, '굳은 얼굴'을 유지하려고 노력할 수 있다. 만약 당신이 매우 느슨한 신체적 경계를 가지고 있다면, 당신은 허락 없이 다른 사람들을 만질 수도 있고, 당신이 만져지고 싶지 않을 때에도 다른 사람들이 당신을 만질 수도 있고, 다른 사람들의 사적인 대화와 공간을 침해할 수도 있고, 다른 사람들이 하는 것을 개인적인 공격으로 받아들일 수도 있고, 다른 사람들에게 과민 반응할 수 있다. 당신이 건강한 신체적 경계를 가지고 있다면, 당신은 자신의 개인 공간의 한계를 알고 다른 사람들에게 당신의 경계를 명확하게 해야 한다. (연습하기 8-10, 8-11)

건강한 신체적 경계는 당신 자신과 다른 사람들의 개인적인 공간을 존중하는 것을 의미한다. 당신은 다른 사람들을 만지거나 그들의 개인적인 공간을 침범하기 전에 허락을 구한다. 당신은 또한 그들의 경계와 필요를 존중한다. 만약 누군가가 당신의 개인적인 공간을 침범하기 시작한다면, 당신은 반응할 다양한 방법을 선택할 수 있다. 당신은 몸을 뒤로 젖히거나 다른 사람 사이에 물체(예: 의자나 테이블)를 놓을 수 있다. 당신은 '당신이 저와 물리적으로 너무 가까이 있어서 불편합니다'라고 말할 수도 있다. 어렸을 때 신체적으로 또는 성적으로 학대를 받았다면, 당신의 경계는 여러 방면으로 침범당했고 지금은 경계를 설정하는 것이 어렵다는 것을 알게 될 것이다. 앞의 제안을 연습하고 당신이 다른 사람들에게 무엇을 원하는지, 그리고 그들이 당신의 물리적인 공간을 어떻게 존중하기를 원하는지 적극적으로 말하라. 당신의 경계가 어디에 있는지 결정하는 한 가지 방법은 팔꿈치를 옆으로 당기고 팔을 앞으로 뻗는 것이다. 당신의 손가락 끝은 아마도 당신의 경계가 있는 최소 거리를 나타낼 것이다.

당신은 안전할 권리가 있고 안전하다고 느낄 권리가 있다. 당신은 개인 공간 영역(일반적으로 46~122센티미터)이 허용하는 것보다 다른 사람이 당신에게 더 가까이 접근하도록 허용할 필요는 없다. 만약 당신이 다른 사람들이 더 가까이 접촉하기를 원한다면, 당신은 언제, 누구와, 얼마나 오랫동안 말할 권리가 있다.

● 연습하기 8-9: **나의 물리적 경계**

더 많은 공간이 필요하다면 일지나 공책을 활용하여 다음의 질문에 차례로 답하라.

너무 가까운 것은 어느 정도를 말하는가?

___

만약 누군가가 너무 가까이 온다면, 당신은 어떻게 느끼는가?

___

당신의 삶에서 현재 시간에 당신에게 물리적으로 너무 가까이 온 상황이 있는가? 그것은 무엇인가?

___

사람들이 당신에게 다가오고 있으나, 당신이 그것을 원치 않을 때 무엇을 하는가? 당신은 자신의 공간을 주장하고 유지할 수 있는가?

___

당신이 원하지 않는 신체적 접촉의 정의는 무엇인가?

___

만약 누군가 당신의 물리적 경계를 넘었을 때 어떻게 반응하는가? 예를 들어, 다른 사람들이 다음과 같이 했을 때 당신은 어떻게 반응하는가?

- 누군가가 당신에게 덤볐을 때 ___
- 누군가가 당신과 매우 가깝게 섰을 때 ___
- 당신이 만지고 싶지 않은데 성적이지 않은 방식으로 만졌을 때 ___
- 당신이 만지고 싶지 않은데 성적인 방식으로 만졌을 때 ___
- 당신을 쳐다보았을 때 ___
- 당신을 때렸을 때 ___
- 당신의 얼굴과 너무 가깝게 이야기할 때 ___

● 연습하기 8–10: **당신의 개인 공간은 무엇인가?**

당신이 편안함 혹은 안전감을 느끼기 위해서는 다른 사람과 당신 사이에는 어느 정도의 거리가 필요한가?

당신은 다른 사람과의 거리에서 항상 같은 거리가 필요하거나 원하는가?

어떻게 그 거리를 확보하는가? 그 거리를 유지하는 것이 지치는가?

만약 누군가가 가까이 왔을 때 당신은 그것이 너무 가깝다는 것을 어떻게 알리는가? 말로 하는가, 행동으로 보여주는가? 만약 당신이 알리지 않는다면, 무엇이 당신을 멈추게 하는가?

만약 누군가가 신체적으로 당신에게 매우 가깝게 다가온다면, 당신 안에서 무엇이 일어나는가? 어떤 느낌을 가지는가? 당신 자신에게 어떤 메시지를 보내는가?

● 연습하기 8-11: **나의 개인 공간 필요 인지하기** ●

Mundahl 등(1995)은 당신이 믿는 다른 누군가와 함께 다음과 같은 연습을 제안하였다.

1. 그 사람에게 20피트(609.6센티미터) 정도 떨어져서 가만히 있으라고 하라. 이제 두 팔을 앞으로 내밀고 천천히 그 사람을 향해 걸어가라. 당신이 불편함과 안전하지 않다고 느끼기 시작할 때까지 다른 사람 쪽으로 계속해서 걸어가라. 그다음 멈추라. 이것이 당신의 개인 공간이다. 그 공간은 크기는 어떠한가? 우리가 초등학교에서 작업하면서 '좋은 손길'과 '나쁜 손길'에 대해 가르칠 때, 우리는 서로가 가질 자격이 있는 개인적인 공간은 두 사람이 모두 팔을 뻗었을 때 그들과 다른 사람 사이의 거리라고 가르친다. 당신의 개인적인 공간이 이 거리보다 긴가, 짧은가? 이 '연습하기'가 당신의 기분을 어떻게 만들었는가? 그것이 자신 자신에 대해 무엇을 가르쳐 주는가?

____

____

2. 이제, 당신의 친구나 지지자와 함께 그 연습을 반복하라. 그 사람이 당신을 향해 걸어오게 하라. 그 사람의 개인적인 공간은 당신의 공간과 비교하면 어떠한가? 이 역할을 하면서 어떤 느낌을 받았는가?

____

____

정서적 경계

두 번째 유형의 경계는 **정서적 경계**이다. 정서적 경계를 갖는다는 것은 당신이 다른 사람에게 상처를 주거나 실망을 주는지에 대한 걱정 없이 한계를 정할 수 있다는 것을 의미한다. 당신이 원하거나 받을 만한 것을 요구하는 것은 정서적 경계를 설정하는 또 다른 방법이다. 당신이 좋은 정서적 경계를 가지고 있을 때, 당신이 버려질지, 미움받을지, 상처를 입거나 공격을 받을지에 대한 걱정 없이 이것을 할 수 있다. 좋은 정서적 경계를 가지고 있다면, 성관계를 원하는 사람이 자신을 버리거나 거부하거나 처벌할 정도로 상처를 받거나 화를 낼 것을 두려워하지 않고 성적인 것을 거부할 수 있다. 당신은 신체적으로나 정서적으로 거절할 권리가 있다.

경계 설정의 일부는 개인적인 '권리장전(bill of rights)'을 만드는 것이다. 이 권리장전은 당신이 경계를 설정하고 위험을 감수할 수 있게 한다. 다음 활동 중 하나에서는 아래 나열된 권한 중에서 선택하거나 자신의 권한을 추가하여 권리장전을 만들 수 있다.

- 나는 내 성적 파트너를 선택할 권리가 있다.
- 나는 성관계에 대한 요청에 싫다고 말할 권리가 있다.
- 나는 다른 사람들을 나의 개인 공간에 들이지 않을 권리가 있다.
- 내가 플래시백을 겪고 있을 때 나는 성적 행위를 멈출 권리를 가지고 있다.
- 나는 욕구를 가지고 있고 그것을 충족시키거나 충족시키려고 하는 시도를 할 수 있다.
- 나는 나의 느낌에 대해 표현할 권리가 있다.
- 나는 실수할 권리가 있다.
- 나는 내가 믿는 것과 나의 생각을 바꿀 권리가 있다.
- 나는 내가 누구인지에 대해 바꿀 권리가 있다.
- 나는 도움을 요청할 권리를 가지고 있다.
- 나는 내가 원한다면 혼자가 될 권리를 가지고 있다.
- 나는 과거를 떠나보낼 권리를 가지고 있다.
- 나는 스스로로부터 도움을 추구할 권리를 가지고 있다.
- 나는 다른 사람으로부터 도움을 추구할 권리를 가지고 있다.
- 나는 목표를 세우고 그 우선순위를 정할 권리를 가지고 있다.

- 나는 자신을 칭찬할 권리를 가지고 있다.
- 나는 내가 완벽하지 않을 때 스스로를 용서할 권리를 가지고 있다.
- 나는 자신에 대해 비현실적인 요구를 멈출 권리를 가지고 있다.
- 나는 내 책임이 없는 것에 대해 비난하는 것을 멈출 권리를 가지고 있다.
- 나는 내가 성공할 수 있다고 믿을 권리가 있다.
- 나는 나 자신을 적절하게 판단할 권리를 가지고 있다.
- 나는 다른 사람을 돌보기 전에 자신을 돌볼 권리를 가지고 있다.

거절하는 것이 옳을 때 단호하게 거절한다면 주변 사람들의 반응에서 살아남을 수 있을 것이다. 당신이 누군가 혹은 어떤 것에 대해 거절할 수 있다고 생각하는 것은 매우 이상하게 느껴질지도 모른다. 당신은 거절하는 것이 많은 다른 감정들을 불러일으킨다는 것을 발견할지도 모른다. 연습하기 8-12, 8-13

만약 당신이 너무 꽉 막힌 정서적 경계를 가지고 있다면, 당신은 정서적으로 무감각해질 수도 있다. 당신은 무감각하고, 다른 사람들을 받아들이지 않으며, 다른 사람들에게 관심이 없는 것처럼 보일 수 있다. 당신은 다른 사람들에게 반응하거나 자기 감정을 보여주는 것을 피할 수 있고 도움을 요청하거나 주는 데 문제가 있을 수 있다. 만약 당신이 너무 느슨한 정서적 경계를 가지고 있다면, 당신은 감정을 억제할 수 없을 것이고, 자신이나 다른 사람들에게 과잉 반응할 수도 있다. 당신은 자신에 대해 다른 사람들에게 과도하게 말할 수도 있고, 자신의 필요를 충족시키기 위해 다른 사람들에게 지나치게 의존할 수도 있으며, 너무 빨리 믿거나 즉각적으로 친밀한 성적인 관계에 빠질 수도 있다. 당신은 또한 당신이 정말로 거절하고 싶을 때 무언가를 하는 것에 동의할지도 모른다. 만약 정서적 경계가 너무 느슨하다면, 당신은 다른 사람들에게 너무 많은 것을 주고, 그들로부터 너무 많은 것을 빼앗을 수 있으며, 자신이나 타인의 개인적인 권리를 충분히 존중하지 않을 수 있다.

어떻게 당신의 감정을 타인의 감정과 분리시키는가? 당신의 기분이 좋고, 당신 주변인이 불운한 날을 보내고 있다면, 당신의 감정이 즉시 변하는가? 혹은 당신의 행복과 만족을 유지할 수 있는가? 당신이 자신에게 만족하는데, 상사가 당신에게 무례하게 대하는 것과 같은, 만족하는 감정에 대척되는 상황이 발생하면 자신이 싫어지는가? 상사의 부당한 말이 당신이 자신과 세상을 어떻게 느끼는지를 망치게 두는가?

당신의 정서적 경계는 신념에 영향을 받는다. 만약 당신의 신념이 당신의 정서적 경계를 뒤엎는

● 연습하기 8-12: **거절할 때 나는 어떻게 느끼는가?** ●

당신이 거절할 때, 과거에 다음에 제시되는 어떤 감정을 느꼈는가? 당신에게 해당되는 것에 동그라미를 쳐 보라.

무서움	긴장됨	화남	비호감
불안함	수치심	무력감	거부감
압박감	권력	죄책감	버려졌다는 느낌
내 마음을 바꾸기 위해 나를 조종했다는 느낌			

아니라고 말하는 데에는 긍정적인 방법과 부정적인 방법이 있다. 다음은 각각의 예시이다. 당신은 어떤 것을 언제 이용해 본 적이 있는가? 당신이 사용한 각 항목 앞에 체크 표시하고, 일지나 공책에 그것을 언제 사용했는지에 대해 한두 문장을 적어 보라.

내가 거절할 때(혹은 거절하기를 시도할 때),

☐ 나는 수동적이게 된다.
☐ 나는 차단해 버린다.
☐ 나는 화가 나고 이 화를 괜히 다른 사람에게 낸다.
☐ 나는 분노가 치민다.
☐ 나는 물질 사용을 통해 상황을 회피한다.
☐ 나는 뒤로 내뺀다.
☐ 나는 분명히 말한다.
☐ 나는 좋은 선택을 한다.
☐ 나는 내게 좋은 것을 이야기한다.
☐ 나는 그것이 필요하다면 협상한다.
☐ 나는 내가 원하는 것에 대해 이야기한다.
☐ 나는 다른 사람들이 원하는 바를 들어본다.
☐ 나는 필요하다면 시간을 가진다.
☐ 나는 항상 내 욕구와 안전을 염두에 둔다.
☐ 나는 내가 거절할 권리가 있다는 것을 안다.

● 연습하기 8-13: **나의 권리장전** ●

앞에 있는 권리 목록 중에 당신의 권리장전에 포함시키고 싶은 것은 무엇인가?

____

____

____

____

그것 외에 다른 권리를 추가하고 싶다면 어떤 것인가?

____

____

____

마지막 몇 가지 연습을 마치면서 경계를 설정하는 것에 대해 무엇을 배웠는가?

____

____

____

____

것은 무엇이든 올바르고 당신이 건강한 경계를 유지할 자격이 없다고 말한다면, 당신은 그 신념에 도전하는 것이 중요하다. 당신의 신념은 세상을 보고 방어적으로, 적절하게, 또는 경계 없이 반응하는지를 결정하는 데 도움을 주는 필터이다. (연습하기 8-14)

만약 당신이 이 '연습하기'를 수행한다면, 최종 행동 선택이 현실적이며 당신에게 과도한 해를 끼치거나 비난을 초래하지 않도록 주의하라.

만약 당신이 건강한 정서적 경계를 가지고 있다면, 당신은 당신이 느끼는 감정을 직접적이고 적절한 단어와 몸짓으로 다른 사람들과 공유할 수 있다. 당신은 적극적이고 가능한 행동 사이에서 적절한 선택을 할 수 있다. 당신은 또한 자신을 완전히 끔찍한 사람으로 보지 않고 가능하다면, 당신

● 연습하기 8-14: **나의 경계 대본** ●

다른 사람들이 당신의 정서적 경계에 침입하고 영향을 줄 때, 당신은 이것과 같은 것을 그들에게 말할지도 모른다.

당신이 ______________________(다른 사람들 앞에서 나에 대해 무례하게 말하는 것)할 때, 나는 ______________________
(당황하고, 수치심을 느끼고, 불공정하게 다루어지고, 판단당하고)을/를 느낀다.
나는 ______________________(당신이 직장에서 다른 사람을 대하는 것처럼 나를 존경으로 대하는 것)이/가 필요하다. 만약 당신이 (지속적으로) ______________________
______________________(무례하게) 한다면, 나는 ______________________
(당신의 감독자에게 가기, 항의 등)을/를 한다.

의 실수를 인정하고 고칠 수 있다. 당신은 또한 동의하지 않더라도 다른 사람들의 의견과 견해를 받아들일 수 있다. 당신은 다른 사람들의 견해에 대한 찬반 의견을 보고, 어떻게 대응할 것인지 결정할 수 있다. 만약 당신이 적절한 정서적 경계를 가지고 있다면, 당신은 지나치게 거리를 두거나 지나치게 관여하지 않고, 배려심 있고, 감정이입이 잘 되고, 민감한 사람이다. 당신은 다른 사람들이 어떻게 생각하고 느끼는지 또는 그들이 필요로 하는 것을 안다고 가정하지 않는다. 당신은 자신의 권리처럼, 그들의 권리도 존중한다. 당신은 도움이 필요할 때 도움을 요청하지만, 당신의 필요를 충족시키기 위해 또는 당신에게 지속적인 지원과 안심을 주기 위해 다른 사람들에게만 의존하지는 않는다. 당신은 당신 자신의 가치와 도덕을 지킬 수 있다. (연습하기 8-15)

당신은 '연습하기 8-15: 나의 정서적 경계'에 얼마나 많이 체크 표시하는지 살펴보라. 모든 목록에 표시하는 것이 이상적이다. 만약 당신의 경계가 양호한 경우 이러한 진술 중 적어도 12개 또는 13개를 표시했을 것이다. 만약 빈칸을 남겼다면, 아래에 그 문장을 쓰고 왜 그것을 표시하지 않았는지 그 이면에 있는 믿음을 탐색하라. 그런 다음 각 믿음에 도전하기 위해 무엇을 할 수 있는지 생각해 보라.

연습하기 8-15: **나의 정서적 경계**

다음 체크리스트를 보고 당신에게 해당되는 것에 체크 표시하라.

나는 다음과 같은 이유로 나의 정서적 경계가 엄격하거나 느슨하거나 건강하다고 생각한다.

- ☐ 나는 ____________________의 영역에서 좋은 경계를 가지고 있다.
- ☐ 나는 타인에게 오직 내가 밝히는 것이 편한 것만을 말한다.
- ☐ 나는 친근하고, 성적인 관계를 바로 가지거나 관계가 시작된 직후에 가지지 않는다.
- ☐ 나는 누군가를 믿기 전에 그 사람에 대해 배울 시간을 가진다.
- ☐ 나는 다른 사람들을 기쁘게 하기 위해 내 행동이나 가치를 바꾸지 않는다.
- ☐ 나는 오직 내가 원할 때에만 성관계를 한다.
- ☐ 만약 누군가가 내 개인적 공간에 침입하려고 한다면, 나는 그 사람에게 불편하거나 물러서라고 말한다.
- ☐ 나는 내가 원하지 않을 때 다른 사람의 접촉을 허락하지 않는다.
- ☐ 나는 나의 삶과 내가 가는 방향에 대해서 선택한다.
- ☐ 나는 다른 사람들이 내 필요를 예상하기를 기대하지 않는다.
- ☐ 나는 다른 사람들이 내 필요를 충족시켜 주기를 기대하지 않는다.
- ☐ 나는 다른 사람이 날 돌봐주게 하기 위해서 멀어지지 않는다.
- ☐ 나는 자기 남용을 하지 않는다. 만약 내가 자기 남용을 한다면, 그것을 멈춘다.
- ☐ 나는 의식적으로 과거에 나에게 일어난 남용의 패턴을 반복하지 않는다.
- ☐ 나는 다른 사람들로부터 현실적인 도움을 기대한다.
- ☐ 나는 자기 스스로에 대해 현실적인 기대를 가진다.

내가 체크 표시하지 않은 문장:

1. ______________________________

2. ______________________________

3. ______________________________

각 문장에서 내가 체크 표시하는 것을 주저하게 한 신념:

1. ______________________________

2. ______________________________

3. ______________________________

내가 이러한 신념에 도전하기 위해 어떠한 일을 할 의향이 있는가?

1. ______________________________

2. ______________________________

3. ______________________________

이 '연습하기'를 하면서 물리적 경계와 정서적 경계가 당신에 대해 알려준 것은 무엇인가?

____

____

____

____

당신이 물리적 공간과 정서적 공간에 관해서 한계를 정하고 다른 사람에게 그것을 존중하기를 요청할 수 있는 권리를 가지고 있다는 것을 기억하라.

주의산만과 주의집중의 어려움

충격적인 이미지, 생각, 꿈, 회상 등이 끊임없이 머릿속에 남아 있거나, 에너지를 사용해 머릿속에 들어오지 못하게 하고 있다면, 당신은 집중하거나 주의를 기울이는 데 어려움이 있다는 것을 알게 될 수 있다. 만약 당신이 과도한 에너지를 가지고 있고 항상 그렇게 산다면, 즉 당신이 정말로 당신의 트라우마를 다루고, 생각하고, 혹은 다시 경험하는 것을 피하려고 할 때, 당신은 주의력 결핍/과잉행동 장애를 가지고 있다는 꼬리표가 붙을 수 있다. 만약 이 진술들이 당신에게 맞는 것처럼 보인다면, 당신은 집중하는 능력을 높이기 위해 다음 기법 중 일부를 사용할 수 있다.

- 진정 시각화 운동하기
- 당신이 하기 원하는 것들을 목록화하기
- 당신이 기억하기를 원하는 것들을 목록화하기
- 책의 몇 문단을 읽은 후 당신이 읽은 것에 대해 요약하기
- 방해가 되는 침습적 사고가 있다면 생각을 멈추는 연습을 하기

극도의 경계, 높은 위험 인지, 쉽게 놀람

당신에게 일어난 트라우마 사건 동안, 당신은 당신 주변에서 무슨 일이 일어나고 있는지 잘 인지하고 있었는가? 현재, 당신은 매우 관찰적이거나 과의식적인가? 당신은 항상 과민한가? 과도하게 의식하거나 지나치게 경계하는 것은 당신이 겪고 있는 PTSD의 증상 중 하나일 수 있다. Meichenbaum은 이러한 감정을 식별하는 데 도움을 줄 수 있는 비유를 나열했다(1994, 112).

당신은 다음과 같은 것을 믿거나 느낀 적이 있는가?

- 당신은 곧 터질 것 같은 시한폭탄이다.
- 당신은 도를 넘었다.
- 당신은 곧 터질 것만 같은 화산이다.
- 당신은 곧장 녹아내릴 것 같다.
- 당신은 짧은 도화선을 가지고 있다.
- 당신은 공격 상태에 있다.
- 당신은 당신의 파괴 지점에 있다.

- 당신은 주의하고 있다.
- 당신은 금방이라도 폭발할 것 같다.
- 당신은 싸울 준비가 되어 있다.
- 당신은 계란 껍질 위를 걷는 것만 같다.
- 당신은 도망갈 준비가 되어 있다.
- 당신은 산산조각이 나고 있다.

이 중에 당신을 묘사하는 것이 있거나 당신을 묘사하는 다른 용어가 있는가? 이러한 이미지나 기타 이미지가 당신이 극도로 조심스럽고 경계심이 강하다는 것을 나타내는 것을 발견한다면, 당신은 진정하기 위해 다음의 기법을 사용할 수 있다.

- 안전하다고 느끼기 위해 집에서 필요한 모든 것을 한다. 예를 들어, 문의 자물쇠를 확인하고, 창문이 닫혀 있는지 확인한다.
- 안전 점검 문과 창문을 다섯 번 점검하는 것만으로는 충분하지 않을 때 역설적인 개입을 사용하라. 스스로 열 번 점검하라(즉, 확인 작업을 줄이지 말고 더 많은 작업을 수행하라).
- 현재 환경의 현실 속에 당신 자신을 세워 그곳이 정말로 안전한지 혹은 당신이 정말로 위험에 처해 있는지를 인식하라.

무모함, 위험 감수, 혹은 자기 파괴적 행동

무모하고, 위험을 감수하거나, 자기 파괴적인 행동은 PTSD 양성 진단을 내리기 위해 새로운 자격을 갖춘 각성 증상이다. 이러한 행동은 해로운 의도 없이 '과도한 무언가'(폭식, 과치료 등)를 하는 것에서부터 의도적으로 자신을 해칠 수 있는 무언가를 하는 것(자해, 자살 시도), 어떤 것을 하지 않는 것(인슐린과 같은 생명을 보존하는 약을 먹지 않거나 필요한 식이요법을 따르지 않는 것)까지 다양할 수 있다. 다음 질문들은 당신이 무모하거나 자기 파괴적인 행동의 이러한 자극적인 증상 중에 당신이 사용하는 것이 있는지에 대해 생각하게 하기 위해 여기에 포함되어 있다.

- 당신은 살아있다는 것을 느끼기 위해 자극제나 자극이 필요한가?
- 당신의 삶에서 즐거움을 추구하기 위해 위험 감수를 하는가?(Briere & Scott, 2015)
- 살아있는 것을 느끼기 위해 자신을 해치는가? 그렇다면, 어떻게 자신을 해치는가?

자해

자해는 단지 당신의 몸을 다치게 하거나 당신에게 고통을 가져다주는 일을 하는 것을 의미하지 않는다. 고의적인 부상은 경미한 것부터 심각한 것까지 다양하다. 또한 심각한 신체적 위해를 초래할 가능성이 있는 경미하거나 심각한 위험(예: 성병을 초래하는 위험한 성관계, 체포 또는 자동차 충돌을 초래하는 과속, 안전하지 않은 장소에 혼자 가서 공격, 학대, 강간당하는 것)을 감수하는 효과를 포함한다. 당신이 트라우마 생존자로서 자신을 해치고 방해할 수 있는 많은 방법이 있다. Zampelli(2000)가 글에서 제안했듯이, 당신은 정확히 어떤 자기 패배적인 행동을 사용하고 어떤 행동을 가장 자주 사용하는지 보기 위해 다음과 같은 '연습하기'를 완료하는 것을 선택할 수 있다. 그런 다음 다시 돌아가서 이러한 행동이 당신에 대해 무엇을 말하는지 자문해 볼 수 있다(Rosenbloom & Williams, 2010). 연습하기 8-16

비자살적 자해

비자살적 자해는 자해의 특별한 유형이다. 직접적이고 통제적이며 반복적이며, 자살의 의도가 없으며, 정신적 또는 인지적으로 손상되는 것과 관련이 없으며(예: 지체 또는 자폐증), 사회적으로 용납될 수 없다(Suyemoto & Kountz, 2000). 자해는 일반적으로 긴장, 불안, 분노 또는 공포의 감정으로 이어지는 깊은 상실감을 느낄 때 발생하며, 매우 통제된 방식으로 신체에 해를 입힘으로써 그러한 감정을 표현한다. 자해의 가장 흔한 형태는 컷팅이다. 컷팅 및 일반적인 자해는 다음과 같은 기능을 가지고 있다(Suyemoto & Kountz, 2000; Alderman, 1997 수정 인용).

- 당신이 언어로 표현할 수 없는 고통스러운 감정을 구체적이고 행동적으로 다루는 방법
- 감정을 느끼는 것을 멈춤으로써 그것을 통제하는 방법
- 당신이 살아있음을 증명하는 방법
- 트라우마와 학대를 재연하는 방법
- 충동적이게 되는 중독적인 행동
- 신체의 경계 위반
- 자기 비난의 표현
- 자기 위안의 방법

연습하기 8-16: **나의 패배적인 행동**

당신에게 해당되는 것에 체크 표시하라.

- ☐ 나는 시간을 낭비한다.
- ☐ 나는 의미 없는 것을 하면서 내가 세운 목표를 향해 나아가는 것을 피한다.
- ☐ 나를 압박하는 무언가를 해야 할 때 나는 신체적으로 아프다.
- ☐ 나는 내가 불편할 때 주제를 바꾼다.
- ☐ 나는 불편한 상황에 있을 때 직면하기보다는 '장소를 통한 치유'를 사용한다(다시 말해, 나는 물리적으로 다른 공간에 간다).
- ☐ 나는 누군가와 이야기할 때에 다른 사람의 눈을 보는 것을 거부한다.
- ☐ 나는 정서적으로 친밀해지는 것을 피한다.
- ☐ 나는 돌려 말한다.
- ☐ 나는 대화 도중 주의집중을 어렵게 하는 다른 행동을 한다(손톱 물어뜯기, 액세서리 만지작거리기).
- ☐ 나는 과식한다.
- ☐ 나는 물질을 과도하게 사용한다.
- ☐ 나는 알코올을 과도하게 섭취한다.
- ☐ 나는 쇼핑중독이다.
- ☐ 나는 무언가를 감추거나, 다른 사람에게 좋은 인상을 주거나, 또는 문제에서 벗어나기 위해 거짓말을 한다.
- ☐ 나는 흡연한다.
- ☐ 나는 정리정돈이 안 되어 있다.
- ☐ 나는 보통 약속에 늦는다.
- ☐ 나는 위험한 상황에 나 자신을 놔둔다.
- ☐ 나는 중요한 미팅이나 약속에 참여하지 않는다.

- ☐ 나는 중요한 연락을 하지 않는다.
- ☐ 나는 필요한 것들을 적어두지 않는다.
- ☐ 나는 막대한 빚이 있다.
- ☐ 나는 자주 중요한 것을 잊는다.
- ☐ 나는 빚은 없지만 과소비를 한다.
- ☐ 나는 자기 파괴적일지라도 해로운 그 상황에 남는다.
- ☐ 나는 그것이 내게 나쁠지라도, 다른 사람들이 원하는 대로 한다.
- ☐ 나는 자신을 바꾸려고 하지 않는다.
- ☐ 나는 좋지 못한 사람에게 도움을 요청한다.
- ☐ 나는 내가 다룰 수 있는 것 이상으로 책임을 진다.
- ☐ 나는 내가 특별하고, 독특하며, 특권이 있다고 믿는다.
- ☐ 나는 내 주변의 것들이 완벽해야 된다고 믿는다.
- ☐ 나는 참을성이 없고 '지금 즉시 원한다'.

이제 6개의 자기 파괴적 행동의 순위를 매기고 당신이 그렇게 하는 상황을 묘사하라.

1. ______________________________

나는 이 행동을 내가 ______________________________ 할 때 사용한다.

2. ______________________________

나는 이 행동을 내가 ______________________________ 할 때 사용한다.

3. ______________________________

나는 이 행동을 내가 ______________________________ 할 때 사용한다.

4. ____

나는 이 행동을 내가 ______________________________ 할 때 사용한다.

5. ____

나는 이 행동을 내가 ______________________________ 할 때 사용한다.

6. ____

나는 이 행동을 내가 ______________________________ 할 때 사용한다.

이제, 이 6개의 자기 파괴적 행동을 상기하면서, 각각에 대해 다음의 전략을 사용하라(당신은 아마 이곳에 첫 번째 것을 기록할 것이다. 다른 행동들은 일지나 공책에 수행하라).

행동 기록: ____

다음에 대해서 자신에게 질문하라.

1. 그 행동은 나에 대해 무엇을 말해 주는가?

____

2. 위의 질문(1번)에 대한 답변이 나에 대해 무엇을 말해 주는가?

____

3. 위의 질문(2번)에 대한 답변이 나에 대해 무엇을 말해 주는가?

____

이 세 개의 질문에 대한 답은 당신의 핵심 신념에 대해 말해 준다. 행동의 기저에 있는 깊은 신념에 대해 말해 준다.

- 감정에 대해 이야기하는 방법
- 자기혐오의 표현
- 긍정적인 방법으로 자신을 달래는 것에 대한 저항
- 만약 정체성의 소실과 함께 위협받을 때 자신의 안정된 느낌을 유지하는 방법
- 인지된 거절의 고통에서 벗어나는 방법
- 정서적 상처의 신체적 흔적
- 자해를 이유로 당신을 거부할 사람들과 거리두기 및 경계를 설정하기 위한 방법
- 해리를 멈추거나 유도하거나 방지하는 방법
- 고통을 느끼지 않기 위해 엔도르핀을 분출하기 위한 방법
- 어린 시절 벌을 받았던 특정 행동, 생각, 또는 감정을 갖는 것에 대한 자기 처벌 방법

Alderman이 쓴 것처럼, "대부분의 자해적 폭력은 높은 수준의 정서적 고통의 결과이며, 대처할 수 있는 수단이 거의 없다"(2000, 7). 당신은 몸을 통제하기 위한 방법으로 자해를 이용하거나 경험할 수 있으며, 당신 주변의 사람들이 알아차리고 무언가를 할 수 있도록 충분히 신경 쓰도록 도전할 수도 있다. 당신은 자신을 해치는 것을 통해 권력 있는 다른 사람들에 대한 분노를 표현하는 방법이라고 생각하는가? 모든 형태의 자해는 타인에 대한 분노의 대체 수단이 될 수 있으며, 그 사람에게 고통을 주고자 하는(의식적이든 무의식적이든) 욕구를 나타낼 수 있다. 때때로, 자신을 해치고 싶은 욕망은 우울증과 불안과 싸우는 방법이거나 일종의 자기 치료를 통해 자신을 마비시키는 방법이다. 때때로 자해는 당신이 자신을 얼마나 싫어하는지를 보여 주는 방법이다. 신체적 고통이 있을 정도로 자기 비하와 구토를 수반하는 섭식장애도 일종의 자해가 될 수 있다. 당신은 또한 몸과 마음을 다시 연결하는 방법으로 자해할 수도 있다. 어떤 사람들은 피를 보면 자신이 진짜이고 살아있다는 것을 믿고 인식할 수 있다고 말한다. 그들에게 자해는 자기를 진정시키고 각성을 감소시키는 엔도르핀 방출을 통해 침습적인 트라우마 기반 사고를 진정시킬 수 있다.

만약 당신이 자해를 한다면, 다음 '연습하기'를 완성해 보라. 무엇보다도, 당신이 자격 있는 상담자에게 가서 도움을 받는 것이 중요하다. 괜찮은 자기 학대는 없다. 자기 학대는 자신을 다시 피해자로 만드는 방법이다. 고통과 고뇌를 자신의 몸으로 꺼내지 않고 전달할 수 있는 다른 방법이 있다. 당신이 어떤 종류의 감정이든 매우 강한 감정이 들 때, 그것에 대해 행동할 필요는 없다. 강한 감정에 대한 대안적인 반응 계획을 세우는 것은 자해를 통제하는 한 가지 방법이다. (연습하기 8-17)

● 연습하기 8-17: **내가 자해하는 이유** ●

당신의 비자살적 자해를 기술하라.

____

이제 당신 자신에게 당신의 각 행동에 대한 다음의 질문을 물어보라(첫 번째 행동을 이 책에서 수행하고, 다른 것들은 일지에다 진행하라).

그 행동이 내가 살아남는 데에 어떤 도움을 주는가?

____

나의 트라우마에 대해 그 행동이 어떤 의미를 주는가?

____

그 행동이 어떻게 나에게 통제감과 권력의 유능감을 주는가?

____

그 행동이 어떻게 엔도르핀을 방출시키고 기분을 좋게 하는가?

____

그 행동이 내가 원하는 복수를 하는 데 어떤 도움이 되는가?

____

그 행동이 어떻게 죄책감, 수치심, 자기 비난의 감정을 강화하는가?

____

그 행동이 어떻게 나를 심판하는가?

____

그 행동이 어떻게 내가 이전 삶에서 배운 것을 재현하는가?

____

그 행동이 어떻게 내게 애정, 돌봄, 정서적 가까움을 가져다주는가?

아래 목록에서 당신에게 해당한다고 생각하는 모든 것을 체크 표시하라.

내가 자해하는 이유:

- ☐ 나는 내 몸을 내가 소유했다는 것을 보여주고 싶다.
- ☐ 나는 자신에게 화가 났다는 것을 표현하고 싶다.
- ☐ 나는 나 자신이 싫다.
- ☐ 나는 다른 고통에서 벗어나고 싶다.
- ☐ 나는 나의 감정을 마비시키고 싶다.
- ☐ 나는 직접 말할 수 없는 메시지를 가지고 있다.
- ☐ 나는 도움을 요청하고 있다.
- ☐ 나는 구원받고 싶다.
- ☐ 내 몸이 전쟁터에 있는 것 같다.
- ☐ 나는 자신을 정화하고 싶다.
- ☐ 나는 나의 죄에 대해 어떻게든 속죄하고 싶다.
- ☐ 나는 나의 수치심을 표현하고 싶다.
- ☐ 나는 나의 고통을 표현하려고 한다.
- ☐ 나는 나의 학대자가 떠난 곳을 장악하려고 한다.
- ☐ 나는 비밀을 말한 나 자신에게 복수한다.
- ☐ 만약 내가 말한다면, 나는 내 학대자가 세뇌한 방식으로 하고 있다.
- ☐ 나는 나의 정신과 몸을 연결하려고 한다.
- ☐ 나는 피를 통해 내가 진짜라는 것을 확인하려 한다.
- ☐ 나는 감정을 통제하에 두려고 한다.
- ☐ 나는 내가 살아있다는 것을 증명하고자 한다.

☐ 나는 '고양감'을 얻고자 한다.

☐ 나는 나의 플래시백과 기억을 다루고자 한다.

☐ 나는 참을 수 없는 정서적 긴장을 방출하고자 한다.

☐ 나는 정서적 고통에 집중하기보다는 신체적인 것에 집중하는 것을 통해 시간을 벌려고 한다.

☐ 나는 방출 밸브가 필요하다. 나는 '중립 지역'에 가기를 원한다.

이제 당신이 확인한 자해에 대한 각각의 이유를 가지고 그 감정이나 행동을 표현하기 위해 당신이 할 수 있는 다른 다섯 가지를 생각해 보라. 예를 들어, 자해의 이유로 "나는 자신을 정화하고 싶다"를 선택했다면, 자해를 수반하지 않고 자신을 정화하기 위해 할 수 있는 다른 다섯 가지는 무엇인가? 거품 목욕을 하거나, 사우나를 하거나, 낮에 온천에 가거나, 당신의 몸을 정화하기 위해 허브를 사용하거나, 다른 형태의 정화 의식을 할 수도 있다. 당신은 당신에게 적용될 수 있는 또 다른 것을 생각할지도 모른다. 아래에는 당신의 이유 중 하나에 대해 당신의 반응을 기록할 수 있는 공간이 있다. 당신은 나머지 것에 대해서 일지나 공책에 수행할 수 있다.

나의 자해 이유와 자해를 위해 하는 행동: ____________________

대신에 내가 할 수 있는 다섯 가지 일:

1. ____________________
2. ____________________
3. ____________________
4. ____________________
5. ____________________

이 '연습하기'를 마치면서 자기 자신에 대해 어떤 것을 배웠는가?

____

____

____

자해로 이어지는 신념

당신은 또한 자신을 다치게 하는 신념 체계를 가지고 있을 수 있다. 이런 신념은 자주 왜곡되고, 당신을 학대한 사람에게서 기인된 것일 수 있다(당신에게 내사되어 이제는 자신의 신념처럼 경험된다). 이 신념은 일반적으로 흑백논리거나 이분법적 사고이다. (연습하기 8-18)

앞의 '연습하기' 문장 중에서 올바르거나 사실인 문장은 하나도 없다. 각각의 문장은 왜곡된 신념이다. 자해는 아픔과 상처를 표현하기에 건강한 방법이 절대 아니다. 만약 당신이 이러한 문장 중 어느 하나라도 표시했다면, 이러한 신념을 바꾸기 위해 상담자와 함께 노력해야 한다. 또한 당신은 충동 조절 일지(자해를 하고 싶다는 충동이 들었을 때 자해를 대신했던 행동 적기)를 작성하고 당신에게 무해하게 자신의 감정을 표현하는 방법을 생각해 보는 일을 상담자와 함께해 볼 수 있다. 충동 조절 일지를 통해 자해를 유발하는 촉발자극에 대해 식별하라. 다음은 자해를 조절하는 몇 가지 기법이다.

- 자해하고 싶은 마음 이외의 다른 것에 주의를 기울여 본다. 예를 들면, 가로세로 낱말 퍼즐이나 직소 퍼즐에 집중하거나, 다른 지적 자극물에 집중하라. 이것은 정서적 고통을 최소화해준다.
- 자해를 대체할 목록을 만든다.
- 폭력적인 행동을 하기보다는 글을 쓰거나 그림을 그린다.
- 만약 동기부여가 된다면, 아드레날린을 동일하게 높이는 신체활동으로 대체한다.
- 허용 가능한 자기표현 방법의 콜라주를 만든다.
- 자해로 이어지는 내사된 말(머릿속에서 맴도는 타인의 말)을 목록으로 만든다.
- 상담자 또는 다른 중요한 사람과 안전 계약을 맺고, 특정 기간 동안 자해하지 않기로 약속한다. 안전 계약에는 약속 이행에 대한 보상과 이행하지 않을 경우의 결과를 포함한다.
- 당신이 다루거나 표현하기 힘든 각각의 감정을 자해 없이 해방시킬 수 있는 콜라주를 만든다.
- 당신이 자기 파괴적인 느낌을 느끼지 않는 시간 동안, 자해하고 싶지 않은 이유에 대한 목록을 준비한다. 그리고 자해 충동이 생길 때, 목록으로 돌아가 검토하고, 한두 가지의 또 다른 이유를 추가해 본다.
- 당신 삶에서의 긍정적 성취의 목록이나 사진첩을 만든다. 자해하고 싶은 충동을 느낄 때 그 목록이나 앨범을 보고, 스스로 '나는 내 인생에서 이런 성취를 이루어 냈고, 나는 더한 고통을 느

● 연습하기 8–18: **자해에 대한 나의 신념**

아래의 문장에서 당신의 신념에 해당되는 것에 체크 표시하라.

- ☐ 자해는 나 이외의 다른 사람에게 피해를 주지 않으며, 나에게도 크게 상처가 되진 않는다.
- ☐ 나의 몸이기에 내 마음대로 할 수 있다.
- ☐ 그렇게 큰일도 아니고, 아무도 화나게 하지 않는다.
- ☐ 이렇게 나 자신을 상처 내지 않는다면, 내 고통은 더욱 심해질 것이다
- ☐ 흉터는 나에게 이야기, 자기 처벌, 나의 수치심 등에 대해 알려주어 의미가 있다.
- ☐ 어쨌든 아무도 나의 자해에 대해 모른다.
- ☐ 나는 내가 한 일에 대해 처벌받아야만 한다
- ☐ 자해는 내가 얼마나 나쁜 사람인지 보여준다.
- ☐ 자해는 사람들을 밀어낸다.

끼지 않아도 된다. 나는 좋은 사람이다.'라고 말한다.

- 어떤 감정을 더 이상 참기 힘들다는 초기 경고 신호를 알아차리고, 그 이후 스스로 진정하거나 다른 행동을 하는 법을 배운다. 이 기법은 이러한 패턴을 바꾸기 위한 첫 번째 단계로 자해의 패턴을 식별하는 것을 포함한다. 얼마나 자주 자해를 하는가(매일, 매주, 가끔, 드물게)? 그러고 나서 자해가 일어나기 직전과 일어난 직후에 당신이 무엇을 하고 있었는지, 생각하고 있는지, 또는 무엇을 느끼고 있었는지 본다(Trautman & Connors, 1994).
- 자해를 한 후 다른 사람들과 자신으로부터 오는 반발을 살펴본다. 스스로가 제정신 같지 않거나, 신체적으로 아프거나, 수치심을 느끼거나, 다른 사람에게 들키지 않으려고 하는가? 자해하고 싶지 않은 이유를 상기시키기 위해 불편했던 기억을 떠올린다.
- 안전툴박스를 구해 자해 방지 서약서, 충동 조절 일지, 자해 대안 목록, 글쓰기 자료, 미술 자료를 담아둔다(Alderman, 1997).
- 만약 당신이 꼭 자신의 피를 보아야겠다면, 가짜 피를 준비하여 실제 자해 행동 없이 그 효과만을 시각화하기 위해 사용한다.

• 자해를 하는 것이 왜 괜찮은지에 관한 당신의 신념을 바꾸기 위해 확언을 사용한다.

http://healingselfinjury.org는 자해를 하는 사람들을 위한 훌륭한 자원이다. 뉴스레터 『*The Cutting Edge*』의 과거 호에 대한 아카이브는 해당 웹사이트의 리소스 부분을 참고하라. (연습하기 8-19)

조절되지 않은 성적 관계

Schiraldi는 몇몇 연구에서 "PTSD를 가진 남녀가 PTSD가 없는 남녀보다 성적 무관심, 혐오, 불만족, 수행의 어려움(고통스러운 성관계와 성적으로 흥분이 잘 되지 않음) 등의 성 문제를 경험할 가능성이 더 큰 것으로 나타났다"라고 서술한다(2000, 318). 만약 당신이 어떤 종류든 상관없이 성적 학대나 성폭력의 피해자라면, 당신은 성 감각을 느낄 때 수치심을 느낄 것이고, 이후 성관계는 굴욕, 위험, 비밀 유지의 필요성과 관련된 촉발자극이 된다.

당신은 성관계 중 플래시백을 경험할 수 있다. 만일 그렇다면, 플래시백을 인지하는 즉시 자신을 안전한 장소에 있다는 것과 이완하는 것에 집중함으로써 자신을 현재에 머무르게 하는 것이 중요하다. 플래시백이 끝날 때까지 어떠한 성적 반응이나 활동을 멈춰야 한다. 당신의 성적 파트너에게 당신이 겪고 있는 것을 즉시 알리고, 당신을 달래주며 과거가 아닌 현재에 당신이 머물고 있음을 다시금 확인시켜 달라고 요청하는 것이 중요하다(Dolan, 1991).

몇몇 트라우마 생존자들은 성적인 느낌이나 흥분할 때, 자해를 해야만 한다고 생각한다. 쾌락 지향적인 접촉과 자해 이미지와 행동의 형상화를 대체하는 법을 배우는 것은 많은 시간을 요하는 힘든 과정일 수 있다. 트라우마는 성적 필요와 욕구를 무시하거나 성적 필요와 욕구를 공격적, 충동적 또는 비친밀적으로 행동할 정도로 자신을 성적으로 표현하는 능력에 영향을 미쳤을 수 있다. 다음 문단은 당신의 성적 느낌과 행동에 관한 질문을 포함한다. 당신은 그것을 읽고 생각해 보거나 일지나 공책에 쓸 수 있다.

어떤 행동이 당신의 성적 행동과 관련이 있는가? 성적인 만남이나 관계를 갖거나 갖기를 원하는 특정한 계기가 있는가? 당신이 성적인 경험을 원할 때, 어떤 생각이 당신의 행동에 동기를 부여하는가? 당신은 당신이 가진 어떤 성적인 경험으로부터 부정적인 결과를 기대하는가?

당신이 성적인 행위를 할 때, 당신은 일어나는 일에 대해 어느 정도의 통제력을 가지고 있다고 느끼는가? 만약 성적인 만남에서 통제 불능이었다면 어떤 감정이 드는가? 혼란스러운가? 고통과 수치심을 느끼는가? 아니면 스스로나 성적 파트너에게 분노를 느끼는가?

그러면 당신은 무엇을 하는가? 당신은 즐기지 못하면서도 계속 성관계를 지속하는가? 당신의 성

● 연습하기 8-19: **자해에 대한 나의 확언**

아래의 공간에, 자신에게 말하고 싶은 3가지 확언을 적거나 당신이 결국에 믿길 원하는 것을 적어 보라. '나는'이라는 1인칭 단어를 사용하고, 현재 시제로 적어야 한다는 것을 기억하라.

1. ______________________________

2. ______________________________

3. ______________________________

이제 각각의 확언에 익숙해지기 위해 다섯 번씩 적어 보라.

1. ______________________________

____

____

____

____

2. ______________________________

____

____

____

____

3. ______________________________

____

____

____

____

적 파트너에게 화를 내는가? 상황을 조종하려고 하는가? 성관계 자체를 그만두는가? 그 자리를 떠나는가?

만약 이런 일 중 하나라도 일어난다면, 어떤 감정이 드는가? 취약함과 무력함을 느끼는가? 당신의 파트너가 더 이상 당신을 신경 쓰지 않거나 사랑하지 않을 것이라고 믿는가? 당신의 성적 파트너로부터 거리를 두어 자신을 보호하려고 하는가? 약물을 사용하거나, 무감각해지거나, 잠을 자거나, 자신을 고립시키는가? 자해하는가?

경계와 건강한 성생활

적절한 경계는 건강한 성생활의 중요한 요소이다. 건강한 성생활은 재미있고, 장난스럽고, 진실할 수 있으며, 사랑과 존중, 베푸는 관계의 경계 안에 있다. 성생활은 자신의 취약성을 공유하고 통제하는 것을 포함하기 때문에, 관계를 쌓고 유지하는 일환이 된다. 만약 당신이 성적 감정을 정상화하고 싶다면, 뒤에 나오는 Schiraldi(2000)의 전략을 참고하라.

- 당신의 생식기 부위를 신체의 일반적인 부분으로 생각해 보고, 적절한 명칭을 사용하여 그 고유한 기능을 인정한다.
- 성행위를 할 때 생기는 불쾌한 감정을 상쇄시킨다. 당신이 모든 성행위를 불쾌해하는지, 아니면 그저 특정 부분만을 불쾌해하는지 고려하는 것부터 시작한다.
- 성에 대한 수치심이 있다면, 긍정적인 확언을 발전시켜 당신의 초점을 수치심에서 당신과 당신의 성적 존재의 긍정적인 측면으로 옮긴다.
- 건강한 성생활이 무엇인지 자신만의 정의를 내려본다.
- 만족스러운 성생활을 유지하는 데 도움이 되는 '성적 역설(sexual paradoxes)'을 기억한다(Engel, 1995).
- 당신이 성관계를 더 잘하려고 애쓸수록 오히려 더 못하게 되기 때문에, 편안한 마음으로 여유를 가진다.
- 당신은 치료하지 않으려고 함으로써 당신의 성기능 장애를 치료할 수 있다.
- 당신이 원할 때 성관계를 맺으려면, 당신이 원하지 않을 때를 알고 성관계 맺기를 거절하는 법을 배워야 한다.
- 당신의 성적 파트너를 만족시키는 방법은 무엇이 당신을 기분 좋게 만드는지 배우는 것이다.
- 성관계를 하기 전에, 자신과 파트너를 애무하는 법을 배운다.

- 성관계와 사랑, 애정과 관심의 차이를 배운다.
- 성관계 중 일어날 수 있는 불가피한 플래시백에 대비한다(4장에서 배운 기법이 도움이 될 것이다).
- 성관계 중 판타지가 필요할 경우, 자신의 치유를 위한 성적 이미지나 이야기를 만들어 본다. 이러한 이야기는 보통 당신의 안전을 보장하는 상황을 기반으로 구성된다.

자살에 관한 이야기

많은 트라우마 생존자는 자살 충동을 느끼고, 자살 생각을 하며 계획을 세운다. 어떤 사람들은 특히 스트레스를 받고 촉발되었을 때 자살 생각을 행동으로 옮기며, 일부는 주기적으로 행동으로 옮기기도 한다. 자살 충동을 다루고 통제하는 방법을 개발하는 것은 중요하다. 그러기 위해서는 이러한 충동이 들었다면 그 충동의 의미와 역할에 대해 자신에게 질문하는 것이 중요하다. 자살 계획과 관련된 충동과 환상이 아드레날린 분비나, 평온함과 평화를 느낄 수 있게 유발하는가? 만약 당신이 이러한 충동을 가지고 있다면, 무엇이 당신을 안심시킬 수 있는가?

덜 파괴적인 수단을 통해 참을 수 없는 감정을 완화하는 방법을 찾는 것이 자살 충동을 통제하는 첫 번째 단계이다. 온라인 뉴스레터인 『*Survivorship*』에서 Mari Collings(2010)는 자살하지 않아야 할 이유에 대한 목록을 다음과 같이 작성했다.

- 당신은 살아갈 자격이 있기 때문이다.
- 당신이 알든 모르든 당신의 삶은 소중하기 때문이다.
- 당신의 잘못이 아니기 때문이다.
- 당신은 구타당하고 이용당하는 것을 선택하지 않았기 때문이다.
- 삶은 그 자체로 소중하기 때문이다.
- 그들이 틀렸고, 지금도 옳지 않기 때문이다.
- 당신은 모든 다른 생존자들과 연결되어 있어서 당신이 경험하는 일상에서의 투쟁은 자동으로 다른 이들에게 희망과 힘이 되기 때문이다.
- 결국에 당신은 나아질 것이기 때문이다.

- 당신이 절망에 마주하는 때마다 더욱 강해질 것이기 때문이다.
- 만약 당신이 오늘 죽는다면, 다시는 다른 사람에 대한 사랑을 느끼지 못하거나, 나뭇잎 사이로 쏟아지는 태양을 보지 못할 것이기 때문이다.
- 당신은 이미 승리했기 때문이다. 아무도 당신의 승리를 앗아갈 수 없다.
- 살고자 하는 의지가 때로는 잔인한 형벌로 느껴질지라도 삶은 형벌이 아니며, 값을 매길 수 없이 소중한 선물이기 때문이다.
- 우리에게는 이러한 공포와 절망에 대한 증언을 제공할 생존자들이 필요하기 때문이다.
- 고통의 의미를 당신보다 더 잘 아는 사람이 없고, 고뇌가 마음을 더 깊게 하기 때문이다.
- 당신은 이 싸움이 승리한 후에 올 평화를 누릴 자격이 있고, 시시각각이지만 승리할 것이기 때문이다.
- 당신이 타인의 악행과 부도덕함으로 인한 고통을 겪었다는 것에 격노하기 때문이다.
- 당신도 언젠가 분노를 느낄 것이기 때문이다.
- 당신의 생존이 중요하기 때문이다.

당신은 이 목록과 어떤 관련이 있는가?

____

____

당신이 생존하도록 도울 수 있는 다른 방법은 무엇인가?

____

____

____

Kohanov(2013)에 따르면, 자살 충동은 화학적 불균형 및 만성적 고통으로 인하여 발생할 수도 있다. 만약 당신이 이러한 자살 충동을 느낀다면, 의학적, 심리적, 영적 도움을 찾는 것이 중요하다. 어떤 사람은 신체적 고통을 끝내기 위해 자살을 선택하기도 한다. 그러나 자살 충동은 존재를 끝내기 위한 욕구에서 일어나는 것이 아니라 진실하고, 진정한 자아와 거짓되고 물질주의적인 자아 사이에 생겨나는 갈등을 해결하기 위함이다. 거짓된 자아는 다음과 같다.

- 엄격하고 융통성이 없다.
- 목적과 의미가 없다.
- 내적 탐구보다 외적인 모습에 더 신경 쓴다.
- 타인에게 부정적 자아를 투사한다.
- 부정적인 신념이 자기 자신에게 프로그래밍되어 있다.

당신의 자살 충동에 물어볼 수 있는 질문에는 무엇이 있는가? 가능한 질문은 다음과 같다.

- 내가 끝내고자 하는 것은 무엇인가?
- 내가 죽이고 싶어 하는 것은 내 안에 있는 무엇인가?
- 자살 충동 뒤에 숨어있는 메시지는 무엇인가?

만약 그런 충동을 느꼈다면, 도움을 구했는가?

자살 충동 뒤에 숨겨진 극도의 고통은 심각한 스트레스 관련 질병의 발병으로 이어질 수 있으며, 시간이 지남에 따라 사실상 신체적인 죽음으로도 이어질 수 있다. Kohanov(2013)는 자기 자신을 돌보지 않는 것이 "수동적인 자살의 한 형태이다"라고 말한다. 강한 자살 충동을 느낀다면, 그 충동이 잃어버린 꿈, 자신의 존재에 대한 위협, 잊힌 목표에 대해 당신에게 이야기할 수 있게 하라. (연습하기 8-20)

연습하기 8-20: **이 장에서 내가 배운 것**

이 장에서 당신 자신과 트라우마에 대한 각성 기반 반응에 대해 무엇을 배웠는가?

____

____

____

____

9

스트레스, 트라우마, 신체

(Andrew Andrew Heyman & Mary Beth Williams)

우리는 모두 매일의 삶에서 스트레스를 경험한다. 1936년, Hans Selye는 스트레스에 대한 새로운 이해를 도왔다. 그는 스트레스를 변화에 따른 신체의 요구에 대한 신체의 불특정 반응으로 묘사했다. 스트레스를 경험하면, 당신의 몸은 긍정적인 건강 효과를 가져올 수 있는 아드레날린과 같은 호르몬을 분비하여 위험한 상황에서 생존하는 데 도움을 줄 수 있다. 하지만, 만약 부신이 계속해서 스트레스 호르몬을 분비한다면, 결국 당신은 스트레스와 관련된 피로나 심지어 부신 기능 부전을 경험할 수 있다. 이러한 결과는 잠재적으로 치명적이지는 않더라도 재앙이 될 수 있다. 당신이 트라우마 사건에 반응하는 방식과 당신의 스트레스 반응이 긍정적인지 부정적인지에 영향을 미치는 위험 요소는 1장에 있는 선행 사건 요소 목록에 포함되어 있다. 어떤 것은 감정적이고, 또 어떤 것은 사회적이며(예: 지원), 또 어떤 것은 신체적(여성, 어린 나이, 그리고 우울과 불안의 초기 에피소드 등)이다. 회복탄력성이 더 뛰어난 사람은 스트레스 요소의 충격, 특히 감정적 충격에 더욱 잘 견딜 수 있다. 이것은 전쟁 중인 것을 포함하여 스트레스 많은 근무 환경까지 확장된다(Headquarters, Department of the Army, 2012).

이 장은 2판의 원래 장 일부와 Dr. Andrew Heyman이 쓴 자료를 묶은 것이다. 스트레스가 만성적인 건강 문제로 이어질 수 있으며, 트라우마와 스트레스의 만성적인 신체적 후유증에 대처하는 잠재적인 능력이 시간이 지남에 따라 발전할 수 있다는 것은 잘 알려져 있다. 또한 이 장에서는 의사와 병원과의 상호작용에서 도움이 될 건강한 대처 기법을 요약한다. 이 장은 통합 의학과 전반적인 건강을 증진하기 위한 스트레스 대처법에 대해 다룬다.

스트레스가 신체에 미치는 영향

모든 의사 진료의 75~85%가 스트레스와 관련 있다는 것을 알고 있는가? 스트레스는 당신의 신체, 감정, 관계, 그리고 자신을 보는 관점까지 당신의 모든 측면에 영향을 미친다. 유익한 스트레스라고 불리는 유스트레스는 사람이 행동을 취할 수 있게 동기부여가 된다. 그러나 더 많은 경우에 스트레스는 사람들을 우울하게 만들고, 면역 체계를 손상하며, 많은 종류의 질병을 야기한다. 가장 심각한 형태를 포함한 모든 형태의 스트레스는 4,000년 이상 의사와 개인의 관심 대상이었다. 당시만 해도 심신의 구분이 없었고, 질병을 극복하고, 개인의 수명을 연장하기 위해 다양한 방법과 기법을 통해 개인의 생명력에 직접적으로 접근하고, 상호작용하며 조작할 수 있다고 생각했다.

오늘날 방대한 양의 연구는 당신이 스트레스 반응의 생리적, 심리적 부분을 이해할 수 있도록 돕는다. 과학계가 이 두 가지 분야 사이의 복잡성과 상호작용을 이해하기 시작하면서, 통합 의학이 스트레스 반응을 어떻게 감소시킬 수 있는지에 대한 더 나은 이해와 스트레스를 어떻게 대처하는지에 관한 새로운 사고방식을 제공했다.

스트레스의 생리학

스트레스라는 용어는 **생체 항상성**이라고 불리는 정상 기능에 대한 방해를 야기하는 모든 것을 지칭하는 데 사용되어 왔다. 그러나 이 용어에 대한 명확한 정의가 부족했기 때문에 한 인간으로서 당신에게 지속되는 방해의 근본적인 긍정 및 부정적인 생리적 영향의 본질을 지나치게 단순화했다(Edwards, Heyman, & Swidan, 2011). 결과적으로, 항상성의 보호 유지와 과도한 스트레스로 인한 유기체의 악화를 설명하기 위해 **항상성** 및 **항상성 부하**라는 대체 용어가 제안되었다(McEwen, 1998). 유전적 영향, 발달과 삶의 경험, 개인의 생활양식과 성격은 간접적으로 이러한 내적 균형에 영향을 미치고 직접적으로 기여한다.

뇌는 스트레스 호르몬인 코르티솔을 제어하는 데 필요한 필수적인 구조를 담고 있을 뿐만 아니라 어떤 자극이 잠재적으로 당신에게 유해할지, 어느 정도까지 유해할 수 있는지를 결정하기 때문에 스트레스 반응의 중추적인 조절 기관이다. 인지된 스트레스 요인에 노출되면 시상하부 코르티코트로핀 방출 호르몬(CRH)에 의한 뇌하수체 자극은 부신피질 자극 호르몬(ACTH)의 분비를 초래하여 부신의 코르티솔 생성을 촉진한다. 이것은 당신이 스트레스를 받을 때 일어나는 복잡한 생물학적인 과정이다(Edwards, Heyman, & Swidan, 2011). 더 쉽게 이해하면, 인식된 스트레스 요소는 뇌가 스트레스 시스템에게 우리의 주요 스트레스 호르몬인 코르티솔을 만들도록 지시한다.

코르티솔은 내부 균형을 유지하는 핵심 조절 호르몬이다. 코르티솔은 스트레스 요인을 다루기 위해 신체가 가장 필요로 하는 곳으로 에너지원을 유도하는 것을 돕고, 심지어 스트레스에 대한 우리의 반응을 향상시키기 위해 행동을 바꿀 수 있다. 그것은 또한 신체 항상성을 재정립하기 위해 분비되고 작용하는 다른 호르몬에 간접적인 영향을 미치며, 이것은 코르티솔이 신체의 모든 다른 호르몬에 영향을 미친다는 것을 의미한다(Edwards, Heyman, & Swidan, 2011). 일반적인 상황에서 코르티솔 수치는 일반적으로 기상하기 전에 최고조에 달했다가 하루 동안 감소한다. 그러나 만약 코르티솔이 만성적으로 높아진다면, 이는 분해 호르몬으로서 강력한 대사 효과를 발휘하여 간을 제외한 모든 신체 조직을 망가트릴 수 있다. 코르티솔이 과다하게 분비될 경우, 일부 전신효과에는 위산 분비 증가, 콜라겐 생성 감소, 이뇨 감소, 뼈 형성 감소, 기억 중추 손상이 포함된다. 또한 코르티솔은 갑상선 호르몬의 생성과 기능을 손상시키고 면역 체계의 조절과 기능에 수많은 문제를 일으킨다(Edwards, Heyman, & Swidan, 2011).

스트레스에 대한 다른 기본적인 사실

트라우마성 스트레스 사건이 발생할 때, 당신의 신체와 뇌는 공포와 두려움, 기타 부정적인 감정과 함께 즉각적으로 반응한다. 당신의 신체는 부신으로부터 코르티솔을 분비한다. 만약 트라우마가 계속해서 발생하거나 당신을 계속해서 자극한다면, 당신의 부신이 너무 스트레스를 받아서 당신은 매우 낮은 코르티솔 수준을 가지게 될 수 있다.

- 낮은 코르티솔은 당신이 질병, 감기, 알레르기, 유행성 감기, 노화, 콜라겐 감소, 뼈 형성의 감소에 취약하도록 만들 수 있다.
- 엔도르핀은 체내의 천연 진통제로, 강도 높은 신체 운동을 한 후에 '고조된 느낌'을 줄 수 있다. 엔도르핀의 발생은 당신이 상황으로부터 떨어지고 분리되게 할 수 있으며, 코르티솔과 결합하여 당신이 의식적으로 트라우마 사건을 기억하지 못하게 할 수 있다. 하지만 엔도르핀과 코르티솔이 뇌의 정서적인 부분과 변연계가 사건의 일부를 기억하는 것을 막지는 못한다(Woll, 2009).
- 만약 면역 체계가 반대로 작용하여 자신의 몸을 공격하는 자가면역 질환으로 발병된다면, 당신은 화학적 민감성, 알레르기 악화, 호르몬 불균형과 같은 건강과 질병의 하강곡선에 휘말릴 수 있다.

• 자가면역 질환은 미국 인구의 20%인 약 500만 명에게 영향을 미치며, 대부분 여성에게 발병한다. 자가면역 질환은 대개 만성적이며 미국 65세 미만의 여성에서는 10대 사망 원인 중 하나이다[미국 자가면역 관련 질병 협회(American Autoimmune Related Diseases Association), 2012].

스트레스와 두뇌, 위장, 심장

이제 많은 사람이 실제로 신체의 세 부분, 즉 두뇌, 장 신경계 뇌(장), 심장에 어떤 형태의 뇌세포가 있다는 것을 인식하고 있다. 머리에 있는 뇌는 신체의 제어 공간이다. 좌뇌는 트라우마 사건의 사실과 언어 기반 기억을 지니는 해마가 포함된다. 스트레스에 노출되는 것은 행동, 생각과 감정을 조절하는 전두엽 피질의 능력을 약화시키는 두뇌 뇌세포 변화를 야기할 수 있다. 뇌의 오른쪽은 변연계를 포함하고 편도체의 절반을 유지한다. 이 절반은 트라우마 사건(예: 공포 및 두려움)에 대한 감정적 반응에서 가장 중요한 것으로 보인다. 우뇌는 또한 비언어적, 감정적 기억과 사진 기억을 담고 있다.

스트레스는 또한 장에 있는 세포와 뉴런의 네트워크인 **장 신경계**라고 알려진 것에 영향을 미친다. 이 시스템의 신경은 당신의 감정의 많은 부분, 특히 '직감(gut feeling)'에 영향을 미친다. 장 신경계는 제2의 뇌로서 스스로 작동하며 당신의 몸의 세로토닌의 95%를 포함하여 30개 이상의 다른 신경전달물질을 가지고 있다(Gershon, 1998). 장 신경계가 트라우마성 스트레스에 영향을 받으면 과민성 장증후군, 크론병, 과도한 코르티솔 생성으로 인한 내장비만, 궤양성 대장염 등의 질환이 발병할 수 있다. 스트레스가 많은 사건이 일어나기 전에 긴장하거나, 설사를 하는 것은 내장 반응의 예시이다.

스트레스는 또한 심장에 영향을 준다. 심장은 정보를 처리하는 방법에 영향을 미치는 독립적인 세포를 가지고 있다. 사실, 심장에 있는 세포의 60%는 뉴런으로 이루어져 있다(Cooper, 2001). 심장은 때때로 자신이 마음을 가진 것처럼 행동하고 당신의 머릿속에 있는 뇌로 메시지를 보낸다. 뇌와 심장, 마음, 정신 사이에는 강한 연결고리가 있다. 스트레스는 둘 사이의 의사소통을 방해할 수 있으며, 스트레스 감소 기법은 일관성을 향상시키고 건강한 의사소통을 재정립하는 것으로 밝혀졌다. 연습하기 9-1, 9-2

연습하기 9-1: **스트레스 관련 피로 평가**

아래의 목록을 살펴보고 당신에게 해당되는 상황이 있다면 체크 표시하라.

- ☐ 과도한 피로와 탈진을 느낀다.
- ☐ 체력 부족을 경험한다.
- ☐ 기진맥진하다.
- ☐ 저녁에 더 힘이 난다.
- ☐ 좋은 수면 뒤에도 피곤하다.
- ☐ 스트레스로부터 회복하는 것이 느리다.
- ☐ 잘 집중하지 못한다.
- ☐ 감기와 유행성 독감에 많이 취약하다.
- ☐ 추위에 민감하다.
- ☐ 설명할 수 없는 체중 증가를 경험한다.
- ☐ 면역력이 떨어진 것을 경험한다.
- ☐ 혈압이 급증하는 것과 같은 심장 문제가 있다.
- ☐ 약한 뼈를 가지고 있다.
- ☐ 위장에 문제가 있다.

이것들은 스트레스 관련 피로의 가능성 있는 증상이다. 증상은 트라우마 생존자인 당신이 압도적인 스트레스에 대처한 뒤에 발생한다. 그러나 당신에게 희망이 있다. 당신은 이 문제를 뒤집고 당신의 면역 체계를 재구축할 능력이 있다. 재구축을 위한 훌륭한 프로그램으로, 당신은『부신 피로 극복: 호르몬 균형을 회복하고 새로워지고 활력이 넘치고 스트레스가 없는 기분을 느끼는 방법』(Simpson, 2011)을 읽을 수 있다.

● 연습하기 9-2: **자가면역 증상을 가지고 있는가?**

병원을 방문할 때 의사도 환자도 질병 증상을 트라우마성 스트레스와 연관 짓지 못할 때가 많다. 그들은 그러한 사건과 일반적으로 마음, 심장, 내장, 몸 사이의 연관성을 보지도 않고 트라우마 사건에 반응하는 것이 위험 영역으로 코르티솔 수치를 낮추었을 수도 있다고 생각하지도 않는다. 이 '연습하기'는 트라우마성 스트레스가 당신의 면역 기능을 손상시키고 자가면역 상태를 초래했는지 여부를 확인하는 데 도움이 될 것이다. 다음은 미국 자가면역 관련 질병 협회(2012)의 목록이다. 현재 또는 과거에 당신이 경험한 증상에 모두 체크 표시하라.

- ☐ 대표적인 흉통, 고혈압, 심장 박동 변화, 심전도 이상
- ☐ 몸의 경직성
- ☐ 심근증
- ☐ 만성피로증후군 또는 엡스타인-바 바이러스(Epstein-Barr virus)
- ☐ 만성 라임병
- ☐ 만성 비복원성 수면
- ☐ 신체적 원인이 없는 만성 골반 통증(특히 성적 학대의 피해자인 경우)
- ☐ 만성적인 원인불명의 고통
- ☐ 크론병
- ☐ 지연되는 상처 치유
- ☐ 자궁내막증
- ☐ 경련과 수축을 포함한 심장마비를 모방한 식도 통증
- ☐ 극단적이거나 만성적인 화학적 민감성 및 환경적 민감성
- ☐ 섬유조직염
- ☐ 그레이브스병
- ☐ 길랭-바레 증후군(Guillain-Barré syndrome)
- ☐ 하시모토 갑상선염

- ☐ 단순 헤르페스 바이러스 발병
- ☐ B형 간염 증상의 증가
- ☐ 과민성 방광 증후군
- ☐ 과민성 장 증후군
- ☐ 다발성 경화증
- ☐ 건선
- ☐ 류머티즘 열
- ☐ 유육종증
- ☐ 강피증
- ☐ 전신성 홍반성 낭창
- ☐ 갑상선 질환
- ☐ 제2형 당뇨병
- ☐ 궤양성 대장염
- ☐ 설명할 수 없는 현기증
- ☐ 설명할 수 없는 활력 징후의 불규칙성(심장 박동, 혈압)
- ☐ 설명할 수 없는 이명(귀에 들리는 이명)

이 증상 중 몇 가지나 해당되는가?

만약 여러 증상 중 몇 가지에 해당된다면, 이 워크북에서 학습한 내용과 당신의 트라우마 경험 및 신체적인 질병 간의 어떤 연관성이 있는지 반드시 의사와 상의하라. 또한 당신의 코르티솔 수치를 확인해 달라고 꼭 요청하라.

트라우마와 만성 질병

만약 당신의 트라우마 경험으로 인해 만성 질환 또는 자가면역 상태가 발생한 경우, 당신의 이러한 건강 문제에 대한 관계는 만성 건강 문제의 발생, 어느 정도 안정화된 상태의 경험, 해결 또는 완화에 도달, 그리고 지속되는 증상, 혹은 제한의 통합의 4단계를 통해 진행된다(Fennell, 2001). 이 네 가지 단계를 살펴보자.

1단계: 만성 건강 문제의 발생

당신은 당신의 면역 체계에 대한 트라우마성 스트레스의 영향으로 발생하는 하나 이상의 질병을 경험했을 수 있고, 그것은 만성이 되었을 수 있다. 만약 그렇다면, 당신은 직장을 잃었거나 그만두어야 했을 수도 있고, 당신 자신이 장애를 가지고 있다는 것을 발견했을 수도 있고, 장애 판정을 받았을 수도 있고, 당신이 한때 그랬던 것처럼 기능할 수 있는 능력이 제한되어 있을 수도 있다. 당신은 과거의 자신을 잃어버린 것에 대해 깊은 슬픔을 느낄 수도 있고, 당신의 가족은 당신이 변했고 당신의 변화가 그들의 삶을 변화시켰다고 화를 낼 수도 있다.

2단계: 적정한 안정화 상태의 경험

만약 당신이 하나 이상의 만성 자가면역 질병을 앓고 있다면, 당신은 목표와 활동을 어느 정도 수준으로 재설정했을 수 있다. 당신은 예전에는 할 수 있던 일을 하지 못할 수 있다. 당신은 운전하지 못할 수도 있고, 집에서 나오는 데까지 더욱 많은 시간이 걸릴 수 있다. 당신은 한 번에 몇 시간 이상 깨어 있지 못하거나, 당신의 가족과 함께하던 재미있는 것에 참여하지 못할 수 있다.

당신이 자기 연민의 틀 안에서 자신을 위한 경계를 설정할 수 있길 바란다. 당신은 자신의 에너지 경계와 당신이 할 수 있는 일과 할 수 없는 일을 구별한 적이 있는가? 영적 지원을 포함한 도움을 찾은 적이 있는가? 이러한 단계까지 도달했고 만성 질환의 안정화를 경험하기 시작했다면 3장의 '활동'을 사용하여 개인 이야기를 검토, 수정 및 다시 작성하기에 좋은 지점이다. 또한 삶에 대한 충격적인 경험의 영향을 검토하고 통제력을 완전히 포기하지 않고 그러한 영향을 통합하기 위해 무엇을 할 수 있는지 고려하는 것도 도움이 될 것이다.

3단계: 해결 또는 완화에 도달

시간이 지나면서 만약 당신의 PTSD와 관련된 질병이 만성으로 남았다면, 증상이 안정기나 일정한 수준에 도달했을 것이다. 당신의 질병은 차도를 보일 수도 있다. 그러나 만약 당신의 증상이 지속적으로 당신을 괴롭힌다면, 당신은 삶이 나아지기는 할지, 과거의 당신이 다시 존재할 수 있을지 의문이 들 수 있다. 만약 당신이 어느 정도의 힘과 에너지를 얻었다면, 당신은 의료 서비스와 의사결정에 대해 더 많은 통제력을 갖길 원할 수 있다. 이것은 치유의 한 부분으로서 비유의 사용을 살펴보기에 좋은 시간이 될 것이다. 자가면역 질환이 삶에 미치는 영향을 시각적으로 설명하기 위해 늪지의 비유(10장 참고)를 사용할 수 있다. 당신의 늪 모습을 그리면서, 당신은 더 이상 병에 걸리기 이전의 모습으로 돌아갈 수 없다는 것을 깨달을 수도 있고, 또는 생각했던 것보다 늪지의 출구에 더 가까워졌다는 것을 알게 될 수도 있다. 늪 비유를 활용한 후에는, 질병의 늪에 관한 이야기를 포함한 당신 자신의 인생 이야기를 새롭게 작성하고 싶을 수도 있다.

4단계: 지속되는 증상이나 한계의 통합

통합 단계에서는 만성적인 신체 상태를 더욱 명확하게 파악할 수 있다. 치료 또는 치유 과정에 대해 여전히 질문이 있을 수 있지만 당신은 자신의 의학적 상태에 대한 결정에 관여한다. 이 단계에서는 삶의 이야기를 계속해서 다시 작성하고 자신의 신체 상태에 따라 가능한 한 의미 있는 삶이 되도록 삶을 재구성하는 작업을 할 수 있다. 감사 일지를 작성하고 매일 어떤 "용감한 행동(acts of bravery)"을 시도했는지 기록하라(Fennell, 2001, 164). 자신의 건강 상태를 연구하고, 불필요한 치료와 수술을 거부하고, 당신이 할 수 있는 어떠한 행동이든 동원하여 인생의 의미를 찾는 방법을 찾아보도록 한다.

신체가 트라우마를 저장하는 방법

신경계는 뇌와 신체의 다른 모든 부분 사이에서 트라우마의 체세포 기억을 전달한다. 트라우마 기억이 감각으로 저장되면, 유사한 감각이 이러한 기억을 촉발하여 트라우마에 대한 **상태 의존적 기억**이라고 알려진 것을 상기시킬 수 있다. 몸은 의식적으로 기억하지 못하는 트라우마를 기억할 수 있다. 그래서 당신은 그것을 이해하는 데 필요한 명시적(사고) 기억 없이 암묵적(신체) 기억이나 트라우마를 경험하고 있다. 트라우마와 관련 있는 다양한 신체 부위가 아프거나 증상을 보일 수 있지만, 그 부위가 트라우마와 어떻게 연관되어 있는지 알지 못할 수 있다. 트라우마와 관련된 감정 역시 몸에 기억되어 남아있을 수 있다. Rothschild는 "감정은 마음에 의해 해석되고 명명되더라도 전적으로 신체의 경험"이며 "각 감정은 또한 신체 내부에서 다르게 느껴진다"라고 썼다(2000, 56). 그녀는 우리 언어의 많은 표현이 감정과 신체를 연결한다고 주장한다(2000, 57).

- '뒷골이 당긴다': 화는 근육의 긴장으로 표현된다.
- '숨이 막힌다': 슬픔은 종종 목멤과 눈물로 느껴진다
- '역겹다': 구역질은 종종 메스꺼움을 동반한다.
- '토할 것 같다': 공포는 종종 빠른 심장 박동, 소화가 잘 되지 않거나, 손 떨림으로 느껴진다.

트라우마의 증상 중 일부가 몸에 다시 나타난다면 그 증상이 말하도록 허용하는 것이 중요하다. 즉, 증상의 기원과 자신에게 일어난 일과의 관계를 식별하는 것이다. 2장의 '연습하기'와 '활동'을 통해 진정된 기본 상태를 개발하는 법을 배우는 것은 당신에게 중요하다. 추가로, 당신이 숲을 보지 않고 나무만 보고 당신을 치료하는 여러 명의 의사보다, 트라우마와 트라우마의 영향에 대해 잘 아는 좋은 의사 한 명을 만나는 것도 중요하다. 트라우마로 인해 생리적 증상이 증폭되고 일반화될 수 있다. 최선의 조치는 심각한 의학적 상태가 없는지 확인한 다음 증상의 트라우마 기반을 살펴보고 그 증상이 발생한 기억을 바탕으로 작업하는 것이다. 4장의 기법을 사용하여 이 작업을 수행할 수 있다.

만성 통증

통증은 무엇인가? 일반적으로, 신체에 통증이 있을 때, 당신은 즉각적으로 의학적인 문제가 있다고 생각하고, 해결을 원한다. 그러나 지속되고 복잡한 트라우마의 생존자로서, 고통을 느낄 신체적인 원인이 없거나, 느끼는 고통의 양이 반드시 신체적 부상에 비례하지 않을 수도 있다. 통증은 의학적, 혹은 신체적 문제와 같이 심리적 문제이다. Curro(1987)는 고통의 네 가지 차원인 동기 부여(고통을 피하거나 피하고 싶은 욕구), 인지(고통에 대한 경험과 기억), 정서(공포, 불안, 스트레스를 포함한 고통과 관련된 감정), 차별성(고통을 유발하는 원인, 지속 시간, 강도, 질 및 위치에 대한 신경계의 반응)을 발견했다. 만약 의사가 당신의 만성 통증에 대해 그것이 전부 당신 머릿속에 있는 일이라고 한다면, 당신은 무엇을 할 것인가? 의학계의 경향이 통증을 제어할 진통제를 충분히 처방하지 않는 것이라면, 당신은 어떻게 안정을 취할 것인가? 통증을 다루는 방법 중 하나는 인지행동

기법, 혹은 인지행동 심리치료로 알려진 방법을 사용하는 것이다. 인지행동주의의 지지자는 당신의 사고가 감정과 행동에, 감정과 행동이 사고에 영향을 미친다고 주장한다. 만약 사고와 행동의 패턴이 파괴적이거나 부적응적이라면, 패턴에 도전하고 바꿀 수 있다. 인지행동 치료는 통증이 있는 사람에게 그러한 생각, 감정, 행동 및 반응에 의문을 제기하고 도전하고 이완, 심상 및 주의분산을 사용하도록 가르친다(Grant, 1997).

트라우마에 관해 공부한 연구자들은 우리가 마음과 신체가 하나라는 것을 알 수 있도록 도와주었다. 정서 학습은 편도체로 불리는 뇌 영역과 함께 일어난다. 해마라고 불리는 또 다른 하나의 영역은 그러한 감정과 연관 있는 생각을 담당한다(LeDoux, 1997). 또한, 뇌의 이 두 영역은 트라우마 이후의 정보 처리에 가담한다. 해마는 트라우마의 맥락과 상황을 '기억'할 수 있다. Van der Kolk(1996)는 신념과 인지가 트라우마가 불러오는 정서(감정)에 의미를 부여한다는 것을 발견했다. 생각은 편도체를 활성화시키고 감정을 불러일으킨다.

이 모든 것이 당신에게 어떤 의미인가? 트라우마에 대한 정서나 정서 기억은 불완전하게 처리되고, 자극을 통해 꾸준히 재활성화된다. 만성 통증은 이러한 조건적인 정서 학습의 일부이며, "트라우마 사건은 반복적인 통증 공격이나 지속적인 신체적 불편으로 구성되기 때문에 일종의 반복적인 '트라우마'이다"(Grant, 1997, 36). 트라우마와 그와 관련된 고통은 감정과 고통에 대한 인지적 **평가**(판단 또는 인식)와 관련이 있다. 시간이 지나면서 트라우마와 함께 일어난 실질적 고통도 심리적 반응이 된다.

시간이 지나도 통증이 나아지지 않고, 불안이나 공포 같은 감정과 연관되면 결국 자기 몸과 신체 감각에 대한 인식이 낮아질 수 있다. 당신은 심지어 만성적인 고통과 분리되기 시작할지도 모른다. 시간이 지남에 따라, 해리는 당신의 트라우마성 스트레스 반응을 유지한다. 결국, 알약이나 의학적 치료를 통해 그것을 막을 치료법이나 방법을 찾을 수 없기 때문에, 당신은 '당신의 고통과 함께 사는 법을 배워라' 혹은 '그것을 관리하려고 노력해라'는 말을 들을 수 있다.

다시 말하지만, 고통을 겪고 있는 트라우마 생존자인 당신에게 그것은 무엇을 의미하는가? 만약 당신이 심각한 트라우마를 견뎌냈다면, 당신의 정서적 반응은 당신의 사고와 당신이 사물에 부여하는 의미에 대한 주요 원천을 알려준다. 사고는 정서적 반응을 **평가**한다. 만약 당신이 감정적인 반응을 바꾸려면, 당신의 감정을 보고 그 감정과 관련된 의미에 도전하고 변화시키는 일을 하는 것이 중요하다. 만약 당신이 고통의 근원을 이해하려면, 당신은 돌아가서 당신의 트라우마 경험을 처리하고(4장 참고) 가능한 한 당신의 트라우마에 대한 정보와 다시 연결할 필요가 있다.

이완 전략(2장 참고)은 정서적 긴장을 완화시켜 주기 때문에 고통의 강도를 줄이는 것에도 도움이 될 수 있다(Gatchel & Turk, 1996). 당신의 트라우마 경험이나 촉발자극에 노출되거나 둔감해지는 것은 또한 고통과 긴장을 줄이는 데 도움이 될 수 있다(Grant, 1997). Grant가 썼듯이, "만성 통증은 해결되지 않은 트라우마가 신체화된 결과일 수 있고, 트라우마의 치료는 신체적 증상의 현저한 감소로 이어질 수 있다"(1997, 63). (연습하기 9-3)

연습하기 9-3: 나의 통증

당신은 의학적으로 진단받지 못한 통증을 가지고 있는가? 만약 그렇다면, 여기에 서술하라.

____

____

실제 신체 외부의 통증의 원인을 조사해 본 적이 있는가? 결과는 어땠는가?

____

____

안구 운동 둔감화 및 재처리

통증을 치료하는 한 가지 방법은 Francine Shapiro(1995)가 개발한 안구 운동 둔감화 및 재처리(EMDR)를 통한 것이다. 그녀는 특정한 눈의 움직임이, 다른 방법으로는 제거되거나 해소되지 않았던 불안한 생각의 강도를 감소시킬 수 있다는 것을 관찰했다. 뇌 속의 정보가 트라우마나 만성 통증과 관련이 있고 관련된 감정과 기억과 함께 시간에 따라 굳어질 때, EMDR은 정보가 처리되는 방식을 바꾸는 것처럼 보인다. EMDR은 통증 감각과 사람이 고통을 경험하고 인식하는 방식을 바꿀 수 있다. 그것은 치료 관계의 맥락에서 이루어져야 하는 기법이다. EMDR을 이용한 통증 관리의 다섯 가지 과제는 다음과 같다.

1. 당신의 고통이 적절히 관리되고 있는지 확인한다.
2. 당신이 의학적 진단을 받아들인다면, 그 진단이 올바른지 확인한다.
3. EMDR을 위한 목표를 규명하고, 우선순위를 정한다.
4. 이완 운동을 하고 둔감화를 통해 통증 감각을 변화시킨다.

5. EMDR을 통한 심리적 고통 관리를 위한 자원을 개발한다.

EMDR을 활용한 통증 치료에 관심이 있는 경우 안구 운동 둔감화 및 재처리 연구소에 문의하라.

트라우마 관련 만성 질병에 대처하기

트라우마 사건에 노출된 결과로 만성 질환이 발생하고 그 질병이 신체적 영향을 미쳤다면 다음 제안 중 일부 또는 전부가 도움이 될 수 있다.

- 보다 적절한 신체적, 정서적 한계를 설정하기
- 건강과 관련된 결정에 대해 가능한 한 많은 책임지기
- 자신을 연민으로 대하기(6장 참고).
- 지역 재활 서비스 기관의 평가와 도움을 받기
- 미국 장애인법의 지침에 따라 사회에서 기능하는 데 도움이 되는 필요한 편의 시설 확인하기
- '뉴노멀(new normal)'을 정의하고 그에 따라 행동하기
- 삶에서 더 많은 의미를 창출할 수 있는 활동을 정의하기
- 다른 사람들과 연결하기(예: 지원 그룹에 가입하기)
- 감사함을 느낄 수 있는 것을 찾고 그 감사함을 표현할 기회를 찾기
- 희망 가지기

의료 전문가와 작업하기

트라우마에 익숙하고, 트라우마 병력에 대해 알고 싶어 하며, 트라우마 사건(PTSD를 매개로)과 자가면역 질환을 포함한 건강 악화 간의 정신-몸의 연관성을 인식하고 전체적으로 당신의 주치의를 선택하는 것을 고려하라(Friedman, Schnurr, & McDonagh-Coyle, 1994).

Mary J. Shomon(2002)의 『자가면역 질환과 잘 사는 것』과 같은 자가면역 질환에 관한 책을 읽어보라. 그래야 의료 전문가들과 이야기할 때 정보를 잘 얻을 수 있다. 이를 통해 자기주장과 자신을 옹호하는 일에 더 자신이 생길 것이다.

효과적인 치료 방법을 위해 의약품을 넘어 다른 것을 보는 의료 전문가를 선택하라. 당신의 상태에 사용할 수 있는 보충제 또는 대안에 대해 알아보라. 당신은 진정시킬 수 있는 이노시톨과 같은 보충제를 복용하는 것에 대해 의사에게 물어보는 것이 좋을 수도 있다. 때로는 비타민 B군이라고도 불리지만, 이노시톨은 사실 진정제 역할을 하는 탄수화물이다. 고용량의 경우, 간과 신장 기능의 변화 또는 혈액에 영향을 주지 않으면서 임상적 우울 증상을 개선하는 것으로 나타났다(Levine, 1997). 조미료는 또한 대체 요법으로 사용될 수 있다(Amen, 2010). 프로작을 복용하는 것과 마찬가지로 사프란을 매일 두 번 복용하면 우울증이 완화된다. 시나몬 껌을 씹는 것은 높아진 코르티솔 수치로 인한 불균형을 상쇄하면서 혈당 수치를 조절하는 것을 돕는다. 필수 미네랄과 효소 촉매인 마그네슘을 섭취하면 긴장된 근육을 이완시키고 수면 보조제 역할을 할 수 있다.

의사에게 자가면역 질환 증상과 관련된 검진과 코르티솔 수치 확인을 요청하라. 만약 당신의 코르티솔 수치가 낮고 당신이 알레르기, 만성 통증, 수면 장애, 피로, 근육통과 통증을 가지고 있다면, 이러한 증상은 당신이 자가면역 상태에 있다는 것을 나타낼 수 있다. 만약 그렇다면, 의사에게 증상을 줄일 방법을 살펴봐 줄 것을 요청하라.

만약 당신의 의사가 약을 처방한다면, 그것을 복용하는 것에 동의하기 전에 반드시 질문을 하라. 그 약이 시장에 나온 지 얼마나 되었는가? 그 약의 이점은 무엇인가? 잠재적인 부작용은 무엇인가? 동일 효과를 가진 다른 약이 있는가? 부작용의 가능성을 줄이기 위해 시판된 지 7년 이상 된 약만 복용하는 것이 좋다(Barry, 2011). 또한, 당신의 의사와 약사에게 약물 사이의 잠재적인 상호작용에 관해 물어보고, 이 모든 질문을 스스로 연구하는 것을 고려하라. 무엇보다도, 다른 처방된 약의 부작용과 싸우기 위해 약이 처방되는 '약물 캐스케이드 증후군(a drug cascade syndrome)'을 피하도록 노력하라.

의사가 진단 검사를 다시 지시할 경우 다음과 같은 질문을 반드시 하라. 검사가 정말 필요한가? 이 검사들은 그 자체로 충격을 줄 가능성이 있는가? 불필요한 MRI 또는 CAT 스캔을 통해 방사선에 과도하게 노출되지 않도록 하라(예: 부비강 감염 확인). 『뉴스위크』의 기사에 따르면, "다른 많은 건강한 사람들의 경우, 검사는 종종 더 많은 검사로 이어지며, 이는 자연스럽게 해결될 수 있었던 문제에 대한 불필요한 개입으로 이어질 수 있다"(Begley, 2011, 32).

신체 다루기

다음의 제안은 당신이 자신의 신체적 건강과 치유를 더 잘 통제할 수 있도록 도와줄 수 있다.

- 당신이 과도한 스트레스를 받을 때와 아드레날린이 당신의 몸을 가속화시킬 때를 인식하라. 가능하다면, 당신이 사소한 일로 너무 걱정하고 있거나, 떨리고 있거나, 잠을 잘 때, 심각한 문제를 겪고 있을 때를 인식하라. 아드레날린 과부하의 다른 증상으로는 심장 박동, 머리가 두근거리고 손바닥에 땀이 나며 입이 마르고 근육이 긴장되고 턱이 긴장된다. 이러한 증상을 알아차렸을 때, 심호흡과 같은 이완 기법을 사용하거나 속도를 늦추고 덜 반응적이도록 하는 다른 방법을 찾는 것이 좋다. 건강에 좋은 식단을 먹는 것은 스트레스를 다루는 데 있어서 당신의 몸을 지탱하게 도울 것이다.
- 달리기, 힘차게 걷기, 체조(점핑 잭, 팔굽혀펴기 등), 에너지를 태우는 집안일, 등척성 운동 등 근육이 큰 활동을 통해 아드레날린을 연소시키라. 매일 최소 7,000보 이상 걷는 것은 전반적인 건강과 스트레스를 감소에 도움이 되는 좋은 습관이다(Lasse Nurmi, 개인 서신).
- 사고 능력을 향상시키기 위해 당근과 감자와 같은 복합 탄수화물을 섭취하라. 탄산음료, 소금, 알코올, 가공 당류는 피하고, 충분한 물을 마시고 가능한 한 가공되지 않은 식품을 선택하여 섭취하라.
- 휴식 시간을 갖고 몸의 균형을 되찾도록 하라. 이것은 통증을 완화하고, 혈압을 낮추고, 심장 박동수를 낮추는 데 도움을 줄 수 있다.
- 충분한 휴식을 취하라. 피로는 당신의 적이다(McGraw, 2008). 수면이 부족할 때 뇌의 감정 중추는 60% 더 반응한다. 하룻밤에 6시간 미만의 수면을 취하는 것은 심각한 실수를 초래할 수 있고 과체중과 당뇨병에 걸릴 위험에 처하게 할 수 있다(Epstein, 2010).
- 개인 공간에 가서 소리를 지르거나, 가치가 없는 것을 물건을 부수거나(예: 중고 거래에서 산 짝이 맞지 않는 그릇들이 담긴 상자), 펀칭백을 사용하라. 중요한 것은 이런 활동을 사적인 장소에서 수행하고 나서 엉망이 된 것을 정리하는 것이다.
- 가능하다면 니코틴을 피하라. 그것은 진정되는 것처럼 보일 수도 있지만, 그것은 PTSD와 우울증에 의해 방해받는 뇌의 특정 영역을 변화시켜 잠재적으로 당신의 문제를 악화시킬 수 있다(Neergaard, 2009).
- 불필요한 항생제의 사용을 피하라. 항생제에 노출되면 병원균은 약물에 대한 내성을 키울 수

있다. 그러면 만약 당신이 미래에 정말로 위협적인 감염을 경험한다면, 항생제는 필요할 때만큼 효과적이지 않을 것이다.

- 심호흡을 규칙적으로 연습하라. 코로 심호흡하라. 그 숨을 멈추고 천천히 머릿속에서 다섯을 세어 보라. 숨을 내쉬면서 어깨가 내려가고 몸이 이완되는 것을 느끼면서 가능한 한 천천히 입으로 숨을 내쉬어 보라.

통합치료법의 사용

보완대체의학(complementary and alternative medicine: CAM)으로 알려진 통합치료법은 미국에서 일반적으로 사용되는 의료 자원으로, 대부분 표준 치료에 대한 보완 방법으로 사용된다(Astin, 1998). 추정치로는 미국인의 40%가 어떤 형태로든 통합의학을 사용하는 것으로 나타나며(Barnes, Bloom, & Nahin, 2008), 2007년에는 총 340억 달러에 달하는 자금이 투입되었다. 매년 감각통합훈련(Interactive Metronome: IM) 전문가를 방문하는 환자의 총수는 4억 2500만 명으로 추정되어 모든 종류의 1차 진료를 받는 환자의 수를 합친 것을 초과한다(Eisenberg et al., 1993).

통합의학의 보편화는 제도화와 건강 보건 대체 서비스로의 적응으로 역시 이어졌다. 2010년에 진행된 미국 병원 협회 조사에서 42%에 달하는 병원들이 CAM 서비스를 제공하는 것으로 나타났다(American Hospital Association, 2011). 이러한 병원들은 미국 신문 "미국의 최고 병원들(America's Best Hospitals)"의 상위 18개 병원을 모두 포함하며, 각각의 병원들은 다양한 형태의 IM을 제공한다(Comarow, 2008).

학술 의학 분야에서는 통합의학을 위한 학술 의학 센터 컨소시엄(Consortium of Academic Health Centers for Integrative Medicine: CAHCIM)이 하버드 대학, 예일 대학, 듀크 대학, 메이요 클리닉, 스탠퍼드 대학을 포함한 57개의 학술 의학 센터와의 제휴를 자랑한다. 미국 의료 시스템 내의 건강 서비스 조사에서 집계된 의료 종사자 중 76%와 의사, 간호사 중 83%가 개인적으로 CAM을 사용한다는 것에 비해 일반 인구의 63%만이 CAM을 사용하는 것으로 나타났다(Johnson et al., 2012). 여전히 CAM이 의료 보건 시스템상에 정식으로 도입하고 편입되도록 제안하는 것은 어렵다.

미 의회에 의하여 1998년 설립된 보완대체 의학을 위한 국립 센터(National Center for Complementary and Alternative Medicine: NCCAM)는 통합적 치료법의 발전된 연구를 이끄는 역할을 수행했다. 현재 보완대체 건강을 위한 국립 센터로 알려진 NCCAM은 CAM을 "관습적인 의학에 포함되지 않는 다양한 의학과 보건 시스템, 처방과 상품"으로 정의했다(2008). NCCAM은 치료법을 다섯 가지 범주나 영역으로 분류했다.

1. 대안적인 의료 시스템, 혹은 치료와 처방의 완전한 시스템

2. 심신 개입, 또는 몸의 기능과 증상에 영향을 미치는 정신 작용을 촉진하기 위해 설계된 기법

3. 약초 활용을 포함한 생물학 기반 시스템

4. 카이로프랙틱, 마사지 치료법과 같은 조작적 치료와 신체 기반 치료

5. 에너지 치료법

이 체계는 천연 제품과 보충제, 식단 기반 치료법, 명상과 요가와 같은 심신 처방, 인도의 아유르베다식 전통 약물 처방, 중국 전통 치료법, 동종 요법, 자연 요법 등을 포함한다.

CAM은 트라우마 생존자인 당신에게 어떻게 영향을 미치는가? 통합치료법은 스트레스를 줄이는 것과 스트레스와 관련된 건강 문제에 도움이 될 수 있다. 스트레스 반응의 약화로 인한 불충분한 코르티솔 공급은 당신이 감기, 알레르기, 인플루엔자, 노화에 더욱 취약하도록 만든다(Edwards, Heyman, & Swidan, 2011). 일부 과학자들은 감염, 감정적 트라우마, 독혈증이 합쳐지면, 스트레스에 적절하게 반응하는 신체의 능력에 심각한 손상을 나타내는 코르티솔 저하증과 같은 훨씬 더 심각한 결과를 초래한다고 주장한다(McEwen, 1998).

코르티솔은 보편적으로 염증의 반응을 조절하기 때문에 낮은 코르티솔 수준은 또한 염증이 확인되지 않는 상황을 유발한다(McEwen, 1998). Stien & Kendall(2004)에 따르면, 코르티솔은 코르티솔 반응체를 다른 뇌의 영역보다 많이 가지고 있는 특정 해마에서 "뇌의 신경망을 없앨 수 있다". 또한 코르티솔은 전두엽피질, 편도체, 청반에서 기능적 변화를 일으킨다. 다시 말해, 코르티솔은 의사결정, 정서 안정, 적절한 기억 처리에서의 장애를 유발한다.

코르티솔 감소(저코르티솔증)로 인해 염증 반응이 활성화되어 자가면역 질환 발생에 민감해지며 만성 통증, 사망률 증가 및 유방암 환자의 전이가 증가한다. 실제로, "코르티솔 곡선이 평평할수록, 예후가 나빠지고 치사율이 높아진다. 코르티솔은 몸의 자연적인 제동 장치이기 때문에, 불충분한 양은 다양한 자가면역 상태와 관련이 있는 면역 활성화의 통제 불능, IL-6와 TNF 수준을 높이고 TH1 반응을 높인다. 코르티솔은 일반적으로 카테콜아민을 방출하는 것을 억제한다. 따라서 코르티솔이 감소하면 특히 PTSD 환자에서 카테콜아민 수치가 높아진다(Edwards, Heyman, & Swidan, 2011).

코르티솔은 소화기관과의 상호작용을 통해 추가적인 자가면역 잠재력을 생성한다. 코르티솔의 증가는 장 투과성에 직간접적으로 영향을 미치며, 장이 더 새거나 식품 렉틴(식품에서 발견되는 알레르기 단백질)의 흡수에 취약하게 만든다. 이러한 렉틴은 선천적 면역 반응과 후천적 면역 반응을 모두 유발하여 B세포와 T세포 민감성을 증가시킨다(Mayer, 2000). 분자모방과정을 통해, 면역 체계

는 글루텐과 같은 음식에 더 반응할 수 있지만, 다양한 신체 조직의 단백질 구조를 음식 단백질 자체와 혼동할 수 있으며, 자신의 면역 체계가 정상적인 조직을 잘못 공격하는 자가면역 과정을 확립함으로써, 자신과 자신이 아닌 것 사이를 구별할 수 있는 능력을 잃는다.

스트레스는 계속되고 끊임없이 쌓이거나 압도적인 사건을 경험할 때, 스트레스 반응이 변하며 뇌와 내장 내벽과 같은 주요 구조가 손상될 수 있으며, 이는 대체로 영구적인 염증으로 이어진다. 치료적 관점에서, 과도한 염증의 영향을 제한함과 동시에 신경을 보호하고, 흥분한 자율신경계 반응을 진정시키며, 영양을 향상시키고 내장 내벽을 치료하는 통합 치료법을 제안함으로써 이러한 각각의 취약 부위에 집중하는 것이 중요하다.

심신 치료법

심신 치료법은 직접 스트레스에 영향을 주는 통합적 치료 기법 중 하나로 신경계의 교감신경 긴장을 감소시키고, 행복감을 증가시킨다. 심신 치료법은 스트레스 반응에 전반적인 영향을 미치며, 안전하고 실천하기 쉽다. 요가와 명상, 시각화, 신체 스캔 등 다양한 사색적인 연습이 있다. 이것은 호흡 기법, 앉기, 마음을 진정시키고 인식을 확장하는 데 중점을 두고 있다. 명상을 통하여, 생각은 '하늘 위 구름'처럼 여겨진다. 생각의 존재는 느껴지지만 고요하며, 흔적을 남기지 않는다. 보통, 과민한 마음은 머릿속 어떠한 것이든 붙잡고 헤집어 놓는 '술 취한 원숭이'로 비유된다. 정신을 집중하게 되면, 술 취한 원숭이는 똑바로 앉아 조용히 하는 법을 배운다. 이것은 쉽게 성취되는 것이 아니며, 매일 실천하는 것이 필요하다.

때때로 더 배우기도 수행하기도 쉬운 여러 심신 치료법이 있다. 중국에서 개발되었으며 2,000년 이상 행해진 움직이는 명상법인 태극권이 대표적이다. 초보 수행자는 내면의 활력과 기를 더욱 발전시키며 강력하게 만들기 위하여 한 가지 동작에서 다음 동작으로 천천히 움직인다. 각각의 동작은 동물이나 자연의 형상을 의미하며 수행자의 건강을 증진시키고 질병을 물리치기 위하여 만들어졌다. 만약 자세와 동작이 빨라진다면, 태극권은 무술이 되기도 한다. 심지어 Mayo 클리닉은 스트레스 감소의 방법으로 태극권을 추천한다. 태극권은 올바르게 배워서 꾸준히 수행할 때, 건강을 전반적으로 증진시켜 주는 긍정적인 접근 방식이 될 수 있다. Mayo 클리닉은 태극권의 장점을 다음과 같이 언급했다.

- 스트레스와 긴장 감소
- 유산소 능력 향상

- 에너지와 체력 증진
- 유연성, 균형, 및 민첩성 증진
- 근력과 근선명도 향상

몇몇 증거에 따르면 태극권은 다음과 같은 사항에도 도움이 되는 것으로 나타난다(Mayo Clinic, 2015).

- 수면의 질 개선
- 면역 체계 향상
- 콜레스테롤 수치와 혈압 감소
- 관절통 개선
- 울혈성 심부전 증상 개선
- 노인의 전반적 건강 개선
- 노인 낙상 위험 감소

모든 심신 요법은 호흡에 초점을 맞추고, 자신, 생각, 감정 및 신체적 감각에 대한 인식을 향상시키며, 일상적인 연습을 통해 정신적 혼란을 진정시키려는 시도를 공통으로 가지고 있다. 이러한 기법 중 대부분은 스트레스를 감소시키고 스트레스 탄력성을 향상시키는 것에 관해 잘 연구되어 있다.

생활 방식 개선

심신 치료법은 스트레스 감소에 매우 효과적이다. 심지어 심신 치료법은 보통 우리가 식습관을 개선하고, 깊은 잠을 자고, 꾸준히 운동할 때 더욱 효과적이다. 흥미롭게도, 생리적 수준에서 이러한 전략들이 분노를 감소시켜 주고, 스트레스 반응을 초기화시켜 주며, 심지어 스트레스로 인한 뇌 손상을 회복시켜 줄 수도 있다(Edwards, Heyman, & Swidan, 2011).

영양

당신의 몸은 생존을 위해 미네랄, 비타민, 아미노산, 좋은 지방 등 기타 구성요소를 필요로 한다. 스트레스는 이러한 신체의 핵심 요소들을 고갈시키며, 스트레스에 대처하기 더욱 어렵게 만든다.

채소와 과일에는 섬유질, 미네랄, 비타민이 다량 함유되어 있다. 사우어크라우트와 김치와 같은 발효 식품을 먹어보고, 유당불내증이 없다면 요구르트와 케피르(우유를 발효시킨 음료)도 먹어 보라. 그리고 모든 지방이 나쁜 것은 아니다! 버터는 장 내벽의 먹이가 되는 부티르산을 함유한다. 아보카도, 코코넛 오일과 생선 기름은 당신의 뇌와 몸의 모든 세포막의 구성 요소이다(Bowthorpe, 2014).

혈당 수치를 정상 수준으로 유지하는 것 역시 중요하다. 우리가 스트레스를 받으면, 코르티솔이 순간적으로 인슐린 저항을 높이고, 즉각적인 투쟁 혹은 도피 반응을 위해 혈당을 높인다. 그러나 만성적 스트레스는 혈당을 만성적으로 증가시킨다. 이러한 강력한 상황은 비만, 피로, 통증을 유발한다. 최근의 연구결과는 코르티솔과 같은 과도한 인슐린은 뇌에 손상을 입힌다고 밝혔다. 또한 고탄수화물 식단에서, 혈당의 변화는 심한 스트레스를 유발한다. 혈당의 과도한 변화를 안정화시키려는 노력은 코르티솔 과분비로 이어진다. 가공식품은 정상적인 스트레스 반응을 어렵게 만든다. 가공식품은 스트레스에 정상적으로 반응하기 어렵게 만든다. 혈당을 안정화시키기 위해 자연식품을 먹고, 스카치나 술과 같은 당을 피하며, 채소와 과일, 그리고 건강한 단백질을 많이 섭취하라(De la Monte & Wands, 2008).

앞서 말했듯, 코르티솔은 장벽을 훼손시킨다. 코르티솔은 이화 호르몬(catabolic hormone)이기 때문에, 외부 침입 물질과 기타 면역 유발 요소가 몸에 흡수되는 것을 막기 위해 만들어진 촘촘한 연결을 손상시킬 수 있다. 스트레스는 이러한 연결을 느슨하게 만들고 면역 체계가 음식물에 반응하게 유도하여, 일련의 염증을 유발할 수 있다. 면역 체계의 70~80%는 당신의 장을 감시하는 데 사용된다. 면역 체계는 무엇이 우리 몸속에 들어올 수 있는지 결정하는 방어막이다. 면역 체계는 우리 몸속에 들어오는 것을 선별하는 방어막이다. 특화된 백혈구는 침입한 바이러스, 기생충, 박테리아, 소화되지 않은 음식을 특정하는 면역 글로불린 항체를 만들어, 다른 백혈구들이 그것을 파괴하도록 돕는다. 만약 면역 체계가 음식 입자에 의해 자극되고, 그 음식 입자가 몸의 세포와 비슷하다면, 면역 체계는 정상 세포를 공격할 것이다(Bowthorpe, 2014).

면역 체계를 촉발시키는 가장 해로운 상위 5개의 음식은 글루텐, 유제품, 달걀, 땅콩, 대두이다. 그러나 사람들은 이 외 다른 음식물에도 민감할 수 있다. 그렇다면 무엇을 해야 할까? Jeff Bland 박사의 4R 접근법을 시도해 보라.

- 제외: 우리의 몸이 잘 소화시키지 못하는 음식 없애기
- 대체: 음식을 완전히 소화할 수 있도록 소화 효소와 위산 추가하기
- 재주입: 장에 좋은 박테리아인 유산균을 꼭 확보하기
- 복구: 장이 회복되기까지 2~3주 정도 소요된다. L-글루타민과 오메가3 생선 기름은 보충제로

서 장의 회복에 도움이 된다.

운동하기

운동은 건강에 도움이 된다. 그러나 핵심은 몸의 스트레스를 조절한다는 것이다. 운동을 마친 뒤, 잠시 쉬면서 회복을 해야 몸이 운동 부하를 조정하고 반응할 수 있다. 신체 신호에 주의를 기울이는 것은 중요하다. 만약 운동 뒤에 완전히 지쳐서 당장 자러 가야 하거나, 하루 종일 제대로 기능을 발휘하지 못한다면, 운동이 너무 격했다는 것을 의미한다. 우리의 몸은 휴식과 회복이 필요하다는 것을 명심하라. 휴식 없이 너무 과격한 운동을 하는 것을 의미하는 **과운동 증후군**은 만성적 스트레스 증상과 매우 유사하다. 심지어 비정상적 코르티솔 분비, 만성 염증, 장 기능 장애, 동기 상실과 좋지 않은 기분처럼 생리학적 증상과도 유사하다.

이 말이 운동하지 말라는 말은 아니다. 많은 사람은 생활하면서 충분히 움직이지 않는다. 때때로 스트레스를 받는 사람들은 가벼운 운동을 하는 것이 더 낫다. 하루에 만 보 걷기는 건강한 운동 계획이다. 태극권이나 요가로 시작해서 체력이 향상되면 더 어려운 운동으로 넘어갈 수 있다.

운동은 스트레스 호르몬과 수면 주기를 제어하고 심박수를 조절하는 데 도움을 준다. 일반적으로, 적어도 하루에 30분씩 주 5일 운동하는 것을 권장하지만, 당신의 주치의가 당신에게 더 알맞은 다른 운동 프로그램을 제안할 수도 있다.

수면

숙면을 위한 기법에 대해서는 8장을 참고하라.

비타민과 미네랄

다음의 식단 목록은 우리의 만성적 스트레스와 수면 문제의 위험을 줄여 주고, 스트레스, 수면 불균형과 관련된 건강 상태를 개선해 준다(Lavalle & Heyman, 2013).

- 비타민 C(아스코르브산): 항산화제로서 부신의 기능을 돕고, 높은 코르티솔 수준을 낮춰준다.
- 벤포티아민(수용성 티아민): 연구에 따르면 티아민 주사는 부신 피로를 줄이는 데 효과적인 영양소로 보고되고 있다.
- 나이아신(니아신 아미드): 수면을 개선시키는 데 도움이 되며, 트립토판을 세로토닌으로 전환하는 데 도움이 되는 것으로 보고된다.

- 비타민 B_6(피리독살-5-인산염): 신경 전달 물질인 GABA(gamma-aminobutyric acid)와 세로토닌, 도파민 합성에 필요한 보조 인자이다.
- 엽산: 세로토닌, 도파민, 노르에피네프린, 에피네프린의 신경 전달 물질 형성에 필수적인 BH4를 재생산한다.
- 비타민 B_{12}: B_{12}는 수면 장애가 있는 사람들에게 결핍된 것으로 보고되며, 생체 리듬과 멜라토닌 분비에 긍정적인 영향을 미치는 것으로 밝혀졌다.

영양 보조제

- 페닐기-GABA: 뇌를 진정시키는 GABA 생성을 지원하며, 이완 및 수면을 개선하는 것으로 밝혀졌다.
- 5-HTP(5-히드록시트립토판): 5-HTP는 기분과 감정, 포만감, 탄수화물에 대한 요구와 수면을 조절하는 뇌 화학물질인 세로토닌에 바로 선행되는 물질이다. 식이 보충제로 5-HTP를 투여(섭취)하면 세로토닌 수치가 개선되는 것으로 보고되었다. 5-HTP는 수면주기를 조절하도록 돕는 멜라토닌의 전구제로, 면역 지원을 위한 항상화제 역할을 한다. 또한 추가적으로 불면증에 도움이 되고 공황장애 치료에 효과적이라고 보고된 바 있다.
- 멜라토닌: 자연적인 '수면' 호르몬인 멜라토닌은 뇌로부터 생성된다. 임상 연구에서 멜라토닌이 수면/각성 주기를 조절하고 잠드는 데 도움이 된다고 보고된다. 또한, 항산화제 역할을 하여 면역 체계를 균형 있게 유지하는 데 도움이 된다. 연구에 따르면 야식 증후군(night-eating syndrome)을 가진 사람들의 멜라토닌 수치는 현저하게 낮아질 수 있다고 보고된다(Lavalle & Hawkins, 2013a).

식물 추출물/약초

- 목련(껍질) 추출물과 황벽나무(껍질) 추출물의 조합: 후박나무와 황벽나무는 중국 전통 의학에서 1,500년 넘게 사용되어온 약초이다. 이 조합은 일반적으로 졸음을 유발하지 않지만, 그럼에도 운전 중이나 중기계를 다룰 시 주의해야 한다. 또한 이 조합은 코르티솔 수준의 균형을 맞추며 스트레스성 섭취를 조절하고 체중 증가를 줄인다.
- 테아닌: L-테아닌은 녹차(카멜리아 시넨시스)의 아미노산 성분으로, 세로토닌, 도파민과 같은 뇌 화학물질을 증가시키고 알파파 활성도를 강화한다. 결과적으로 수면을 개선하고 불안을 감소시킨다. 또한 테아닌은 12명을 대상으로 한 소규모 임상시험에서 스트레스/불안을 감소시

키는 것으로 보고되었다.

- **목련과 산조인 추출물의 조합**: 목련과 산조인은 수면과 이완을 위해 사용되는 중국의 전통 약초이다. 이 조합은 저녁에 코르티솔을 촉진시키고 안정감을 제공한다. 또한 신경세포 내 칼슘 유입을 감소시켜 뇌세포의 과다흥분성을 감소시키는 것으로 보고되었다. 추가적으로 뇌를 진정시키는 데 도움이 되는 GABA 활동을 자극하는 데도 도움이 된다.
- **홀리바질 잎**: 실험 연구에 따르면 홀리바질 잎은 만성적인 스트레스 상황에서 코르티솔 수치를 낮추는 것으로 보고되었다. 인간 연구에 따르면 전반적 불안 장애를 가진 25명의 환자가 홀리바질을 섭취하고 스트레스가 감소했으며 불안 증세가 감소한 것으로 보고되었다. 24명을 대상으로 시행된 연구에서는, 홀리바질이 스트레스 상황에서 면역력 향상에 도움을 준다고 보고되었다.
- **홍경천(로디올라) 식물**: 홍경천은 중국과 세르비아, 우크라이나의 전통 민간 약재이다. 홍경천은 강장제로 심리적, 신체적, 환경적 스트레스에 대한 신체의 저항력을 높여준다. 또한 이것은 피로를 감소시키며, 정신 능력을 향상시키고 불안을 감소시키는 것으로 보고되었다(Lavalie & Hawkins, 2013b).

요약하면, 스트레스에 대한 통합적 접근은 개인적 스트레스 반응의 심리적, 생리적 관점에서의 평가를 포함한다. 종종, 타액 코르티솔(salivary cortisol)은 신체적 회복 탄력성과 온전한 신체 스트레스 메커니즘을 더욱 잘 이해하기 위해 측정된다. 만약 어떠한 방식으로라도 스트레스가 확인된다면, 환자에게 포괄적인 계획이 제공될 것이다. 이 계획은 주로 충분한 수면, 식습관, 운동에 초점이 맞춰져 있다. 주기적으로 호흡법, 명상 혹은 태극권 및 요가와 같은 동작 치료와 같은 스트레스 관리 기법을 사용하는 것이 권장된다. 이러한 생활양식 개입을 강화하고 개인의 스트레스 저항 능력을 향상시키기 위해 허브와 보충제가 제안되는 것은 흔한 일이다.

신체 감각과 신체 자각

모든 것들에 대해 자각하는 것은 반응을 통제하기 위한 첫 관문이다. 신체 자각의 증진은 당신의 신체와 긍정적인 관계를 만드는 것에 도움이 된다. 신체 자각은 묵은 감정을 해소하고, 둔감해진 자신의 일부와 재연결할 수 있게 돕고, 어떤 트라우마 증상을 줄이거나 심지어 없애는 데 도움이 될 수 있으며, 정상에 더 가까운 수준으로 기능을 회복시킬 수 있다. 신체 감각은 이전의 트라우마를 상기시킬 수 있다. 만약 트라우마에 의해 촉발된 당신의 신체 감각에 대해 다룰 예정이라면, 자신의 신체 감각과 그 감각이 당신에게 말하고자 하는 바가 무엇인지 깨닫는 것이 중요하다.

당신의 신체는 언제 배가 고프고 피곤하며 슬픈지 혹은 언제 충분히 먹고 휴식을 취하며 행복함을 느끼는지 당신에게 말해 주는가? 당신의 신체는 어떻게 그렇게 신호를 보내는 걸까? 만약 당신이 신체 감각을 느끼지 못하겠다면 다음의 '연습하기'를 시도해 보라. (연습하기 9-4, 9-5)

● 연습하기 9-4: **나의 신체 감각** ●

하단 오른 편에 사람 모양의 윤곽을 그려 보라. 그 그림에서 아래의 색을 사용하여 다음과 같은 감정이 느껴지는 몸의 위치를 표시해 보라.

분노(빨강)

슬픔(파랑)

두려움(검정)

평온함(분홍)

고통(주황)

행복 또는 기쁨(노랑)

이 활동을 통해 당신의 신체에 대하여 어떤 것을 알게 되었는가? 당신의 그림에서 무엇이 보이는가? 감정은 신체 어디에서 느껴지는가? 왜 그럴까?

____

____

____

____

● 연습하기 9-5: **신체 자각 향상시키기**

Rothschild는 기본적인 신체 자각을 향상시키기 위해 다음의 활동을 제안한다(2000, 102−103). 이 '연습하기'는 그녀의 책『몸의 기억(Body Remembers)』에서 발췌하였다.

1. 움직이지 말고 당신이 지금 앉아 있는 자세를 주의 깊게 관찰해 본다.
2. 어떤 감각이 느껴지는가? 머리, 목, 가슴, 등, 배, 엉덩이, 다리, 발, 팔과 손 순서대로 관찰하며 몸 전체를 느껴 본다.
3. 편안한가? 아직 움직이지 않는다.
4. 편안한지, 아닌지 어떻게 아는가? 어떤 감각이 편안함이나 불편함을 의미하는가?
5. 자세를 바꾸고 싶은 충동이 드는가? 그 느낌을 인식하되, 아직 움직이지 않는다.
6. 그 충동은 어디에서부터 오는가? 만약 자세를 바꾼다면, 몸의 어느 부위부터 움직이고 싶은가? 아직 움직이지 않는다. 우선 충동을 따라 그 충동을 일으키는 불편함이 느껴지는 부분을 찾는다. 목이 긴장되어 있는가? 몸의 일부분이 저린 느낌이 드는가? 발이 시린가?
7. 이제 그 충동을 따라 자세를 바꾼다. 당신의 몸 안에서 어떤 변화가 나타났는가? 숨쉬기 더 편안해졌는가? 고통이나 긴장된 부분이 완화됐는가? 주의가 환기됐는가?
8. 자세를 바꾸고 싶은 충동이 들지 않는다면 편한 자세를 하고 있는 것이다. 편안함을 나타내는 신체 단서를 파악해 보라. 어깨가 이완되어 있는가? 깊게 호흡하고 있는가? 당신의 몸은 전반적으로 따뜻한가?
9. 다음으로, 지금의 자세가 편안하든 그러지 않든 상관없이 자세를 바꾼다(앞선 단계에서 바꾸었더라도 다시 바꾼다). 앉는 곳이나 자세를 바꾼다. 새로운 의자에 앉아보거나 일어서거나, 바닥에 앉는 등 다른 곳으로 이동해 본다. 새로운 자세를 취하고 그 자세를 유지한다. 그리고 당신이 편안함을 느끼고 있는지, 몸의 어떤 감각이 당신이 편안하다는 것을 알려주는지 재평가해 본다. 긴장, 이완, 따뜻함, 추위, 통증, 저림, 호흡의 깊고 얕은 정도 등을 고려한다. 이번에는 이전 자세보다 지금 자세에서 더욱 환기되고 정신이 맑아지는지 살펴본다.
10. 세 번째 자세를 취해 본다. 그리고 위와 같이 평가한다.

11. 긴장도, 온도, 호흡 등 신체 감각과 관련된 표현을 사용하여 당신의 경험에 대해 몇 가지 메모를 남겨본다. 예 의자에 앉아 있을 때, 나는 내 어깨에서 긴장감을 느꼈고 발은 따뜻했다. 일어나 바닥에 서 있을 때는, 내 발은 차가워졌고 어깨는 이완되었다.

____

____

____

____

이 '연습하기'를 마친 뒤, 당신은 신체 감각을 더 잘 자각하게 되었는가? 만약 그렇다면, 어떻게 더 잘 자각하게 되었는가?

____

____

트라우마와 과각성

트라우마 사건에 대한 보편적인 신체 반응은 극심한 스트레스로 인해 완전히 마비되고 모든 감각이 차단되는 공포 기반의 반응을 포함한다. 만약 트라우마 사건이 발생했을 때 당신이 주로 신체적으로 반응했다면, 당신의 신체 역시 치유 과정에 포함시키는 것이 중요하다(Van der Kolk, 1999). 신체는 종종 트라우마를 생리적 각성 형태로 경험한다. 당신은 비슷한 각성 상태에 중독되어 그런 느낌을 얻기 위한 행동을 할 수도 있다. 당신이 각성 반응을 일으키기 위해 하는 몇 가지 행동들은 잠재적인 위험도는 낮거나 목숨을 위협할 정도는 아니더라도, 매우 위험할 수 있다. 이를 트라우마에 중독되었거나 아드레날린에 중독되었다고 부른다.

만약 어떤 감각이 안전하고 위험한지 모른다면, 모든 감각을 부정적인 것으로 인식할 수 있다. 몸의 감각은 당신이 언제 배고프고 배부른지, 피곤한지, 깨어 있는지, 추운지, 따뜻한지, 편안한지, 불편한지, 무서운지, 평온한지 알려줄 것이다. Rothschild는 "만일 감각과 감정을 인식할 수 없다면 삶은 굉장히 위험할 수 있다"(2000, 106)라고 말했다. 몸의 감각을 알아차리는 것은 우리를 현재에 머물도록 할 수 있다. 당신이 현재 신체 감각을 느끼고 있다면, 현재보다 과거에서 머물러 있는 게 더 어려울 것이다. 과각성에 대해 알아차리는 것은 신체 감각 인식의 일환으로 '연습하기'를 통해 습득될 수 있는 기법이다(Rothschild, 2000). 연습하기 9-6

● 연습하기 9–6: **나의 신체는 트라우마에 대해 무엇을 말해 주는가?** ●

당신의 신체 혹은 그 일부가 트라우마를 입는 동안 어떻게 다루어지고 있었는지 말할 수 있다면, 뭐라고 말하겠는가?

트라우마를 입은 동안 당신의 몸은 어떻게 전쟁터가 되었는가?(그렇지 않다면, 이 질문에 답할 필요가 없다)

당신은 신체와 어떤 면에서 소원해졌는가? 신체의 일부 또는 전부를 유해하거나, 못생겼거나, 무기력하다고 생각했는가?

당신의 모습은 겉과 속이 어떻게 다른가?

현재 당신의 몸은

- ☐ 깊고 편안한 호흡을 유지하며, 심박수가 느리고 정상적인 피부색을 띠는 등 이완된 상태인가?
- ☐ 호흡이나 심박수가 조금 빨라지며, 정상적인 피부색 혹은 창백하거나 회색빛의 피부색을 띠거나, 피부가 약간 촉촉하게 약간 흥분된 상태인가?
- ☐ 호흡과 심박수가 빠르며 창백한 피부색을 띠는 등 중간 정도로 흥분된 상태인가?
- ☐ 심박수와 호흡이 매우 빨라지며 창백하거나 회색빛의 피부색을 띠고 식은땀이 나는 등 과각성된 상태인가?
- ☐ 모든 신체가 경계 태세를 갖추고 있는 등 위험한 수준까지 과각성된 상태인가?

과거의 트라우마가 촉발되었을 때, 신체 반응의 변화가 일어났는가? 그렇다면 어떻게 변화하였는가?

____

____

과거 트라우마에 대한 반응으로 보이는 기타 신체 반응으로

- ☐ 두통이 있는가?
- ☐ 걱정, 근심으로 인해 이마에 주름이 잡혔는가?
- ☐ 틱과 같이 의지와 상관없이 신체를 움직이는가?
- ☐ 스트레스를 받거나 트라우마에 관해 이야기할 때 붉은 반점이 생기는가?
- ☐ 생겼다가 사라지는 두드러기가 있는가?
- ☐ 이전에 상처 입었던 자리에 통증이 올라오는가?
- ☐ 뜬금없이 나타나 과거를 상기시키는 물리적 단서가 있는가?(예: 손목 주위의 밧줄 자국 또는 등에 맞아서 부었던 자국이 나타났다 사라지는 것)
- ☐ 다리가 아픈가?
- ☐ 성기나 생식기에 의학적으로 설명되지 않는 문제가 있는가?
- ☐ 배가 아픈가?
- ☐ 과도할 정도로 화장실에 자주 가는가?

당신이 체크 표시한 항목이 당신의 트라우마 경험에 대해 무엇을 말해 주고 있는가?

____

____

신체 자각의 중요성

다시 말해, 모든 종류의 인식은 트라우마 기반 반응을 통제하기 위한 첫 관문이다. 몸에 대한 인식의 발달은 신체와 긍정적인 관계를 형성하는 것에 도움이 된다. 신체 자각은 자신의 감정을 느끼고 스스로 진정할 수 있도록 도와준다. 당신의 몸과 접촉하는 것은 기억을 되살리고, 현재에 머무르고, 달리 설명할 수 없는 신체적 반응에 대한 문제를 해결하고, 신체 관련 해리의 사용을 제한하는 것을 도울 수 있다. 마사지를 하나의 치료 전략으로 사용하는 것은 학대와는 무관한 접촉도 있다는 것을 배우는 데 도움이 된다. 만약 치료 중에 있다면, 당신의 상담자에게 감각운동 심리전문가나 물리치료 심리전문가와 함께 회기를 진행하는 것을 제안해볼 수 있다. (연습하기 9-7)

● 연습하기 9-7: **이 장에서 배운 내용** ●

이 장에서 트라우마 사건, 신체 반응, 자가면역 질환 등 다양한 조합 사이의 '중재자'로서의 PTSD 역할에 대해 배운 것이 있는가? 그렇다면, 아래의 빈칸에 당신이 배운 것을 적어 보라.

____

____

____

____

____

10

전쟁에서 돌아온 퇴역 군인을 위한 생존 방법

(Priscilla Bryant-Schoenly, Mary Beth Williams)

2차 개정판의 이번 장은 주로 워크숍 "직업 복귀를 위한 전쟁의 늪 헤쳐 나가기(Slogging the Bog of War in Order to Return to the World of Work)"(Williams, 2012)의 내용을 요약한 것이다. 이번 장에서는, 당신의 여정에 도움이 되는 5가지 방법을 살펴본다. 5가지 방법은 다음과 같다. (1) 인지처리 치료(cognitive processing therapy: CPT)를 사용하여 신념에 도전하고 수정하기, (2) 노출 치료 방법의 일환으로 이야기와 스토리텔링 사용하기, (3) 비유 사용하기, (4) 소리와 음악 사용하기, (5) 장애인 보조 동물/반려동물과 함께하기. 이러한 강력한 기법은 자가, 그룹 또는 개인적 치료에서 도움이 될 것이다. 이번 장은 버지니아주 스티븐스 시티에 있는 지역사회 기반 외래 환자 클리닉의 사회복지사인 Priscilla Bryant-Schoenly의 도움으로 확장되었다.

우리가 이라크 자유 작전, 항구적 자유 작전, 걸프전의 참전 군인들로부터 PTSD에 대해 배운 것

걸프전은 1990년 8월 2일 시작되었고 1991년 2월 28일 종전되었다. 아프가니스탄에서 이루어진 다국적 군 작전인 항구적 자유 작전(OEF)은 2001년 10월 7일 실행되었다. 임무가 군사적 교전에서 아프가니스탄 군대 지원으로 변경된 2014년 말에 항구적 자유 작전은 공식적으로 종료되었다. 그러나 많은 미군들과 용병들은 아프가니스탄에 남아 있었다. 이라크 자유 작전(OIF)은 2003년 3월 20일 발발했고, 공식적으로 전투 부대가 철수함으로써 종료되었다.

만약 당신이 아프가니스탄, 이라크, 걸프 전쟁에 참전하였다면 최소 한 번 이상의 전투에서 살아 돌아왔음에도 자신을 영웅으로 여기지 않을 가능성이 크다. 당신의 영웅들은 다수의 부상을 입고 사지를 잃거나 뇌 기능을 상실한 채 수많은 임무에서 살아남은 사람들, 혹은 알링턴 국립묘지나 다른 묘지에 잠들어 있는 사람들이다. 당신은 변화되어 집에 돌아왔고, Lighthall(2012)이 말했듯, "그것이 나쁜 일이라고 생각하지 말라." 당신은 이제 더욱 자신감 있고 더 나은 문제해결 능력, 당연하게 생각하던 것에 감사하는 능력과 이전보다 더 큰 목적의식과 방향성을 가질 수 있다. 전쟁 스트레스와 과중한 책임, 그리고 전쟁의 수많은 다른 스트레스 요소는 의심할 여지 없이 당신에게 영향을 끼친다. 어떤 식으로든 이 책을 사용하는 것뿐만 아니라, 전쟁의 영향을 다루는 데 도움을 요청하는 것은 당신이 용기를 가지고 있다는 증거다. 특히 군, 예비군, 주방위군으로 잔류하였을 경우, 당신이 도움을 요청한다고 해서 당신이 영구적인 손상을 입었다거나 반발과 오명을 겪게 될 것임을 의미하진 않는다. 미 육군 WRAIR 책자의 "전투에 관한 10가지 어려운 사실: 위험을 완화하고 회복력을 구축하기 위해 지도자들이 할 수 있는 일"에 따르면, "전투는 도덕적, 윤리적, 정신적 도전을 제기한다. 모든 군인들은 함께 살 수 있는 전쟁 일화를 가지고 집에 돌아올 필요가 있다"(US Army WRAIR Land Combat Study Team, 2006).

사실에 직면하기

당신이 PTSD를 진단받았거나 PTSD를 겪고 있는 것 같다면, 당신은 혼자가 아니다. 2008년에 조사된 이라크와 아프가니스탄 참전 군인 중 30만 명이 PTSD를 경험했다는 추정은 이 두 전쟁의 실제 결과를 심각하게 과소평가한 것이다(Headquarters, Department of the Army, 2012). 2010년 조사에 따르면 모든 군 부대를 통틀어 200만 명의 군인 중 최소 20%가 PTSD를 앓고 있거나 발병할 것으로 예상되며, 2011년 9월 기준으로 적어도 472,000명의 군인이 이를 경험하는 것으로 나타났다. 2011년 중반까지, 이라크와 아프가니스탄에서 온 187,100명 이상의 참전 군인들이 이미 참전 군인 보건국(Veterans Health Administration)에 의해 PTSD 진단을 받았다.

그러나 이러한 추정치들은 지금은 낮게 보일 수 있다. Pew 연구 센터(Taylor, 2011)에 따르면, 9 · 11 이후 참전 군인 중 44%가 사회 재적응이 어렵다고 믿으며, 37%는 공식적으로 진단받은 것은 아니지만 자신들이 PTSD로 고통을 받고 있다고 생각한다. 9 · 11 이후 참전한 군인들에게서는 심지어 더 높은 수치가 관측된다. 그들 중 49%가 자신이 PTSD를 겪고 있다고 보고했으며, 52%가 복무 중 정서적 트라우마를 경험했다고 보고했다. 미국 재향군인청이 모든 전쟁 참전 군인에 대한 복무 관련 장애를 조사하는 데 최소 10만 건의 청구가 뒤처져 있다는 것은 잘 알려진 사실이다. 게다가 미국 재향군인청은 '개선'된 것으로 보이는 개인들의 장애 등급 판정을 철회하거나, 판정 기준을 훨씬 더 엄격하게 만드는 등 비용을 절감하기 위한 방법을 모색하고 있다. 미국 참전 군인 관련 부처의 신규 참전 군인을 위한 국가 건강조사(미국 재향군인청, 2015)에 따르면, 이라크와 아프가니스탄 참전 군인의 1/6이 PTSD를 경험하고 있을 수 있으며, 심지어 이는 과소 보고된 수치일 수 있다고 보고된다. 현재 베트남 전투 참전 군인의 약 30%가 PTSD를 경험하고 있는 것으로 추정되며, 은퇴와 동시에 그들의 기억이 이전 업무가 차지했던 공간을 메우기 위해 더 쉽게 되살아나면서 평가와 보상을 요구하는 사람들이 늘고 있다. 게다가, 미 국방부는 PTSD를 진단받지 않은 비명예제대(OTH) 전역자들을 보상 대상으로 포함하는 것을 고려하기 시작했다. 이것은 이미 포화상태인 재향군인청 치료 명단에 더 많은 참전 군인들을 추가하게 되는 격이다. 비명예 제대를 한 베트남 참전 군인의 1/3이 PTSD를 겪고 있을 것으로 추정된다. Hagel 국방장관은 낮은 수준의 위법행위로 인한 제대만 승격이 고려될 것이라고 언급했다.

군대가 종합 병사 심리 치유 프로그램인 포괄적 군인 건강(Comprehensive Soldier Fitness: CSF) 등을 활용하여 군인들의 회복을 위한 제도를 개설했음에도 불구하고, 군인들의 PTSD 발병률이 높은 이유는 무엇일까? 한 가지 이유는 반복적인 배치다. 또 다른 이유는 성별이 여성이라는 점, 신체 폭력, 배치 간 짧은 휴가 및 휴식 시간, 전쟁 참여로 인한 영향의 누적, 명확하게 적이라고 단정 지을 수 없는 사람들과의 전쟁 그리고 오명을 벗기 위해 노력임에도 불구하고 도움을 구하는 것이 부정적으로 보일 것에 대한 두려움 등이 있다. Breslau(2012)에 따르면, 전투에 노출된 강도와 PTSD 발병 위험 사이에 일관된 관련성이 있다. 참전 군인으로서, 당신은 많은 배치를 받을수록, 더욱 많은 사상자를 보게 된다는 것을 알 것이다. 또한 사망률 자체는 낮지만, 사지가 잘리는 등의 심각하지만 생명에는 지장이 없는 부상의 비율이 증가하는 것에 영향을 받았을 수 있다. 재배치는 신체적 스트레스와 자가면역 이상, 불면증, 피로, 소진, 정신 건강 이상으로 이어질 수 있다(Cantrell, 2009).

당신은 살아남았다!

최근 또는 오래전에 참전한 군인으로서, 당신은 이전과는 다른 사람이 되어 집으로 돌아왔다. 군복무 중에, 당신은 도전에 직면했을 때, 그리고 상관이 내린 임무를 완수하기 위해 군사적, 개인적 기법을 사용했다. 육군성의 현장 생존 매뉴얼(FM 3-05.70)에 따르면, **생존**은 당신이 다음과 같은 다양한 기법과 능력을 보였다는 것을 의미한다(Headquarters, Department of the Army, 2002).

- 상황 평가하기
- 안전 확보를 위해 당신의 모든 감각을 이용하여 주변 확인하기
- 이전 훈련에 기초하여 당신이 어디에 있고, 그 환경에서 어떻게 행동해야 하는지 기억하기
- 두려움과 당황함을 이겨내거나 적어도 통제하여 현재에 머무르고 상황에 맞게 대처하기
- 필요한 순간에 임기응변하기
- 살아 있는 것을 가치 있게 여기기
- 그곳에 속한 '원주민'처럼 행동하기
- 지혜를 사용하여 생존하기

또한 당신은 군인으로서의 가치와 본분에 대한 의무감과 충성심, 지휘관에 대한 충성심, 그리고 특정 복무 부서의 가치에 대한 충성심으로 인해 생존할 수 있었다. 이러한 가치는 각 부대마다 조금씩 다르지만, 일반적으로 전우와 국가에 대한 의무와 충성심은 공통적으로 가지고 있다. 당신은 지금 집에 있다. 이러한 가치를 중요하게 생각하는 민간인을 찾기 힘들 수 있지만, 아마도 그 가치는 당신에게 여전히 중요할 것이다.

군인으로서, 또는 민간인으로서 당신이 아직 중요하게 생각하는 군사적 가치는 무엇인가?

____

당신은 이 가치를 지키는 일에 얼마나 성공했는가?

____

참전은 당신에게 어떤 경험으로 남아있는가?

Hoge에 따르면, "파병으로부터 돌아오는 것은 4차원에서 3차원 세계로 돌아오는 것과 같다"(2010, 14). 이 문장이 당신에게는 어떤 의미가 있는가? 저 두 가지 현실은 어떻게 다른가?

상대방을 죽이기 위해서, 사람으로 취급하지 않는 법을 배웠어야 했다. 적을 "악의 전염체(carrier of evil)"(Tick, 2005, 82)로 만드는 법을 배웠다. 훈련소에서 입대 이전의 정체성을 벗기고 종종 매우 현실적인 끊임없는 살인 훈련에 참가하는 것으로 교육은 시작된다. 당신은 수많은 사격 연습을

통해 반사적으로 총구를 겨눌 정도가 됐다. 당신은 다른 사람들에게 공격적으로 대하고 싶지 않은 마음을 극복해야만 했다. 살인은 도덕적 의무가 되기도 했다. 그러나 Grossman(1996)에 따르면, 단 2%의 군인만이 살인에 익숙해지며, 그들이 죽이는 일이 전체의 50%를 차지한다. Marlantes(2011)에 따르면, 만약 당신이 누군가를 죽였다면, 당신은 "전쟁을 위한 살인 병기"가 되었으며, 죽은 사람들을 제외한 사람들에게 죽음은 추상적인 것이 됐다(19). Meagher(2007)는 시간, 공간, 표적, 속도와 같은 요소로 인해 근현대 전투에서 군인들은 강한 압박을 느낀다고 이야기한다.

- **시간**: 작전은 계속되며, 긴장을 풀고 쉴 시간을 주지 않는다. 전투는 하루 종일 발생할 수 있다.
- **공간**: 전통적인 전선이 없으며, 전기가 없거나 샤워할 방법이 없는 등 환경적으로 많은 어려움을 가지고 있다.
- **표적**: 누구나 적이 될 수 있고, 그들은 게릴라전술로 공격해온다.
- **속도**: 전쟁은 언제, 어디서나 일어날 수 있으며, 전투원이 극도로 경계하도록 하고, 빈번히, 혹은 지속적으로 아드레날린 분비를 유발할 수 있다(9장에서 언급했듯이, 아드레날린 과분비는 자가면역 질환을 초래할 수 있다).

전쟁에서 집으로 복귀하여 잘 적응하고 있는가?

가정으로 돌아온 뒤의 당신의 삶은 어떠한가? 당신의 환경에서 전쟁은 더 이상 존재하지 않는다. 그러나 전쟁은 계속해서 당신에게 영향을 미친다. 당신은 자신을 어떻게 바라보고 있는가? 자신을 손상된 대상으로 여기는가, 아니면 용감한 전사로 여기는가? 당신이 전쟁을 통해 입은 개인적 손실은 무엇인가? 재향군인청 혜택과 같은 모든 종류의 지원을 신청했는가? 페인트볼 서바이벌 게임, 비디오 게임, 과속하기 등과 같이 아드레날린 과분비를 유발하여 전장 경험을 떠올리게 하는 활동에 참여하고 있는가? 활동 10-1

활동 10-1: 전장 기법이 가정생활에 미치는 영향

뉴헤븐 재향군인청에 소속된 James Munroe(사적 서신)에 따르면, 다음의 8가지 전투 기법 중 어느 하나가 방해되거나, 안전, 신뢰, 권력, 존중, 친밀감의 다섯 가지 기본 심리적 욕구가 결핍되면, 민간인 생활로 복귀하는 것이 어려울 수 있다(Rosenbloom & Williams, 2010). 아래의 목록을 읽으면서 질문에 대한 답을 생각하고, 일지나 공책에 답을 작성해 보라.

1. **위험 평가**(첫 번째 심리적 욕구, 안전): 가정에서의 생활이 안전한가? 일상생활에서 위험하다는 느낌을 받는가? 안전 여부를 확인하기 위해 계속해서 주변을 살피는가?
2. **신뢰에 대한 경계**(두 번째 심리적 욕구, 신뢰): 당신의 주변 사람을 신뢰하는가? 아니면 당신 주변의 모든 사람을 적으로 간주하는가? 전우만 믿을 수 있다고 생각하는가?
3. **임무 지향성 가지기**: 파병 동안 당신의 최우선 과제는 임무를 완수하는 것이었다. 아직도 누군가의 지시만을 기다리고 있는가?
4. **결정 내리기**(세 번째 심리적 욕구, 권력과 통제): 집이나 가족 사이에서 당신은 어떻게 결정을 내리는가? 당신은 가족의 결정에 어떤 방식으로 기여하는가? 당신의 삶에서 어느 부분이든 통제권을 가지고 있다고 생각하는가?
5. **전략으로 대응하기**: 전장에서는 먼저 최대한의 화력으로 행동하고 나중에 자신이 한 일을 생각했다. 당신은 자신의 장비가 올바른 장소에 있는지, 정상적으로 작동하는지 확실히 해야 했다. 지금 집에서는 어떠한가? 만약 주변이 어질러져 있다면, 참을 수 있는가? 긴장된 상황 속에서 과민하게 반응하는가?
6. **예측을 피하고, 지성을 통제하기**: 당신은 타인이 당신을 해치지 못하게 다양한 경로나 습관을 찾는가? 타인에게 정보를 숨기는가? 살아남기 위해서 무질서가 필요한가?
7. **스스로 감정을 통제하기**(네 번째 심리적 욕구, 존중의 한 측면): 배치받았을 때, 당신은 공포, 죄책감, 애도, 슬픔, 분노 등의 감정을 느낄 수 있는 많은 사건을 마주했다. 그러나 생존에 대한 욕구는 종종 그러한 감정을 느끼지 못하게 했다. 지금 집에 있는 당신은 어떤 감정을 표현해왔는가? 타인이 당신의 감정을 두려워하는가? 행복과 같은 긍정적인 감정을 가지는 것을 위험하다고 느끼는가? 당신은 자신이 변한 모습 혹은 지금의 자신이 마음에 드는가?
8. **전쟁에 관해 이야기하기**(다섯 번째 심리적 욕구, 친밀함): 전우와 함께 있을 때, 당신은 전투에 대해서 솔직하고 자연스럽게 말한다. 이런 말을 할 수 있는 민간인이 있는가? 만약 당신이 전투에 관한 이야기를 하기로 결심했을 때, 가족을 포함하여 당신의 경험담을 이해할 만한 사람이 있는가? 집으로 귀환한 전우에게만 편안함을 느끼는가? 가족과 정서적으로 얼마나 가까운가?

자신을 도울 수 있는 다섯 가지 기법

위에서 언급했듯이 이번 장에서는 스스로 또는 치료에서 자신을 도울 수 있는 다섯가지 강력한 기법을 제공한다. 또한 이번 장에서는 본 워크북의 다른 부분을 참고하여 여기에 제시된 내용을 설명한다. 트라우마 경험을 다루기 위해 제안되는 모든 다섯 가지 방법은 참전 군인들에게 유용하지만, 그들에게만 국한된 것은 아니며 다른 트라우마 생존자에게도 사용할 수 있다. 다섯 가지 방법은 신념에 도전하고 수정하는 것, 이야기하는 것, 비유를 사용하는 것, 치유를 위해 소리와 음악을 사용하는 것, 동물들과 함께 봉사하고, 치료와 정서적인 지원을 받는 것이다.

전쟁 관련 트라우마를 위한 많은 치료들은 당신이 자신과 주변에 일어난 사실을 이해하고, 감정에 대한 개인의 힘을 향상시키는 것을 돕기 위해 노력한다. 당신은 병역 해제 후나 파병을 마치고 돌아와 새로운 임무를 맡았을 때, PTSD의 징후와 증상에 대해서 교육받았을 수 있다. 당신의 생각이나 전쟁에 대한 사고와 신념, 당신이 한 일, 혹은 당신에게 일어난 일에 대하여 생각해 보길 요청받았을 수 있다.

참전 군인을 돕기 위해 상담자들이 사용하는 주된 방법은 인지행동 치료(cognitive behavioral therapy: CBT)로, 미국 재향군인청이 승인한 증거기반 치료법이다. Rothschild(2011b)에 따르면, CBT는 "부정적인 사고방식을 교정하는 것을 도움으로써 생각의 결과인 감정을 수정하는 것을 목표로 한다. 이것은 아주 간단한 개념이다"(75). Bryant-Schoenly는 CBT가 당신의 생각, 감정, 행동이 서로 어떻게 관련되어 있으며, 그것이 어떻게 삶의 다양한 측면에 영향을 주는지 이해할 수 있도록 한다. 당신을 위한 참전 군인 CBT 활동은 당신이 가진 전쟁에 대한 생각과 신념에 직면하고 그것이 당신의 행동에 어떻게 영향을 미치는지 살피도록 하여, 필요시에 당신이 변화할 수 있도록 돕는다.

이 장에서 설명하는 각각의 기법은 6장(진단 기준 D)에서 이전에 논의된 다섯 가지 기본적인 심리적 욕구인 안전감, 자신과 타인에 대한 신뢰감, 권력 의식, 존중감, 친밀한 관계를 맺는 능력을 다루는 것을 목표로 한다. 이러한 욕구는 McCann & Pearlman(1990, 1992), Rosenbloom & Williams(2010)에서 수정 인용된 구성주의적 자기 계발 이론의 기초이며 인지처리 치료(cognitive processing therapy: CPT)의 핵심 요소이다. CPT는 전쟁과 관련된 신념이 심리적 욕구에 미치는 영향을 검토하고 도움이 되지 않을 경우, 신념에 도전하고 신념을 수정하거나 바꾸는 방법을 보여주는 첫 번째 기법의 기초가 된다. Bryant-Schoenly에 따르면, CPT는 당신의 PTSD 증상을 완화시키기 위한 가장 효과적인 치료 방법이다. CPT는 PTSD 증상에 대한 이해도를 높이면서, 괴로운 생각(고착된 부분이라고 불리기도 하는)을 다루는 법을 가르쳐 준다.

당신의 증상과 생각, 그리고 심리적 욕구를 살피면, 부정적인 신념뿐만 아니라 비합리적 생각에 어떻게 도전해야 하는지 배울 것이다. 이러한 **인지 재구성**은 CBT의 일환이다. CBT는 일반적으로 ABC 모델에 기반을 둔다(Ellis, 2001). 어떤 일이 발생할 때, 당신은 그 사건(A)과 그 사건과 관련된 역기능적인 신념(B), 그리고 그 신념을 가짐으로써 나타난 행동 결과(C)를 확인하려고 노력한다. 활성화된 사건(예: **총격전 중**)은 발생한 행동에 직접적인 책임이 있다(예: **내가 총을 쏴서 나쁜 놈을 죽였다**). 그러나 진실은 A와 C 사이에서 일어나는 생각이 행동을 결정한다는 것이다(예: **총을 먼저 쏘지 않는다면 반드시 내가 죽게 될 것이다**).

New Harbinger Publications가 이 발행한 짧은 글에서 Tompkins(2014)는 당신은 "당신이 믿는 것을 믿는다"며 현실에서의 믿음의 정확성이나 근거에 대해 거의 의문을 제기하지 않는다고 언급했다. CBT는 '신념을 바꾸려고 노력하기보다 신념에 물음표를 던지는 것'을 목표로 한다. 어떤 사람들은 실제로 신념을 바꾸는 것이 불가능하다. 신념에 대한 정확성과 가치를 묻는 것이 더욱 현실적일 수 있다. 이러한 거짓된 신념은 진실한 신념과 유사하게 행동의 동기가 된다(Ciarrochi & Bailey, 2008).

신념에 도전하고 수정하기

전쟁의 경험은 자신과 타인, 그리고 세상에 대한 신념에 영향을 준다. 당신이 만들어낸 신념 체계는 당신만의 독특한 것이며, 당신이 세상을 바라보는 방법을 결정한다. 신념 체계는 당신이 현실을 설명하는 방법이다. 개인적 정체성, 정신적 틀, 삶의 의미에 대한 당신의 신념은 당신을 가둘 수도, 자유롭게 할 수도 있다. 당신에게 더 큰 생존 가치를 지니는 신념일수록 그것을 더 고수하고 싶을 것이다. 다른 신념처럼, 당신이 전쟁에 대해 가지고 있는 신념도 완전한 진실이 아니다(Brookman, 2001). 신념은 사실보단 감정에 기초하며, 적절한 결정과 부적절한 결정 모두를 내리게 할 수 있다. 신념은 당신이 특정한 것에 대해 감정을 갖도록 이끌 수 있고, 이것은 결국 행동을 유발할 수 있다.

당신의 신념 중 일부는 어린 시절에 부모 및 학교의 영향과, 참전 경험과 같은 다른 사회적 요소로부터 영향을 받았을 수 있다. 자신 혹은 세상이 돌아가는 방식이 아무리 사실이라고 생각할지라도, 어떤 경우에도 항상 신념이 현실을 대변하진 않는다. 시간을 들여 군 복무 중에 생긴 신념이 무엇인지 생각해 보라. 배치 중에 한 경험을 기반으로 다음 문항을 완성하라.

- 나는 ……라고 믿는다.
- 나는 ……라고 생각한다.
- 나는 ……라고 의심한다.
- 나는 ……라고 확신한다.

____

____

____

____

이러한 신념 중에서 현재 당신에게 문제를 일으키는 것이 있는가?

Ehlers & Clark(2000)에 따르면, 인지 재구성을 통해 트라우마의 핵심과 관련 있는 신념을 식별하는 것은 도움이 된다. 신념을 식별하는 것은 사건과 연관된 신념뿐만 아니라, 그 사건 자체를 보는 대안적인 시각을 고려할 필요가 있음을 의미한다. 당신이 집으로 돌아온 지금 이 시점에서 전쟁으로 인해 변화된 신념이 당신의 삶을 방해하고 있다면, 그 신념에 집중해볼 수 있다.

부정적인 생각을 해소하기 위해 당신은 무엇을 할 수 있는가?

- 도움이 되지 않는 생각을 기록하라.
- 자신과 타인 그리고 세상에 대한 부정적인 믿음에 집착하지 않고 현재의 순간에 자신을 관찰할 수 있는 자기 관찰적 접근을 취하라. 자기 관찰적 접근을 위해 명상, 심호흡이나 다른 방법을 활용하라.
- 가능하다면, 부정적인 생각이 떠올랐을 때, 한 걸음 물러서서 자신의 생각이나 감정을 관찰하라(Ciarrochi & Bailey, 2008).

긍정적이고 미래 지향적인 새로운 신념 상태를 만들었는가? 그 신념 중 미래를 향한 의지를 포함하는 것이 있는가? 그렇다면, 아래에 그 신념을 작성해 보라.

____

____

____

____

이러한 새로운 신념이 당신에게 효과가 있는가? 여전히 고수하고 있는 이전의 신념은 어떠한가? 이전의 그 신념은 당신에게 효과가 있는가? 효과가 없다면, 도전하거나 바꾸고 싶은 신념 중 하나 또는 둘을 생각해 보고 이곳에 작성해 보라.

____

____

____

신념을 바꾸는 것에 관한 추가적인 정보는 6장에서 확인하라.
당신에게 문제를 유발하는 신념을 없애기 위해서 다음의 제안을 시도하라.

- 옛 신념을 새로운 것으로 바꾸기 위한 의도로 새로운 신념을 머릿속에서 계속 반복하여 되뇌어 본다.
- 오래된 신념에 반대되는 증거나 단서를 찾아 그 신념에 도전한다.
- 당신의 부정확한 신념을 적어 불에 태우거나, 찢거나 변기물에 넣어 내려버리거나 당신 자신을 자유롭게 하기 위한 다른 의식을 만든다.
- 도전하고 싶은 신념 이면에 감춰진 감정을 식별하려고 시도한다.
- 당신에 대한 부정적인 신념을 긍정적인 현재의 확언으로 대체한다.
- 옛 신념을 지키는 것에 대한 장단점을 나열한다.
- 행동과 활동을 통해 신념에 도전한다. 당신의 신념과 반대되는 일을 한다.
- 당신이 신뢰하는 사람과 브레인스토밍을 하면서 다양한 방식으로 신념을 해석하는 증거를 수집한다.

선택한 신념에 도전하거나 수정할 하나 이상의 방법을 선택한 다음 수행하라. 나중에, 현재 쪽으로 돌아와서 무엇을 했는지 기록해 보라. 당신의 노력은 얼마나 성공적이었는가?

집으로 돌아온 지금 당신의 세계에 맞는 변화된 신념으로 대체하는 것은 잘 적응하고 편안하고 안전하며, 개인적인 힘을 느끼는 데 도움이 될 수 있다. 만약 당신의 부정적인 신념이 일반적으로 갈등을 야기하는데, 어떤 식으로든 부정적인 신념을 해결하지 않는다면, 심장병, 고혈압, 불면의 위험을 증가시킨다(DeAngelis, 2013).

이야기하기와 스토리텔링

회복을 위한 다른 방법은 숨겨진 것들을 '꺼내어' 안전하게 이야기하는 것이다. Tick(2005)에 따르면, 이야기하는 것은 당신의 삶과 영혼에 접촉하는 것을 도우며, 이는 치유의 필수적인 단계이다. 당신의 이야기가 다른 사람들의 이야기와 결합될 때, 합쳐진 이야기는 함께 훨씬 더 큰 전쟁 이야기를 만들어낸다. 이 방법은 노출 치료의 형태를 띤다. 다른 형태의 노출 치료에는 실제 상황에서의 노출 연습(실제적 노출법), 트라우마 기억에 대한 반복적인 이야기(심상적 노출법) 및 가상 노출이 포함된다. 노출 치료는 트라우마 사건을 촉발하게끔 설계되었다.

노출 치료는 당신이 트라우마를 재차 입지 않도록 하면서 작은 단위의 트라우마 상황을 마주하게 도와주는 방법이다. 트라우마 경험에 관한 이야기를 씀으로써, 트라우마가 새로운 의미를 가지고 더욱 상징적으로 변화한다는 것을 배울 수도 있다. Schauer, Neuner, & Elbert(2011)에 따르면, 전형적인 트라우마 이야기는 다음의 요소를 포함한다.

- 위협의 시작부터 최초의 충격적이고 무서운 사건까지의 경험
- 끔찍했던 사건의 세부사항 묘사
- 탈출, 생존, 사건 종료 방법
- 이후의 삶
- 미래의 목표, 계획, 희망

시, 글쓰기, 연극, 콜라주 만들기, 그림 그리기 혹은 사적이거나 공개적인 모임에서 전우들과 나누기 등 전쟁 이야기를 하는 것에는 다양한 방법이 있다. 가족과 친구, 상담자와 매체, 교회 공동체, 학교 모임 등에서 당신의 이야기를 공유할 수 있다

Capps(2013)는 이야기는 곧 증언이라고 말한다. 이것은 당신의 생각을 의미 있는 이야기로 정리하게끔 돕는다. 집으로 돌아온 이후 쓴 글은 파병 중 또는 충격적인 사건이 발생했을 때 작성한 일지와는 다른 공간과 시간에서 비롯된다. 이렇게, 무엇이 일어났는지에 대한 다른 관점을 발전시키도록 돕는다. 이야기는 '차가운' 기억과 '강렬한' 기억을 모두 포함시킬 수 있다. **차가운 기억**(cold memory)은 임무, 전투, 기지에서의 삶과 같은 전반적인 사건의 정보를 포함한다. **강렬한 기억**(hot memory)은 감정적이고 구체적이다. 그것은 상세한 감각 정보, 지각, 개인적 반응 및 영향을 포함한다(Robjant & Fazel, 2010). Michael White(2013)는 다음과 같이 이야기 치료법에 대한 요약을 제시했다.

- 이야기의 주된 목적은 개인적인 삶의 경험을 표현하는 것이다.
- 개인의 모든 경험은 그 개인에 의해 해석된다.
- 해석은 경험에 의미를 부여한다.
- 경험에 의미를 부여하는 것은 시간이 지나며 발전하고, 의미는 더욱 명확해질 수 있다.
- 이야기나 다른 방법의 표현을 통하여, 당신은 삶의 여정을 걷는 동안 다양한 경험을 마주하게 될 것이며, 이를 처리하고 자아를 형성하며, 때로는 재구성할 것이다.

- 이야기의 구조는 반복하여 말하기를 통해 삶에서 일어난 일들을 순서대로 연결하도록 하는 알기 쉬운 틀을 제공한다.
- 이야기를 쓰는 것은 다른 사람의 이야기와 당신의 것을 연결시켜 준다.

이야기를 쓰기로 결정했다면, 다음의 요소 중 일부 혹은 전부를 포함하는 것을 고려하라.

- 당신 자신을 영웅 혹은 이야기의 주인공으로 묘사한다.
- 당신을 정신적 혹은 신체적으로 부상을 입게 한 사건이나 인물의 상징을 찾고 포함한다.
- 복원력 및 치유를 나타내는 물건 혹은 상징을 포함한다.
- 안전과 보안에 대한 당신의 생각을 상징하는 것을 포함한다.
- 전쟁 관련된 문제에 대한 당신의 전문적 지식을 나타내는 상징을 포함한다.
- 복장 및 휘장 등과 같이 당신을 돕거나 강하게 만드는 군사적, 민간적 문화의 상징을 포함한다.
- 당신에게 해결책을 가져다준 사람의 등장을 묘사한다.

또한 당신이 겪은 일에 관한 이야기를 만들 때 비유(다음 절에서 자세히 설명한다)와 다른 언어적 표현을 사용할 수 있다. 1인칭이나 '나' 문장을 사용하여 직설적인 방식으로 이야기를 전달하는 것도 고려할 수 있다. 당신이 느끼는 감정을 말로 표현하면 당신 자신도 아직 완전히 소화하지 못하거나 받아들이지 못한 감정을 자신과 타인이 이해하도록 도울 수 있다. 당신의 감정을 적는 것은 당신 안에 있었거나 있는 것을 확실한 단어로 만들 수 있게 하며, 명확하게 표현할 수 없었던 것을 담을 수 있는 상자를 만들 수 있게 해준다.

전쟁 이야기를 쓰는 것은, 당신이 기억하는 경험을 더욱 현실적으로 만들어준다. 이것은 고통을 이야기로 바꾸어준다. 또한 정보를 제공해 주기도 하며, 당신의 동기와 가치를 설명하기도 한다. 당신 경험에 관한 이야기를 적어 보기로 했다면, 3장에 '활동'과 '연습하기'를 사용하여 일지에 당신 이야기의 일부, 혹은 전부를 적어 보라. 글을 쓰면서, 트라우마 경험은 더욱 실체화되고, 겉으로 표현되어 더욱 다루기 쉬워질 것이다.

Ehlers & Clark(2000)에 따르면, 과거에 일어났던 일에 대한 기억(자전적 기억)은 당신의 삶을 체계적으로 바라보는 방법을 제공한다. 그러나 전쟁은 일반적인 기억과정을 방해하여, 다른 과거 기억과는 달리 올바른 시간, 장소, 맥락에 위치하지 않는다. 이러한 기억은 지금-여기에도 남아있고, 많은 것들로 인하여 촉발될 수 있다. 당신은 "과거에 갇혀 있다고 느낄지도 모른다. …… 이전의 삶을 다시 지속하거나 새로운 삶을 시작할 수 없으며, 트라우마로 인해 영구적으로 더 나쁘게 바뀐 시간 속에 갇힌 느낌이 들 수 있다"(324).

Capps(2013)는 전쟁 경험 글쓰기에 대한 몇 가지 대안을 제시한다.

- 당신의 삶을 바꾸었다고 생각하는 전쟁에 대해 적는다.
- 복무 중에 당신에게 가장 큰 영향을 준 사람에게 편지를 쓴다.
- 이전에는 기억하지 못했던 사건의 부분에 대해 자세히 적는다.
- 이전에는 1인칭('나' 진술법)으로 사건에 관해 썼다면 이번에는 3인칭(자신을 그 또는 그녀라고 지칭)으로 작성해 본다.

전쟁 중에 일어났던 일을 글로 쓰거나 이야기하는 것은 당신이 드러내는 것을 어느 정도 통제하는 방법이며, 이는 당신이 그 기억을 떠올리는 데 도움이 된다. 전쟁 경험에 대한 당신의 이야기는 일종의 역사가 되며, 자신이 경험한 것을 증언하는 역할을 한다. 이러한 증언을 통해, 당신은 새로운 임무나 기억의 관점을 찾을 수 있다.

다음의 빈칸에 개인적 이야기에 포함할 생각이나 주제를 메모한 다음, 더 길고 완전한 이야기를 일지나 블로그 등과 같은 다른 곳에 적을 수 있다.

비유 사용하기

회복을 하는 세 번째 방법은 생각을 재구성하는 방법으로 비유를 사용하는 것이다. 특히 참전 군인과 다른 트라우마 생존자를 돕기 위하여 저자가 만든 늪지 비유를 추천한다.

비유는 일반적으로 다른 것을 의미하기 위해 사용되는 단어나 구문이다. 예를 들어, 붉은 장미가 피어나는 것은 사랑이 자라나는 것을 상징한다. 비유는 보통 기억하기 쉽다. Hayes, Barnes-Homes, & Roche(2001)에 따르면, 비유는 당신에게 일어난 일을 다른 방식으로 보는 것을 돕는 그림과 같다. 늪지 비유는 신체적 고통과 연결된 물리적 공간을 만들어내는 데 도움을 준다. 비유는 전쟁의 문제를 외재화하여, 당신 밖으로 꺼낼 수 있다. 문제를 푸는 방법으로, 비유는 종종 미래를 지향한다. 비유는 상황에 저항하거나 맞서 싸울 때 자기 자신의 강점을 살펴보는 데 도움이 될 수 있다. 비유는 자신의 감정과 개인적인 경험을 머릿속에서 단어나 그림으로 표현하도록 새로운 방법을 제공함으로써 이를 이해하는 데 도움이 될 수 있다.

비유는 심상이나 그림을 사용하여 전쟁 경험을 포함한 어떤 것을 늪지나 피로 뒤덮인 모래언덕의 사막 같은 대안적인 용어로 다시 표현할 수 있게 해준다. 이런 것은 당신이 경험한 것을 명확히 해주거나 새로운 정보를 제공한다. 또한 비유는 신념을 형성하는 데 도움을 준다(Wormeli, 2009). Wise & Nash(2013)는 비유가 트라우마의 신체 기억과 어떤 일이 일어났는지에 대한 언어적 이야기 사이의 중재자 역할을 하며, 당신의 상상력을 사용하여 당신의 "깊은 공포의 트라우마 경험의 내면 세계"에 대항하는 창조적인 방법이라고 믿는다(163). 다시 말해, 특정한 고통을 비유로 표현하는 것은 그 고통을 유발하거나 결과를 가져온 사건과 연결시키는 데 도움이 될 수 있다.

Loue(2008)는 기억과 비유는 다음과 같은 방법을 통해 조직화될 수 있다고 말한다.

- **내용**: 어떤 일이 일어났는가?
- **시간**: 사건은 언제 일어났는가?
- **인물**: 누가 연관되어 있는가?
- **장소**: 사건은 어디서 일어났는가?
- **활동**: 당신은 무엇을 했는가?
- **감정**: 당시 기분이 어땠는가?

Bruhn(1990)은 또한 태도를 고려한다. 당신은 사건이 일어났을 때, 어떤 생각과 믿음을 가지고 있었는가?

전쟁의 늪

John Bunyan은 그의 책『*Pilgrims Progress*』에서 깊은 늪에 대한 다음과 같은 설명을 썼다. "이 더러운 구렁텅이는 어떻게 할 수 없는 곳이다. 그곳은 …… 쓰레기와 오물이 있는 곳으로 …… 끊임없이 흐르며 그래서 그곳은 절망의 늪이라고 불린다. 많은 두려움과 의심, 그리고 낙담시키는 불안이 모두 모여서 이곳에 정착한다. 그리고 이것이 이 땅이 나쁜 이유이다"(1965, 46).

우리는 그 늪이 전쟁이나 다른 충격적인 사건으로 인해 당신의 트라우마 경험이 어디에 갇혀 있는지 이해하는 데 매우 도움이 되는 비유라고 생각한다. 이어지는 '연습하기'에서, 자신의 늪을 포스터, 그림, 콜라주, 드로잉 또는 혼합 매체(mixed-media)로 표현하여 자신의 자아나 영혼이 어떻게 고착되어 있는지를 시각적인 형태로 묘사할 것이다. 늪은 크랜베리 수렁과 같이 초목이 무성한 곳일 수도 있고, 오물, 점액질, 악취로 엉망이 된 것일 수도 있다. 그것은 단단해 보일지 모르지만 사실은 한 번 빠지면 헤어나오지 못한다. 만약 당신이 그것을 밟는다면, 당신은 끈적끈적한 젤리 같은 물에 가라앉을 것이다. 어떤 늪은 얕아서 더 쉽게 정복된다. 또 어떤 늪은 깊은 구멍이나 기타 위험 요소(예: 숨겨진 그루터기, 파충류)를 가지고 있다. 늪지대는 이탄 늪(peat bog)으로 알려진 수천 년에 걸쳐 압축된 죽은 식물 재료로 만들어질 수 있다. 이탄은 에너지와 열을 제공하는 연료의 한 형태로 사용될 수 있다. 늪은 또한 시체와 그 안에 묻힌 다른 물질을 보존할 수 있다. 그러나 이탄 늪은 또한 생명을 지탱하고, 탄소를 보유하고, 기후 변화를 막는 데 도움을 준다.

다른 유형의 늪은 치명적인 타르 늪(tar bog)이다. 타르 늪은 동물과 다른 생명체를 함정에 빠트려 나갈 수 없도록 만든다. 결국에는 굶어 죽거나 탈출하기 위해 발버둥치는 동안 타르 속으로 가라앉게 만든다. 캘리포니아 로스앤젤레스에 있는 라 브레아(La Brea) 타르 구덩이는 많은 생물체를 굶어 죽을 때까지 잡아둔다. (연습하기 10-1)

군대 문화 역시 늪지를 만들어내고, 당신이 군대의 가치, 문화 및 사명을 고수할 때 그 늪지에서 빠져나가지 못하게 할 수 있다. 전쟁에 참전하면, 당신은 기본 훈련에서 배운 것을 실전에서 사용하게 된다. 전쟁에 있을 때의 당신의 주된 임무는 아마 누군가를 죽이거나 살인을 조장하는 일이었을 것이다. 전쟁 중에 당신이 저지른 어떤 일이나 또는 모든 일에 대해 자신을 용서해야 했던 적이 있는가? 어떤 스트레스 요인이 당신을 수렁에 빠지게 하는가?

당신의 늪은 오직 당신만의 것이다. 당신이 원하지 않으면 공유하지 않아도 된다. 이를 염두에 두고, 우리는 의도적으로 당신의 늪을 시각적으로 표현하는 방법에 대해 자세한 지침을 제공하지 않았다. 그저 별도의 종이나 다른 재료를 준비하여 당신만의 늪지대를 그리거나 다른 방법을 통해 시각적으로 표현하면 된다. 당신이 원한다면, 늪을 설명하는 짧은 이야기를 쓸 수도 있다. 그 이야기 속에서 당신은 자기 자신을 늪의 생존자라고 생각하는가? 당신의 상상력과 창의력을 제한하지

연습하기 10-1: **전쟁의 늪에서 탈출하기**

'늪'이라는 단어를 읽을 때, 당신의 마음은 어떤 생각을 하는가? '늪'이라는 단어를 어떻게 정의하는가? 참전 군인으로서, 당신이 전쟁의 늪에 빠져 있다고 믿는가? 수차례의 배치는 아주 깊고 모든 것을 빨아들일 수 있는 늪을 만들 수 있다. 전쟁의 늪은 당신을 기억, 신체적 감각, 감정적 공포에 빠트릴 수 있다. 늪을 시각적으로 표현하면, 전쟁 당시의 상황을 묘사하는 데 도움이 될 수 있다.

이 '연습하기'를 시작하려면 '늪에 빠지는 것'이라는 문구를 생각해 보고, 처음 떠오르는 단어 10개를 나열하라.

1.	6.
2.	7.
3.	8.
4.	9.
5.	10.

말라. 콜라주, 사진, 조각, 드라마, 시 등 어떠한 예술적 수단을 사용하든 상관없다.

당신의 늪을 묘사하거나 설명할 때, 다음 질문 중 어느 것이라도 자유롭게 사용하여 영감을 얻어 보자. 당신의 늪은 어떻게 생겼는가? 무엇으로 만들어졌는가? 시작과 끝이 있는가? 모양은 어떠한가? 어디에 있는가? 표면에 무엇이 있는가? 수면 아래에는 무엇이 있는가? 냄새는 어떤가? 맛을 볼 것이 있는가?

늪에 갇힌 상황에서 당신이 선택하거나 주어진 임무는 무엇인가? 늪에서 탈출하거나, 다른 사람을 보호하거나, 적절한 이동 시기를 기다리는 것이 당신의 임무인가? 그 일을 도와줄 수 있는 사람이 주변에 있는가? 늪에 혼자 있는가? 아니면 전우, 가족, 친구, 적, 혹은 다른 사람들이 함께 있는가? 늪에 무기가 있는가? 사망한 전우나 적에 대해서는 어떤가? 당신의 행동을 돕거나 비난할 '영혼'들이 있는가? 당신이 늪에서 벗어나는 것을 막고자 하는 누군가, 혹은 무엇이 있는가?

지금까지 전쟁 경험에 갇히게 만드는 늪에 무엇이 있을지 생각해본 만큼, 이제는 잠시 시간을 내어 늪의 반대편에 무엇이 있으면 좋을지, 늪의 경계에서 무엇을 볼 수 있을지를 생각해 보라. 당신이 늪에 평생 빠져 있을 것 같은 기분이 드는가? 당신이 잘 가고 있다고 믿는가? 늪에 당신을 도와줄 수 있는 것이 있는가? 이런 모든 것을 늪을 표현하는 것에 추가하라. 천천히 시간을 들여 늪에 대한 표현이 완성되었다고 생각되면(적어도 지금 당장은) 마무리 작업을 시작하라. 나중이라도 언제든지 돌아와서 보완하거나 수정할 수 있으며, 완전히 새롭게 표현해 볼 수도 있다.

늪을 만들며 느낀 점은 무엇인가? 늪지를 어떻게 시각화했는가? 당신의 앞길에 늪이 가로막고 있는 것을 극복할 수 있는 대처 전략을 생각해볼 수 있는가? 당신의 임무를 어떻게 마무리할 수 있는가? 당신의 이야기를 어떻게 끝내길 원하는가? 늪에서 벗어난 이후, 당신은 어떻게 자신과 주변 환경을 바라보고 싶은가? 당신은 자신을 생존자, 즉 결국 늪에서 벗어나 성공한 사람으로 설명하거나 묘사하였는가? 늪과 그 장단점을 모두 포함하여 그리는 것은 당신의 기억과 경험을 머리와 몸에서 종이나 현재로 끌어내어, 그 영향력을 줄이거나 치유하는 데 도움이 될 수 있다.

PTSD를 치유하는 과정에서 늪을 새롭게 표현해 본다면, 그 이미지가 시간에 따라 어떻게 변하는지 주목해 보라. 늪이 완전히 다르게 보이는가? 같은 늪에 있지만, 가장자리에 더 가까워졌는가? 만약 상담 치료 중이라면 상담사와 이 이미지를 공유해 보라. 이미지들은 당신의 회복을 모니터링하는 시각적, 물리적 방법을 제공한다.

당신의 묘사도 전적으로 상상일 수 있다. 연꽃으로 뒤덮인 연못은 늪일지도 모른다. 전직 공군 조종사는 자신을 수련 사이를 뛰어다니는 연못의 개구리로 생각했다. 그가 뛸 때마다, 각 뜀박질은 그의 인생에서 가장 아드레날린을 촉진시키는 위기를 의미한다. 그 위기를 극복하면 그는 다음 단계로 뛰어 넘어갈 수 있고, 육지에 가까워질수록 성장하고 배울 수 있다.

회복을 위해 소리와 음악을 사용하는 것

음향심리학과 회복을 위해 음향을 사용하는 것에 대한 선구자인 Joshua Leeds(2010)에 따르면, "음향은 진동 에너지"이다. 우리는 끊임없이 "마이크로파, 레이더, 제트기, 잭해머, 경적, 사이렌, 음악을 포함한 여러 종류의 큰 소리 등과 같은 모든 종류의 전자기장에 대해 들리는 소리와 들리지 않는 음향의 주파수에 의해 세포 수준에서 끊임없이 진동하고 있다"(17).

당신이 겪고 있는 트라우마성 스트레스에 대한 고통을 음악을 통해 어떻게 더 잘 이겨낼 수 있는지 궁금할 수 있다. Leeds는 인지신경과학자인 Daniel Levitin(2006)이 음악이 다른 많은 쾌락적 활동을 할 때의 뇌와 동일한 부분을 활성화시키고, 동일한 신경화학적 복합물을 유발한다는 사실을 발견했다고 이야기한다. 세로토닌과 도파민 둘 다 관여되어 있다(Leeds, 2010, 91). 또한 다양한 음색과 유형의 음악이 혈압을 낮추고 심박수를 감소시킬 수 있기 때문에 "음악은 심혈관 질환 관리에 강력한 도구"라고 믿는 이탈리아 파비아 대학(University of Pavia) 내과의 Luciano Bernardo의 말을 인용한다(127). 특정 노래는 마음과 정서에 영향을 미쳐 기쁨, 슬픔, 평화, 평온함 등의 감정을 유발하여 신체에도 영향을 미칠 수 있다. 음향과 음악은 정서적으로 영향을 미친다.

사이렌 소리, 폭죽 터지는 소리, 망치 소리, 손톱으로 칠판 긁는 소리, 브레이크가 끼익하는 소리, 금속이 서로 부딪히는 소리 등 어떤 주변 소리가 당신을 놀라게 하거나 불안하게 하는가? 자장가, 조용한 사랑 노래, 고양이의 가르랑거리는 소리, 해안에 부딪히는 파도 소리 등, 어떤 소리가 당신을 진정시키는가? 음악은 자가 치유의 한 형태가 될 수 있다. 음악과 음향은 당신 주변 어디에나 존재하며, 당신이 자궁에 있을 때부터 함께 있어왔다.

당신을 편안하게 하거나, 힘이 나게 하는 특정한 노래, 어떤 음악, 혹은 장르가 있는가? 그 중 몇 개를 아래에 적어 보라.

____

____

____

고대와 현대의 많은 문화는 음향을 치료법으로 사용했다. 인도의 현자들은 치유를 위해 한 시간 동안 기도를 외우거나 싱잉볼이나 북을 사용한다(Norris, 2011). 이 활동은 고대로 되돌아간다. 사실, 몇몇 고대 힌두교도들은 우주의 가장 첫 번째 움직임은 '옴' 소리를 만든 것이다. 현재, 몇몇 상담자들은 환자 몸의 균형을 맞추기 위한 활동에 음향 주파수와 리듬을 사용하기 시작했다. 질병에는 고유한 세포 주파수가 있으며, 소리가 치유에 중요한 역할을 할 수 있다. 신체는 완전히 이완된 상태에서 가장 잘 치유된다. 특정 유형의 음악은 개인의 긴장을 푸는 데 도움이 된다. Capacchione(2001)는 "음악은 신체적, 감정적, 정신적, 영적으로 영향을 미친다"고 이야기한다(134).

음악이 불러일으키는 감정인 리듬은 선, 모양, 색상, 질감 등의 다른 형태로 바뀔 수 있다. Greg McGraw(2012a)는 그의 블로그 "The Fortress of Potential"에서 창조는 과학에 따른 소리, 즉 빅뱅과 동양 경전에 따르면 원시 '옴'의 진동을 통해 시작되었다고 썼다. McGraw는 당신이 귀를 통해 듣는 것보다 더욱 깊은 소리라고 믿었다. 다음날의 게시물에서(2012b), 그는 두 사람이 포옹할 때 말하지 않아도 느낄 수 있는 감정과 그 느낌이 에너지이고, 에너지가 진동이며, 진동이 소리의 기초가 된다고 설명했다. 포옹은 말로 표현할 수 없는 소리, 즉 당신과 같은 감정의 진동을 느끼게 해준다. 그는 당신을 우리가 음향으로 느끼는 진동이나 소리라고 여겼다.

이완이나 긍정적인 기분을 촉진하는 격려의 말, 노래 또는 기타 음악, 특정 주파수의 싱잉볼, 기도문(구절 또는 소리의 조합), 말로 표현한 확언, 그리고 심지어는 조용한 신체적 행동에 내재된 진동 등 음향은 다양한 방식으로 치유를 가능하게 한다. 당신의 감정과 신체적 회복을 위한 치료에 음향의 힘을 사용하기 위해서, 다음의 접근법을 사용할 수 있다.

- 노래는 뇌파를 동기화하고 내인성 오피오이드(Opioid: 신체 자체의 자가 진정 화학물질)를 생산하여 깊은 안정을 취할 수 있도록 돕는다. 간단한 노래, 슬픔을 토로하는 소리 또는 '옴'이라는 음절을 부르거나 소리내어 보라.
- 유사하게, 간단한 노래, 흥얼거림, 한숨, 신음소리 또는 '아아'라고 말하는 등의 다른 소리를 5~10분 동안 내어 보라. 그런 다음 기분이 어떤지 느껴 보라. 원한다면 한 걸음 더 나아가 한 음이나 단어를 오랜 시간(30분 정도) 동안 외친 다음 몸의 어느 부위에서 그 음이 느껴지는지 알아차려 보라.
- 드럼과 같은 악기를 연주하고 기분과 신체적 감정이 어떻게 바뀌는지 주목하라.
- 당신을 진정시키는 음악 감상은 당신을 기분 좋게 만들 수 있다. 여기에는 규칙이 없다. 랩이나, 헤비메탈이 잘 맞을 수도 있다. 핵심은 당신을 치유하는 음악을 찾는 것이다.
- 고립된 장소나 사적인 공간에 가서 소리를 지르며, 정서적 고통과 공포를 소리로 표현하고 해소하라.
- 싱잉볼을 사용하여 림(가장자리)을 세 번 친 다음, 망치를 림 주위로 돌려 파동, 진동, 에너지의 소리를 만들라. 당신이 원한다면, 심호흡과 함께 안정된 상태에서 기도를 할 수 있다.
- 삶의 이야기를 표현하기 위해 기도나 음절군을 사용하라. 소리가 의미가 있거나 실제 단어일 필요는 없다. 잠시 동안 자신의 인생 이야기를 읊어보고, 그 원초적인 소리를 바꾸어 보라.

또한 성악은 인간의 감정을 전달한다. 공포에 질렸거나 흥분했을 때 우리는 소리를 지르고, 행복하거나 혹은 창피할 때 우리는 웃는다. 음악이 없는 단어 자체는 여러 방법으로 당신을 변화시킬 수 있다. '사랑해'라는 말을 듣는 것은 오래된 건물에서 '지진이야. 도망쳐!'라는 말을 들었을 때와 완전히 다른 반응을 야기한다. 우리는 고통을 신음소리나 울음, 소리지름으로써 표현할 수 있다. 1~2분 정도 시간을 가지고 개인적으로, 또 가족이나 모임의 구성원으로 목소리를 내라. 하품, 한숨, 웃음 등의 소리를 영어나 다른 언어로 내라. 또한, '옴'처럼 한 가지 소리, 혹은 일련의 소리를 선택하여 기도 명상에 사용하라. 한 번에 몇 분씩, 하루에 여러 번 하는 개인 기도문을 성가로 만들고 그 기도문의 의미를 자신과 관련되도록 만들 수 있다. 이 작업이 부담스럽다면, 이미 CD로 녹음된 다양한 기도문을 들을 수 있다.

음악은 감정을 해방시켜 준다는 점에서 치료가 될 수 있다. Capacchione(2001)는 30분 동안 모차르트 음악을 듣는 것은 진정제 10mg의 효과와 같다고 말했다(p. 141). 어떤 것이 당신에게 효과적이고 도움이 될지 이러한 방법을 시험해볼 것을 추천한다. 음악은 우리의 감정을 표출하도록 장려하는 데 타고난 능력이 있다. 적절한 시기의 노래는 우리가 느끼는 더욱 깊은 감정을 표출하도록 돕는다. 노래의 주제는 보편적이며, 정서적 해방을 이끌어내는 능력은 측정할 수 없을 정도로 뛰어나다. 치료로서 음악은 깊게 묻어둔 감정을 표면으로 꺼낼 수 있다. 음악을 통해 슬픔과 애도, 우울을 변화시키는 것은 충분히 가능하다. 드럼 연주를 하거나 드럼 연주 동호회에 가입하는 것도 좋다. 드럼 연주는 지난번에 논의했던 강렬한 감정을 표출하게끔 도와준다. 드럼을 사지 않기로 결정했다면, 매일 사용하는 주방용품으로 만들 수 있다. 드럼에서 나오는 강렬한 소리는 분노, 열정, 성(sexuality)을 표현할 수 있다. 그리고 만약 당신이 단순히 음악을 듣기 위해 드럼을 선택했을지라도, 그것 역시도 깊은 치유가 될 수 있다. 계속 읽기 전에 잠시 시간을 내어 다음 '연습하기'를 해보고, 음악이 당신에게 지금까지 어떤 도움을 주었거나, 치유가 되었는지, 또는 앞으로 어떻게 치유가 될 수 있는지 생각해 보라. (연습하기 10-2)

안내, 치료, 반려동물과 함께 해결하기

마지막 방법은 인간의 가장 좋은 친구인 안내견 혹은 정서적 지원 동물(emotional support animal)이다. 모든 참전 군인들에게 개인 또는 집단 치료가 필요한 것은 아니며, 모든 참전 군인들에게 상담이 필요한 것도 아니다. 또한 모든 참전 군인들이 반려견이 필요한 것도 아니다. PTSD 안내견은 휠체어를 끌거나, 길을 건너는 것을 돕거나, 심지어 발작이 임박했을 시 경고해 주는 것처럼 특정 임무를 수행할 수 있으며, 이러한 반려견이 당신과 나란히 함께 걷는 것, 당신의 공간을 공유하는 것, 당신을 지켜봐 주는 것, 길 안내를 해주는 것, 당신이 악몽을 꿀 때 벗어나게 도와주는 것은 당신에게 굉장히 큰 도움이 된다. 동물 매개 치료는 훈련된 동물이 당신과 함께 가거나 누군가와 병동, 요양원, 재활센터와 같은 다양한 시설에 함께 들어갈 때 사용된다. 당신이 장애 진단을 받았을

● 연습하기 10-2: 음악과 음향이 어떻게 우리를 치유할 수 있는가 ●

음악이 당신의 치유를 도왔는가?______________________________

어떻게 도왔는가?______________________________

____

____

____

화가 나거나 열이 받았을 때, 어떤 장르의 음악을 찾는가?

____

____

때, 반려동물은 당신의 개인적인 회복/치료 계획의 일부가 될 수 있다.

미국 장애인 법(Americans with Disabilities Act, 2010)에 따르면, 안내견은 "신체적, 감각적, 정신의학적, 지능적, 기타 정신적 장애를 포함한 장애가 있는 개인에게 도움을 주는 임무를 수행하기 위해 개별적으로 훈련된 개"를 의미한다. 이 개는 본능적인 반응이 아닌 특정적인 행동을 수행하도록 훈련되어야 한다(Mills & Yeager, 2012). 정서적 지원 동물 또는 반려동물은 미국 장애인법상 정신적 또는 정신의학적 장애의 일부 측면을 완화할 수 있어야 한다. 연방법에 의해, 이러한 종류의 동물을 소유한 개인은 증명되고 진단된 장애가 있어야 하며, 동물은 장애인에게 어떠한 종류의 혜택을 제공해야 한다. 1973년 제정된 재활법 제504조(Section 504 of the Rehabilitation Act)에는 개인 및 동물을 위한 주택, 공공장소, 교통의 합리적인 편의를 제공하도록 되어 있다.

치료견이 있는 경우, 반려견일 뿐만 아니라 서비스를 수행할 수 있도록 훈련된 개라면 해당 개도 안내견이 될 수 있다. 당신의 개가 훈련된 임무를 수행하지 않고 정서적 지원과 편안함을 제공한다면, 해당 개는 필요한 서류만 있으면 이제 어디를 가든 문제없이 함께할 자격이 주어진다.

인간과 동물 사이의 유대감은 굉장히 강력할 수 있고, 개가 참전 군인이 PTSD를 극복하는 것을 도울 수 있다는 연구 결과도 점점 늘어나고 있다(Colin, 2012). 개의 존재는 그 개가 안내견이든 '단순히' 반려견이든 트라우마를 입은 참전 군인에게 신체적으로 도움을 줄 수 있다(Knisely, Barker, &

Barker, 2012). Beck과 동료들에 의하면, 치료견과 함께 생활 기법 프로그램에 참가한 부상당한 군인들은 "개와 상호작용하지 않은 사람들과 비교하여 감정 상태가 호전되었고, 스트레스 수준이 감소하였으며, 회복력이 상승했고, 피로가 줄었고, 재통합 및 삶의 다음 단계로의 전환을 위한 일상기능 개선"을 보였다(2012, 40).

새로운 월터 리드 국립군사 의료센터(Walter Reed National Military Medical Center)는 부상당한 군인들의 프로그램에 인간-동물 유대감 프로그램 구현을 선도하고 있다. 현재 안내견 프로그램은 공인된 민간 단체와 협력하여 신체 장애가 있는 부상당한 전사에게 안내견을 제공하고 있으며, PTSD를 가진 참전 군인들에게 안내견을 제공하는 프로그램도 개발 중에 있다. 안내견을 제공하는 비영리 단체 중 하나는 NEADS Canines for Combat Veterans이다(Yeager & Irwin, 2011).

2008년에, Yount는 안전하고 효과적으로 참전 군인의 PTSD 증상과 트라우마 뇌 손상 치료에 개입시키기 위해서 개를 훈련시키는 최초의 프로그램을 만들었다. 2010년에, Yount는 안내견을 메릴랜드주 베세즈다에 있는 국립 인트레피드 우수센터(National Intrepid Center of Excellence: NICOE)에서 안내견을 훈련시키는 프로그램을 만들었다. 그 프로그램은 비영리 기관인 Warrior Canine Connection을 통하여 제공되고 있다. PTSD를 가진 군인 조련사는 거동이 불편한 사람들을 돕기 위해 개를 훈련시키는 프로그램에 참여한다. Yount, Olmert, & Lee(2012)의 연구는 PTSD를 가진 조련사들이 다양한 영역에서 개선 효과를 경험하는 것으로 나타났다.

- 인내심, 충동 조절 및 정서 조절 능력
- 정서 표현 및 정서적 무감각을 완화하는 능력
- 수면
- 우울증 증상
- 놀람 반응
- 진통제와 항정신의학적 약물 사용
- 소속감과 수용되는 느낌
- 자기주장 기법의 사용
- 양육 기법 및 가족 역동
- 순간적인 사고
- 스트레스 수준 및 평온함

당신은 개를 신뢰할 수 있고 안전하다고 생각하는가? 스트레스를 해소하기 위해 유대감을 형성할 수 있는 반려견을 원하는가? 몸의 천연 항스트레스 물질을 증가시킬 수 있는 긍정적인 사회적 상호작용이 도움이 될 수 있을 것 같은가? 그렇다면, 당신은 동물 매개 치료, 혹은 정서적 지원 동물 치료의 후보자가 될 수 있다.

정서적 지원 동물은 애완동물이 아니라 장애가 있는 개인을 위해 치료적 기능을 수행하는 동물이라는 것을 꼭 기억해야 한다.

승마 치료법

Baker(2004)에 따르면, 말과 함께 치료적으로 일하는 사람은 그 순간에 머물러 있어야 한다. 그녀는 "말과의 관계는 말과 함께 시간을 보내는 사람에게 의미와 위안을 제공한다"고 말한다(28). 말은 정서적, 영적 회복 모두를 제공할 수 있다. 말들은 그들과 상호작용하는 사람들과 함께 순간을 머무르는 것을 필요로 한다. Baker는 말과 원주민의 관계에 관해 썼는데, 그 관계는 "말을 가진 사람들에게 의미와 위안을 제공한다"고 기록했다(2004, 28).

『*Riding Between the Worlds*』에서 Kohanov(2003)는 말은 "분노 관리 문제와 PTSD에서 우울증에 이르기까지 모든 것"(xvi)으로 타인의 감정을 감지하는 데(지상 승마 치료를 통해 트라우마 생존자를 돕는 데) 천재적이라고 썼다. 말과 함께하는 치료를 통해, 겁에 질리고 망설이는 트라우마 생존자는 말과의 관계를 발전시키면서 신뢰하는 법을 배울 수 있다. 밧줄 없이 말을 이끌거나 서너 마리의 말 사이에 서서 자신을 존재로 느낄 수 있도록 하는 등 특별히 고안된 훈련 동안에는 항상 자신의 안전과 정서적 취약성을 주의 깊이 관찰하며 인정해야 한다. 만약 당신이 거주하는 지역에서 말 체험 학습 프로그램에 참여하기로 했다면, 당신의 비언어적 지각을 사용하도록 도전받게 될 것이다. 만약 말과 가까이할 기회가 생긴다면, 동물을 만지지 않고 비언어적으로 소통하는 연습을 해 보라. 실제 프로그램에 참여한다면, 성찰적인 활동을 통해 어떻게 소통하고 연결된 느낌을 느낄 수 있게 되는지 배우게 될 것이다. 말에게 다가가 한 걸음 물러서고, 발을 어깨 넓이로 벌리고 무릎과 팔을 살짝 든 뒤 밖으로 뻗어 말의 자세를 취하라. 그리고 배로 숨을 들이쉬고 어떤 느낌이 드는지 알아차려 보라.

앞으로 나아가기

이 장에서 제시한 방법들이 당신의 치료에 도움이 되길 바란다. 상황을 개선할 수 있는 몇 가지 다른 제안이 남아 있다.

만약 당신이 복무 관련 장애에 대해서 보상을 신청하였다면, 참전 군인, 사건, PTSD 평가, VA 시스템, 그리고 군 문화와 문제에 익숙한 증명된 개인에게 평가를 받는 것을 고려하라. VA에 등록한 후 보상 및 연금(C&P) 시험에 참여하기 전에 이 작업을 수행하는 것이 가장 좋다. 더 이상 명백한 스트레스 요인에 대한 세부사항이 필요하진 않지만, 임무 및 당신이 경험한 특정 스트레스 요인에 대한 정보를 제공하는 것은 도움이 된다. 또한 참전 군인들 사이에서 입소문을 통해 알려진 좋은 실적을 보유한 지역 봉사 단체에 연락하여, 당신의 청구를 접수하고 청구를 추적하는 데 도움을 받을 것을 권장한다.

일자리로 돌아가고 싶은데 어떻게 하는지 모른다면, 군대와 민간인 등 다양한 단체가 주관하는 Get America Back to Work 모집 행사에 한 곳 이상 참여하라. 그곳에서 당신의 채용을 돕는 채용 담당자와 상담할 수 있으며, 이 장의 앞부분에 언급된 "직업 복귀를 위한 전쟁의 늪지 기록" 워크숍을 비롯한 업무 복귀 세미나를 통해 필요한 교육을 제공받을 수 있다.

직업 재활이 필요한 경우, 지역 재활 서비스 부서의 공무원과 보다 생산적인 회의를 진행할 수 있는 몇 가지 제안이 있다(Krause, 2009).

1. 이번 일을 꼭 따내고 싶다는 의지를 가진다.
2. 당신의 목적, 장점, 재능, 지식과 경험을 활용한다.
3. 흥미가 생기는 세 가지 진로 분야를 선택하고, 조사하고, 그 분야의 경력이 감정, 인지, 그리고 신체적 상태에 기초하여 실현 가능 여부를 결정한다. 진로에 대해 확신이 없다면, 직업 평가를 요청한다.
4. 직업 재활의 규칙과 당신이 어떻게 혜택의 대상자가 되는 방법에 대해 숙지한다. 당신의 군 복무와 관련된 장애는 무엇인가? 혜택을 신청하기 전에 먼저 당신을 평가하고 기관에 보고서를 보낼 상담자가 필요한가? 당신의 장애는 일할 수 있는 시간, 직업 유형 또는 편의 필요와 같은 업무 능력에 어떤 영향을 미치는가? 숙박 시설은 504 계획이라고 하는 직장 복귀 계획의 일부가 될 수 있다. 다음의 진술서를 작성하는 방법을 알고 있어야 한다. "내 군 복무 관련 부상으로 인해 이전에는 가능했던 분야에서 일을 할 수 없게 되었다. 왜냐하면……."
5. 당신에게 해당하는 장애 영역에서 과거에는 어떻게 직업 재활이 결정되었는지 알고 있어야 한다. 지역 조직이 당신에게 해당되는 장애 영역에 대한 지원을 승인할 가능성은 얼마나 되는가? 이 지원에는 교육, 교육 프로그램 참여, 혹은 학사 또는 그 이상의 학위 취득 등이 포함될

수 있다. 사례를 제시하는 방법을 알고 있어야 한다. 어떠한 지원 형태가 유익한 직장을 얻는 데 어떻게 도움이 될 수 있는지 나열한다.

6. 계획을 수립한다.
7. 회의에 앞서 어떻게 계획을 발표할지 구체화한다. 현재의 상황, 경력, 고용 장애를 설명할 준비를 한다(Krause, 2009).

집에 돌아온 것을 환영한다!

11

의미 찾기

트라우마 사건은 트라우마를 경험한 그 누구라도 변화시킬 힘이 있다. 당신은 이러한 경험으로 인해 적게나마 혹은 많은 부분에서 변화되었을 수 있으며, 어쩌면 아주 핵심적인 부분까지 바뀌어 버렸을 수 있다. 그럼에도 불구하고 당신이 치유되기 위해서는 당신에게 일어난 일에서 의미를 찾는 것이 중요하다. 만약 안전, 믿음, 힘 또는 권력, 존중감, 친밀감에 대한 당신의 기초적인 심리적 욕구가 당신, 혹은 세상이나 다른 사람들에 의해 적절하게 충족되지 않는다면, 그 의미를 찾는 것은 어려운 일이 될 수 있다.

트라우마 사건 극복하기

트라우마의 경험이 있고, 어느 정도 온전하게 벗어난 사람은 회복력이 있으며, 이 책에 나오는 많은 '연습하기'를 이용하여 배우고 성장할 수 있다는 성격 특징과 능력을 가지고 있다. 그러한 사람들은 다음의 능력을 가지고 있다.

- 고통스러운 감정의 강도를 견디거나 줄일 수 있다.
- 자기 비난과 수치심을 인식하고 그에 대응할 수 있다.
- 함께하고 있거나 그렇지 않은 사람들과도 연결된 느낌을 유지할 수 있다.
- 혼자 있어도 외롭지 않을 수 있다.
- 화가 났을 때 스스로 진정할 수 있다.
- 행동과 사건의 결과를 예상할 수 있다.

- 적절한 신체적, 정서적 대인관계의 경계를 설정하고 유지할 수 있다.
- 지지적인 타인과 함께 상호 자급자족할 수 있다.
- 의지가 있다.
- 주도적으로 행동한다.
- 타인에게 공감한다.
- 유머가 있다.

이러한 특징 중 어느 것을 가지고 있는가? 발전시키고 싶은 것은 무엇인가?

당신은 Covey(1999)가 『성공하는 사람들의 7가지 습관(seven habits of highly effective people)』에서 밝힌 것을 개발하고 싶을 수 있다. 그것은 다음과 같다.

1. 능동적인 사람이 된다. 당신이 하고 싶은 일을 결정하고 그 일을 한다. 이것이 개인 비전이다.
2. 목적(당신의 유산)을 염두에 두고 시작한 다음, 모든 결정을 내리고, 마지막 목표를 염두에 두고 행동한다. 이것이 개인 리더십이다.
3. 해야 할 것을 먼저 하고, 비록 급한 것이 아닐지라도 중요한 것에 집중한다. 이것이 개인 관리다.
4. 윈윈 전략을 생각한다. 문제를 해결할 수 있는 모두에게 이득이 되는 해결책을 찾으라. 이것이 대인관계 리더십이다.
5. 먼저 이해하려고 노력한 다음 이해받으려고 노력한다. 상대방과 상대방의 입장을 이해하려는 목표를 가지고 상대방의 말에 귀 기울인다. 이것이 공감적 소통이다.
6. 팀워크를 통해 시너지를 발휘한다. 이것이 창의적 협력이다.
7. 자신을 꾸준히 발전시킨다. 이것이 자기 계발이다.

이 7가지 습관을 실천하는 데 있어서 핵심은 매일 습관대로 살려고 노력하는 선택을 하는 것이다. 의식적으로 그렇게 하기로 선택하는 것은 최종 결과를 염두에 둔다는 것을 의미한다. 선택할 때, 당신이 선택한 것의 결과를 직시하라. 결과가 마음에 든다면 계속하라. 결과가 마음에 들지 않는다면, 실수로부터 배우고 다시 시도하라(Power, 1992a)

치유의 연속

트라우마로부터의 치유는 당신이 기억에 대해 어느 정도의 힘과 권위를 가질 수 있고, 이러한 기억과 연결된 어떤 종류의 감정을 다룰 수 있을 때, 그리고 PTSD 관련 증상의 침습과 회피를 다룰 수 있을 때 일어난다. 또한 언제 어떻게 화를 표출할지 선택하는 것처럼 당신이 자신의 행동 반응을 조절할 수 있을 때 치유된다. 치유되는 것은 당신이 정서적으로, 신체적으로, 대인관계적으로, 영적으로 자신을 보살필 수 있다는 것을 의미한다. 치유되는 것은 또, 당신이 자신을 존중하고 자신과 안전한 타인과 관계를 맺는다는 것을 의미한다(Matsakis, 1998).

우리는 당신에게 많은 제안을 제시했고, 회복을 도울 많은 '연습하기'와 '활동'을 제공했다. 우리는 당신에게 일어난 것에 대한 당신만의 메시지와 다른 사람들이 당신 안에 심어 놓은 메시지(내사)를 다루는 방법을 소개했다. 우리는 당신에게 마땅한, 그리고 마땅치 않은 죄책감을 다루는 전략을 제공했다. 우리는 당신이 자신을 돌보는 법과 경계선을 만드는 것을 배울 수 있게 도와주었다(Matsakis, 1999). 이 책을 다 읽은 후에도 가끔씩 다시 한번 살펴보게 되더라도, 당신의 회복이 지속되길 기대한다. 5가지 기본 욕구에 대한 신념에 도전하고 심지어는 그 신념 중 일부를 바꾸는 것만으로도 당신은 계속 성장할 힘을 얻었을 것이다. 또한 침습적인 기억, 사고, 또는 악몽을 더 잘 통제하고 치유하기 위해 의식적으로 자신에게 일어난 일에 대해 목소리를 냈다. 경계를 설정하는 법을 배웠으며, 이제 트라우마 경험을 잘 묻어두고, 꼭 알아야 할 사람에게만 트라우마 사건을 알릴 수 있게 되었다. 당신의 슬픔을 해결하고, 상실에 대처하기 위한 전략법을 개발했다. 또한, 치유를 향한 작은 발걸음에도 만족하는 법을 배웠고, 자기 자신을 있는 그대로 받아들이는 법을 배웠다(Schiraldi, 2000).

치유 속도 높이기

Power는 트라우마를 재경험하지 않고 치유 속도를 높이는 여러 가지 방법을 나열한다(1992a, 92, 104).

- 당신의 선택 하나하나를 더욱 잘 인식한다.
- 당신에게 의미를 주는 '공동의 선(common good)'을 위해 일하기로 선택한다.
- 자기 관리 기법을 사용하여 플래시백의 충격을 통제하거나 최소화한다.
- 매일 더 기능적으로 일할 방법을 구현한다.
- 업무 수행을 하지 못하게 하는 요인을 찾아, 방해를 줄이기 위한 조치를 취한다.
- 건설적인 방법으로 고통을 관리한다. 예: 부상이나 탈진에 이르지 않도록 '정상적인' 양의 운동만을 한다.
- 자신에게 당신이 '최악의 상황', 즉 트라우마로부터 살아남았고 지금 이 순간에 존재한다는 사실을 지속적으로 상기시킨다.
- 당신의 감정을 명명하는 법을 배우고, 그 감정이 어떤 느낌인지 알아내어 연습해 본다.
- 다양한 감정을 더 크게 만들거나 더 작게 만드는 법을 연습한다.
- 긍정적인 경험을 찾아서 그 경험 자체와 그에 수반되는 긍정적인 감정을 즐긴다. (연습하기 11-1)

연습하기 11-1: **사다리**

당신의 치유에서 의미를 찾는 다른 방법은 Busuttil(2002)이 만든 사다리 활동이다. 이 '연습하기'의 목표는 다른 사람들에게 말할 수 있는 단기, 장기 목표를 찾는 것이다. 당신의 일지나 이 책에서, 몇 개의 다리를 가진 사다리를 그려 본다. 맨 위쪽 다리에는 치유 또는 의미 찾기에 대한 장기 목표를 적는다. 가장 아래쪽 다리에는 인생의 최저점을 적는다. 중간 다리에는 당신이 원하거나 최종 목표를 달성하기 위한 단계로 채우라. 당신이 사다리를 올라가면서 결혼, 다른 장기적 관계, 사회적 활동, 영적 헌신, 직업적, 금전적 목표나 활동, 그리고 당신의 가치 등 많은 다양한 삶의 측면을 포함시키고 싶을 것이다. 당신에게 중요한 사람들로부터 의견을 구한다면, 사다리에 적은 내용을 수정할 수도 있다.

의미 찾기에 대한 견해

당신은 삶의 의미를 어떻게 찾는가? 신념, 가족, 봉사 중 어디에서 의미를 찾는가? 당신의 삶에서 경험한 축복에는 어떤 것이 있는가? 아래의 공간에 축복이라고 생각하며 감사한 일이나 사람, 행동 10개를 작성하라.

1.	6.
2.	7.
3.	8.
4.	9.
5.	10.

한 가지 방법은 트라우마 경험에서 성장하는 어떤 종류의 활동이나 프로젝트를 추구하는 것이다. 음주 운전자에 의해 아이를 잃은 어머니들은 종종 음주 운전자 대항 어머니회(Mothers Against Drunk Driving: MADD)에서 활동한다. 대형 항공사 재난으로 가족을 잃은 사람들은 지지자 모임을 형성하고 항공 규제 변화를 옹호한다. 이러한 과정을 통해, 당신의 능력과 한계를 다시 알아차릴 것이다. 다른 사람들에게 멘토가 되거나, 자신만의 조직이나 프로젝트를 시작할 수 있다. 당신은 시를 쓰거나 도자기를 빚거나 그림을 그릴 수 있다. 일단 당신이 가진 마음의 짐이 전문적인 기법을 연습하는 데 영향을 미치지 않을 만큼 충분히 치유되면, 도움을 주는 직업에 종사하기로 결정할 수 있다. 당신은 이러한 것과 비슷한 활동을 통해, 세상에 기여할 수 있다.

당신은 또한 자신을 발전시키거나 세상의 아름다움과 기쁨을 즐기면서 의미를 찾을 수 있다(Schiraldi, 2000). 당신은 자연을 촬영하는 사진작가가 될 수도 있다. 당신은 새로운 사랑, 새로운 친밀한 관계, 기존의 관계를 더욱 발전시킬 수도 있다. 우정을 쌓거나 자신과 타인을 이해하는 데 도움이 되는 개인적인 성장에 전념할 수도 있다.

자신이 왜 피해자가 되었는지 정확히 알지 못할 수도 있지만, 학대, 고문 또는 트라우마의 배후에 무엇이 있었는지에 대해서는 어느 정도 알고 있을 수도 있다. 선한 사람에게도 나쁜 일은 일어난다(Kushner, 1981). 때때로, 성장은 고통에서 비롯되기도 한다.

이 책에 있는 연습 활동을 함으로써 당신은 어떻게 성장했는가? 당신은 변화하였는가?

____

____

____

____

트라우마를 통해 성장할 수 있다. 만약 당신과 주변에서 일어난 사건에 대해서 당신의 과실이나 의도에 어느 정도 책임이 있고, 그리고 책임을 인정한다면, 당신은 성장한 것이다. 당신이 배신당했고, 침해당했으며, 피해자가 되었고, 학대당했고, 이러한 일이 타인의 행동으로 인해서 일어난 일이지 당신의 행동과 동기 때문에 일어난 일이 아님을 깨닫고 받아들였다면, 당신은 성장한 것이다. 자신의 책임이 아닌 일에 대해 더 이상 자신을 탓하지 않는다면 당신은 성장한 것이다. 사건이 우연에 의한 것이었고, 자신이 무작위적인 트라우마의 피해자였다는 사실을 받아들일 수 있다면, 당신은 성장한 것이다. Tedeschi, Park, & Calhoun(1998)이 지적했듯이, 트라우마가 더 이상 이해할 수 없는 현재가 아니라 이해할 수 있는 과거의 일부가 될 때, 당신은 성장한다.

영적 성장

많은 사람들이 의미를 찾는 한 방법은 영적 성장의 형태를 추구하는 것이다. 영성을 성장시키는 것은 당신이 보다 높은 존재이자 조물주인 신의 존재를 어떻게 바라볼 것인지에 대해 질문을 던지고 답을 얻는 과정처럼 평생 동안 추구해야 하는 것일 수 있다. 아마 당신은 기도하는 법을 배우거나 더 오랫동안 기도하고 싶다고 생각할 수도 있다. 기도하면서 '들어오는' 모든 것에 마음을 열면 이를 통해 이해와 명료함을 얻을 수 있다. 기도를 통해 자신의 고통에 대해 목소리를 내고, 기도를 드린 후 현재 어떤 메시지가 자신에게 주어지는지 귀를 기울이라. 응답을 얻기 위해 기도하는가?

안식을 얻기 위해 기도하는가? 아니면 구체적인 개입과 물질적 풍요를 위해서 기도하는가? 당신이 무엇을 위해 기도하는지 결정하는 것은 중요하다. 또한 기도는 세로토닌의 생성을 자극한다(Newberg & Waldman, 2010). 시편 91편이 도움이 될 수 있다. 시편의 목적은 보호이고, 특히 군대와, 법 집행 기관, 소방 및 구조 팀에서 복무하는 사람들과 같이 국가와 시민을 위해 해를 입는 사람들에게 적합하다. 많은 사람들에게 신의 날개는 '강력한 방패'이고, 이후의 PTSD를 예방하는 데 도움이 될 수도 있다.

Brussat & Brussat(2000)은 그들의 책 『*Spiritual Rx*』에서 영적 훈련을 위한 많은 방안에 대해서 이야기한다. 그중 한 가지는 아름다움을 추구하는 것이다. 아름다움은 당신 주위 어디에나 있다. 그러나 트라우마와 트라우마 증상이 아름다움을 보는 당신의 능력을 압도할 때는 알아차리기 어렵다. 또, 그들은 "믿음이란 당신에게 있는 것이 아니라, 당신이 속해 있는 관계 안에 있는 것이다. 그것은 일상생활 속에서 신의 존재를 자각하고 익숙해지는 것과 관련된다."라고 언급하며 믿음의 방안을 시험한다(81). 믿음이 있을 때, 당신은 트라우마적 과거로부터 회복되는 것과 같은 진정한 비전과 포부를 선택하고 유지할 수 있다. 그 비전을 따르기 위해 자기 자신에 대한, 섭리에 대한, 그리고 다른 사람들에 대한 어느 정도 수준의 신뢰(다섯 가지 심리적 욕구 중 한 가지)가 필요하다. 만약 당신이 기도하고 신과 대화하는 관계를 맺었다면, 비전을 따라가기 위한 지침을 구할 수 있다.

우리는 6장에서 용서에 대해 다루었다. 영적 여행의 한 측면은 세 가지 맥락에서 용서를 검토하는 것이다. 이 세 가지 맥락은 죄책감이나 수치심을 떨쳐 버리기 위해서 자신을 용서하고, 가능한 정도까지 타인을 용서하는 것 그리고 영적 훈련에 따라 신의 용서를 구하는 것이다. 만약 영적 탐구를 통해 당신에게 일어난 일에 대한 의미를 찾고자 한다면, 자신과 타인을 용서하기 위해 하고 싶은 일을 찾거나, 신의 용서가 당신의 성장에 필수적이라고 믿는다면 그 용서를 구하고 진정으로 용서받았음을 아는 것이 필요할 수 있다. 또 하나의 영적 방안은 희망을 지키는 것과 관련이 있다. Brussats는 희망은 배울 수 있고, 희망이 낙관주의의 주된 요소라고 주장한다.

'희망'은 당신에게 무엇을 의미하는가? 가능한 한 치유가 잘될 것이라는 미래에 대한 희망을 가지고 있는가? 지금 현재, 당신의 치유 능력에 대한 희망을 갖고 있는가?

____

____

____

치유에 대한 희망을 갖는 데 도움이 될 수 있는 다음 세 가지 태도 중 일부 또는 전부를 가지고 있는가?

- **인내심**: 치유는 시간이 걸리고, 때론 당신의 생각한 시간에 일어나지 않을 수 있다는 것을 받아들일 능력
- **용기**: 아직 직면하지 않은 기억이 남아 있어 앞으로 어떤 일이 일어날지 모름에도 불구하고 치유를 추구할 수 있는 능력
- **끈기**: 심지어 이 책의 작업을 모두 끝낸 이후에도 계속 치유 작업을 해 나갈 수 있는 능력

영적인 훈련의 또 다른 한 가지는 기쁨을 찾거나 자신이 기쁨과 감사의 감정을 가지는 것을 수용하는 것과 연관되어 있다. 자신의 삶에서 의미를 발견하려고 노력하는 것처럼, 다른 사람들을 위한 일을 함으로써 기쁨을 경험할 수 있다는 사실을 발견할 수도 있다.

언제 어디서 기쁨을 느끼는가? 어떻게 타인과 기쁨을 나누거나 타인이 기쁨을 찾는 것을 도울 수 있는가?

____

____

____

____

Brussats에 따르면, "많은 사람들이 영성을 의미와 목적에 대한 탐색으로 정의하고 있으며, 거기에는 추구하는 것과 만들어 가는 것 모두가 포함된다"(2000, 172). 당신이 하려던 일을 갑자기 바꿨을 때 그 결과로 꼭 만나야 되는 사람을 만나게 되었다거나 새로운 기회를 얻었던 경우를 생각해 보라. 당신에게는 항상 수많은 가능성이 열려 있다.

목적을 찾는 것이 어려운가? 타인에게는 아닐지라도 자신에게 당신의 인생이 정말 중요하다는 것을 어떻게 입증할 것인가?

____

____

____

____

당신이 신 또는 전지전능한 존재를 의인화된 존재로 보는지, 혹은 인간을 넘어서는 그 이상의 존재로 보는지, 그리고 신을 어디에서 만나는지에 대해서는 오직 당신만이 알고 있다. 신과의 연결이 친밀한지 거리가 있는지는 당신만이 알고 있다. Bourne(2001)은 당신이 다음과 같은 상황에서 신의 존재를 느낄 수 있다고 언급한다.

- 자연의 아름다운
- 깊은 통찰, 혹은 진실
- 창의적인 영감
- 사랑하거나 사랑받는 것
- 예감
- 기적
- 동시성(우연처럼 보이지만 우연이 아닌 것)
- 그 외의 계시적인 경험
- 도전, 시험, 트라우마 경험 (연습하기 11-2)

만약 "삶에 대한 더욱 낙관적이고 관대한 관점"을 찾는다면(Bourne, 2001, 64), 다음의 제안과 계시 중 몇 가지를 활용할 수 있다.

1. 인생이란 의식과 지혜의 성장, 사랑할 수 있는 능력과 같은 주된 목표를 가지는 배움의 장이다.
2. 고난과 역경은 성장의 발판이 되며, 때로는 무작위적이고 변덕스러운 운명의 장난이기도 하다. 만물의 더 큰 틀에서 보면, 모든 것은 목적을 가진다(이러한 사실을 받아들이기 어려울 수

● 연습하기 11-2: **나의 영성을 발전시키는 방법** ●

Bourne(2001)은 영성을 발전시킬 다양한 방법을 제시한다. 이 질문에 답한다면, 그저 '예', '아니요'로 답하지 말고, 영성을 발전시키기 위해 언제 각 방법을 사용하는지 적어 보라.

당신은 신과 소통하기 위해 기도하는가? 용서, 치유, 정답을 요구하기 위해 기도하는가?

해결을 위해 당신의 문제를 신에게 전가하는가?

마음을 차분하게 함으로써 자신의 내면 깊은 곳에 도달하기 위해 또는 신과 전지전능한 존재와 더욱 깊은 수준으로 연결되기 위해 묵상하는가?

영적인 내용을 다루고 있는 성경 또는 그 밖의 문학을 읽는가?

교회 출석, 비전 탐구, 워크숍, 성경 공부, 선교 여행 또는 기타 활동과 같은 영적 교제를 통해 다른 사람들과 만나는가?

타인을 위해 어떤 종류의 봉사활동을 하는가?

도 있지만, 만일 당신이 경험을 통해서 자신의 인생 목적을 발견했다면 다양한 방식으로 다른 사람들에게 도움을 주었을 것이다). 당신의 경험을 통해, 연민과 공감을 배웠기를 바란다.

3. 장애와 질병을 포함한 개인적인 한계는 인생의 교훈이 될 수 있고, 성장을 위한 도전이 될 수 있다.
4. 당신의 삶은 창조적인 목적과 사명을 지닌다.
5. 당신이 요청한다면 더 많은 지원과 안내를 받을 수 있다.
6. 개인적인 경험을 통하여 신과 직접 연결될 수 있다.
7. 만일 당신의 의도가 최고의 선을 위한 것이라면, Bourne이 말하는 "기적적인 결과"를 이끌어 낼 수도 있다.
8. 악은 당신의 창조적인 힘을 잘못 사용하는 것을 의미한다.
9. 사랑은 두려움보다 강하여 두려움을 이길 수 있다.
10. 죽음은 하나의 변화이며, 당신의 일부는 죽음을 초월하여 영생하게 된다.

이러한 원칙 중에서 믿는 것이 있는가? 만약 그렇다면 어떤 것인가?

___

___

___

치유 과정을 돕는 다른 진술이나 원칙이 있는가?

___

___

___

영성을 성장시키는 이러한 '연습하기'를 마치면서 자기 자신에 대해 어떤 것을 알게 되었는가?

___

___

___

치유 의식

죄책감, 수치, 비애를 느낄 때, 자신을 돕거나 죽은 사람을 기리기 위해 치유 의식을 행하고 싶을 수 있다. **치유 의식**은 슬픔과 고통으로부터 해방되도록 돕기 위해 고안한 구조화된 활동이다. 의식은 새로운 방법으로 트라우마에 연관되는 법을 배움으로써 당신 주위의 것으로부터 지지를 찾는 데 도움을 준다. Williamson & Williamson(1994)에 따르면, 의식은 내적 양분과 의미의 욕구를 충족시켜 주는 데 도움을 주고, 내외적 변화 모두를 경험시켜 주는 방법이다. 의식은 또한 영성을 강화시키고 사건과 트라우마 이후의 감정적 치유를 불러일으킨다. 의식은 때때로 일상적 경험의 상징과 이미지에서 비롯된다. 이러한 상징은 의미, 목적, 살아갈 힘을 줄 수 있다. Catherall(1992)에 따르면, 의식의 7단계가 존재한다. 당신의 의식을 구상하도록 돕는 의도를 가진 이 단계는 다음의 '연습하기'에서 탐구할 수 있다. (연습하기 11-3)

● 연습하기 11-3: **나의 회복 의식** ●

나는 ____________________을/를 위해서 의식을 진행하고 싶다. 왜냐하면 ____________________.

1. 의식을 행할 장소를 정한다. 장소는 묘지, 산 정상, 동상 아래, 혹은 베트남 참전 군인 추모비가 될 수 있다.

   나의 장소는 ____.

2. 당신이 겪은 것을 대표하는 상징적인 것을 선택한다. 어떤 상징이 트라우마 이전, 트라우마 도중, 트라우마 이후의 인생을 대변할 수 있는가? 트라우마 때문에 무엇을 잃었는가? 집, 무고함, 자식, 사랑하는 사람, 재산을 잃었는가?

   나의 상징은 ____.

3. 의식에 사용하고 싶은 소품을 선택한다. 소품은 장면을 연출하는 데 도움을 준다. 적절한 초, 돌멩이나 사진을 사용하고 싶을 수 있다.

   나의 소품은 ____.

4. 당신을 지지해 주는 사람을 의식에 참여시킬지 결정한다. 이것은 친구, 배우자, 파트너, 자녀, 혹은 상담자가 될 수 있다.

   나의 동료는 ____.

5. 의식에서 어떤 말을 하고 싶은지 생각한다. 죽은 사람에게 추도사를 하고 싶은가? 누군가, 혹은 무언가에 작별을 고하고 싶은가? 준비된 시, 농담, 일화 혹은 노래가 있는가? 예를 들면, 암으로 사망한 골퍼를 위해 지역 골프 코스의 첫 번째 티에서 추모식이 열렸다. 매우 아름답고, 따스한 날이었고, 그곳에 있던 사람들은 추모식에 참여해 달라는 요청을 받았다. 시, 개인 음악과 이야기는 공유되었고, 그를 기리기 위해 상징적인 골프 토너먼트에 참여했다.

   내 치유의 말은 ____.

6. 필요하다면 진행자, 리더, 도우미를 선택하고 어떻게 당신을 도울 수 있는지 결정한다.

   나의 진행자 또는 도우미는 ____.

   도우미는 ______________________________을/를 통해 나를 도와줄 것이다.

7. 당신의 삶에 속해 있던 사람, 감정, 사건 혹은 시간에 어떻게 작별을 고할 것인지 선택한다. 고통과 상처에서 벗어나기 위해 의식을 사용할 수 있다. 가해자의 물건, 학대에 대한 그림 등과 같은 무언가를 없애기 위해 의식을 진행하길 원하는가?

   나는 ______________________________와/과 작별을 고할 것이다.

종이에 의식을 적고, 실제로 하고 싶은지 아닌지 생각해 보라. 의식을 하겠다고 약속할 수 있는가? 언제 진행할 것인가?

____

필요하다면, 이 '연습하기'를 마치는 것이 어떻게 당신을 도울 수 있는지 간단하게 작성하라.

____

____

____

불사조 부활 의식

Williamson & Williamson(1994)은 회복 의식의 예시로 불사조 부활 의식을 설명했다. 불사조는 이집트 태양신의 상징으로 500년을 산다고 믿어졌다. 신화에 따르면, 불사조는 스스로 장작더미 위에서 타올라 재가 되지만 죽진 않는다. 대신 새끼 새의 모습으로 부활한다. 불사조는 불사와 재탄생의 상징이 될 뿐 아니라 당신의 현재 모습에서 원하는 모습으로 변화하는 상징이 될 수 있다. 이 의식을 사용함으로써 생존의 죄책감, 수치심, 걱정, 두려움, 자존감 결핍, 우유부단함과 같이 당신을 붙잡는 것을 떨쳐버릴 수 있다.

의식은 개인적인 불사조 메달을 디자인하는 것과 메달에 각인할 문구를 구성하는 것을 포함한다. 문구는 '과거 트라우마의 재로부터, 나는 불사조처럼 새로운 자유와 존재감을 갖고 부활한다.'와 같은 것이 될 수 있다. 의식에 사용할 자유와 부활의 개인적인 상징을 선택할 수도 있다. Williamson & Williamson(1994)은 검정 펜으로 당신이 만든 메달의 뒤에 개인적인 상징을 적을 것을 추천한다. 그 단어는 '신념', '자애', '용서', '인내', '감사', '강인함', '진실', '영성', '구원', '평화' 등이 될 수 있다. 활동 11-1

정기적 의식

때때로, 정기적으로 행해지는 의식은 당신과 비슷한 과거나 트라우마를 가진 다른 사람들을 하나로 묶고, 당신에게 집단 정체성을 부여한다. 일 년에 한 번, 특정한 퀘이커(Quaker) 교도 모임은 자녀를 잃은 여성들을 위한 분리 의식이 거행된다. 여성은 지정된 나무로 가서 각자 잃어버린 아이에게 줄 선물을 둔다. 이 아이들은 죽었거나, 낙태되었거나, 유산되었거나, 다른 사람들에게 입양된 아이들이다. 이 여성들은 슬픔을 함께 나누고 서로를 지지해 준다.

또 어떤 의식은 2001년 4월 19일 오전 9시 2분에 시작되었다. 그 당시, 오클라호마 폭탄 테러로 인해 사망한 168명의 이름이 호명됐다. 그들이 사고를 당한 건물이 있던 빈 광장에는 그들을 위한 빈 의자가 놓여있었다. 이 의식은 피해자들을 기리고 생존자들에게 그들이 사랑했던 사람들이 기억되고 있다고 안심시켜 준다. 이러한 의식이 매년 주기적으로 반복될 때, 의식은 친숙함을 통해 질서감을 가져올 수 있고 살아있는 사람들이 감정을 상징적이면서 직접적으로 표현할 수 있는 안전한 방법을 제공할 수 있다. 용서를 돕기 위해 추가 의식이 행해질 수 있다. 활동 11-2

● 활동 11-1: **나의 불사조 메달**

당신만의 문구를 결정하는 데 시간을 갖고, 일지에 써 보라. 이제, 눈을 감고, 메달이 어떻게 생겼을지 생각하라(찰흙, 골판지 등 다른 재료로 실제 메달을 만들 수도 있다). 메달 앞면과 뒷면 사진을 공책과 일지에 그려 보라. 메달의 뒷면에 적을 문구를 적기 전에 눈을 감고 조금 더 생각하라. 앞면에도 그림을 그릴 수도 있다. 이 메달은 당신의 성장에 전념한다는 것을 시각적으로 상기시키는 물건이 될 것이다. 메달을 꾸준히 볼 수 있도록 특별한 장소에 두거나 지니고 다녀 보자. 당신에게 항상 치유할 새로운 기회가 있다는 것을 상기시켜 주기 위해 필요한 만큼 메달을 자주 볼 수 있다.

● 활동 11-2: **나의 용서 의식**

당신을 옥죄는 어떠한 자기비판과 죄책감으로부터 벗어날 수 있도록 돕는 당신만의 의식을 만들어 보라. 이것은 스스로를 용서하는 의식으로 사용될 수 있다.

자연과의 연결

의미와 목적을 찾는 다른 방법은 자연과 연결되는 것이다. 평화 공동체의 창시자이자 기 치료 전문가인 Gerry Eitner는 트라우마에 얽매인 오래된 패턴, 공포, 방어기제를 전환하고 변화시키는 정신 상태의 발전을 성취하기 위한 다양한 방법을 사용하고 가르쳤다. 그녀는 트라우마 및 관련된 부정적 중독 행동 패턴이 자연에서 효과적으로 회복될 수 있다는 것을 발견했다. 교육자와 환경 심리학자 Michael Cohen에 의해 발전된 자연 연결(Nature Connect) 프로젝트는 트라우마 경험으로 손상된 감각을 회복하기 위해 안전하고 간편한 지지적 경험을 제공한다. 이러한 활동을 통해서 트라우마를 겪은 사람들은 서로를 지지하는 자연 공동체의 일부가 되어 관계를 형성할 수 있다. 자연 연결 프로젝트는 자연에서 경험하는 일련의 상호작용을 통해 이러한 연결과 감각을 자연 상태로 복원한다. 이 연습은 자연적인 매력, 긍정적인 감정, 감사를 강조하여 생존자들이 특히 긍정적이고 지지적인 것과 연결될 수 있는 틀을 구축한다. 아래의 웹사이트에서 자연 연결 프로젝트에 대한 더욱 많은 정보를 얻을 수 있다. www.projectnatureconnect.org.

자연과 연결되기 위한 다음 네 가지 '연습하기' 중 처음 두 가지 방법은 Michael Cohen(1977)이 설계했다. 세 번째는 Christina Brittain(2001)이 최초로 설계했고, Gerry Eitner에 의해 수정 인용되었다(개인적 소통). Eitner는 또한 프로젝트의 네 번째도 수정했다. 연습하기 11-4, 11-5, 11-6, 11-7

이 같은 방식으로 자연과의 연결을 시도하면서 어떠한 느낌을 받았는가? 이 프로그램에 대한 많은 정보를 자연 연결 프로젝트 홈페이지에서 확인할 수 있다는 것을 기억하라.

이 장은 당신의 삶의 의미를 찾는 방법을 살펴보았다. 당신이 견디고 살아남은 것의 의미를 찾는 것은 굉장히 어려울 수 있다. 다음의 세 가지 태도를 기억하라. 용기를 가지라. 인내를 가지라. 그리고 회복이 가능하다는 것을 마음에 지니라.

만일 당신이 인생에서 트라우마의 부정적인 측면들을 떨쳐 낼 수 있다면, 그리고 당신이 낙천적이고, 자발적으로 시작하는 사람이며 강인한 사람이라면, 당신은 더 나은 성장 기회를 가지게 될 것이다. 우리는 이 책의 마지막 장에서 회복탄력성의 개념에 대해 더욱 자세하게 다룰 것이다.

● 연습하기 11-4: **허락 구하기** ●

이 '연습하기'는 당신이 자연과의 상호작용을 위한 허락을 구하고 받아내는 데 도움이 되는 양식을 설정하는 것에서 시작된다. 또한 자연적으로 매력적이며 마음을 끄는 것과 그렇지 않은 것을 구분하기 시작할 것이다. 이 '연습하기'를 마치면 자연뿐만 아니라 다른 사람들과의 상호작용에서도 그 차이를 알아차리게 될 것이다.

1. 숲, 공원, 뒷마당, 혹은 식물이 있는 실내 공간처럼 매력적인 자연의 공간으로 가도록 한다. 핵심은 공간이 자연적이고, 매력적이며, 안전해야 한다는 것이다.
2. 당신은 이러한 자연환경에서 눈에 띄며 매우 매력적으로 보이는 무언가를 발견할 것이며, 그것에 끌리게 될 것이다.
3. 식물, 나무, 덤불, 혹은 어떤 것이든 간에 그것과 상호작용할 수 있도록 허락을 구한다. 이 요청은 대체로 비언어적이며, 항상 정중하게 이루어진다.
4. 어떤 식으로든 허가를 받는다. 허락을 받으면, 당신 스스로 인정받고 연결된 느낌을 받을 것이다. 이것은 긍정적인 경험이 될 것이다.
5. 만약 허락을 받지 못했다면, 다른 매력적인 것을 확인하고, 그것과 상호작용할 수 있도록 허락을 받는다.
6. 연결된 느낌을 느끼고, 이 자연의 매력이 당신에게 선사하는 선물을 느낀다.
7. 경험이 끝났다면, 상호작용을 해준 자연의 매력에 감사를 표한다.

언제 이 '연습하기'를 하려고 시도하였는가?

___

___

___

자연에서 이 '연습하기'를 시도한 결과는 다음과 같다.

___

___

___

● 연습하기 11-5: **신뢰 쌓기** ●

눈을 감고 하는 이 '연습하기'는 시각 외의 다른 감각을 사용하면서 당신을 이끌기로 선택한 사람에 대한 신뢰와 자연 자체에 대한 신뢰를 쌓기 시작한다.

1. 당신이 좋아하고 신뢰하며, 자연 가이드가 되어줄 수 있는 편안함을 느끼는 사람에게 가이드를 부탁한다. 그 자연 가이드와 함께 뒷마당, 숲, 공원 등 매력적인 자연 공간으로 간다.
2. 위에서 언급한 것처럼 해당 장소와 상호작용할 수 있도록 허락을 구한다.
3. 가이드의 손을 잡고, 눈을 감고, 주변을 탐험한다. 다른 감각을 통해 정보를 모으는 것에 마음을 열고 받아들인다. 계속 걷고, 가이드에게 당신의 손이 나무나 돌, 잎사귀와 같은 자연적인 것을 만질 수 있도록 요청한다. 그것을 만지면서, 당신이 무엇을 느끼고, 어떤 냄새 맡으며, 무엇을 듣고 무엇을 알아차리는지 수용적인 자세를 취한다. 온도의 변화를 알아차렸는가? 더욱 예민하게 들리는가? 더욱 분명하게 느끼는가? 연결된 느낌이 편안한가?
4. 각각의 잎사귀, 나무, 바위 등과 상호작용한 뒤에, 당신과 공유해준 것에 감사를 표한다. 가이드가 당신을 이끌어 준 것에도 감사를 표한다.

언제 이 '연습하기'를 하려고 시도하였는가?

___

___

___

이 '연습하기'를 통한 당신의 경험은 다음과 같다.

___

___

___

연습하기 11-6: **나의 문제를 자연과 공유하기**

때때로 아무것도 안전하다고 느껴지지 않을 때에도 당신의 문제를 어디에든지 털어놓아야 한다. 자연은 연결과 편안함, 그리고 의미를 찾고, 공유할 수 있는 장소를 제공한다.

1. 뒷마당, 공원, 숲과 같은 매력적인 자연 공간에 방문한다. 필요하다면, 식물이 있는 실내 공간도 좋다.
2. 그 장소에 방문 허가를 구한다. 자연은 당신이 끌리는 것을 보거나 느낄 때 반겨준다. 자연을 쉽게 보고, 상호작용할 수 있는 야외에 앉는다.
3. 이제, 무엇이 당신을 괴롭히는지 생각한다.
4. 자연의 매력적인 부분에, 당신을 괴롭히는 것을 말한다.
5. 당신의 문제를 나누며 자연을 느낀다. 자연과의 공유는 더 견딜 힘을 준다.
6. 가만히 앉아서 자연이 당신의 문제에 함께하는 것을 느낀다.
7. 당신의 문제가 점점 가벼워지는 것을 느낄 때, 쓰레기를 줍는 등 자연에 감사를 표한다. 자연은 당신을 편안하게 해주기 위해 항상 그곳에 있으니 당신 역시 자연을 도울 수 있는 행동을 한다.

당신이 자연과 공유를 하면서 당신의 주변에 있는 아름다움을 볼 수 있고, 당신보다 더 큰 무언가와 연결된 느낌을 받을 수 있다. 어쩌면 전지전능한 힘의 존재는 자연과 어떤 연결성을 가질지도 모른다. 자연이 당신에게 선사하는 그 무엇이든 받아들여라.

나는 이 '연습하기'를 다음과 같이 함으로써 완료했다.

___

___

___

나의 문제와 트라우마를 보내주는 데 있어서 배운 것은 다음과 같다.

___

___

___

연습하기 11-7: 긍정적인 자질 확인

1. 숲, 공원, 뒷마당, 혹은 식물이 있는 실내 공간처럼 매력적인 자연의 공간으로 간다.
2. 매력적인 것을 찾고, 상호작용을 허용해 본다.
3. 허용되면, 당신이 좋아하는 자연의 매력을 찾아본다(예: 나는 저 꽃이 이쁘고 우아해서 좋아).
4. 당신도 이런 매력이 있다는 것을 알아차리고, 자신에게 말해준다(예: 나는 나 자신이 이쁘고 우아해서 좋아). 자연과 당신에게 모두 있는 현실적인 특성을 선택한다.
5. 다른 매력적인 것들에도 같은 과정을 진행한다.

나는 이 '연습하기'를 다음과 같이 함으로써 완료했다.

___

___

___

나는 이 '연습하기'를 마치면서 다음과 같은 것을 배웠다.

___

___

___

연습하기 11-8: **이 장에서 내가 배운 것**

이 장에서 당신 자신에 대해 어떤 것을 배웠는가? 당신에게 일어난 일을 어떻게 놓아주었는가? 어떻게 성장했는가? 상처 입은 사람들에게 어떤 방식으로 다가갔는가? 삶에 대한 감사를 언제, 어떻게 보여주는가? 다른 생존자들과 유대감을 형성했는가? 어떠한 지지 모임에 참여하였거나, 새로운 모임을 만들었는가? 생존하기 위해서 당신의 개인적 힘을 어떻게 사용하였는가?

12

최종 견해와 연습 활동

지금, 당신은 이 책의 일부 혹은 대부분의 '연습하기'를 수행했다. 당신은 트라우마 자체와 트라우마가 당신을 어떻게 변화시키는지에 대해 많은 것을 배웠다. 희망적이게도 당신은 자신에 대해서도 배웠다.

트라우마는 종종 트라우마 경험자를 변화시킨다. 당신은 이 문장을 이전에 배웠을 수 있고, 이 책에서도 비슷한 문장을 읽었을 것이다. 당신이 트라우마에 노출되면서 어떠한 방식으로든 당신을 변화시켰다. 당신은 편안하고 예측 가능한 익숙한 일상에서 침습, 회피, 그리고 생리적 반응이 가득한 낯선 외상 후 스트레스의 세계로 갔을 수도 있다. 당신은 평생 폭력과 공포를 경험했을 수도 있다. 이 책의 '연습하기'를 마치면서 당신도 변화했을 수 있으며, 당신 자신과 직감을 더 자주 혹은 대부분의 시간 동안 신뢰하는 방법을 배웠기를 바란다. 한 발 한 발 내딛으며 더디게 걸어왔을지 모르지만, 당신은 계속 나아가고 있다. 이제는 당신이 지금 어디에 있고 앞으로 어디로 나아가기를 원하는지 직시해야 할 때다.

진정한 자아

Masterson(1988)은 진정한 자아를 묘사하는 몇 가지 특성을 제안했다. 다음의 특성 목록을 보고, 당신이 현재 어떻게 이 능력을 충족시키고 있는지, 그리고 이 능력을 더 충족하기 위해 무엇을 할 수 있는지에 대해 간략하게 설명하라.

- 나는 자발적으로 기쁨과 흥분을 포함한 다양한 감정을 깊이 느낄 수 있는 능력이 있다. 나는 희망을 가질 수 있는 역량이 있다.

- 내가 생존하기 위해 필요한 것을 가질 것을 기대할 수 있는 능력이 있다.

- 나는 소망과 꿈, 목표를 파악한 후, 이를 적극적으로 표현할 능력이 있다.

- 나는 자존감이 높다.

- 나는 마음이 힘들 때에도 절망에 빠지지 않고, 나 자신의 감정을 달랠 수 있다. '불쌍한 나'를 위한 시간이 필요하다면, 그 시간을 얼마만큼 할애할지 제한을 둔다.

- 나는 장애물과 좌절에도 불구하고 약속을 만들고 지킬 수 있다.

- 나는 문제를 해결하기 위한 새로운 방법을 창의적으로 모색할 수 있다.

- 불안에 휩쓸리지 않고 다른 사람들과 개인적인 관계를 맺을 수 있고, 불안이 생기더라도 스스로 진정시킬 수 있는 능력이 있다.

- 버림받았다는 느낌이나 절망감 없이, 무의미한 활동이나 나쁜 관계로 삶을 채우지 않고도 혼자 있을 수 있는 능력이 생겼다.

- 나는 시간이 지나도 지속되는 핵심 자아를 가지고 있고 그 핵심과 내가 누구인지 알고 있다.

• 나는 위에 나열된 여러 역량을 발전시키거나 유지할 능력이 있다.

축복

지금 당신의 삶에 가지고 있는 축복이 무엇인가? 당신이 상상하는 것보다 더 많은 축복이 있을 수도 있다. 자녀, 평화로운 마음, 저녁 식탁에 올라올 수 있는 충분한 음식, 직업, 신체적 안도감, 자신의 증상에 대한 이해, 한두 가지 혹은 모든 측면에서의 안전, 번영, 또는 기타 여러 선물을 가지고 있는가? 당신은 당신의 생존과 강인한 정신력으로 다른 사람들의 존경을 받는가? 당신은 영성, 두려움의 부재, 친밀한 관계를 가지고 있는가? 이러한 것 등은 모두 축복이다.

• 아래의 칸에 명명할 수 있는 축복을 작성하라.

건강

당신은 건강한 사람인가? 건강한 사람으로서, 혹은 건강하려고 노력하는 사람으로서, 다음의 문장에 대한 반응을 적어 보라(Caruso, 1986 수정 인용).

- 나는 내가 경험한 트라우마에 대해 알고 있다.

___

___

___

- 나는 트라우마가 불러일으키는 감정을 알고 있다.

___

___

___

- 트라우마 이후 현재 나타나는 나의 정체성과 그 정체성이 시간이 지남에 따라, 심지어는 이 책을 사용함에 따라 어떻게 변화해왔는지를 느낄 수 있다.

___

___

___

- 트라우마를 극복하는 과정에서 느꼈던 다음의 감정들을 나는 알고 있으며 신뢰한다.

___

___

___

- 나는 트라우마와 나의 감정에 관해서 아래의 사람과 이야기 나누었다.

____
____
____

- 나는 다른 피해자들에게 공감하고 그들에게 세심하다. 나는 다음과 같이 함으로써 타인에게 이러한 모습을 보여줬다.

____
____
____

- 나는 트라우마가 다음과 같은 방법으로 나에게 영향을 미친 것을 알고, 나는 살아남았기 때문에 자신을 높게 평가한다.

____
____
____

- 나는 행동이나 활동에서 좋은 경계를 설정하고 있거나 유지하는 방법을 배웠다.

____
____
____

- 나는 이제 자율적이며 생존을 위해 타인에게 허가를 받을 필요가 없다(자신의 구체적인 트라우마를 나열하라).

____
____
____

- 트라우마와 그 영향에 대한 나의 인식은 다음에 대한 객관적인 정보에 기반을 둔 사실이라고 생각한다.

____

____

____

- 나는 이제 다음의 위기를 기꺼이 감수하며 계속해서 성장하길 원한다.

____

____

____

- 나는 삶에 헌신하며, 다음과 같은 것을 통해 증명한다.

____

____

____

- 삶은 나에게 의미가 있으며, 나는 다음과 같은 희망을 가지고 있다.

____

____

____

- 나는 다음과 같이 함으로써 자신을 옹호한다.

____

____

____

문제를 극복하고 해결하기

트라우마 생존자로서, 결정을 내리거나 문제를 해결해야 할 상황을 마주할 수 있다. 과거에는 무력함과 통제 불능을 느낄 때, 문제를 해결하거나 스스로 결정을 내리는 등의 시도는 해보지 않았을 수 있다. 대신, 당신 주변에 문제가 발생하도록 내버려두었을 수 있고, 피해자 역할을 지속했을 수 있다. 신중한 행동을 함으로써 문제를 해결하는 것은 상황에 대처하고, 스트레스의 원인을 제거하는 기능적인 방법이다. 문제를 해결하기 위한 현실적인 목표를 발전시키는 것은 위기를 더 잘 다룰 수 있도록 만든다. Tedeschi & Calhoun(1995)은 문제해결의 기능을 다음과 같이 묘사했다.

- 트라우마를 극복하는 방법
- 위기를 더 잘 다룰 수 있도록 만드는 방법
- 부정적인 변화를 되돌리는 방법
- 상황의 위험성을 평가하는 방법
- 영적 믿음을 긍정적으로 사용하는 방법
- 타인의 경험을 통해 배우는 방법
- 감정을 표출하는 방법
- 도움이 필요할 때 구하는 방법
- 도식(schema)을 다루는 것이 어떤 영향을 미치는지 살펴보는 방법

성공적으로 대처할 수 있다면 아마도 다음과 같은 결과를 얻을 수 있을 것이다.

- 꾸준함, 결단력, 자신감, 융통성, 끈기
- 타인과 정서적으로 소통할 수 있는 능력
- 필요할 때 자신의 한계를 받아들일 수 있는 능력
- 자신이 삶을 통제할 수 있다는 믿음(내적 통제 위치)
- 당신에게 필요한 것을 할 수 있다는 인식(자기효능감)
- 낙관주의
- 문제 중심 방식

• 헌신(삶의 사건에 영향을 줄 수 있는 능력에 대한 믿음, 삶의 정상적인 변화로 인한 어려움에 대응하는 능력을 포함한 강인함) (연습하기 12-1)

연습하기 12-1: **내가 대처하는 방법**

위기와 관련이 있든 없든, 일반적으로 어떻게 어려운 상황에 대처하는가? 다음 중 당신에게 해당되는 것에 체크 표시를 하고, 그것을 사용할 때의 예시를 작성하라.

☐ 나는 위기를 극복할 수 있다고 여긴다. 이 방법으로 대처하는 예시는 다음과 같다.

____

☐ 나는 감정을 다룬다. 이름을 붙이고, 받아들이며, 표출한다. 이 방법으로 대처하는 예시는 다음과 같다.

____

☐ 나는 태도를 바로잡는다. 이 방법으로 대처하는 예시는 다음과 같다.

____

☐ 나는 바로 아래에 설명한 의사결정 계획을 사용하여 선택한다. 이 방법으로 대처하는 예시는 다음과 같다.

____

☐ 나는 내가 완벽하지 않고 실수를 한다는 것을 받아들인다. 이 방법으로 대처하는 예시는 다음과 같다.

____

☐ 나는 행동을 하며, 목표를 설정하고 그것으로 나아간다. 이 방법으로 대처하는 예시는 다음과 같다.

____

☐ 나는 말을 사용하여 친밀감을 형성한 다음, 대화에서 나온 말을 실행 계획으로 옮긴다. 이 방법으로 대처하는 예시는 다음과 같다.

____

☐ 나는 현실적 한계를 규정한다. 이 방법으로 대처하는 예시는 다음과 같다.

____

☐ 나는 침착함을 유지하며, 타인과 공감한다. 이 방법으로 대처하는 예시는 다음과 같다.

____

☐ 나는 협상하고 타협한다. 이 방법으로 대처하는 예시는 다음과 같다.

____

☐ 나는 해리 증상 없이 상황과 거리를 둔다. 이 방법으로 대처하는 예시는 다음과 같다.

____

☐ 나는 타인과 연락하며, 사회적 지지를 찾는다. 이 방법으로 대처하는 예시는 다음과 같다.

____

☐ 나는 학습하고 정보를 얻는다. 이 방법으로 대처하는 예시는 다음과 같다.

____

☐ 나는 또 다른 비유를 사용한다. 이 방법으로 대처하는 예시는 다음과 같다.

____

어려운 상황에 직면하기

사촌의 결혼식에 방문하였는데, 당신을 희롱한 아버지가 그곳에 있다고 가정하자. 당신은 사촌에게 아버지 옆자리에 앉기 싫다고 말해야 한다. 사실, 당신은 가고 싶지도 않다. 그러나 당신과 사촌은 정서적으로 매우 친밀하다. 그녀는 당신이 당한 폭력에 대해 아직 모른다. 그리고 당신이 오지 않으면 그녀는 당신을 이해하지 못할 것이다. 당신은 아버지에게 대치하는 편지를 쓴 이후 그와 3년 동안 얘기를 나눠본 적이 없다. 그는 "다시 가족이 되자"라는 짧은 답장을 보냈다. 당신은 그를 만났을 때, 어떤 반응을 보일 것인지 계획을 세워야 한다. 어떻게 반응할 것인지 어떤 방식으로 계획할 것인가?

첫째, 당신이 생각했을 때, 어떤 감정이 생길 것인지, 그리고 그 감정이 일어나면 어떻게 할 것인지 고려하라. 어떤 것이 촉발자극이 되는가? 진정하기 위해서 어떤 것으로 대비할 수 있는가? 그런 다음 결혼식에 갔다가 피로연에 가는 자신의 모습을 그려 보라. 피로연에서 당신의 지정석 건너편에 앉은 아버지를 상상하라. 무엇을 할 것인가? 요약하면, 어려운 상황에서 어떤 일이 일어날 것인지 상상하고, 그 상황에 대처하기 위해서 무엇이 필요한지 결정하라. 이 전략은 Mckay & Rogers(2000)에서 수정 인용되었다. 이전의 트라우마와 유사한 상황, 가해자와 예상치 못한 또는 예상했던 만남이 있는 상황, 또는 지지적이지 않은 타인을 상대해야 하는 상황 등 모든 일에 적용할 수 있다. (연습하기 12-2)

의사결정 계획 수립하기

힘든 상황을 극복하기 위한 또 다른 전략은 다음의 의사결정 계획을 사용하는 것이다.

1. 문제를 묘사한다.

- 문제 상황이 무엇인가?
- 무엇이 잘못되었는가?
- 지금 문제가 되는 이유는 무엇인가?
- 누가 문제의 원인인가?
- 어떤 상황이 문제의 원인인가?
- 문제가 해결되지 않으면 어떤 일이 일어나는가?

● 연습하기 12-2: **어려운 상황에 대처하기** ●

1. 위에(p.375) 묘사된 결혼식 상황을 사용하여 빈칸을 채운다.

   내가 다루어야만 하는 촉발자극: ______________________________

   ____

   대처하는 데 도움이 되는 내 주변의 단서가 필요하다. 여기에는 나의 확언 목록, 크리스털, 봉제 인형, 작은 천사, 힘의 방패 모형 등을 포함한다. 나의 단서: ______________________________

   ____

   대처하기 위해 나에게 필요한 시간적 측면(예: 혼자만의 시간, 방 밖으로 나가 물건을 집어던질 시간): ______________________________

   ____

   나에게 가장 도움이 되는 대처 전략: ______________________________

   ____

   스스로 진정시키고 안정시키는 데 사용할 이완 전략: ______________________________

   ____

   내가 할 수 있는 자기 대화: ______________________________

   ____

2. 이제, 당신이 가지고 있거나 앞으로 가지게 될 문제를 생각해 보고, 같은 전략을 적용시켜 본다.

   내가 마주한 상황: ______________________________

   ____

내가 다루어야만 하는 촉발자극: ______________________________

____

대처하는 데 도움이 되는 내 주변의 단서가 필요하다. 여기에는 나의 확언 목록, 크리스털, 봉제 인형, 작은 천사, 힘의 방패 모형 등을 포함한다. 나의 단서: ______________________________

____

대처하기 위해 나에게 필요한 시간적 측면(예: 혼자만의 시간, 방 밖으로 나가 물건을 집어던질 시간): ______________________________

____

나에게 가장 도움이 되는 대처 전략: ______________________________

____

스스로 진정시키고 안정시키는 데 사용할 이완 전략: ______________________________

____

내가 할 수 있는 자기 대화: ______________________________

____

- 당신이 일어날 것이라고 생각하는 것이 실제로 일어날 확률은 어떻게 되는가? 가장 잘 설명하는 번호에 동그라미를 치라(1=일어날 가능성 없음, 10=확실히 일어남): 1 2 3 4 5 6 7 8 9 10
- 문제가 언제 시작되었는가? 그때 어떤 일이 일어났는가? 누가 문제를 일으켰는가?
- 상황이 바뀐다면, 어떻게 바뀔 것인가? 그러면 어떤 일이 일어날 것인가?
- 문제가 해결되려면 무엇이 바뀌어야 하는가?
- 지금 어떤 생각을 하는가? 문제의 의미를 어떻게 받아들이는가?
- 무엇을 느끼는가? 과거부터 현재까지 당신에게 정보를 줄 수 있는 자발적인 신체 내부 반응은 무엇인가?

- 무엇을 듣는가? 현재와 과거로부터 촉발된 감각 정보는 무엇인가? 어떤 직관적인 감각이 느껴지는가?
- 무엇을 하고 있는가? 지금 하고 있거나, 취할 행동은 무엇이며, 앞으로 할 것이라고 약속할 행동은 무엇인가?
- 당신이 하길 원하거나 의도하는 것은 무엇인가?
- 현재 당신의 핵심 가치는 무엇인가?
- 당신이 달성하고 싶은 것은 무엇인가?
- 당신이 행동하도록 동기를 부여하는 것은 무엇인가?
- 이 문제가 당신의 앞선 트라우마와 어떻게 연관 있는가? 그렇다면, 어떤 트라우마인가? 그러한 트라우마의 결과는 어떠했는가?

2. 문제를 이해한다.

- 문제가 무엇인지, 그것이 왜 문제가 되는지 자신에게 질문해 보았는가?
- 당신은 어떤 일이 일어나야 하는지 자신에게 질문해 보았는가?
- 당신은 문제를 '관전'했는가?(문제를 해결하려고 노력하지 않고 그냥 시간을 보내는 것을 의미한다)
- 문제를 피하고 싶은지 고려해 보았는가? 이것은 실행할 수도, 안 할 수도 있지만, 이번에는 대안으로 고려할 수 있다.

3. 문제를 해결하기 위해 결정을 내린다.

- 스스로 문제를 해결하기 위해 할 수 있는 합리적인 일 다섯 가지는 무엇인가?

  (1) ______________________________

  (2) ______________________________

  (3) ______________________________

  (4) ______________________________

  (5) ______________________________

• 각각의 장단점은 무엇인가?(첫 번째 선택지에 대해서는 아래의 빈 공간을 사용하고, 당신의 일지나 공책에 나머지 선택지에 대한 장단점을 적어보라)

장점	단점

다섯 가지 방법 중 시도하기에 가장 많은 장점을 가지고 있어 보이는 해결책은 무엇인가?

4. 문제를 해결하기 위하여 선택된 전략을 시도해 볼지에 대한 여부는 당신에게 달렸다. 시도한다면, 다음과 같은 약속을 만드는 것이 필요하다.

• 행동 계획을 공식화하고, 합리적인 목표를 설정한다.

• 대안, 예상 비용, 가능한 결과를 고려한다.

5. 당신이 선택한 전략을 사용했다면 결과를 살펴본다. 그리고 자신에게 질문한다.

• 어떤 일이 일어났는가?

• 이 전략에서 수정되어야 할 것은 무엇인가?

• 문제를 해결할 수 있는 또 다른 방법이 있는가? 활동 12-1

활동 12-1: **나의 의사결정 계획**

당신의 일지나 공책에서, 바로 위 설명을 사용하여 당신만의 의사결정 계획을 수립할 수 있고, 당신이 가진 문제를 해결하고 결과를 묘사하는 데 사용할 수 있다. 기본적으로, 의사결정 계획은 당신에게 다음의 것에 대해 질문한다.

1. 나의 문제를 다루기
2. 정보 수집하기
3. 가능한 해결책에 대한 브레인스토밍
4. 각각 방안의 장단점 평가하기
5. 어떤 것을 사용할지 결정하기
6. 무엇을 하기로 결정했든 행동으로 옮기기

당신이 선택한 전략을 평가하고, 필요하다면 수정하라. Peterson(1968)에 의한 또 다른 간단한 문제해결 모델은 문제와 가능한 해결 방안을 묘사하는 다음의 지시를 따르는 것이다.

- 나의 문제는 ____이다.
- 내 문제의 심각성은 ____이다.
- 문제가 발생하는 빈도는 ____이다.
- 그 문제는 ______________________________이기 때문에 나를 괴롭힌다.
- 지난번에 문제가 발생했을 때는 ______________________________이다.
- 내가 만들어야 하는 변화는 ______________________________이다.
- 상황을 발전시키기 위해서 나는 ______________________을/를 해야 한다.
- 나는 ______________이/가 일어나길 바란다. 왜냐하면 ______________기 때문이다.
- 나는 ________________________________로부터 도움을 받을 수 있다.

만약 내가 문제를 해결하기 위한 변화를 만들지 않는다면, 그 영향은 다음과 같을 것이다.

____

____

당신이 어떤 문제해결 모델을 선택했든지, 가능성을 살펴보는 시간을 가지지 않은 상태로 문제를 해결하려고 하지 말고, 각각의 결과를 고려하라. 즉흥적이고, 급격한 변화를 만드는 것은 건강하지 못하며, 당신에게 고민을 안겨줄 수 있다. 만약 계획이 구체적이라면 수행하기 더욱 쉬울 것이다.

회복탄력성

이 책의 연습 활동을 완료했다면, 스스로에 대해, 그리고 당신에게 일어난 일, 무엇이 당신을 치유할 수 있는지에 대해 많은 것을 배웠을 것이다. 치유가 잘된 사람들의 큰 특징은 회복능력이다. 회복탄력성이 있다는 것이 어떤 의미인가?

회복탄력성은 혐오스러운 삶의 상황에 대한 반응이 나타나는 동적 과정이다(Masten & Wright, 2010). 회복탄력성은 트라우마에 노출된 후 대부분 안정적이고 건강한 기능 수준을 유지하는 능력을 의미한다(Bonanno, 2005). 회복탄력성은 PTSD가 부재한 것 이상이다. 여성, 젊은 나이, 더 높은 교육 수준, 유연성, 그리고 목표 지향적 대처를 지닌 사람들이 보이는 반응 형태다.

회복탄력성은 어려운 경험을 겪거나 그 이후에 어려움을 극복하고 다시 일어서는 능력을 의미한다. 이를 향상시키는 것은 고통을 다르게 바라보는 시각을 갖추고, 고통스러운 상황에서도 긍정적인 측면을 찾을 수 있도록 하는 것이다. 회복탄력성은 본질적으로 어떻게 더 나은 삶을 살아가는 방법을 배우는 과정이라고 할 수 있다. 부모님이 제2차 세계대전 때 정치범 수용소에 수감되는 것을 지켜본 프랑스 심리학자 Boris Cyrulnik(2009)는 트라우마의 피해자들이 얼마나 놀라운 회복탄력성을 보여주는지 묘사했다. 우리가 시련에서 생존했을 때, 삶은 지속된다. 그러나 자녀가 살해된 지 수년이 지난 어머니의 말처럼 삶은 절대 이전과 같지 않다.

회복탄력성은 사람마다 다르다. 모든 사람은 힘든 일들을 겪고, 그것을 통해서 배우는 회복탄력성의 잠재력을 가지고 있다. 회복탄력성은 힘, 기법, 그리고 신체, 뇌, 성격, 생각, 감정, 유연성, 창의성, 낙관주의, 영성, 유머, 문제해결 기법, 대인기법, 가족, 친구, 가치관, 믿음, 교육, 직업, 금융, 스포츠 등 다양한 분야의 자원으로 강화될 수 있다.

트라우마 이후의 성장은 스트레스가 심한 사건 이후, 사회적 지지, 삶의 철학 등과 같은 개인, 사회적 특성의 긍정적 삶의 변화를 의미한다(Park, 2009). 여기에는 중요한 타인과 더 친밀한 관계를 발전시키고, 자신감을 갖고 스트레스에 대처할 수 있는 능력을 키우며, 삶을 더 감사하게 여기고, 더 깊은 영적 관점을 개발하고, 트라우마 사건을 겪은 후 더 자비로운 사람이 되는 것이 포함된다.

연습하기 12-3

연습하기 12-3: **나의 회복탄력성 평가하기**

다음의 체크리스트는 회복탄력성을 형성하기 위해 결합되는 몇 가지 특성을 포함한다. 현재 당신에게 해당된다고 생각하는 것에 체크 표시하라. 더 많이 표시할수록, 당신의 회복력은 더욱 높은 것이다.

- ☐ 긍정적인 자기 개념을 가지고 있다.
- ☐ 높은 자존감을 가지고 있다.
- ☐ 타인의 요구에 민감하다.
- ☐ 대체로 타인에게 협력적이다.
- ☐ 사회성이 좋다.
- ☐ 유머가 있다.
- ☐ 나의 욕구를 미루어둘 수 있다(나는 기쁨을 미뤄둘 수 있다).
- ☐ 대체로 융통성 있다.
- ☐ 필요할 때, 나의 충동을 통제할 수 있다.
- ☐ 나의 미래를 믿고, 미래를 계획한다.
- ☐ 긍정적인 지지 체계를 가지고 있다.
- ☐ 내가 활용할 수 있는 많은 기회가 있다는 것을 알고 있다.
- ☐ 인간 개개인을 존중한다.
- ☐ 적절한 권위를 존중한다.
- ☐ 문제에 대한 하나 이상의 해결 방법을 찾을 수 있다.
- ☐ 미리 계획을 세울 수 있다.
- ☐ 트라우마 외에도 취미와 흥미를 가지고 있다.
- ☐ 삶에 대한 긍정적인 관점을 가지고 있고, 삶의 우울함을 아는 것처럼 기쁨도 알고 있다.
- ☐ 문제를 해결할 수 있고, 사용하는 전략이 있다.

- ☐ 영성이 있다.
- ☐ 주기적으로 자신을 축하한다.
- ☐ 주기적으로 타인을 축하한다.
- ☐ 자신과 타인을 어느 정도 통제할 수 있다고 믿는다.
- ☐ 나에게 어떤 일이 일어나길 기다리는 것보다 먼저 행동을 취한다.
- ☐ 나쁜 상황에서도 의미를 찾을 수 있다.
- ☐ 타인들은 나를 좋아하고 사랑한다.
- ☐ 필요할 때 나를 도와줄 사람을 찾을 수 있다.
- ☐ 창의적인 방법으로 질문을 던질 수 있다.
- ☐ 나 자신의 선함을 볼 수 있는 양심을 가지고 있다.
- ☐ 나와 나 주변의 일에 대해 '알고 있는 것'이 있다.
- ☐ 나에게 좋지 못한 사람들에 대해서는 관계를 끊고 분리할 수 있다.
- ☐ 타인과 접촉하고 관계를 형성할 수 있다.

당신이 체크 표시할 수 있는 특성이 얼마나 많은가? 만약 표시를 적게 했다면, 이 책의 몇 가지 '연습하기' 활동을 다시 하라. 회복탄력성을 강화하고자 한다면, 자신이 세상과 어떻게 상호작용하는지를 다시 살펴보고 관찰해볼 필요가 있다. 당신이 유머를 사용하는지 여부, 사용한다면 어떻게 그리고 언제 사용하는지를 주목해 보라. 당신이 문제를 직면했을 때, 최소한 두 가지 해결방법을 만들고, 해결법을 선택할 때까지 장단점을 비교하라. 당신은 자신을 확장시키기 위해 새로운 취미나 활동을 시도해 보고 싶을 수 있다. 또한 당신은 영적인 면을 더 깊이 탐구하거나 자연과 더 많이 연결되고 싶을 수도 있다.

유머 감각을 기르고, 긍정적인 측면을 찾기

당신에게 '밝아져라' 혹은 '유머 감각 좀 길러라'라고 말한 사람의 등짝을 치고 싶었던 적이 있는가? 세상이 닫힌 것처럼 보이고, 스트레스 수준이 높다면, 쉽지 않다. 그러나 고난에 마주했을 때에도 유머 감각을 기를 수 있다.

다른 기법처럼, 유머 감각을 기르는 것도 집중과 연습이 필요하다. 다음의 제안은 당신에게 재미있는 것을 정의하고 유머를 사용하는 대처 방법을 결정하며, 유머 감각에 집중할 수 있도록 도와준다. 긍정적인 반응으로 폭소와 웃음을 얻으라! 유머 감각을 기르는 것에 도움이 될 뿐만 아니라 여기서는 긍정적인 경험을 증가시키는 다른 방법을 제시한다.

당신을 웃게 하는 것을 알라

당신은 자신의 장난스러운 측면과 접촉을 잃었을 수도 있다. 연구는 아이들이 하루에 400회 이상 웃는다는 것을 보여준다. 그러나 성인은 잘 웃지 않는다.

TV 코미디, 만화, 농담, 아침 커피, 맑은 날 등 당신을 웃게 하는 것을 생각해 보고, 여기에 적어 보라.

___

___

___

당신을 웃게 만드는 사람을 알라

당신의 삶에 있는 사람들은 당신에게 기쁨을 주는가, 아니면 기분을 상하게 하는가? 어떤 사람들이 당신의 삶에 부정적인 영향을 미치고, 어떤 사람들이 긍정적인 영향을 미치는가? 이 사람들을 다음 표 안에 나열해 보라(필요하다면 추가 종이를 사용하라).

긍정적인 영향을 주는 사람	부정적인 영향을 주는 사람

당신의 에너지를 소모시키는 사람들과 지나치게 많은 시간을 함께 보내고 있는가? 타인들이 당신을 도울 수 있도록 허락하고 있는지? 아니면 당신이 혼자서 모든 부담을 짊어지려고 하는가? 당신이 작성한 긍정적인 사람들의 목록을 보고, 이 관계를 진전시킬 방법을 생각해 보라. 당신의 삶에 도움을 주는 사람들과 더 많은 시간을 보내고, 당신이 소진되었다고 느끼게 하는 사람들과의 시간을 줄여 보자.

농담을 사용하고, 유머집에 그 농담들을 수집하라

당신이 좋은 유머꾼인지는 중요하지 않다. 당신이 재미있는 농담을 찾았는지가 중요하다. 농담, 일화, 재미있는 인용은 어디에나 있다. 라디오, TV, 인터넷, 인쇄 매체는 그런 것들로 가득 차 있다. 서점에는 코미디 코너가 있으니, 자기 계발 코너에서 나와 재미있는 것을 찾아보자. 농담이나 즐거운 이야기를 유머집에 적어두라. 당신은 가장 좋아하는 포춘 쿠키 예언을 적고 싶어 할 수도 있다.

인생을 보고 웃어 보라

스스로 즐길 수 있는 기회를 절대 놓치지 말라. "언젠가는 이 일로 웃게 될 거야"라는 철학을 기억하고, 즉시 사용하라. 당신을 긴장시키는 역설적이고, 우스꽝스러우며, 어리석은 상황을 살펴보라. 당신이 어떤 것을 그리 끔찍하게 여기지 않는다면 극복할 수 있다.

자신을 보고 웃어 보라

우리는 모두 실수를 한다. 당신이 실수할 때 자신을 보고 웃을 수 있는 능력은 인생을 보고 웃을 수 있는 것만큼 중요하다. 자신에게 비판적이어야 한다는 것이 아니라, 자신의 인간성을 인정하며 더 관대하게 자신을 볼 필요가 있음을 의미한다.

즐길 기회를 절대 놓치지 말라

자발적인 사람이 되라. 특히 힘든 날을 보냈다면, 잠시 시간을 내어 자신의 유머집을 읽거나, 좋아하는 노래를 따라 부르거나, 배우자와 사랑을 나누거나, 목록에 있는 긍정적인 사람에게 전화를 걸거나, 아이스크림을 먹어 보라.

노는 시간을 계획하라

노는 시간은 일하는 시간을 계획하는 것만큼 중요하다. 달력을 보고, 자기 자신이나 긍정적인 사람들과 약속을 잡아 보라. 다른 일정을 잡지 않도록, 휴가나 휴일을 표시하라. 일이나 의무적인 일정을 표시할 때 사용하는 파란색, 검은색이 아닌 밝은색 중성펜을 사용하여 노는 시간을 달력에 적어보라. 지난달을 돌아보았을 때 몇 가지 즐거운 활동이 있었는가? 노는 약속을 모두 지켰는가, 아니면 건너뛰었는가? 당신이 무엇을 계획했는지 재평가하고, 우선순위를 간단히 하거나 바꿔야 할 필요가 있는지 결정하라. 노는 시간이 길 필요는 없다. 당연히 아이들을 공원에 데려가고, 경치 좋은 산책로에서 산책을 하고, 책을 읽고, 요리 수업을 듣고, 영화를 보거나 그냥 춤을 출 수 있다.

크고 작은 성공들을 축하하라

가장 최근에 목표를 달성하고 '짜잔!' 하고 말한 게 언제인가? 삶이 스트레스로 가득할 때, 작은 성취일지라도 큰 성취가 된다. 자신을 위한 보상 체계를 만들어 보라. 당신의 훌륭한 업적이나 성취에 대해 타인이 보상해줄 것을 기다리지 말고, 자신에게 보상해 주라. 가끔은 힘든 하루를 견뎌내는 것만으로도 보상의 충분한 이유가 될 수 있다. 현실적인 목표를 세우고 이를 이루기 위해 노력하라. 목표를 단계별로 세분화하여, 각 단계의 성공을 확인하고 축하할 수 있다. 다음의 계획표를 가이드로 활용하라. (연습하기 12-4)

자신을 잘 대접하라

어떤 것을 즐긴다면, 그 일을 하라! 즐거운 활동과 사람과의 약속을 노는 시간 계획으로 추가하라.

● 연습하기 12-4: **목표 계획표**

목표: ____________________

달성 날짜: ____________________

성취한 세부 단계	보상	날짜

스스로 즐길 때, 죄책감이나 방종을 느끼는 경향을 가질 수 있다. 그러나 궁극적으로, 자신을 보살핌과 열정으로 치료한다면, 당신은 더 나은 사람이 될 것이다. 승진 후 친구와 점심을 먹거나, 에어로빅 후 욕조에 몸을 담그거나, 주요 보고서를 작성한 후 아이스크림을 먹는 것을 두려워하지 말라.

행복해지길 기다리지 말고, 지금 행복해지라!

이것은 삶의 성공을 축하하는 부분이다. 당신이 '짜잔!이라고 빨리 말할수록, 더욱 기분이 좋을 것이다. 보상을 두고, 자신과 흥정하면 성취도는 떨어진다. 새로운 드레스를 사고 싶으면, 살을 빼고 살 거라고 말하지 말라. 치수에 맞게 구입하고 가능한 한 빨리 입어 보라.

웃고, 웃고, 웃자

간단해 보이는가? 그러나 당신은 웃는 것을 항상 연습하지는 않을 것이다. 긴장이 고조되면 인간은 얼굴과 다른 근육을 뻣뻣하게 만들고 턱을 굳히는 경향이 있다. 긴장은 두통과 다른 질병을 초래한다. 심호흡을 하고 웃으면서 긴장된 근육을 풀어주라. 당신이 긴장이 풀렸을 때, 어떻게 생겼는지 볼 수 있도록 거울을 사용하는 것은 도움이 된다. 타인과 대화를 할 때, 그들을 향해 웃어보라. 그럼 당신은 상대방도 웃는 것을 알아차릴 것이다. 이것은 힘든 의논을 나누는 순간 불편함을 줄이거나 예방하는 데 도움이 된다.

이 모든 활동을 다음 1~2주 동안 연습하라. 그 다음 여기로 돌아와서 당신의 노력으로 무엇을 느꼈는지, 이 노력이 타인과의 관계에 어떤 영향을 미쳤는지 작성하라.

유머 감각에 대한 연습은 어떻게 느껴졌는가? 당신의 관계에는 어떤 변화가 있었는가?

회복탄력성에 대한 자세한 정보

2018년에 프리랜서 외국 특파원이자 학대하는 계부의 손에서 폭력적인 어린 시절을 보낸 생존자 Amanda Lindhout는 소말리아에 있다가 납치되어(Brown, 2015), 1년 이상 포로로 잡혀 있었다. 그녀는 국제 트라우마 스트레스 연구 학회에서 2013년 11월에 연설했다. 그녀는 그 회의에서, 생존하기 위해 마음속으로 "어두운 공간에서 기어 나오는 법을 배워야 했다"고 언급했다. Lindhout는 힘든 시기를 견뎌내고 어느 정도 회복한 회복탄력성이 있는 개인의 본보기이지만, 그녀가 상처를 입지 않고 탈출한 것은 아니다. 그녀는 자신의 이야기를 하는 것이 힘이 된다는 것을 알았다. 연구자들은 현재 생물학적 뇌 표식이나 다양한 유형의 트라우마에 대한 개인의 병력 여부를 조사하고 있다. 이러한 조사는 초기 어려움이 실제로 나중의 경험을 위해 개인을 준비시킬 수 있는지 여부를 보여줄 수도 있고, 그렇지 않을 수도 있다. 그러나 생물학이 회복탄력성의 존재 여부로 이어지는 유일한 요인은 아닌 것으로 보인다. 다시 말해, "회복탄력성에 대한 유전적 소인은 양육 환경에서만 발달"되는 것으로 보인다(Brown, 2015). 후성 유전학의 새로운 분야는 경험이나 환경으로 인해 유전자가 어떻게 활성화 혹은 비활성화되는지 조사한다. 이 책에서 앞서 언급된 것과 같이 현재 후속 유전학 연구자들은, 마음챙김, 요가, 명상의 이점을 보고 있다. 회복 탄력성은 PTSD보다 트라우마 사건에 대한 더 정상적인 반응일 수 있다.

삶의 목적 찾기

당신은 지금 삶의 목적이 있는가? Bourne은 삶의 목적을 "자신의 삶을 전체적이고도 완전하고 풍요롭게 느끼기 위해 필요한 어떤 것으로서, …… 특정한 재능이나 능력, 기법, 욕구를 도구로 하여 당신에게 가장 귀중한 무엇인가를 얻는 것이며, …… 자아와 타인 지향의 제한된 욕구과 관심을 넘어서는 어떤 것, …… 자신이 이 세상에서 성취하고자 하는 특별히 중요한 활동이나 노력"이라고 정의한다(2001, 246). 연습하기 12-5 활동 12-2

연습하기 12-5: **내 삶의 목적**

만약 당신의 삶의 목적이 뚜렷하다면, 여기에 적어 보자.

____

____

____

만약 뚜렷하지 않다면, 다음 질문을 자신에게 던져 보고, 이것이 당신에 대해 무엇을 말해 주는지 적어 보라.

____

____

____

당신이 하고 있는 일에 대해 어떻게 느끼는가? 만족스러운가?

____

____

____

교육을 더 받고 싶은가? 그렇다면, 어느 분야인가?

____

____

____

배우거나 시도해 보고 싶은 취미 활동이나 관심사가 있는가? 그렇다면 무엇인가?

만약 삶의 좌우명을 지금 쓴다면, 무엇이 되겠는가? 삶의 좌우명은 무엇인가?

만약 당신의 삶에서 어떤 것이든 성취할 수 있다면, 내년에 성취하고 싶은 것은 무엇인가?

5년 뒤에는?

10년 뒤에는?

당신에게 가장 중요하고, 가장 큰 의미를 주는 가치는 무엇인가? 당신은 부, 물질적 소유, 건강, 친밀한 관계, 가족, 친구, 혹은 궁극적인 존재와의 친밀함에 가치를 두는가?

삶의 목적을 보다 쉽고 빠르게 달성하게 해줄 단 한 가지를 변화시키기로 결심한다면, 무엇이 되겠는가?

Bourne(2001)에 따르면, 꿈과 목표를 이루는 데 방해가 되는 부정적인 신념 체계에 대항하는 것이 중요하다. 당신이 진정으로 삶의 목적을 달성하려고 하는 상황이라면, 그 목적에 충실하고 가능한 한 목표를 이루기 위한 기회를 찾는 것이 중요하다.

이 '연습하기'를 완료한 이후 당신의 반응은 어떠한가?

● 활동 12-2: 나 자신과 삶에 대한 그림 그리기 ●

이 책의 앞부분인 1장에서, 당신은 '활동: 나 자신과 삶에 대한 그림 그리기'를 통해 자신과 삶을 나타내는 5가지의 연속된 그림을 그렸다. 지금 당신은 이 책의 '연습하기'와 '활동'을 모두 마쳤으니, 다시 그림을 그리고, 자신과 삶에 대한 관점이 바뀌었는지 보라.

심리적 건강

이 책을 사용하는 목적은 당신의 심리적 건강을 구축하도록 돕는 것이었다. 만약 당신이 심리적으로 건강하다면, 신체적(건강, 영양), 사회적(관계, 지지 체계), 감정적(자존심, 강건함), 언어적, 교육적(생산성), 영적(목적, 의미, 도덕, 가치) 측면에서 균형 잡힌 건강한 삶을 유지할 수 있다.

5가지 분야에서 균형 잡혔거나 혹은 그렇지 못한 분야는 무엇이고, 그 이유는 무엇인가?

____

____

자신과 삶에 얼마나 편안한가? ______________________________

현재의 삶의 기준에 만족하는가? ______________________________

당신의 가정에 만족하는가? ______________________________

삶의 속도에 만족하는가? ______________________________

당신의 직장과 교육 수준에 만족하는가? ______________________________

당신이 누구이고, 무엇인지에 확신을 가지고 있는가? ______________________________

삶의 목적에 대한 내적 감각을 가지고 있는가? ______________________________

위에 나와 있는 5가지 영역에서 균형을 갖추고 있는가? ______________________________

____

사적인 시간과 사회적 시간, 개인 시간과 업무 시간, 그리고 운동과 휴식시간 사이에서 어떻게 균형을 맞추고 있는가? ______________________________

____

____

자원 동원성

건강한 사람은 자신에게 필요한 자원을 동원할 수 있는 법을 알고 응집성을 가진다. Antonovsky(1987)는 **응집성**을 스트레스 상황을 포함한 삶이 구조화되고, 예측과 이해가 가능하고, 다룰 수 있으며, 의미 있다고 믿는 개인적 신념이라고 정의한다. 당신은 인생에서 나쁜 일이 일어나기도 한다는 것을 알고 있다. 모든 가능성을 놓고 보았을 때, 당신의 남은 인생 역시 트라우마에서 자유로울 수 없다. 그러나 트라우마 상황에 접근하는 방식은 이 책에서 수행한 작업으로 인하여 바뀔 수 있다. 당신은 이제 새로운 스트레스와 잠재적인 트라우마 사건이 이해할 수 없을 정도로 매우 압도적이지만 않다면, 이것을 추구할 만하고 의미가 있는 일종의 도전으로 받아들일 수 있을 것이다. 이런 상황이라면, 힘이 고갈되었다고 할지라도 당신은 기꺼이 고난을 극복하기 위해 힘을 투자할 것이다. 그렇다면, 균형을 유지할 수 있게 되고, 행동 기반 극복 기법을 사용할 수 있게 되며, 새로운 상황에 접근하거나 회피하는 방법에 현실적으로 적응할 수 있게 되고, 그래서 이전보다 더욱 굳건해질 수 있길 바란다.

Dunning(1997)은 "예방학의 13가지 C"(다음 13개 모두 알파벳 'c'로 시작되는 단어이다_편집자 주)라고 불리는 특성들의 목록을 개발하였다. **예방학**은 학습된 자원을 동원하거나 자기 관리 및 성장을 위해 스트레스 상황을 활용할 수 있는 능력을 의미한다. 이 웰빙 모델은 트라우마 사건을 통해서도 통제력을 유지하는 것에 집중하고, 당신에게 일어난 일에서 장점과 의미를 찾는 데 중점을 둔다. 스트레스가 심한 상황에서 얼마나 많은 특징을 적용할 수 있는가?

1. **통제**: 자율성 그리고 당신의 환경 주위에 일어나는 일에 대해 영향을 미칠 수 있는 능력
2. **응집력**: 당신과 당신의 기분, 그리고 경험에 관심을 기울이는 타인들과 교류하거나 그들에 소속되는 것
3. **소통**: 말과 글을 통해 타인들에게 긍정적인 자기발견과 성장을 표현하는 것
4. **도전**: 스트레스성 사건을 성장과 발전의 기회로 사용하고, 아무리 작은 고난일지라도 극복해야 하는 것으로 여기거나 어떠한 방식으로 변화시키는 것
5. **전념**: 계속해서 의미를 찾으려고 노력하는 것
6. **유대**: 회복을 돕는 타인들과 신뢰를 형성하는 것
7. **명료화**: 변화시키거나 통제할 수 있는 부분을 찾는 동시에 자신의 영향력 밖에 있는 사건과 사건의 발생 원인을 수용하는 것

8. **일관성**: 트라우마 이야기를 논리적으로 과거, 현재, 미래와 일치하게 만드는 것
9. **조화**: 외부의 관점 등 타인의 시선으로 사건을 보는 것, 당신이나 타인들이 경험한 모든 트라우마는 자책, 책임, 실패로 이어질 수 있음을 받아들이는 것, 그리고 이러한 기분과 싸우는 적절한 활동을 하는 것
10. **기념**: 사건을 기념하고 역사로 만들기 위해 사건에 대한 의식적 종결을 만드는 것
11. **안락과 위안**: 상황이 어떻게 변하였는지 받아들이면서 안도와 격려의 감정을 키우는 것
12. **문화**: 당신의 문화적 맥락과 역사가 어떻게 당신의 회복에 영향을 미치는지 이해하는 것
13. **종결**: 트라우마 사건이 정말로 종결되었다는 것을 깨닫고, 현재의 당신과 트라우마 사건 이전의 당신이 다르다는 사실을 이해하는 것

당신은 예방접종이 되었는가? 위 13개 중 어떤 것이 당신에게 해당되는가?

____

____

____

그럼에도 불구하고, 트라우마에 기초한 기억을 다루기 위해 얼마나 열심히 노력하든, 당신에게 닥친 트라우마를 피하려고 얼마나 노력하든, 당신은 여전히 트라우마를 겪은 인간으로 남아 있다는 사실이다. 트라우마를 겪고 회복하거나 잘 생존한다면, 혹은 회복의 길에 있는 타인들을 지원하는 교육자가 된다면, 당신은 아마도 더 큰 삶의 의미를 찾고 새로운 목표를 가지게 될 것이다.
(연습하기 12-6)

우리는 당신이 회복에 전념하고 이 책에 투자한 많은 노력에 고마움을 전한다. 당신은 언제든지 이 책의 어떤 부분으로든 다시 찾아올 수 있다는 것을 기억하길 바란다.

결론적으로, 한 인격체로서 지켜야 할 다음 규칙들을 명심하고 기억하라(Carter-Scott, 1998).

1. 당신에게는 하나의 신체가 주어질 것이다. 좋든 싫든, 당신의 일생에서 신체는 당신의 것이다.

● 연습하기 12-6: **나의 회복 단어 목록**

잠시 시간을 내서 수행한 모든 작업을 기반으로 자신만의 치유 단어 목록을 개발하라. 한글(자음)의 각 글자를 가져와서 당신과 치유를 설명하는 1~3개의 단어를 생각해 보라. 예를 들면 다음과 같다.

한글 자음 단어 목록	알파벳 단어 목록
ㄱ. 감사, 관심, 공감 ㄴ. 나눔, 놀이 ㄷ. 도전, 돌봄 …… 기타 등등	A. 책임감(accountability), 성취감(achievement), 불안(anxiety) B. 균형(balanced), 소진(burned-out) C. 동정심(compassionate), 배려심(caring) …… 기타 등등

ㄱ. ____

ㄴ. ____

ㄷ. ____

ㄹ. ____

ㅁ. ____

ㅂ. ____

ㅅ. ____

ㅇ. ____

ㅈ. ____

ㅊ. ____

ㅋ. ____

ㅌ. ____

ㅍ. ____

ㅎ. ____

당신이 선택한 단어들에서 무엇을 발견할 수 있는가? 당신이 어떻게 회복했는지에 대한 패턴이 있는가?

____

____

____

2. 당신은 교훈을 배울 것이다. 당신은 '인생'이라고 부르는 전야제 비공식 학교에 입학했다. 매일의 수업은 교훈을 배울 기회를 제공한다. 배워야 할 교훈을 좋아할 수도 있고, 수업이 자신에게 맞지 않고 어리석다고 생각할 수도 있다.

3. 교훈을 통해 배우면 실수하지 않을 것이다. 당신은 경험을 쌓고, 시행착오를 통해 배울 것이다. 많지는 않더라도 당신이 시도한 것의 일부는 실패로 끝날 것이다. 이러한 경험은 삶이라고 부르는 과정의 일부이다.

4. 수업은 배울 때까지 반복된다. 당신이 배워야 할 각 교훈은 당신이 그것을 배울 때까지 다양한 형태로 당신에게 주어질 것이다.

5. 당신이 살아있는 한, 배울 교훈이 있을 것이다.

6. '그곳'은 '여기'보다 낫지 않다. 지리적 치료법은 없다. 당신이 움직인다면, 당신의 '그곳'은 '여기'가 될 것이고, 당신은 새로운 장소를 찾게 될 것이다.

7. 타인에게서 보이는 만족스러운 점과 불만족스러운 점은 종종 당신을 비추는 거울이 될 수 있다. 당신이 타인의 어떤 것을 좋아하거나 싫어할 때, 당신 자신에게서 좋아하거나 싫어하고 있는 것을 투영한다.

8. 당신의 삶을 만드는 것은 당신에게 달려 있다. 당신은 도구와 자원, 기법, 정보가 있다. 어떻게 이것을 사용하는지는 당신의 선택에 달려 있다. 성공, 다툼, 포기는 당신의 선택임을 기억하라.

9. 당신 인생의 질문에 대한 해답은 당신 안에 있다. 자신과의 소통과 직관에 귀 기울여, 자신에게 말하는 것을 보고 들어 보며 그것을 믿어 보라.

10. 당신은 아마 삶을 살아가면서 이 규칙을 잊을지도 모른다.

11. 당신은 필요할 때나 원할 때 이 규칙으로 돌아올 수 있다. **할 수 있다**는 것을 기억하라.

회복은 시간, 노력, 헌신이 필요한 것임을 명심하라. 당신이 치유 여정에 진심이라면, 몇몇의 PTSD 증상이 없어지지 않고 남을지라도, 삶의 방식은 더욱 관리하기 쉬울 것이다. Mary Beth의 아버지인 John Calvin Little 목사가 그녀에게 보낸 모든 카드, 편지, 메모를 끝내면서 남긴 "할 수 있다"라는 말을 기억하라.

참고문헌

Adams, E. 1994. *Understanding the Trauma of Childhood Psycho-Sexual Abuse*. Bedford, MA: Mills & Sanderson.

Alderman, T. 1997. *The Scarred Soul: Understanding and Ending Self-Inflicted Violence*. Oakland, CA: New Harbinger Publications.

———. 2000. Helping those who hurt themselves. *Prevention Researcher* 7(4):5–8.

Amen, D. G. 2010. A well-seasoned mind: New scientific research shows these five spices are good for your brain. *AARP Magazine*, May/June, 18.

American Autoimmune Related Diseases Association. 2012. List of autoimmune and autoimmune-related diseases. www.aarda.org/research_display.php?ID=47. Accessed August 12, 2012.

American Hospital Association. 2011. More hospitals offering complementary and alternative medicine services. Press release, September 7. http://www.aha.org/press-center/2011?p=4.

American Psychiatric Association. 2013. *Diagnostic and Statistical Manual of Mental Disorders* (*DSM-5*). 5th ed. Washington, DC: American Psychiatric Association.

Americans with Disabilities Act. 2010. *Title II Regulations Supplementary Information. 28 CFR Part 35.*

Antonovsky, A. 1987. *Unraveling the Mystery of Health: How People Manage Stress and Stay Well.* San Francisco: Jossey-Bass.

Astin, J. A. 1998. Why patients use alternative medicine: Results of a national study. *JAMA* 279: 1548–1553.

Astin, M. C., and B. Rothbaum. 2000. Exposure therapy for the treatment of post-traumatic stress disorder. *Clinical Quarterly* 9(4):50, 52, 55.

Ayalon, O. 1992. *Rescue: Helping Children Cope with Stress*. Ellicott City, MD: Chevron Publishing.

Ayalon, O., and A. Flasher. 1993. *Chain Reaction*. London: Jessica Kingsley Publishers.

Baker, G. R., and M. Salston. 1993. *Management of Intrusion and Arousal Symptoms in PTSD*. San Diego, CA: Association for Traumatic Stress Specialists (International Association for Trauma Counselors).

Baker, W. B. 2004. *Healing Power of Horses: Lessons from the Lakota Indians*. Irvine, CA: BowTie Press.

Bandler, R. 1985. *Using Your Brain—for a Change*. Moab, UT: Real People Press.

Barnes, P. M., B. Bloom, and R. L. Nahin. 2008. Complementary and alternative medicine use among adults and children: United States, 2007. National Health Statistics Reports No. 12. http://www.cdc.gov/nchs/data/nhsr/nhsr012.pdf.

Barry, P. 2011. Prescription drug side effects: Medications can cause other conditions unrelated to the health problems they're prescribed to treat. *AARP Bulletin*, September 1, 14–16.

Beck, C. E., F. Gonzales, C. H. Sells, C. Jones, T. Reer, and Y. Y. Zhu. 2012. The effects of animal-assisted therapy on wounded warriors in an occupational therapy life skills program. *US Army Medical Department Journal*, April/June, 38–45.

Begley, S. 2011. No! The one word that can save your life. *Newsweek*, August 22 (29) 30–35.

Benson, H. 1975. *The Relaxation Response*. New York: William Morrow.

———. 1984. *Beyond the Relaxation Response*. New York: Berkeley Press.

Bills, C., N. Dodson, J. M. Stellman, S. Southwick, V. Sharma, R. Herbert, J. M. Moline, and C. L. Katz. 2009. Stories behind the symptoms: A qualitative analysis of the narratives of 9/11 rescue and recovery workers. *Psychiatric Quarterly* 80(3):173–189.

Bloom, S. 2000. Personal interview using trauma center protocol for the Sanctuary Program. In *Creating a Comprehensive Trauma Center: Choices and Challenges*, edited by M. B. Williams and L. A. Nurmi. New York: Plenum Publishing.

Bonanno, G. A. 2005. Clarifying and extending the construct of adult resilience. *American Psychologist* 60 (3):265–267.

Boon, S., K. Steele, and O. Van der Hart. 2011. *Coping with Trauma-Related Dissociation: Skills Training for Patients and Therapists*. New York: W. W. Norton and Company.

Bourne, E. 2001. *Beyond Anxiety and Phobia: A Step-by-Step Guide to Lifetime Recovery*. Oakland, CA: New Harbinger Publications.

Bowthorpe, J. ed. 2014. *Stop the Thyroid Madness II: How Thyroid Experts Are Challenging Ineffective Treatments and Improving the Lives of Patients*. Dolores, CO: Laughing Grape Press.

Branscomb, L. 1990. *Becoming Whole: Dissociation and Me*. Decatur, GA: Lodestar Productions.

Breslau, N. 2012. Epidemiology of posttraumatic stress disorder in adults. In *The Oxford Handbook of Traumatic Stress Disorders*, edited by J. G. Beck and D. M. Sloan. New York: Oxford Press.

Briere, J. N., and C. Scott. 2015. *Principles of Trauma Therapy: A Guide to Symptoms, Evaluation, and Treatment*. 2nd ed. Los Angeles: Sage Publications.

Brittain, J. C. 2001. *Keepsake Stories*. Washougal, WA: Beyond the Bounds.

Brookman, M. 2001. *Simple Steps to Getting What You Want: A Process for Reuniting with Yourself*. Phoenix, AZ:Wallingford Publishing Company.

Brown, K. 2015. What makes a resilient mind. NOVA Next. PBS. http://www.pbs.org/wgbh/nova/next/body /mental-resilience/.

Bruhn, A. R. 1990. Cognitive-perceptual theory and the projective use of autobiographical memory. *Journal of Personality |Assessment* 55(1–2):95–114.

Brussat, F., and M. A. Brussat. 2000. *Spiritual Rx: Prescriptions for Living a Meaningful Life*. New York: Hyperion.

Bunyan, J. 1965. *The Pilgrim's Progress*. Harmondsworth, UK: Penguin Books.

Burns, C.C. 1989. *The Feeling Good Handbook: Using the New Mood Therapy in Everyday Life*. New York: William Morrow.

Busuttil, W. 2002. The development of a 90-day residential program for the treatment of complex PTSD. In *Simple and Complex Post-traumatic Stress Disorder: Strategies for Comprehensive Treatment in Clinical Practice*, edited by M. B. Williams and J. F. Sommer. Binghamton, NY: Haworth Press.

Cantrell, B. C. 2009. *Souls Under Siege: The Effects of Multiple Troop Deployments and How to Weather the Storm*. Bellingham, WA: Hearts Toward Home International.

Capacchione, L. 2001. *Living with Feeling: The Art of Emotional Expression*. New York: Penguin Putnam.

Capps, R. 2013. Writing by service members and veterans: A medium to promote healing in self and others. In *Healing War Trauma: A Handbook of Creative Approaches*, edited by R. M. Scurfield and K. T. Platoni. New York: Routledge.

Carter-Scott, C. 1998. *If Life Is a Game, These Are the Rules: Ten Rules for Being Human As Introduced in Chicken Soup for the Soul*. New York: Broadway Books.

Caruso, B. 1986. *Healing: A Handbook for Adult Victims of Child Sexual Abuse*. St. Louis Park, MO: Beverly Caruso.

Catherall, D. 1992. *Back from the Brink: A Family Guide to Overcoming Traumatic Stress*. New York: Bantam.

Chadsey, J. 2014. How to keep from stressing over. A sermon delivered at the United Methodist Church in Warrenton, Virginia, November 16.

Chadsey, J., and J. Kim. 2014. Happiness can be learned through Christ. The habits of happiness, part 5. A sermon delivered at the United Methodist Church in Warrenton, Virginia, October 26.

Ciarrochi, J., and A. Bailey. 2008. *A CBT Practitioner's Guide to ACT: How to Bridge the Gap Between Cognitive Behavioral Therapy and Acceptance and Commitment Therapy*. Oakland, CA: New Harbinger Publications.

Cohen, B. M., M. Barnes, and A. B. Rankin. 1995. *Managing Traumatic Stress Through Art: Drawing from the Center*. Lutherville, MD: Sidran Press.

Cohen, M. J. 1977. *Reconnecting with Nature*. Corvallis, OR: Ecopress.

Cole, P. M., and F. W. Putnam. 1992. Effect of incest on self and social functioning: A developmental psychopathology perspective. *Journal of Consulting and Clinical Psychology* 60(2):174–184.

Colin, C. 2012. How dogs can help veterans overcome PTSD. *Smithsonian*, July–August. http://www.smithson ianmag.com/ science-nature/How-Dogs-Can-Help-Veterans-Overcome-PTSD-160281185.html.

Collings, M. 2010. Reasons not to kill yourself. Available at http://www.ptsdafterchildbirth.blogspot.com /2010/11/reasons-not-to-kill-yourself-by-mari.html.

Comarow, A. 2008. Top hospitals embrace alternative medicine. *US News and World Report*, January 9. http://health.usnews.com/ health-news/managing-your-healthcare/pain/articles/2008/01/09/embracing-alternative-care.

Conway, M. A., and C. W. Pleydell-Pearce. 2000. The construction of autobiographical memories in the self-memory system. *Psychological Review* 107(2):261–288.

Cooper, R. K. 2001. *The Other 90%: How to Unlock Your Vast Untapped Potential for Leadership and Life*. New York: Three Rivers

Press.

Courtois, C. A. 1988. *Healing the Incest Wound: Adult Survivors in Trauma*. New York: W. W. Norton.

Covey, S. 1999. *The 7 Habits of Highly Effective People*. New York: Simon and Schuster.

Curro, E. 1987. Assessing the physiological and clinical characteristics of acute versus chronic pain. Introduction. *Dental Clinics of North America* 31(4):xiii–xxiii.

Cyrulnik, B. 2009. *Resilience: How Your Inner Strength Can Set You Free from the Past*. New York: Penguin.

Daniels, L. R. 2013. War-related traumatic nightmares as a call to action. In *Healing War Trauma: A Handbook of Creative Approaches*, edited by R. M. Scurfield and K. T. Platoni. New York: Routledge.

Daniels, L. R., and T. L. McGuire. 1998. Dreamcatchers: Healing traumatic nightmares using group dreamwork, sandplay, and other techniques of intervention. *Group* 22(4):205–227.

Davis, M., E. R. Eshelman, and M. McKay. 1995. *The Relaxation and Stress Reduction Workbook*, 4th ed. Oakland, CA: New Harbinger Publications.

DeAngelis, T. 2013. When the conflict comes home. *Monitor on Psychology* 44 (11): 62.

De la Monte, S. M., and J. R. Wands. 2008. Alzheimer's disease is type 3 diabetes–Evidence reviewed. *Journal of Diabetes Science and Technology* 2(6):1101–1113.

DeNicola, M. 2014. Nine common traits of happy people (that they don't talk about). *Collective Evolution*, June 28. http://www.collective-evolution.com/2014/06/28/8-common-traits-of-happy-people-that-they-dont-talk-about.

DiGrande, L., Y. Neria, R. M. Brackbill, P. Pulliam, and S. Galea. 2010. Long-term posttraumatic stress symptoms among 3,271 civilian survivors of the September 11, 2001, terrorist attacks on the World Trade Center. *American Journal of Epidemiology* 173(3):271–81.

Dolan, Y. 1991. *Resolving Sexual Abuse: Solution-Focused Therapy and Ericksonian Hypnosis for Adult Survivors*. New York: W. W. Norton.

Dunning, C. 1997. *The 13 Cs of Salutogenesis*. Tuscaloosa, AL: Traumatology Certification Training Program, University of Alabama.

Edwards, L., A. Heyman, and S. Swidan. 2011. Hypocortisolism: An evidence-based review. *Integrative Medicine: A Clinician's Journal* 10(4):30.

Ehlers, A., and D. M. Clark 2000. A cognitive model of posttraumatic stress disorder. *Behaviour Research and Therapy* 38 (4):319–345.

Eisenberg, D. M., R. C. Kessler, C. Foster, F. E. Norlock, D. R. Calkins, and T. L. Delbanco. 1993. Unconventional medicine in the United States. *New England Journal of Medicine* 328(4):246–252.

Ellis, A. 2001. *Feeling Better, Getting Better, Staying Better: Profound Self-Help Therapy for Your Emotions*. Atascadero, CA: Impact Publishers.

Engel, B. 1995. *Raising Your Sexual Self-Esteem*. New York: Fawcett Columbine.

Enright, R. D., and R. P. Fitzgibbons. 2000. *Helping Clients Forgive: An Empirical Guide for Resolving Anger and Restoring Hope*. Washington, DC: American Psychological Association.

Epstein, L. J. 2010. The surprising toll of sleep deprivation. *Newsweek*, June 28 and July 5, 75.

Fennell, P. A. 2001. *The Chronic Illness Workbook: Strategies and Solutions for Taking Back Your Life*. Oakland, CA: New Harbinger Publications.

Figley, C. R. 1989. *Helping Traumatized Families*. San Francisco: Jossey-Bass.

———. 1995. *Compassion Fatigue: Coping with Secondary Traumatic Stress Disorder in Those Who Treat the Traumatized*. New York: Brunner Mazel.

Figley, C. R., B. E. Bride, and N. Mazza, eds. 1997. *Death and Trauma: The Traumatology of Grieving*. Washington, DC: Taylor and Francis.

Friedman, M. J. 2000. *Post-traumatic Stress Disorder: The Latest Assessment and Treatment Strategies*. Kansas City, MO: Compact Clinicals.

Friedman, M. J., P. P. Schnurr, and A. McDonagh-Coyle. 1994. Post-traumatic stress disorder in the military veteran. *Psychiatric Clinics of North America* 17(2):265–277.

Gatchel, R. J., and D. C. Turk. 1996. *Psychological Approaches to Pain Management*. New York: Guilford Press.

Gershon, M. D. 1998. *The Second Brain: The Scientific Basis of Gut Instinct and a Groundbreaking Understanding of Nervous Disorders of the Stomach and Intestine*. New York: HarperCollins.

Gooneratne, N. 2008. Complementary and alternative medicine for sleep disturbances in older adults. *Clinics in Geriatric Medicine* 24(1):121–138.

Grand, L. C. 2000. *The Life Skills Presentation Guide*. New York: John Wiley and Sons.

Grant, M. 1997. *Pain Control with Eye Movement Desensitization and Reprocessing*. Wyong, New South Wales, Australia: Wyong Medical Centre.

Grossman, D. A. 1996. *On Killing: The Psychological Cost of Learning to Kill in War and Society*. New York: Little, Brown.

Hayes, S. C., D. Barnes-Holmes, and B. Roche, eds. 2001. *Relational Frame Theory: A Post-Skinnerian Account of Human Language and Cognition*. New York: Plenum Press.

Headquarters, Department of the Army. 2002. *Survival (FM 3–05.70)*. Washington, DC: Department of the Army.

———. 2012. *Army 2020: Generating Health and Discipline in the Force Ahead of the Strategic Reset*. Washington, DC: Department of the Army.

Herman, J. L. 1992. *Trauma and Recovery*. New York: Basic Books.

Hoge, C. W. 2010. *Once a Warrior Always a Warrior: Navigating the Transition from Combat to Home*. Guilford, CT: Global Request Press.

Hölzel, B. K., J. Carmody, M. Vangel, C. Congleton, S. M. Yerramsetti, T. Gard, and S. W. Lazar. 2011. Mindfulness practice leads to increases in regional brain gray matter density. *Psychiatry Research*, 191(1):36–43.

Ilardo, J. 1992. *Risk-Taking for Personal Growth: A Step-by-Step Workbook*. Oakland, CA: New Harbinger Publications.

Janoff-Bulman, R. 1992. *Shattered Assumptions: Towards a New Psychology of Trauma*. New York: Free Press.

Johnson, P. J., A. Ward, L. Knutson, and S. Sendelbach. 2012. Personal use of complementary and alternative medicine (CAM) by US health care workers. *Health Services Research* 47(1 Pt. 1):211–227.

Kabat-Zinn, J. 1994. *Wherever You Go, There You Are: Mindfulness Meditation in Everyday Life*. New York: Hyperion.

Kalantari, M., W. Yule, A. Dyregrov, H. Neshatdoost, and S. J. Ahmadi. 2012. Efficacy of writing for recovery on traumatic grief symptoms of Afghani refugee bereaved adolescents: A randomized control trial. *Omega* 65(2):139–150.

Kearney, D. J., C. McManus, C. A. Malte, M. Martinez, B. Fellemah, and T. L. Simpson. 2014. Loving-kindness meditation and broaden-and-build theory of positive emotions among veterans with post-traumatic stress disorder. *Medical Care* 52(12 Suppl 5):S32–38.

Knisely, J. S., S. B. Barker, and R. T. Barker. 2012. Research on benefits of canine-assisted therapy for adults in nonmilitary settings. *U.S. Army Medical Department Journal*, April–June, 30–37.

Kobasa, S. C. 1982. The hardy personality: Toward a social psychology of stress and health. In *Social Psychology of Health and Illness*, edited by J. Suls and G. Sanders. Hillsdale, NJ: Lawrence Erlbaum Associates.

Kohanov, L. 2003. Riding between the worlds: Expanding our potential through the way of the horse. Novato, CA: New World Library.

———. 2013. The messages behind emotions. Handout for Epona Workshops.

Krause, B. 2009. Seven essentials to a voc rehab win–part three. *Today in the Military*. November 12. http://www.military.com/opinion/0,15202,205644,00.html.

Kushner, H. S. 1981. *When Bad Things Happen to Good People*. New York: Avon.

Lang, P., J. 1979. A bio-informational theory of emotional imagery. *Psychophysiology* 16(6): 495–512.

Lavalle, J., and A. Heyman. 2013. Vitamins and minerals reference chart. IHR. http://www.metaboliccode.com.

Lavalle, J., and E. Hawkins. 2013a. Nutraceutical and nutrient reference chart. IHR. http://www.metabolic code.com.

———. 2013b. Herbal supplements reference chart. IHR. http://metaboliccode.com.

LeDoux, J. 1997. Emotion, memory, and pain. *Pain Forum* 6(1): 36–37.

Leeds, J. 2010. *The Power of Sound: How to Be Healthy and Productive Using Music and Sound*. Rochester, VT: Healing Arts Press.

Leehan, J., and L. P. Wilson. 1985. *Grown-up Abused Children*. Springfield, IL: Charles C. Thomas.

Levine, J. 1997. Controlled trials of inositol in psychiatry. *European Neuropsychopharmacology* 7(2):147–155.

Levine, P. 1992. *The Body As Healer: Transforming Trauma and Anxiety*. Lyons, CO: P. Levine.

Levitin, D. J. 2006. *This Is Your Brain on Music: The Science of a Human Obsession.* New York: Dutton.

Lichtenthal, W. G., and D. G. Cruess. 2010. Effects of directed written disclosure on grief and distress symptoms among bereaved individuals. *Death Studies* 34(6):475–499.

Lighthall, A. 2012. Ten things you should know to help bring the OIF/OEF veteran all the way home. http://www.veteransheartgeorgia.org/ten-things-you-should-know-to-help-bring-the-oifoef-veteran-all-the-way-home/

Louden, J. 1997. *The Woman's Retreat Book: A Guide to Restoring, Rediscovering, and Reawakening Your True Self—in a Moment, an Hour, a Day, or a Weekend.* New York: HarperCollins.

Loue, S. 2008. *The Transformative Power of Metaphor in Therapy.* New York: Springer.

Marlantes, K. 2011. *What It Is Like to Go to War.* New York: Atlantic Monthly Press.

Masten, A. S., and M. O. Wright. 2010. Resilience over the lifespan: Developmental perspectives on resistance, recovery, and transformation. In *Handbook of Adult Resilience: Concepts, Methods, and Applications*, edited by J. W. Reich, A. J. Zautra, and J. S. Hall. New York: John Wiley.

Masterson, J. 1988. *The Search for the Real Self: Unmasking the Personality Disorders of Our Age.* New York: Free Press.

Matsakis, A. 1994a. *Post-traumatic Stress Disorder: A Clinician's Guide.* Oakland, CA: New Harbinger Publications.

———. 1994b. *Post-traumatic Stress Disorder: A Complete Treatment Guide.* Oakland, CA: New Harbinger Publications.

———. 1998. *Trust After Trauma: A Guide to Relationships for Survivors and Those Who Love Them.* Oakland, CA: New Harbinger Publications.

———. 1999. *Survivor Guilt: A Self-Help Guide.* Oakland, CA: New Harbinger Publications.

Mayer, E. A. 2000. The neurobiology of stress and gastrointestinal disease. *Gut* 47(6):861–869.

Mayo Clinic. 2015. Tai chi: A gentle way to fight stress. Foundation for Medical Education and Research. http://www.mayoclinic.org/healthy-living/stress-management/in-depth/tai-chi/art-20045184?pg-2.

McCann, I. L., and L. A. Pearlman. 1990. *Psychological Trauma and the Adult Survivor: Theory, Therapy, and Transformation.* New York: Brunner/Mazel.

———. 1992. Constructivist self-development theory: A theoretical framework for assessing and treating traumatized college students. *Journal of American College Health* 40(4):189–196.

McEwen, B. S. 1998. Protective and damaging effects of stress mediators. *New England Journal of Medicine* 338(3):171–179.

McCrae, R. R. 1992. The five-factor model: Issues and applications. *Journal of Personality* 60(2):175–215.

McGraw, G. R. 2008. *Spirit of the Rising Hawk: How to Soar Through Life with Power, Purpose, Perspective, and Peace.* Culpeper, VA: Rising Hawk Foundation.

———. 2012a. God is sound. March 22, 2012, blog post on *The Fortress of Potential: Discovering the Power, Mystery, and Expansiveness of Life.* http://risinghawk.wordpress.com/2012/03/22/god-is-sound.

———. 2012b. God is sound, part 2. March 23, 2012, blog post on *The Fortress of Potential: Discovering the Power, Mystery, and Expansiveness of Life.* http://risinghawk.wordpress.com/2012/03/23/god-is-sound-part-ii.

McKay, M., and P. Rogers. 2000. *The Anger Control Workbook.* Oakland, CA: New Harbinger Publications.

McLaren, K. 2001. *Emotional Genius: Discovering the Deepest Language of the Soul.* Columbia, CA: Laughing Tree Press.

Meagher, I. 2007. *Moving a Nation to Care: Post-Traumatic Stress Disorder and America's Returning Troops.* Brooklyn, NY: Ig Publishing

Meichenbaum, D. 1994. *A Clinical Handbook/Practical Therapist Manual for Assessing and Treating Adults with Post-traumatic Stress Disorder.* Waterloo, Ontario, Canada: Institute Press.

Metropolitan Washington Council of Governments Health Care Coalition. 2001. Getting a good night's sleep. *Total Wellness: Becoming a Total Person* 9(4):1.

Michelon, P. 2012. *Max Your Memory: The Complete Visual Program.* London: Earling Kindersley.

Miller, S., D. Wackman, E. Nunnally, and P. Miller. 1989. *Connecting Skills Workbook.* Littleton, CO: Interpersonal Communication Programs.

Mills, J. T., and A. F. Yeager. 2012. Definitions of animals used in healthcare settings. *US Army Medical Department Journal*, April–June, 12–17.

Mizuki, C. 2013. Mindful Awareness practice to foster physical, emotional, and mental healing in service members and veterans. In *Healing War Trauma: A Handbook of Creative Approaches*, edited by R. M. Scurfield and K. T. Platoni. New York: Routledge.

Moore, A., and P. Malinowski. 2009. Meditation, mindfulness, and cognitive flexibility. *Consciousness and Cognition* 18(1):176–186.

Mundahl, P., D. Parks, D. Gray, and J. Fields. 1995. *The Women's Specialized Program Patient Workbook*. Brattleboro, VT: Brattleboro Retreat.

Muss, D. 1991. *The Trauma Trap*. London: Doubleday.

National Center for Complementary and Alternative Medicine (NCCAM). 2008. What is CAM? NCCAM Publication No. D347. Updated April 2010.

National Comorbidity Survey. 2005. NCS-R appendix tables: Table 1. Lifetime prevalence of DSM-IV/WMH-CIDI disorders by sex and cohort. Table 2. Twelve-month prevalence of DSM-IV/WMH-CIDI disorders by sex and cohort. http://www.hcp.med.harvard.edu/ncs/publications.php.

Neergaard, L. 2009. Nicotine hit could slow recovery from PTSD. *Des Moines Register*, Metro Edition, January 28, 11E.

Neff, K. D. 2003. Self-compassion: An alternative conceptualization of a healthy attitude toward oneself. *Self and Identity* 2(2):85–102.

———. 2009. Self-compassion. In *Handbook of Individual Differences in Social Behavior*, edited by M. R. Leary and R. H. Hoyle. New York: Guilford Press.

———. 2011. *Self-Compassion: Stop Beating Yourself Up and Leave Insecurity Behind*. New York: HarperCollins.

Neff, K. D., S. S. Rude, and K. Kirkpatrick. 2007. An examination of self-compassion in relation to positive psychological functioning and personality traits. *Journal of Research in Personality* 41(4):908–916.

Newberg, A., and M. W. Waldman. 2010. *How God Changes Your Brain: Breakthrough Findings from a Leading Neuroscientist*. New York: Ballantine.

Norris, J. K. 2011. The power of sound to heal. *Noetic Post* 3(1):1–2.

Park, C. L. 2009. Overview of theoretical perspectives. In *Medical Illness and Positive Life Change: Can Crisis Lead to Personal Transformation?*, edited by C. L. Park, S. C. Lechner, M. H. Antoni, and A. L. Stanton. Washington, DC: American Psychological Association.

Pearlman, L. A., and K. W. Saakvitne. 1995. *Trauma and the Therapist: Countertransference and Vicarious Traumatization in Psychotherapy with Incest Survivors*. New York: W. W. Norton.

Pennebaker, J. W., and R. S. Campbell. 2000. The effects of writing about traumatic experience. *Clinical Quarterly* 9(17): 19–21.

Pert, C. 1999. *Molecules of Emotion: The Science Behind Mind-Body Medicine*. New York: Simon and Schuster.

Peterson, D. 1968. *The Clinical Study of Social Behavior*. New York: Appleton Century and Crofts.

Power, E. 1992a. *Managing Ourselves: Building a Community of Caring*. Brentwood, TN: E. Power and Associates.

———. 1992b. *Managing Ourselves: God in Our Midst*. Brentwood, TN: E. Power and Associates.

Resick, P. A. 1994. Cognitive processing therapy (CPT) for rape-related PTSD and depression. *Clinical Quarterly* 4(3/4):1, 3–5.

Resick, P. A., and M. K. Schnicke. 1993. *Cognitive Processing Therapy for Rape Victims: A Treatment Manual*. Newbury, CA: Sage Publications.

Riggenbach, J. 2013. *The CBT Toolbox: A Workbook for Clients and Clinicians*. Eau Claire, WI: PESI Publishing and Media.

Robjant, K., and M. Fazel. 2010. The emerging evidence for narrative exposure therapy: A review. *Clinical Psychology Review* 30 (8): 1030–1039.

Rohn, J. 2014. Eight traits of healthy relationships. *Success*, February 14. http://www.success.com/article/rohn-8-traits-of-healthy-relationships.

Rosenbloom, D., and M. B. Williams. 2010. *Life After Trauma: A Workbook for Healing*. New York: Guilford Press.

Rosenthal, M. 2013. PTSD avoidance: Is it grounding your recovery to a halt? *Trauma! A PTSD Blog*. April 3. http://www.healthyplace.com/blogs/traumaptsdblog/2013/04/03/ptsd-avoidance-is-it-grounding -your-recovery-to-a-halt/.

———. 2015. *Heal Your PTSD: Dynamic Strategies That Work*. San Francisco: Red Wheel/Weiser.

Rothschild, B. 2000. *The Body Remembers: The Psychophysiology of Trauma and Trauma Treatment*. New York: W. W. Norton.

———. 2011a. *Eight Keys To Safe Trauma Recovery: Take-Charge Strategies to Empower Your Healing*. New York: W. W. Norton and Co.

———. 2011b. *Trauma Essentials: The Go-To Guide*. New York: W.W. Norton and Co.

Saindon, C. 2001. Good sleep hygiene. *Selfhelp Magazine*, February 14.

Schauer, M., F. Neuner, and T. Elbert. 2011. *Narrative Exposure Therapy: A Short Term Treatment for Traumatic Stress Disorders.* 2nd rev. ed. Cambridge, MA: Hogrefe Publishing.

Schiraldi, G. R. 1999. *Building Self-Esteem: A 125-Day Program.* Ellicott City, MD: Chevron Publishing Company.

———. 2000. *The Post-traumatic Stress Disorder Sourcebook: A Guide to Healing, Recovery, and Growth.* Los Angeles: Lowell House.

———. 2011. *The Resilient Warrior: Before, During, and After War.* Ashburn, VA: Resilience Training International.

Scurfield, R. M. 1994. War-related trauma: An integrative experiential, cognitive, and spiritual approach. In *Handbook of Post-traumatic Therapy*, edited by M. B. Williams and J. F. Sommer. Westport, CT: Greenwood Press.

———. 2011. 40 lessons unlearned about war and its impact: From Vietnam to Iraq. http://www.patriotout reach.org/40_lessons.html.

Selye, H. 1936. A syndrome produced by diverse nocuous agents. *Nature* 138: 32–46.

Shapiro, F. 1995. *Eye Movement Desensitization and Reprocessing.* New York: Guilford Press.

Shomon, M. J. 2002. *Living Well with Autoimmune Disease: What Your Doctor Doesn't Tell You… That You Need to Know.* New York: HarperCollins.

Siegel, R. D. 2010. *The Mindfulness Solution: Everyday Practices for Everyday Problems.* New York: Guilford Press.

Simpson, K. R. 2011. *Overcoming Adrenal Fatigue: How to Restore Hormonal Balance and Feel Renewed, Energized, and Stress Free.* Oakland, CA: New Harbinger Publications.

Smyth, L. D. 1999. *Clients' Manual for the Cognitive-Behavioral Treatment of Anxiety Disorders.* Havre de Grace, MD: Red Toad Company.

Solomon, R. 2001. Dynamics of fear. Unpublished manuscript.

Southwick, S. M., and D. S. Charney. 2012. *Resilience: The Science of Mastering Life's Greatest Challenges.* New York: Cambridge University Press.

Spring, D. 1993. *Shattered Images: The Phenomenological Language of Sexual Trauma.* Chicago: Magnolia Street Publications.

Stien, P. T., and J. Kendall. 2004. *Psychological Trauma and the Developing Brain.* Binghamton, NY: The Hayworth Maltreatment and Trauma Press.

Sugar, J. A., and J. D. Ford. 2012. Peritraumatic reactions and posttraumatic stress disorder in psychiatrically impaired youth. *Journal of Traumatic Stress* 25(1):41–49.

Suyemoto, K. L., and X. Kountz. 2000. Self-mutilation. *Prevention Researcher* 7(4):1–4.

Taylor, P., ed. 2011. *The Military-Civilian Gap: War and Sacrifice in the Post-9/11 Era.* Washington, DC: Pew Social and Demographic Trends.

Tedeschi, R. G., and L. G. Calhoun. 1995. *Trauma and Transformation: Growing in the Aftermath of Suffering.* Thousand Oaks, CA: Sage Publications.

Tedeschi, R. G., C. L. Park, and L. G. Calhoun, eds. 1998. *Post-traumatic Growth: Positive Changes in the Aftermath of Crisis.* Mahweh, NJ: Lawrence Erlbaum Associates.

Tennen, H., and G. Affleck. 1998. Personality and transformation in the face of adversity. In *Post-traumatic Growth: Positive Changes in the Aftermath of Crisis*, edited by R. G. Tedeschi, C. L. Park, and L. G. Calhoun. Mahweh, NJ: Lawrence Erlbaum Associates.

Terr, L. 1994. *Unchained Memories: True Stories of Traumatic Memories Lost and Found.* New York: Basic Books.

Thompson, B. 2012. Experiential avoidance and its relevance to PTSD. *Portland Psychotherapy* (blog). October 19. http://www.portlandpsychotherapyclinic.com/training/blog/experiential-avoidance-and-its-relevance -ptsd.

Thompson, M. 2015. Unlocking the secrets of PTSD. *Time Magazine*, April 6. 185(12): 40–43.

Tick, E. 2005. *War and the Soul: Healing Our Nation's Veterans from Post-traumatic Stress Disorder.* Wheaton, IL: Quest Books.

Tompkins, M. A. 2014. Using CBT to challenge beliefs and promote curiosity during exposure therapy. *New Harbinger Blog for Professionals,* November 25. https://www.newharbinger.com/blog/using-cbt-challenge -beliefs-and-promote-curiosity -during-exposure-therapy.

Trautman, K., and R. Connors. 1994. *Understanding Self-Injury: A Workbook for Adults.* Pittsburgh, PA: Pittsburgh Action Against Rape.

Turunen, T. 2014. Trauma recovery after a school shooting: The role of theory-based psychosocial care and attachment to facilitating recovery. Academic dissertation. Tampere, Finland: Juvenes Print.

US Army WRAIR Land Combat Study Team. 2006. 10 tough facts about combat and what leaders can do to mitigate risk and build resilience. Washington, DC: Walter Reed Army Institute of Research.

US Department of Veterans Affairs. 2015. Health study for a new generation of US veterans. http://www.public health.va.gov/epidemiology/studies/new-generation/.

Van der Kolk, B. A. 1988. The biological response to psychic trauma. In *Post-traumatic Therapy and Victims of Violence*, edited by F. Ochberg. New York: Brunner/Mazel.

———. 1996. The complexity of adaptation to trauma: Self-regulation, stimulus discrimination, and characterological development. In *Traumatic Stress: The Effects of Overwhelming Experience on Mind, Body, and Society*, edited by B. A. Van der Kolk, A. C. McFarlane, and L. Weisaeth. New York: Guilford Press.

———. 1999. The body keeps the score: Memory and the evolving psychobiology of posttraumatic stress. In *Essential Papers on Post-traumatic Stress Disorder*, edited by M. Horowitz. New York: New York University Press.

———. 2014. *The Body Keeps the Score: Brain, Mind, and Body in the Healing of Trauma*. New York: Viking.

Van der Oord, S., S. Lucassen, A. A. Van Emmerik, and P. M. Emmelkamp. 2010. Treatment of post-traumatic stress disorder in children using cognitive behavioural writing therapy. *Clinical Psychology and Psychotherapy* 17(3): 240–249.

Virginia State CISM Team Members. 1998. *Telecommunication Stress Workshop*. Critical Incident Stress Management Annual Training, Virginia Beach, VA, June.

Weathers, F. W., B. T. Litz, T. M. Keane, P. A. Palmieri, B. P. Marx, and P. P. Schnurr. 2013. The PTSD checklist for DSM-5 (PCL-5). Scale available from the National Center for PTSD at http://www.ptsd.va.gov.

Weekes, C. 1986. *More Help for Your Nerves*. New York: Bantam Doubleday Dell Publishing Group.

White, M. 2013. Narrative therapy. http://www.massey.ac.nz/~alock/virtual/narrativ.htm.

Williams, M. B. 2012. Slogging the bog of war to return to the world of work. A workshop. Warrenton, VA: M. B. Williams.

Williamson, G., and D. Williamson. 1994. *Transformative Rituals: Celebrations for Personal Growth*. Deerfield Beach, FL: Health Communications.

Wilson, J. P., M. J. Friedman, and J. D. Lindy. 2001. *Treating Psychological Trauma and PTSD*. New York: Guilford Press.

Wise, S., and E. Nash. 2013. Metaphor as heroic mediator: Imagination, creative arts therapy, and group process as agents of healing with veterans. In *Healing War Trauma: A Handbook of Creative Approaches*, edited by R. M. Scurfield and K. T. Platoni. New York: Routledge.

Woll, P. 2009. *Resilience 101: Understanding and Optimizing Your Stress System After Deployment: Workbook for Veterans and Service Members*. Chicago: Human Priorities.

Wormeli, R. 2009. *Metaphor and Analogies: Power Tools for Teaching Any Subject*. Portland, ME: Stenhouse Publishers.

Yeager, A. F., and J. Irwin, J. 2011. Rehabilitative canine interactions at the Walter Reed National Military Medical Center. *US Army Medical Department Journal*, April–June, 57–60.

Yount, R. A., M. D. Olmert, and M. R. Lee. 2012. Service dog training program for treatment of posttraumatic stress in service members. *US Army Medical Department Journal*, April–June, 63–69.

Yule, W., A. Dyregrov, F. Neuner, J. W. Pennebaker, M. Raundalen, and A. van Emmerik. 2005. *Writing for Recovery: A Manual for Structured Writing After Disaster and War*. Bergen, Norway: Children and War Foundation.

Yule, W., A. Dyregrov, M. Raundalen, and P. Smith. 2013. Children and war: The work of the Children and War Foundation. *European Journal of Psychotraumatology* 4:18424.

Zampelli, S. O. 2000. *From Sabotage to Success: How to Overcome Self-Defeating Behavior and Reach Your True Potential*. Oakland, CA: New Harbinger Publications.

찾아보기

기타

트라우마와 PTSD 상담 및 심리치료 워크북

트라우마 증상 극복을 위한 간단하고 효과적인 기술

THE PTSD WORKBOOK, THIRD EDITION

Simple, Effective Techniques for Overcoming Traumatic Stress Symptoms

초판 1쇄 인쇄 | 2024년 9월 5일

초판 1쇄 발행 | 2024년 9월 12일

지은이 | Mary Beth Williams · Soili Poijula

옮긴이 | 이동훈 · 조아란 · 신재욱 · 조수빈

발행인 | 송성헌

발행처 | 센게이지러닝코리아㈜

등록번호 | 제313-2007-000074호(2007.3.19.)

이메일 | asia.infokorea@cengage.com

홈페이지 | www.cengage.co.kr

ISBN | 978-89-6218-567-6

정가 33,000원